国企改革与预算绩效管理探索

贺金生 著

湖南人民出版社·长沙

图书在版编目（CIP）数据

国企改革与预算绩效管理探索 / 贺金生著. -- 长沙：
湖南人民出版社，2025. 6. -- ISBN 978-7-5561-3859-3

Ⅰ. F279.241；F812.3

中国国家版本馆CIP数据核字第20256F2W02号

GUOQI GAIGE YU YUSUAN JIXIAO GUANLI TANSUO

国企改革与预算绩效管理探索

著　　者	贺金生	
出 版 人	张勤繁	
责任编辑	唐　艳	
装帧设计	刘阁辉	
出版发行	湖南人民出版社［http://www.hnppp.com］	
地　　址	长沙市营盘东路3号	
邮　　编	410005	
经　　销	湖南省新华书店	
印　　刷	长沙市雅捷印务有限公司	
版　　次	2025年6月第1版	
印　　次	2025年6月第1次印刷	
开　　本	710 mm × 1000 mm　1/16	
印　　张	32.5	
字　　数	420千字	
书　　号	ISBN 978-7-5561-3859-3	
定　　价	98.00元	

营销电话：0731-82221529　　（如发现印装质量问题，请与出版社调换）

序

　　我于 1985 年从兰州大学经济系经济管理学专业毕业之际，就立志于财政事业，并报考了财政部财政科学研究所财政专业研究生。1987 年研究生毕业后，一直在湖南省财政厅工作。"学则智，不学则愚；学则治，不学则乱。"从研究生学习开始，我就围绕改革国家与企业的收入分配关系、增强企业活力这条主线，致力财政改革发展的理论研究和调研分析。在湖南省财政厅工作期间，先后从事国企改革、绩效管理、财政综合、国库管理工作，以理论研究引导工作实践，以工作实践助推理论研究，三十多年从未间断。本书的内容，汇集了我20 世纪 80 年代中期以来发表的论文和调研报告，基本反映了我在不同时期历史背景下，对有关财政服务经济发展、国企改革、预算绩效管理、基层党组织建设等方面的关注和认识。较为系统地阐述了如何发展经济，生财有道；如何规范分配，聚财有方；如何管好资金，用财有效；如何加强修养，提升素质。这些文章，作为我国财政改革发展的一个缩影，或一部小小的画卷，记录了这个伟大的改革时代。

　　财政是国家治理的基础和重要支柱，财政活动是整个社会经济、政治活动的一个有机组成部分，又是社会经济发展中各种现象和矛盾的集中反映。新中国成立以来，我国社会经济的发展，大体上可划分为计划经济体制和建立完善社会主义市场经济体制两个时期。在改革逐步深入和全面深化的过程中，特别是在国有企业逐步走向市场的过程中，各种矛盾都会不同程度地反映到财政上来。因此，对财政问题进行研究具有非常重要的意义。财政理论在为社会经济发展服务中，一方面必须从实际出发，坚持问题导向，研究新情况新问题；另一方面又必须适应形势的发展，与时俱进，守正创新，寻求解决矛盾的理论和对策。

本书文章的时间跨度为 1986 年至今，已有 38 年，其中有许多内容已成为历史，读来或许有一点点历久弥新的感觉。但有些文章，尤其是在上个世纪写的文章中，有些情况和论述会使人产生隔世之感，其中的一系列财政经济形势分析、对策研究和改革建议，难免有一定的局限性，但毕竟反映了当时历史背景下的现实情况和学术观点，也是公开发表了的，为尊重历史，均不作任何修改。这也许可以为研究中国财政改革发展的历史提供一点点参考，而这也正是本书的意义所在。

在文章的写作发表过程中，我的老师、领导、同事给予我悉心指导、支持，本书的出版得到湖南人民出版社的大力支持，我深表谢意！

贺金生

2024 年 10 月

目　录

卷　一

经济发展

卷 二

国企改革

卷 三

绩效管理

卷　四
思想建设

卷 一

经济发展

从市场状况看当前的经济形势 *

（1986 年 7 月）

当前我国市场上似乎严重存在着货币供给不足和总需求不足的现象，但我们只要深入进行具体分析，就会发现在其背后是适销对路的产品供不应求与质次价高、不适合需要的产品大量积压两种现象同时并存。因此，实质上这种所谓需求不足不能算是有效需求不足，而只能说明我们目前的生产不适应消费的情况非常严重，并非靠发票子扩大购买力所能解决得了的。当前，企业确实普遍存在流动资金不足的现象，这种情况，与抽紧银根有关，但更多的是由企业间债务链造成的。出现债务链，也是由于部分企业货不对路的产品销售不出。

出现以上情况，最根本的原因在于企业生产结构不合理，问题主要在供给这方，而不是在需求方。因而解决现实矛盾的根本出路在于从适应需求出发调整生产结构。

在调整生产结构的过程中，如果继续紧缩银根，许多企业就有可能被困死。但如果放松银根，就有可能出现两种情况：其一，随着市场货币的增多，适销对路的紧俏商品供不应求的矛盾将进一步扩大，

---

* 原载《经济学周报》，1986 年 7 月 27 日。

而货不对路的产品仍然只会躺在仓库里，如果要推销出去，只能假借强行搭配；其二，由于市场货币大量增多而出现供给严重不足，质次价高、货不对路的产品也有可能销售出去，那么，这只能在损害消费者利益的前提下救活企业。并且，企业有可能一如既往地按老样子生产。这两种办法（紧缩或放松银根）对生产结构的调整都是不利的。

可供选择的方案是实行货币稳定政策，扩大企业自主权，让企业在不违背国家政策的前提下自谋出路。这样，虽然眼前生产发展的速度可能放慢，但对于企业长期发展来说仍然是值得的。

发挥财政职能作用　促进横向经济联合 *

（1986 年 7 月）

发展横向经济联合，是社会化大生产的客观要求，是商品经济存在和发展的基本条件之一。横向经济联合的发展，有利于积极改善企业组织结构中不合理的部分，建立一个适合商品经济充分发展的企业组织结构，从而实现投入少、产出多、产品质量好、技术进步快、经济效益高的目标。因此，横向经济联合是培植国家财源、保持经济稳定协调发展的重要途径。发展横向经济联合，也是我国改革经济体制的关键一步，它势必同旧的经济体制发生矛盾，从而引起"撞击反射式"的全面改革，促进改革向前发展。

一、改革财政管理体制，促进横向经济联合

发展横向经济联合，一个十分重要的问题就是如何正确处理好部门、地区、企业在税收归属、利润分配等方面的经济利益关系。这也是长期以来经济管理体制中条块分割、地区封锁、部门所有的症结所在。同时，为了消除"大而全""小而全"现象，鼓励横向经济联合，

---

* 原载《湖北财税》，1986 年第 7 期。

也必须解决联合产品重复征税的问题。以上这一切，都要求对现行财政管理体制进行改革。

（一）划分税种、统一财源，处理好中央与地方的关系，为简政放权创造条件

我国现行的财政管理体制，是新中国成立三十多年来在不断总结财政管理经验和不断进行调整的基础上形成的。几十年来，我们的财政管理体制基本上是在统收统支的范围内，围绕着确定支出基数和按照支出基数划分收入的形式而变化的。我们虽然进行了多次变革，但每一次变化都没有彻底打破统收统支的原则。财政收支基本上是随着企业事业单位隶属关系的变化而变化，特别是按照企业事业单位隶属关系划分财政收入，哪一级管理的企业事业收入归哪一级财政，使中央与地方的利益相矛盾。从 1980 年起实行的"分灶吃饭"财政体制，加剧了这方面的矛盾，强化了"地区所有制"和"部门所有制"，加剧了地区封锁和条块分割。从 1985 年起实行的"划分税种、核定收支、分级包干"的新的财政体制，对于改变过去以企业事业单位行政隶属关系划分收入的现象起了一定作用，但由于有些税种（如所得税、调节税）仍是按行政隶属关系上缴，不利于彻底改变过去那种"地区所有""部门所有"的现象。今后，随着条件的成熟，我们要实行全面的"分税制"，尽快改变同一税种按行政隶属关系分渠道上缴的现象，建立统一财源。这样，能在经济利益上为简政放权、消除"地区所有制"和"部门所有制"创造条件。

（二）"先分后税"，处理好地区之间的关系，为消除地区封锁、开放城门创造条件

发展横向经济联合，除了要妥善处理好中央与地方的经济利益关系，更要重视处理好地区与地区之间的经济利益关系。目前，有的地区本位主义思想非常严重，提出"胳膊肘不能朝外拐""肥水不落外人田"，设置种种障碍，加强地区封锁，使资金、技术、物资、人才等"欲进不能，欲出无法"，严重影响跨地区的经济联合。

解决这一问题的可行性办法是实行"先分后税"，即经济联合组织和参加各种形式联合的企业就地交纳产品税（增值税）、营业税，然后按照"先分后税"的原则，由联合各方按协议规定分配利润，再拿回原地交纳所得税。这样，就能较易地冲破地区封锁，有利于敞开城门，形成统一的社会主义大市场，促进跨地区经济联合。

（三）实行以增值税为主的税收体系，为鼓励企业联合，消除"大而全""小而全"的状况创造条件

多年来，对产品的课税，都是实行以产品税为主的税收体系。这样的征税，对于生产环节多、生产结构复杂的产品来说，一直存在着重复征税和同一产品因生产结构、协作环节不同税负也不同的情况。历史上，这种税收体系导致了以下弊端的出现：一是税负不均，使税收政策失去合理性。二是影响财政收入的稳定性。重复征税的弊端是产品税负不稳定，从而使财政收入在一定程度上也失去稳定性。此外，企业还可以通过搞"大而全""小而全"，把国家的税收转化为企业利润，也可以通过生产工序的衔接，避开某一环节的税负，使国家税收不能足额上缴。三是不适应我国目前经济体制改革的要求。我国经济体制改革中的一项重要任务是在专业化协作的基础上发展横向经济联合，它表现在两个方面：一方面，把我国多年形成的"大而全""小而全"的封闭式低效能的生产形式改革为专业化生产形式，为实现高精尖、大批量、低成本的现代化大生产创造条件。但是，随着协作环节的增加、扩散产品的增多，税负也将相应增大，这就不利于专业化协作。我们的企业长期存在"大而全""小而全"的倾向，同我们的税收不合理是有密切联系的。另一方面，根据经济合理的原则，把一些存在互助联系、能够通过综合利用发挥更大综合效益的企业，按照专业化的原则组织联合。但是，根据现行税制，对于那种将成为真正经济实体的紧密型经济联合组织，原来许多纳税单位将变为一个纳税单位，税负将随之减轻，一部分税收将转化为企业利润；相反，对于那些松散型联合企业，由于协作产品的增加，税负也将加重。

为了解决以上问题，促进横向经济联合的发展，我们应当本着"不能因实行联合而增加企业的负担，也不能因实行联合而减少企业的税收"的原则，改变目前以产品税为主的税收体系，实行以增值税为主的新体系，加快推行增值税。

二、发挥财政职能作用，引导横向经济联合

强调横向经济联合，并不排斥纵向经济联系，横向经济联合和纵向经济联系都是不可缺少的。在社会主义有计划的商品经济条件下，纵向经济联系应当以广泛的横向经济联合为基础，而横向经济联合也应当在有纵向经济联系的规划、组织、引导、协调和监督之下进行。

和其他一切经济活动一样，横向经济联合也有可能出现一定的盲目性。因此，我们必须搞好行业规划和地区规划，运用一整套以间接控制为主的宏观调控手段，正确引导地方、部门和企业资金的合理投向，鼓励横向经济联合朝着有利于开发能源动力、综合利用各种资源、增加原材料生产、发展通信及交通运输业等方面发展，对长线产品的生产联合则加以适当限制。

在以上这一切经济活动中，财政作为国家管理国民经济活动的重要经济手段，将大有用武之地。

从投资方面来说，对于一切应当鼓励横向经济联合、重点发展的行业和产品，以及凡联合起来进行技术引进和技术改造能做到投资省、见效快的项目，财政可以优先予以安排；反之，则少安排或不安排。

从折旧来说，对于一切应当加以鼓励的方面，财政可以规定较高的折旧率，以有利于企业加快更新改造，迅速扩大生产能力；反之，则规定较低的折旧率，限制其发展。

税收是财政发挥其管理国民经济活动职能的最重要的手段，因为税收具有很大的灵活性，最易于贯彻区别对待的原则。例如，为了鼓励生产单位的横向联合，对实行统一核算的经济联合组织各单位的互供产品可免征产品税，而对其外售产品则征收产品税；为了鼓励企业、单位向能源、交通设施以及"老、少、边、穷"地区投资，可以在一定的时期内减征或免征所得税。为了鼓励科研单位和生产单位进行联合，对科研单位的技术转让、技术咨询、技术服务、技术培训、技术承包、技术入股等收入和技术所得，可以免征营业税和所得税；而对科研单位的生产所得和非技术性经营所得，则依法征收营业税和所得税。这样就能抑制科研单位投资办工厂的现象发生。推行增值税以后，可以根据国家的政策要求，对不同的产品规定高低不同的增值税税率，以充分发挥增值税的鼓励与限制功能，引导横向经济联合沿着健康的轨道发展。

另外，在必要的时候，财政还可以对某些急需发展而又微观效益不大的产品，在组织联合时实行退税政策，或直接给予财政补贴。

浅论社会主义经济体制改革的几个基础理论问题 *

（1986 年 8 月）

　　每一项社会实践活动都必须有一定的理论作指导，否则，就会多走弯路甚至可能导致半途而废。我们今天进行的经济体制改革，是一场广泛、深刻而又持久的大变革，是一项十分复杂的系统工程，因此更有必要对经济体制改革的一些基础理论问题进行积极探索，以引导经济体制改革顺利进行。

一、社会主义经济形态

　　在人类社会发展历史中，共有三种经济形态：自给经济、商品经济和产品经济。

　　在原始社会里，由于生产力处于低级发展阶段，每个人都不能脱离整个原始公社而独立生存。虽然当人类社会进入野蛮时代的中级阶段以后，出现了社会大分工，从而要求在整个社会范围内（即原始公社）进行余缺调节，但不同的产品生产者之间还不具备进行商品交换的物质基础。所以，人们劳动的不同产品，还不能互相作为商品发生关系。

---

* 原载《湖南经济》，1986 年第 8 期。

因此，原始社会的经济形态是原始产品经济——实质上是公社范围的自给经济。

在封建社会里，由于生产力的发展，虽然已经出现了低级的商品生产和商品交换，但因为其主要经济活动是以家庭为单位进行自给自足的生产，因此，封建社会的经济形态是自给经济。

到了未来的共产主义社会，生产力将高度发达，社会物质财富将极其丰富，人们的需求将最大限度地被满足，劳动将成为人们生活的第一需要，社会经济活动将实行不通过价值形式的社会的直接生产和社会的直接分配。因此，共产主义的经济形态将是产品经济。

只有在整个资本主义社会和社会主义社会的一个相当长的历史阶段，由于生产力发展到这样一个水平——社会分工十分发达，但又不能完全满足生产者对物质文化生活的需要，商品经济才会存在。在这个漫长的社会历史阶段中，我们撇开不同时期的生产关系的性质不说，就会发现其中的一个主要特点是生产力不够发达，劳动是人们赖以谋生的手段。因而"人们奋斗所争取的一切，都同他们的利益有关"[①]。人们从事生产活动的动机和目的，就是为了获得物质利益。因此，不同生产者所生产的不同产品不能义务交售或被无偿调拨，而必须按照价值规律的要求进行等价交换。

我们说只有在资本主义社会和社会主义社会的一个相当长的历史阶段，商品经济才会存在，是因为商品经济的充分发展，只是社会主义经济发展的不可逾越的阶段，但并非整个社会主义阶段都是商品经济。实现共产主义的基本经济前提是产品经济，产品经济实现之前，因为物质利益关系仍将存在，整个社会就不可能进入共产主义。在共产主义到来之前，虽然国家之间还存在利益差别，但由于生产力发展

---

① 《马克思恩格斯全集》（第一卷），人民出版社 1956 年版，第 82 页。

的不平衡，在一国或几个国家可以首先实现产品经济（然后扩展到更多的国家以至全世界）。在共产主义实现之时，整个世界一下子由商品经济转为产品经济是不可想象的。

因此，社会主义经济的发展将分为两个主要历史阶段，与此相适应将出现两种经济形态。首先，社会主义社会的一个相当长的历史阶段将是商品经济；然后，进入社会主义社会末期，产品经济将代替商品经济。

二、社会主义经济机制

经济机制是指一定社会经济形态下形成的经济机体中的各种因素，在运动中相互关联、相互制约的作用过程，以及由此决定的社会劳动分配所采取的调节形式、方法、手段和实现途径的行为总和。

经济机制作为经济生活的一种具体现象，是经济规律赖以发生作用的表现形式和过程。在商品经济形态下，由于价值规律和有计划按比例发展规律共同作用的结果，对社会经济活动的调节有两种不同的形式，即市场机制和计划机制同时并存。

首先，因为价值规律是商品生产和商品交换的基本规律，只要商品经济存在，它就在整个经济活动中起着十分重要的作用。它能自发地调节生产资料和劳动力在各个生产部门之间的分配，使社会生产的各个部门自发地建立起大体上平衡的比例。它促使企业关心自身的生产结构，灵活地适应消费者不断变化的需要，尽可能经常地和迅速地使生产的微观结构同需求结构达到一致，同时力求不断地提高生产的效率，不断进行技术革新，加强经济核算，以求得最大的经济效益。在我国，随着经济的搞活、企业经营自主权的扩大、社会主义市场体系的逐步完善，制约企业日常经济活动的主要因素将来自市场，价值规律将成为商品经济形态下微观经济活动的中心规律。

在商品经济形态下，价值规律对社会经济活动的自发调节就是市场调节，这种自发的调节形式和过程就是市场机制。

其次，在商品经济形态下，社会分工和专业化协作的发展，使自给经济形态下的分散的小规模的个体生产转变为由分工和协作联系起来的集中的大规模的机器生产，即社会化大生产。生产社会化的发展，使整个国民经济、各地区、各部门、各企业之间的相互联系变得日益紧密和复杂，使整个社会经济活动联结成一个统一的有机整体。因此，就有必要按一定的比例分配社会劳动。马克思说："要想得到和各种不同的需要量相适应的产品量，就要付出各种不同的和一定数量的社会总劳动量。这种按一定比例分配社会劳动的必要性，决不可能被社会生产的一定形式所取消，而可能改变的只是它的表现形式，这是不言而喻的。"①

在商品经济形态下，按比例地分配社会劳动，在很大程度上有可能通过市场来实现。但是，如果完全由价值规律的自发调节作用来实现社会劳动的按比例分配，就有可能使商品生产者的生产具有盲目性，从而导致宏观经济活动的紊乱并使社会生产力遭受破坏。因此，商品经济不仅要求按比例地分配社会劳动，而且要求自觉地调节社会劳动的分配，即有计划地按比例分配社会劳动，对国民经济活动进行有计划的调节。正如列宁所说的："大机器工业和以前各个阶段不同，它坚决要求有计划地调整生产和对生产实行社会监督。"②

长期以来，我们为了说明社会主义制度的优越性，认为有计划按比例发展规律是社会主义特有的经济规律。其实，这是一种偏见。通过上面的分析，我们发现，国民经济有计划按比例发展是商品经济自

---

① 《马克思恩格斯选集》（第四卷），人民出版社 1972 年版，第 368 页。
② 《列宁全集》（第三卷），人民出版社 1984 年版，第 500 页。

身的客观要求，因而有计划按比例发展规律也是商品经济的规律。区分社会主义制度和资本主义制度的优劣，不在于规律是否存在，而在于这两种经济制度下，人们对规律的认识程度以及规律所发生作用的大小。资本主义制度之所以不如社会主义制度优越，是因为资本主义基本矛盾的存在，使有计划按比例发展规律作用不能充分发挥出来，因而使资本主义国家饱尝违背这一经济规律的苦果——频繁出现的经济危机。但是，我们不能因此而得出资本主义社会不存在有计划按比例发展规律的结论。

社会遵循有计划按比例发展规律的要求，自觉地调节社会劳动的分配，协调国民经济各部门的活动和相互关系，就是计划调节。这种调节形式和过程，就是计划机制。

当社会生产力充分发展，产品经济代替商品经济以后，对社会经济活动的调节职能就会单一地落到计划机制身上，市场机制将随着商品经济的消失而自行退出历史舞台。

在社会主义时期的一个相当长的历史阶段，其经济形态仍将是商品经济，因而商品经济形态下的两种经济机制——计划机制和市场机制将是这一阶段的社会主义经济机制。当社会主义产品经济代替商品经济之后，社会主义经济机制将是单一的直接计划机制。

三、社会主义经济体制

对国民经济活动的管理，包括社会再生产整个过程的各个地区、各个层次、各个单位的经济活动的决策权限、组织形式、机构设置、调节机制（即经济机制）、监督方法等整个体系，我们可以把它们统称为管理体系。为了保证一定的管理体系行之有效，必须按照不同时期政治经济发展的要求，加以规范，形成制度，则称为经济体制或国民经济管理体制。

　　经济机制作为经济体制中一个十分重要的组成部分，与经济体制有着十分紧密的联系。经济体制是人们认识了经济规律以后形成的规范自己行动的准则，是客观反映为主观的东西；经济机制是经济规律发挥作用的表现形式，经济规律是客观的，因而经济机制也是客观的。经济体制和经济机制的关系是主观和客观的关系。经济体制的建立必须反映经济规律的要求，也就是反映经济机制的要求。如同一定的社会制度的性质决定于占主导地位的所有制形式的性质一样，经济体制的性质决定于在调节社会活动过程中起主导作用的经济机制的性质。

　　在社会主义商品经济形态下，国民经济活动中存在着市场调节和计划调节两种调节机制，但并不意味着两者没有主次之分。因为社会主义商品经济是以社会主义公有制为基础的，所以市场机制只对日常微观经济活动的调节起着主要的作用。而从宏观来看，计划机制应成为调节整个国民经济活动的主导。只有这样，才能实现整个国民经济的协调和平衡，有力地促进社会主义经济的发展。

　　当社会主义由商品经济发展到产品经济之后，对国民经济活动的调节将由市场和计划两种机制同时并存转变为单一的计划机制，因而社会主义经济体制将由包含市场机制的不完全的计划经济转变为没有市场机制的完全的计划经济。

　　虽然社会主义经济体制有完全与不完全的计划经济两种形式，但它们没有本质区别，只不过是计划经济在社会主义发展的不同阶段上的特殊表现而已。

四、社会主义经济模式

　　"经济模式"这个经济术语在经济研究中运用得比较广泛，其精确含义是表示经济机制的运动图式。它撇开了复杂的细节，而仅提供经济运动的主要原则的抽象图式，至少应当包括以下三个方面的内容：

1. 经济体制；2. 经济形态；3. 经济机制。

根据以上概念，我们可以把社会主义经济模式分为两种类型：有计划的商品经济和有计划的产品经济。有计划的商品经济的主要特征是：经济体制是包含有市场机制的不完全的计划经济，经济形态是商品经济，经济机制包括计划机制和市场机制，计划机制占主导地位，市场机制在国家宏观调控下对资源配置起基础性作用，它是社会主义初级阶段的经济模式。有计划的产品经济的主要特征是：经济体制是完全的计划经济，经济形态是产品经济，经济机制是单一的计划机制，它是社会主义进入高级阶段之后，一国或数国实行了产品经济，但国家之间仍然存在物质利益关系时的社会主义经济模式，是有计划的商品经济充分发展的必然产物。

论国家所有制形式和性质的改革 *

（1986 年 12 月）

近年来，在经济体制改革过程中，所有制改革作为整个经济体制改革的一个重要组成部分，取得了一定的成就，主要表现在以下两个方面：首先，对整个社会的所有制结构进行了调整，在坚持国有经济主导地位的前提下，相对提高社会主义集体经济和个体经济的比重，实现了多种经济形式的共同发展；其次，对传统的集体所有制进行了改革，使原来单一的集体所有制变成集体和个人的联合所有制，这一点在农村表现得尤为突出。但是，国家所有制的改革进展缓慢。目前，城市经济体制改革中其他方面的改革，已经不同程度地反映到所有制层次上来，国家所有制改革的迟滞，已经成为整个城市经济体制改革向前推进的制约因素。

一、实行资产经营责任制改革国家所有制形式

国家所有制改革包括两个方面的内容：其一是国家所有制形式的改革，其二是国家所有制性质的改革。

---

* 原载财政部科研所《研究生论坛》，1986 年第 3 期。

实行国家所有制形式的改革，即变更国家对国有企业生产资料所有权的实现形式，旨在坚持国家所有制性质不变的前提下，做到国家虽作为生产资料的所有者但不去直接参与企业的经营活动；而企业虽然是非所有者，但能如同所有者一样，对企业财产拥有充分的经营自主权。也就是我们通常所说的实现国有生产资料所有权和经营权的分离，使企业成为自主经营、自负盈亏的经济实体。

目前，对国家所有制形式的改革有许多种思路，但归纳起来主要有两类。其一是实行股份制（这里暂且舍象企业对单位和个人发行股票以及企业把国有财产按个人股份化给企业职工），使国家成为企业的股东；其二是通过承包、租赁、资产经营责任制等形式确定企业对国有资产的经营自主权。

推崇股份制的同志认为，实行股份制后，企业能摆脱国家行政机构对其的直接控制，让职工当家，或通过股份制可以使所有权与经营权分离，实现政企职责分工，然后进一步建立起决策权和经营管理职能分开的现代管理体制。确实，从当代经济的发展趋势来看，专门技术知识相对于财产越来越成为企业成功的决定性因素，在西方社会的大公司里，企业的经营决策权已开始由财产所有者向具有专门技术知识的专家集团转移。但是，无论这种转移程度有多大，企业的命运总是时刻把握在财产所有者手中，经营者随时都得服从"钱老板"——股东的使唤。在我国，国有企业实行股份制，无论成立国家控股公司、信托投资公司还是其他机构，国家的各级政府部门最终都将直接或间接地成为具有绝对权威的股东。在经济运行过程中，当国家运用各种间接手段不能很好地调控企业的行为活动时，便会以股东的姿态出现，直接干预企业的经营决策活动，从而强化政企不分。从利益分配角度看，在股份制下，国家对企业生产资料的所有权是通过股息、红利来实现的，而股息、红利是和企业的经营效果紧密相连的，因此，国家实际上承担了企业的经营风险。在这种情况下，若强行要求国家不享有对企业经营活动的干预权，显然是不合乎情理的（按法律上的说法，可以看作"显失公平"）。而对企业来说，如果经营好，上交的股息、红利就多，反之则少，相同数量的资产在不同的企业以及同一企业的不同时期所承担的负担就不均等，从而影响企业积极性的发挥，企业自负盈亏的目的也就此告吹。因此，想通过股份制来实现国有生产资料所有权和经营权的分离，做到政企职责分开，使企业成为自主经营、自负盈亏的经济实体的想法是难以行得通的。

改革国家所有制形式的另一种思路是实行资产经营责任制，即让企业集体以有偿的形式拥有它们已经实际占有的生产资料，对于某些小型国有企业还可以承包、租赁给个人经营，以合同的形式确定经营期限和经营者的权利与义务。国家始终保持对现有生产资料的所有权，并凭此向经营者按国有资产数额收取法定资产占用费。而经营者在经营期内拥有全部决策权和经营自主权，承担全部风险，成为经营自主、盈亏自负的经济实体。这种形式目前已在全国逐步试行。

资产经营责任制和股份制相比，至少具有两大优点：其一，可以保障经营者在合同期内的一切自主权，实现政企职责分开，给企业以活力；其二，在既定收费率下，资产占用费只与企业经营的国有资产数量有关，而同企业经营好坏没有联系（与银行贷款利息具有相似之处），从而能使企业真正做到盈亏自负。有此两条，我们改革国家所有制形式的初衷也就实现了。

目前，在实际工作中，资产经营责任制是通过国家与企业或个人之间招标投标实行的。但是，在签订招标合同时，一般很难科学地对未来收益进行预计，难以合理地规定不同部门、不同地区以及不同企业的资产占用费率。合同执行的结果，要么损害了国家的应得利益，要么增加了经营者的负担，从而使不同的经营者之间出现外部环境的不平等。因此，实行起来麻烦较多，比较困难。我认为，是否可以设想在全国不分部门、地区、企业，实行同一个资产占用费率（该比率应当低于同期银行贷款利率）。而由于经营者占用国有资产的不同在部门之间、地区之间、企业之间所形成的级差收入，则由国家通过税收予以调节，并且这也正是税收的基本职能之一。

全面实行资产经营责任制，首先要由财政、银行、审计等国民经济管理部门联合组成资产评估工作组，对国有资产进行评估，并以资产评估额按统一的资产占用费率向企业征收资产占用费。将来由国家向企业进行的投资，则在项目建成投产后按实际投资额收取资产占用费。

实行资产经营责任制以后，对国有资产提取的折旧归经营者支配，用于国有资产的更新改造，从而保障国有财产不受损害。经营者一般不对国有资产行使转让、出卖等法律处置权，如要行使，须经国家同意，所得收入上交国家，同时抵减企业的国有资产数额。

二、对改革国家所有制性质几种方案的分析

在城市经济体制改革过程中，为了增强企业活力，促进企业行为合理化，不仅要求改革国家所有制形式，而且要求部分地对国家所有制的性质进行改革。目前，人们提出的改革思路主要有转卖、股份化、企业所有制。

1. 转卖。在我国，目前有些国有企业对生产社会化程度要求不高，所生产的产品不关系到整个社会的经济命脉，而企业的资产数额也不大。为了适应生产力发展的要求，对于这种企业，我们允许在所有制上有所"倒退"，向社会转卖，但原则上只允许卖给集体而不卖给个人。但在目前，转卖对于改革大中型国有企业是无能为力的。

2. 股份化。所谓股份化，即目前的国有企业除由国家拥有国有资

产的股权外，还向社会发行股票，甚至将国有资产折成小额股份向单位和个人转卖，从而实现多种所有制形式的融合。有些同志认为，这是改革国家所有制的唯一出路。推崇股份化的同志认为，实行股份经济，可以使更多的人来关心企业的生存和发展，通过财产所有权关系来制约企业；尤其是向企业内部职工发行股票，能使企业和职工形成利益共同体，促使职工注重企业的长远发展。

但是，我们应当考虑到，股票所体现的是一种所有权关系，将股份化作为改革国家所有制的一项基本措施，随着私人股份的与日俱增，有可能变生产资料的公有制为个人私有制。与此相连，随着股份经济的全面发展，企业资金的股份化必然导致社会财富在一部分人手中的集聚，从而形成资本与劳动的对抗，扩大社会不平等感，引起人民内部矛盾。这些情况与我们进行经济体制改革的基本原则相悖。在社会主义社会，虽然允许人们因劳动贡献的不同而存在利益差别，但原则上排斥社会成员之间劳动外收益的不均等。当前经济形势较好，但各阶层意见不少（"端起饭碗呷肉，放下筷子骂娘"），虽然原因复杂，但其中的一个重要因素是社会不平等感加深。社会上存在这样一种情绪：竖着看，很满意；横着看，满肚子气。在社会主义制度下，尤其是在中国这样一个具有几千年封建历史的大国，效率和公平的矛盾是一个应当予以高度重视的问题。坚持按劳分配，既要反对平均主义，也要防止两极分化。匈牙利政府认为，进行经济体制改革，既要做到把经济搞活，又要防止产生靠资本维生的新阶层。这一经验值得我们借鉴。

有些同志提出，我们不能用"发展社会主义生产力"和"社会主义社会不允许剥削"这种二元主义观点来看问题，必须坚持"发展社会主义生产力"一元论。按照这种一元论的观点，我们撇开上面对股份经济的认识不提，那么股份经济对发展社会主义生产力有没有益处呢？

我们进行经济体制改革的中心环节是增强企业活力，促进商品经济的发展。我在前面已经提到，用股份制来改革国家所有制形式，使国家成为企业的股东，会更加强化政企不分；同样，在股份经济下，大小股东都多少有权参与企业的某些活动。因此，实行股份化，无异于企业用一定的代价（股息、红利）买来一些大大小小的"婆婆"，对企业"指手画脚"，企业岂不是作茧自缚？企业活力的源泉在于企业内部劳动者的积极性。增强企业活力，主要在于如何调动和发挥企业职工的积极性和创造性，而不是像某些同志所设想的，依靠"入股者的经济利益同企业经营效益挂钩，使更多的人关心企业命运"[1]。

在股份制下，入股者的利益并非和企业命运结合在一起，而是和股票行情紧密相连的，当企业命运出现恶化趋势时，股东们便会立即抛售自己的股票。从长远来看，在股东和企业之间不存在什么利益共同体，股东并不真正关心企业的长远发展，所感兴趣的仅是企业的季度盈利情况。相反，企业为了增强自身在股票市场上的竞争能力，提高自己对购股者的吸引力，必然会更加注重短期经济效益，甚至会陷入"季度利润表"而不能自拔。因此，想通过股份化来实现企业行为长期化也是非现实的。

有些同志还希望能通过实行股份制克服企业职工对工资奖金的过高要求。但是，只要企业向企业外其他单位和个人发行了股票，企业盈利就有一部分会通过股息和红利"外泄"。在此情况下，即使本企业职工拥有企业的股票，也宁愿多分奖金而少得股息、红利。在盈利一定的情况下，职工发的奖金越多，用作股息、红利的就越少，因而"外泄"的盈利也就越少。当然，股份公司的经理会根据股东们的

---

① 封显：《略论股票和股票市场》，《经济日报》1986 年 10 月 14 日。

心意抑制这种愿望的实现，但我们不能否认企业职工对工资奖金高要求心理的存在。

股票市场的开放，有可能产生交易所投机，并且还可能使一些经营和管理股票市场的知情者利用特权投机，为新的不正之风开辟门路。退一步说，假使在我国可以通过各种有效的方法，再加上劳动群众的政治觉悟，使股票投机受到一定的控制以至消灭，但是，在股票价格经常波动的情况下，持股者为了避免因股价下跌而遭受损失，必然时常注意股票行情，从而导致劳动时间的浪费。

当然，股份制作为商品经济发展的产物，也具有强大的生命力，它突出地表现在股票作为一种长期资本，可以有效地吸收社会闲散资金，用于企业的长期生产。但我认为，股票的这一融资职能也可以由公司债券来顶替，所不同的是，债券到期必须还本付息。但是，在一定时期内，债务人还本付息后，市场上又多了一笔闲散资金，从而又有发行新债的可能。并且，如果企业经营有方，甚至还可以借新债还旧债，实现短期资金长期化。同时，由于债券不体现所有权关系，一种债券的利率也不随企业经营好坏而波动，因而可以避免因发行股票而可能带来的种种弊端。

我们指出股份制的种种弊端，旨在要求人们对股份经济有一个全面的认识，但不是对股份经济彻底否定。在某些领域，如引进外资，地区之间、企业之间的联合经营，个人之间的合伙经营等，都可以采用合股的形式。在这些方面，我们应当在国家的科学管理下，有选择地发展股份经济。

我们的结论是：股份制是资本主义社会的"专利品"，但既为"专利品"，我们就可以"买"来，其代价是允许一定的剥削存在。股息、红利所体现的是一种剥削关系，而不是像某些同志所说的，是"按劳分配"出现的"新构成"，这种观点，无非是将萨伊的"三位一体"

公式和西尼尔等人的所谓"节欲论"套上一身"按劳分配"的时装，来"发展"马克思的劳动价值理论。还是于光远同志说得好："我们自愿地接受一定程度的剥削以求得社会生产力的发展，求得将来可以不受剥削。"②

3. 企业所有制。有些同志设想，在实现国有资产"两权分离"的基础之上，国家分期分批地收回对企业的投资，以至彻底割断国家和企业之间的财产"脐带"关系，使国家所有制改变为企业所有制。

在这里，我们且不讨论企业所有制是否比国家所有制先进；而且也相信，实行企业所有制无疑能使企业活力增强，成为商品经济下的经济实体。然而，我们也应该看到，实行企业所有制，将增加国家管理国民经济活动的难度。社会主义生产力的发展，要求国家具有强大的宏观经济调控能力，而国家宏观经济调控能力的重要物质基础，就是相当规模的国有经济。实行企业所有制后，国家将不能以所有者身份来调节企业的经济活动，从某种角度来看，这与西方国家的宏观经济管理没有多大差别。

因此，我认为，除部分小型国有企业外，企业所有制不宜成为改革国家所有制的目标模式。

总之，作为发展社会主义商品经济下多种所有制形式的途径，转卖、股份化和企业所有制等都可以进行必要的尝试，但它们不宜成为改革国家所有制的主要途径或目标模式。

---

② 于光远：《我国社会主义体制改革和政治经济学社会主义部分》，《经济研究》1986 年第 8 期。

三、实行企业财产所有权二元化改革，发展联合所有制

我国国有企业内部财产所有权关系的基本特征是国有财产一体化，即国家是企业全部财产的唯一所有权主体，企业作为生产经营活动的主体并没有自己独立的财产。十一届三中全会以来，随着企业自主权的扩大，这种传统的财产所有权关系也发生了一些新的变化，特别是第二步利改税后，确定了国家与企业的收入分配关系，企业有了自身的利益，并能在政策允许下自行支配税后留利。但是，以上种种改革，都只是扩大了企业对自留资金的使用权，而没有从法律上明确规定企业对税后留利以及用税后留利和其他自筹资金建造购置的企业资产的所有权，从而在经济体制改革过程中，使企业产生了一系列不合理的经济行为，没有完全达到我们改革的目的。首先，就"拨改贷"来看，我们企图以该项措施来提高企业的资金使用效率，抑制企业的投资膨胀，但是，由于国家没有在法律上确定企业对用银行贷款建造购置的固定资产的所有权，因而只能要求企业用税前利润还贷，这样基本上等于用财政资金来还银行贷款，"拨改贷"的作用也就没有完全发挥。当前，企业敢毫无保证地向银行借款，其原因就在于此。人们纷纷提议要尽快将"税前还贷"改为"税后还贷"，但若不确认企业对用贷款建造购置的固定资产的所有权，要企业集体拿钱为全民搞建设，似乎有些不大合理，在这种情况下，企业除非万不得已才可能不借款搞建设，也就不求发展了。其次，在国家不承认企业对其用自留资金建造购置的固定资产的所有权的情况下，企业就不会有自我生产性积累的积极性，因为企业进行生产性积累便意味着企业既得利益的丧失。因此，企业便一味地用税后留利来发奖金、搞福利。但由于企业的利益与企业的经营效益挂钩，企业内部也具有扩大投资的冲动，要求提高技术装备水平，扩大生产规模，只是不愿意把自己的利润留成用于生产性投资，从而无休止地向国家要资金，向银行要贷款，这

就是我国近几年来消费膨胀和投资膨胀并存、企业经济行为短期化的病根所在。

为了解决企业缺乏自我生产性积累积极性的问题，有些同志提出由国家严格规定企业税后留利中积累与消费的比例，还有些同志建议在企业税前利润中核留一部分作为企业生产技改资金和增补自有流动资金。但是，我认为，前一方案的实质在于国家对企业进行硬性干预，施加外来压力，后一种方案的实质就是将国家财政资金作为企业的生产性积累，它们对于调动企业自我生产性积累的积极性都没有实质性的作用。

马克思在《资本论》中指出，即使在简单再生产的情况下，资本家所有的全部资本，不管它最初是怎么来的，经过一定时期以后，都会变成剩余价值的积累物，变成由剩余价值积累起来的资本，从而揭示了资本主义再生产过程所引起的资本法权和它的价值来源的矛盾，正是这一矛盾导致了历史对私有制的否定，剥夺者被剥夺。在社会主义商品经济下，由于国家与企业之间、企业与企业之间还存在一定的物质利益差别，从法律上说，劳动者虽然是全民所有制生产资料的共同主人，但在现实经济生活中，企业职工的利益除了与本企业内部生产资料紧密相连外，其主人翁地位不能直接体现出来。因此，在社会主义商品经济下，国家所有制内部也会遇到财产法权和价值来源的矛盾。在社会主义发展初期，由于国有企业财产来自对资本家的剥夺，因而这一矛盾还不突出，但随着企业的发展，国家与企业集体的矛盾会日益明显，最终导致传统的国家所有制的危机。因此，社会主义商品经济自身要求用法律形式确定国家与企业之间的分配关系，确立企业对税后留利以及用税后留利（包括企业用税后留利还本付息的银行贷款和企业债券）建造购置的固定资产的所有权主体地位，变目前国有企业财产所有权国家一体化为国家与企业的二元化。在传统体制下，我们由于不承认企业对自留资金的所有权主体地位，认为国有企业的留利是国家应上收而没有收上去的，形象地说是一种"让利"，从而严重影响了企业活力的发挥，阻碍了社会生产力的发展。

实行企业财产所有权二元化改革以后，传统的国家所有制将改变为由国家财产和企业集体财产共同构成的联合所有制，即共有制。

有些同志担心，确认企业对自留资金的所有权主体地位，会削弱甚至取消全民所有制（即目前的国家所有制）经济。我认为，这种担心是多余的。前面我们提到，在资产经营责任制下，从国有资产中提取的折旧原则上留给企业，用于保障国有资产不受损失，因此，从简单再生产的角度来看，全民所有制经济不会被削弱。此外，我国处理国家与企业、个人之间的分配关系的一条基本原则是"国家得大头，企业得中头、个人得小头"，国家能取得社会纯收入的绝大部分，从而能保障国家进行固定资产投资。在社会主义再生产过程中，就某个企业来说，国家可能不再追加投资或国家对企业的再投资跟不上企业自我生产性积累的速度，国有资产在该企业中所占的比重可能会下降，但从整个社会来看，只要坚持收入分配中"国家得大头"的原则，并正确处理好生产与消费的比例关系，全民所有制经济在整个社会经济中的主导地位并不会削弱，更不至于取消。

四、国家所有制改革后国家与企业的分配关系

在企业实行国有资产经营责任制和进行企业财产所有权主体二元化改革，发展联合所有制后，国家和企业的分配关系实际上存在两个层次的含义。首先，国家作为整个社会的利益代表与企业这个创造物质财富的经济实体的关系；其次，国家作为国有资产的所有者与经营国有资产的企业之间的关系。以上两重关系的存在决定了联合所有制企业既要向国家上交一般税金，又要向国家上交由企业所经营的国有

资产数额决定的资产占用费。其分配程序是交税在前，交费在后，资产占用费应从企业税后留利中扣除。

值得指明的是，联合所有制下国家与企业分配关系的"税费并存"，并不等于我们过去曾经实行过的"税利并存"。在"税利并存"体制下，往往通过包干、分成等办法在国家与企业之间分配税后利润，企业上交利润的多少和其盈利多少紧密相连，因而国家同企业的分配关系不能固定下来。而实行"税费并存"，收费率是由国家统一规定的，不管企业经营好坏、盈利高低，经营一定国有资产的占用费是一定的，从而能固定国家与企业的分配关系，使企业真正做到盈亏自负。

关于湖南省财政体制的调查与建议 *

（1987 年 1 月）

湖南省近几年经济发展比较稳定，经济发展处于全国中等水平，在全国具有一定的代表性。现就我们对湖南省财政体制的调查情况以及对近期财政体制改革的思考和建议，分述如下：

一、财政体制的执行情况

1980 年开始实行的"划分收支、分级包干"的财政体制，标志着我国预算管理体制长期统收统支局面的结束，是我国财政管理体制的重大改革。1985 年实行划分税种的财政体制，坚持了调动地方积极性的原则，开始向分税制的分级财政迈进。调查表明，地方各级政府对 1980 年以来实行的财政体制反映是：调动了地方积极性，扩大了地方财权，刺激了地方经营管理的活力，使地方经济有了很大的发展。

（一）地方财力逐年增加

从 1980 年到 1985 年，湖南省财政收入由 29.86 亿元增长到 39.19 亿元，6 年间年均增长 5.6%，而且实现了财政收支平衡，并

---

* 原载《财政研究资料》，1987 年第 6 期，与吴畏、沈小平同志合作撰写。

略有结余。全省每年的机动财力都在 2 亿元或 3 亿元左右。1982 年至 1985 年，地方留用部分每年比上年分别增长 102.5%、3.17%、11.64%、41.53%，年均增长 39.71%。上解中央支出各年则呈起伏变化的状况，其主要原因是由于经济调整和企业上划影响总额分成比例。以 1985 年为例，全省财政收入实际完成 39.19 亿元，剔除排污费、水资源费收入和城建税及分成收入外，完成了 37.28 亿元，为年度预算的 119.5%，比预算超收 6.08 亿元，按同口径比 1984 年增长16.6%。全年财政总支出完成 40.11 亿元，剔除超购粮油加价款支出3.06 亿元和肉价补贴支出 0.89 亿元外，财政支出 36.16 亿元，为预算的 96%，比 1984 年增加 6.12 亿元，增长了 20.4%。

（二）财政收支结构呈现新的变化趋势

随着我国经济体制的改革、第二步利改税的实施，到 1985 年，我国的财政收支结构发生了相应的变化。财政收入结构由企业利润收入为主转为以税收收入为主，税收收入已占财政收入的 95%。目前，各种税收中产品税、营业税、增值税成为主要税种，1985 年湖南这三种税收收入占全部税收总额的 65.56%。

从 1985 年财政收入执行情况来看，来自全民经济的收入占68.4%，来自集体经济的收入占 24.7%，来自个体及其他经济的收入占 6.9%。税收制度的完善，将有利于财政体制的转变，为实现分税制奠定了基础。从财政支出结构上看，1981—1985 年间，财政支出情况也呈现出一些新的趋势：

1. 基建拨款逐年增加。各年基建拨款平均占总支出的 13% 以上。其中 1981 年、1984 年基建拨款占比为 14%、14.73%，反映出这两年基建投资比重很大。虽然 1985 年基建拨款支出的比重有所下降，但支出数额仍比 1984 年增加 1700 多万元。

2. 企业挖革改资金逐年减少，占财政支出的比重逐年下降。这主要是由于中央财政不再集中企业的折旧资金，相应安排挖革改资金支出减少，企业自筹安排的本项支出增加。这也反映出经济体制改革后，财政支出结构发生变化的一种趋势。

3.流动资金拨款趋于零。这是由于中央财政已上收流动资金指标，改由银行供应流动资金，实行全额信贷。但湖南到1985年仍有0.006%的支出。这表明实行全额信贷还存在一些问题，遗留一些"尾巴"没有解决。

4.农林水气事业费方面的支出比重呈下降趋势。到1985年，湖南用于农业方面的支出一直没有恢复到1979年的水平。

5.文教科卫事业费及行政管理费呈逐年增长趋势。其中文卫事业费每年平均增长都在30%以上。其原因是近几年教育事业受到高度重视，投资增长比较快。行政管理费增长，主要是经费开支标准、物价等提高以及新建许多机构等原因所致。人员经费增长是这两个项目开支迅速增长的一个显著特点。

体制执行情况表明，两种财政体制都调动了地方发展生产和组织收入的积极性，地方欢迎这种体制，希望现行体制能有一个比较稳定的时期。

但是，另一方面，现行体制也还存在许多弊端，有的甚至还有日渐滋长的趋势。

二、财政体制存在的问题

（一）按行政隶属关系划分收支流弊尚存

按企事业行政隶属关系组织财政收入，是现行财政体制尚未解决的问题。这个问题是财政管理体制改革所面临的根本性问题，它的最深层次涉及国家与企业的关系究竟如何确定。从整个经济体制改革来说，财政体制改革是解决企业活力的一个条件；反过来，财政体制改革根本问题的解决，又取决于我们对国家与企业关系的最终选择。调查情况表明，在"分级包干"的财政体制下，按企事业隶属关系划分中央、地方收支范围，固然能大体上保证各级预算收入的稳定可靠，但其流弊很多。

1. 强化政企不分。实行"分级包干"体制，收多多支，强化了"块块管理"。而这种"块块管理"并不是建立在分级财政基础之上，导致地方政府出于本级经济利益考虑，盲目投资上项目，搞条块分割，强化了地方政府对企业经济活动的行政干预。具体表现在：地方政府对各级企业区别对待，不利于对企业财权的监督，对中央企业敬而远之；地方往往从本级经济利益考虑，在财政收入基本完成的情况下，为留后劲经常对企业实行减税免税；有些地方企业的自主权受到限制，摊派之风有增无减，企业普遍反映活力不大。

2. 体制经常变动，各级预算之间调整工作庞杂繁多。企业隶属关系的变化，经常导致收入或支出基数以及分成比例的重新调整。上下级预算之间经常性的全面调整，也使体制不够稳定。由于国民经济调整的需要，湖南先后上划了电力、石油、石化、有色等企业，总额分成比例由最初的70%调整到88%。这种经常的调整变动带来的问题是：体制上的优越性难于实现，往往是一种体制的优越性没有发挥出来又转入下一个新的体制；造成财政预算工作失之规范化、科学化，使许多经济指标缺乏可比性；影响地方内部财政体制的稳定性，使财政资金不能有效地使用，在经济改革过程中缺乏应变能力；在预算编审上，上下级预算数很不一致，财政部分配的任务省里要挂一块，省对下面分配的任务，下面既有挂账的，也有加码的。

（二）基数确定方法缺乏客观的科学标准

这是自1980年"分灶吃饭"以来到1985年制定新的财政体制仍然没有解决的问题。从两次确定收支基数的办法来看，1980年实行

"划分收支、分级包干"体制，支出基数以 1979 年财政收支预计执行数为基数。这种以某一年支出执行情况为基数的办法，在方法上过于简单，事实上承认了所有不合理的因素，人为地造成苦乐不均。1985年实行的新体制，在方法上略有调整，即改变了与某一年支出数直接挂钩的办法，实行按 1984 年决算收入数乘以分成比例以及其他调整因素来计算确定支出基数。虽然在坚持地方既得利益的原则下克服了一些弊病，但由于 1984 年的收入数受原来总额分成比例的影响，在一些经济效益不好的地区和贫困地区，实际上并没有起到多大的缓解作用，"一刀切"的现象依然存在。

（三）"开口子"带来的问题很多

目前，地方反映最强烈的是"开口子"问题。根据经济调整和改革的需要，中央在经济工作方面陆续颁布了一系列新的政策措施，这是十分必要的，但在财政方面也带来了不少问题，导致地方财政收支经常发生变化，减收增支的口子往往超过地方每年所能增加的收入。湖南省 1985 年全省财政用于支持肉价改革的财力达 2 亿元，用于行政事业单位工资改革的财力达 2.1 亿元，共计 4.1 亿元，占包干基数的 17.4%，相当于该年上解中央支出的 80.3%。仅为保证这两项政策的顺利实施，1985 年全省 33 个县发生赤字，赤字总数在3000 万以上，至今挂在账上。这些减收增支口子带来的问题是：地方财政压力很大，难以应付，特别是贫困地区承受不了，加剧了发达地区与贫困地区的差距，不仅"吃饭财政"的困局难以突破，体制上的优越性也难于发挥。

（四）"一刀切"现象仍十分普遍

"一刀切"现象在我们经济工作中普遍存在。表现在财政体制上面，不仅是基数确定整齐划一，而且在许多政策和方法上没有区别对待，方法简单，缺乏灵活性。财政资金在流向上，即使需要返还使用，也很少变通政策。比如，湘西自治州这样靠高补贴过日子的贫困地区，交通不发达，能源供应不足，广大农村能用上电的地方极少，生活照明靠煤油、松脂。尽管这样，仍然要开征能源重点建设基金，并全部上交中央。如果能全部或大部留给州里，由州里自行安排，用于发展交通、能源事业，效益会更好些。此外，"拨改贷"问题也是"一刀切"。发达地区发展经济时搞无偿投资，"生逢其时"；而现在穷困地区要脱贫，则碰上一律的"拨改贷"。

（五）税收管理体制亟待完善

1980年以来，税收管理体制进行了一系列的改革。第二步利改税后，税收占国家财政收入的比重，已由"五五"期间45.6%上升到95%。1985年，湖南共开征了22种税，各项税收完成42.25亿元。税收作为国家筹集资金的重要手段，正日益发挥它的重要作用，但税收管理体制仍需完善。一方面，适合我国特色的税制调节体系尚未形成，表现在地方政府在税收方面的管理权限太小，难以适应经济体制改革期间复杂多变的情况。一些应开征的税种尚未开征，调节税仍未取消，税收的立法权集中在中央，地方政府无权增设新的税种、税目与调整税率，与经济发展的现状不相适应。另一方面，尚未建立起一个科学的税收管理体制，表现在税务部门和财政部门之间业务方面的矛盾，地方税务部门与中央所属企业财务管理方面的矛盾，以及在减免税收方面政出多门，地方税务部门偏重任务观点，财政部门则注重平衡观念。这种状况很难发挥税收调节经济的杠杆作用。此外，目前税务人员素质有待提高，税务人员的培训、业务职称没有得到很好的解决，也是影响税收管理科学化的一个重要因素。湖南税务系统现有干部职工17651人，有大专文化的只有367人，有中专文化的2114人，分别占干部职工总数的2%和12%。调查结果表明，税收管理体制虽然有了一定的改进，但仍然不适应经济发展对税收体制改革提出的要求。

三、对近期财政体制改革的思考与建议

严格地说，现行体制是介于分级包干和分税制之间的一个过渡体制。从形式上看，它已向分税制迈进了一大步，但实质上仍然是一种分级包干的体制。这种过渡体制的存在是有其深刻的政治、经济根源的。我们既要看到它存在的客观必然性，也要把握住这种体制进一步改进的趋势。

调查结果表明，对近期财政体制改革呈现两种倾向。一方面，由于近几年体制的变动较为频繁，地方希望财政体制具有一定的稳定性；另一方面，又看到现行体制的诸多弊端，承认分税制是财政体制改革的方向，但又对分税制形成顾虑，担心中央把稳定增长的收入拿走。我们认为，必须坚持分税制的改革方向，去弊存利，准备条件，加速推进财政体制的改革进程。为此，我们建议：

（一）实行"大—小—大"的财力分配模式

中央与地方事权和财权的重新调整，是进一步改革现行财政体制的前提。我们认为，必须实行地方事权与财权的重点转移。是否可以考虑将地方目前承担的生产性支出、基本建设资金、企业挖革改资金、流动资金支出等转入银行"全额贷款"，地方财政支出的重点转移到支援地方农业的发展、城市建设维护以及地方科教文卫事业和行政事业方面来。在财力分配上形成中央、地方、企业两头大中间小的结构，即"大—小—大"的财力分配模式。这样，从长远来看，有利于中央集中资金统筹安排重大的经济建设支出和进行有效的宏观调控，同时又可以赋予微观经济以生机和活力；从近期来看，有利于对现行体制去弊存利，更顺利地向分税制过渡。

（二）以不稳定收入作为共享税

在事权与财权确定以后，税种的划分就成为主要问题，其中共享税如何划分是分税能否成功的关键。分税的总原则应当有利于调动两

个积极性。划分为中央的税收，应有利于中央对国民经济的宏观控制，将大宗税和某些特定行为税，如关税、流转税、建筑税、资源税等集中于中央。划分为地方的税收，要保证地方随着经济的发展具有比较稳定增长的资金来源。如屠宰税、集市交易税、牲畜交易税、城市房地产税、车辆使用牌照税、契税以及待新开征的城市维护建设税、土地使用税、特种消费税，可作为地方固定税收。在共享税的划分上，应当注意既要使税收的划分能适应地方事权、财权的重点转移，又要避免一些税收的起伏变化过大，影响中央和地方财政关系的相对稳定性。为此，似乎把不稳定的收入如所得税等作为共享税较为合适。当然，这里只是原则性地提出如何划分三类税收的办法，在实际工作中还需要认真仔细地进行归类和测算。

（三）按客观因素确定支出基数

实行分税制必然涉及支出基数的重新确定问题。过去的方法都还是粗线条的，现行的标准已经过时，不能适应经济社会发展的新情况。我们赞成按客观因素确定支出基数的办法，首先要制定统一的各项经费开支标准，再重新确定合理的定员定额以及机构设置，并考虑各地的经济变动等客观因素、地区差别来确定各地的支出基数。

（四）建立双重税局

税务机构的改革，是税收管理体制改革的重要一环。消除现行税收管理体制存在的弊端以及实行分税制，必须强化税务机构。我们主张，实行中央和地方税务机构分立。中央税局主要负责征收中央税和共享税，地方税局主要负责地方税的征收。这样明确职责分工，有利于税收的足额缴纳，消除政出多门，建立适合我国特色的税制调节体系和科学的税收管理体系。

（五）以特殊政策解决特殊问题

"一刀切"的实质就是特殊问题不特殊对待。针对调查中发现的问题，我们提出以下几条改进意见：一是从单纯的重视给钱转变到多给政策，发挥政策的灵活性作用，促进经济的发展。二是在资金流向上减少财政资金的返还方式，对高补贴的贫困地区减少乃至取消资金先集中又返还的形式，这样可以更有效地发挥资金的使用效益，因地制宜地发展本地区经济建设。三是在工作方法上避免简单粗放的方式，多进行深入细致的调查研究和政策的可行性研究，及时反馈政策执行中的各种信息，具体问题具体解决。

陷入困境的县级工业 *
——关于华容县办工业情况的调查

（1989 年 12 月）

在社会再生产诸环节中，一定的生产决定一定的消费、分配、交换，以及这些不同要素相互间的关系。财政分配作为社会总产品分配中的一种重要方式，也由一定的生产所决定。从量的关系来看，国家财政收入主要来自各物质生产部门创造的国民收入。在一定时期内，生产发展的规模和水平以及经济效果决定着财政收支的规模和增长速度。近几年来，伴随着经济体制改革的步步深入，各级政府尤其是县级政府对这一规律的认识日益加深，迫切感受到"无工不富"，于是急于高速发展工业这一主要物质生产行业。那么，在当前治理整顿时期，这些工业企业的情况如何呢？从华容县办工业来看，这些企业正陷入困境而难以自拔。

一、企业"缺柴""少米"，生产停停打打

1. "缺柴"。能源紧张，电力供应严重不足，是制约我国工业生产

---

* 原载《湖南财政与会计》，1989 年第 12 期。

的一个主要因素。这个矛盾，在我省反映尤为突出。当电力严重紧缺时，连一些重点企业也难以保证正常生产，县级企业更只能压电拉闸。今年元月至 9 月，华容县 13 户县办工业企业就有 6 户共停电 197 天，影响产值 347 万元。其中停电达一个月以上的有：县苎麻纺织厂停电 41 天，影响产值 64 万元；县人民纸厂停电 19 天，影响产值 71 万元；县黄麻厂停电 60 天，影响产值 64 万元。

2. "少米"。我国工业企业国家流动资金和自有流动资金本来就紧，存在先天不足。国家流动资金管理办法改革以后，企业进行生产所需的资金完全依赖银行。近几年来，虽然通过各种减税让利措施，企业自有资金有所增加，但企业在安排资金用途上，除了首先考虑提高职工物质利益外，便热衷于固定资产投资，并且大多数投资项目在资金安排上留有缺口，更没有考虑配套资金和追加相应的流动资金。于是，当国家紧缩银根时，企业就倍感资金短缺，无钱"买米"，只好待料停产。今年前 10 个月，华容县工业企业中因无钱购买原材料而停产严重的有这么几家：县苎麻纺织厂前 9 个月累计停产 30 天，10 月份全停；县丝绸厂前 9 个月停产 65 天，10 月份全停；县人民纸厂前 9 个月停产 23 天，10 月份停产半个月。

二、市场销售疲软，货款难以收回

今年前 9 个月，华容县 11 户预算内工业企业总产值仅比去年同期增长 1.76%，销售收入增长 18.97%，而期末产成品资金却增长 52.4%，部分企业因产品滞销而被迫限产。其中县酒厂停产 90 天，少产白酒 900 吨，影响产值 120 万元；县水泥厂二季度少产水泥 2200 吨，影响产值 11 万元；县针织厂少产丝袜 6 万双，影响产值 9 万元。仅这么几户企业就因限产而影响产值 140 万元。

在产品库存增加、企业被迫限产的同时，货款收不回来也是一个相当严重的问题。尽管有的企业组建了专门的收款队伍，实行工资与收款任务挂钩，但收效甚微。如县丝绸厂派人到东北收款，收回1000元货款，却花费了1200元差旅费，得不偿失。

由此看来，部分企业正陷入一个"想生产，而无资金；搞了点生产，又无销路；产品卖出了，货款却收不回；想再生产，而又无资金"的怪圈之中。

三、效益迅猛下降，亏损急剧增加

今年元月至9月，华容县11户预算内工业企业实现利税356.46万元，比去年同期的622.56万元减少266.1万元，下降42.74%。其中实现利润188.95万元，比去年同期的420.26万元减少231.31万元，下降55.04%；发生账面亏损147.51万元，增亏3.17倍。

今年以来，华容县工业企业的经济效益下降如此之快，除了上面所讲的因电力紧张、资金短缺、产品滞销而被迫停产、限产，使生产能力不能正常发挥这个主要因素外，还有以下几个方面的原因。

1. "高进低出"，价格上涨使成本增加。今年以来，尽管国家采取了"双紧"政策，物价上涨幅度得到了有效的控制，但还没有完全止住。特别是受翘尾因素的影响，工业系统产品销售收入的增长速度明显快于工业总产值的增长速度。然而，在工业产品销售价格继续上涨的同时，工业原材料、辅助材料、燃料等生产要素的价格却以更快的速度上涨，形成"高进低出"的局面，影响企业效益。今年前9个月，华容县预算内工业企业产品提价增加收入786.8万元，但原材料等涨价却高达898.42万元，二者相抵，减少利润116.62万元，相当于同期实现利润188.95万元的61.72%。

2. 利率提高，利息支出大幅度增加。至今年9月末，华容县预算内工业企业流动资金贷款余额为4820万元，比去年同期的3996万元增加 824 万元，增长 20.62%。而利息支出却高达 483.11 万元，比去年同期的 204.51 万元增加 278.6 万元，增长 1.36 倍。经分析，其中因贷款增加而增加利息 48.9 万元，由于国家统一提高贷款利率而增加利息 106 万元，其余的 123.7 万元主要是企业逾期贷款的罚息。今年前 6 个月，仅县苎麻纺织厂的逾期贷款罚息就达 10.23 万元。尽管该厂至今已全部停产，但利息还得照样罚下去。

四、已是资不抵债，前程步履艰难

据 1988 年决算资料反映，华容县 11 户预算内工业企业共有固定资产净值 4285.7 万元，定额流动资产 2528 万元，而同期专用借款 3619.5 万元，流动资金借款 3888.1 万元，已经到了资不抵债的地步。至今年 9 月末，11 户预算内工业企业专项贷款余额上升为 3667.4 万元，再加上工业供销企业的 175 万元和预算外国营企业的 635.9 万元，共达 4478.3 万元，每年需要支付的利息就要 760 多万元。按照 1988 年的盈利水平，全年实现利润只够支付利息。而像今年这样，连贷款利息都付不起。从一些经济效益相对比较好的企业看，归还贷款的任务也相当艰巨。

除了负债累累，步履艰难的另一因素是存在巨额潜在亏损。今年前 9 个月，华容县亏损企业账面体现亏损 156.2 万元；而前两年亏损挂账有 535.5 万元，今年的潜在亏损有 779.8 万元，二者加起来，高达 1315.3 万元，为账面亏损的 8.42 倍。

然而，企业本身的承受能力却相当有限。由于银根紧缩、资金短缺，一些扩建工程没有达到设计能力，形成大规模投入、小批量生产的局面。再加上企业管理落后，工人技术素质有待提高，导致单位产品的成本费用偏高，形成单位成本高于现行售价的现象。以县苎麻纺织厂为例，棉纱、麻纱等 7 种产品，其单位成本均高于现行售价。

如每吨棉纱的成本为 13825.20 元，售价只有 10426.84 元；每吨麻纱成本为 41680.01 元，售价仅 30711.75 元。由此出现了"一小背两大"状况，即小批量生产，承受巨额贷款和巨额亏损两大包袱，每前进一步，都是极其不容易的。

五、依靠治理整顿，摆脱经济困境

就工业企业来说，搞好治理整顿，最重要的工作是深入开展增产节约、增收节支运动，挖掘企业内部潜力。只有这样，才能帮助企业克服暂时困难，渡过当前难关，摆脱经济困境。目前，企业面临的最严重的问题是资金紧张，市场疲软。因此，企业应当首先清理往来资金，组织力量收回拖欠货款；要利用各种渠道，采取多种手段推销产品，搞活销售。其次，要完善经济责任制，降低物资消耗，减少成本费用，把节约降耗与职工利益挂起钩来。最后，要改善工艺，提高产品质量，摆脱市场竞争中的不利地位。

在治理整顿过程中，企业在有针对性地对职工进行思想教育，以稳定职工队伍的同时，还必须加强职工的技术素质培养。近几年来，由于生产规模的盲目扩大，对职工的需求量大大增加，部分企业忽视了抓职工的技术培训。如县苎麻纺织厂就有三分之一的新招工人未经培训就上岗作业，导致产品质量下降。当前，这些企业正好可以利用生产暂时萧条时期进行"补课"。企业要想走出经济困境，人的因素不可忽视。而从长远来看，一个企业的兴衰，关键取决于职工素质的高低。

发挥财政职能作用　加快湖南工业化进程*

（2002 年 1 月）

一、湖南工业化的现状

工业化是指一个国家或地区在社会经济发展中由以农业经济为主过渡到以工业经济为主的一个特定的历史阶段和发展过程。实质上，工业化水平是一个国家或地区科技水平和综合经济实力的体现。新中国成立 50 余年来，特别是改革开放以来，湖南工业由小到大、从弱到强，逐步形成了一个传统产业与高新技术产业竞相发展、门类齐全的工业体系。1999 年，全省完成工业总产值 4556.74 亿元，比 1949 年增长了 740 倍，年均增长 14.1%。工业增加值占国内生产总值的比重由 1952 年的 10.6% 提高到了 1999 年的 35.4%。

湖南的工业化进程虽然取得了巨大成就，发生了根本性变化，但与全国工业化进程比较，仍有一定的差距。改革开放以来，当全国工业进入快速发展的时期，湖南工业没有跟上全国发展的步伐。1979 — 2000 年，湖南工业增加值年均增长 11.3%，比全国年均水平低 0.3 个

---

* 原载《时代财会》，2002 年第 1 期。

百分点，比安徽、江西、河南分别低 2.9、2.9、1.7 个百分点，比广东、江苏分别低 6.0 和 2.7 个百分点。湖南工业增加值占全国的比重明显低于 GDP 和人口占全国的比重。1999 年湖南工业增加值占全国工业增加值的比重为 3.14%，而 GDP 和人口占全国的比重分别为 4.14% 和 5.19%。人口占全国比重与湖南相差不多的广东、江苏工业增加值占全国的比重分别高达 10.6% 和 9.69%。

工业增长速度相对偏慢，工业化程度相对偏低，导致改革开放以来湖南经济总量在全国位次下降（由第 11 位降到第 12 位），人均 GDP 占全国人均 GDP 的比重下降（由 1979 年的 82.3% 下降到 1999 年的 78.1%）；导致湖南人均 GDP 水平由改革开放初比江西、安徽、河南高转为比它们低，与浙江、江苏、广东等沿海省市的差距成倍扩大。

工业发展滞后，也直接影响了湖南的财政实力。近几年来，尽管湖南财政收入增长势头良好，但财政实力相对较弱，主要表现在两个方面：一是湖南财政收入占 GDP 的比重整体呈下降趋势，低于全国财政收入占 GDP 的比重；二是湖南财政收入增长速度自 1993 年达到顶峰后逐年递减，1995 年以来的增长速度低于全国水平，收入增长的难度越来越大。因此，加速工业发展，加快工业化进程，增强湖南的综合经济实力，是我们在新世纪初面临的一项重大而紧迫的战略任务。

二、湖南工业化面临的主要环境

当前，国内外经济社会环境正在发生深刻变化，而这些变化将对湖南工业化进程产生重大而深远的影响。

一是经济全球化的步伐加快，国际经济结构加速调整以及我国加入 WTO。从正面影响看，这将有利于湖南在更大范围内引进国外资金、技术和管理经验，更好地利用国际国内两种资源和两个市场，更快地发展开放型经济。从负面影响看，将意味着市场竞争更加激烈，国际竞争国内化、国内竞争国际化的现象将更加普遍。如果工业竞争力不能得到有效提高，湖南将面临国际国内市场的两面夹击。

二是以信息技术为主体的高新技术迅猛发展。一方面，这将有利于高新技术产业发展，有利于用高新技术改造传统产业，从而推动湖南产业结构升级。特别是信息技术革命带来的信息化，将有利于全面推进工业化进程，为社会生产力实现跨越式发展创造了难得的机遇。但另一方面，高新技术的迅猛发展及其产业化，将不断弱化自然资源方面的传统优势，并有可能迅速放大区域经济之间的水平差距。如果湖南不能在高新技术及其产业化方面占据一席之地和有利地位，不用信息技术改造提升传统产业，就有可能被其他省市甩得更远。

三是西部大开发和沿海地区产业升级。这将有利于湖南发挥承东启西的区位优势，较好地接受东部沿海地区的经济辐射，并利用湘西进入西部大开发范围的契机，呼应和参与西部大开发。但如果湖南的软硬环境得不到有效改善，日益强大的东部不仅将以雄厚的经济技术实力占据竞争优势，而且其对外投资将有可能全方位跨越式地转向西部地区，使湖南形成"灯下黑"的状况。

四是买方市场的形成。20世纪90年代后期，我国买方市场逐步形成，有效需求呈现不足。中央实施积极的财政政策，采取扩大内需、鼓励出口、改善供给的重大战略方针。这有利于湖南乘势抓住机遇，多争取中央支持，推进基础设施建设，推进企业技术改造，努力增加出口。但是，买方市场的形成，对经济增长方式转变提出了更紧迫的要求，使粗放型外延式扩大再生产的模式难以为继，这对产业产品结构层次相对较低的湖南工业来说，无疑是个严峻的挑战。

五是城镇化的加快发展。中央已把加快城镇化发展作为重要的战略方针，城镇建设将进入加速发展阶段。城镇化发展不仅可以为工业化提供良好载体，创造良好的发展条件，而且还可以在一定程度上直接拉动和促进工业发展。但是，如果不把城镇化与工业化有机结合起来，只为建城而建城，城镇化与工业化将难以实现良性互动，甚至有可能出现相互制约的状况。

六是劳动力成长进入新的高峰期。由于人口结构原因，现阶段已进入新的劳动力高速增长阶段，每年净增劳动力50万—60万个。同时，随着改革深入，大量下岗职工也成为一个突出的社会问题。另外还有农村已经沉淀下来的近千万的剩余劳动力。丰富的劳动力资源，可以为工业化发展提供大批相对廉价的劳动力，但是，这也意味着就业压力更大，就业形势更加严峻。而且由于这些劳动力资源缺少有效的职业和技能培训，整体素质相对不高，与工业化对劳动力的素质要求存在一定距离，在就业中竞争力不强，致使劳动力资源在总量过剩的情况下还存在结构性不足的问题。

七是可持续发展战略实施力度进一步加大。保护和改善生态、控制环境污染，是实施可持续发展战略的重要内容。从长远发展看，这有利于改善湖南的发展环境，有利于工业化健康发展。但就近期看，对工业发展还是有一定的负面影响。因为这将意味着对环境污染和破坏较大的各种小企业将关闭停产。湖南由于产业层次相对较低，这类企业占有相当比例，尤其是不少非公有制经济都是靠这类低门槛低成本的企业起步和积累的。严禁这类企业开办，将意味着在这些领域老的企业将关闭、新的企业无法生成，而关闭现有这类企业，如果找不到新的产业接替，肯定会影响工业增长。

八是改革向纵深发展，市场经济不断完善。这将有利于推进制度创新，有利于建立公平有序的市场经济秩序，为经济发展注入新的活力。但是，随着改革不断深入，多年积累的经济社会矛盾将会集中凸显出来，一些经济问题尤其是社会问题将可能处于激化状态，使改革、发展、稳定协调的难度加大。

三、工业化对财政的影响

（一）工业化将增强财政实力

工业化的主要结果之一是经济结构的改变，即随着工业化的推进，劳动生产率水平较高的工业经济在国民经济中所占比重不断上升。而工业比重的上升，则意味着财源基础的扩大和政府财政收入征集能力的提升。因此，可以说，一个地区工业发展的过程，就是财政实力不断增强的过程。

近 10 年来，湖南财政收入总量随经济的发展而不断增加。1990 年全省财政收入为 70.66 亿元，2000 年上升到 321.85 亿元，10 年增加 251.19 亿元，增长 3.55 倍，年均递增 13.52%。从主要税种的产业来源看，来自工业部门的税收占 60% 以上，其中烟草、电力、石化、有色金属、冶金等行业中的大型企业又是支柱税源，工业对财政的贡献一直处于主导地位。从 1991 年以来湖南各产业的投资税收贡献率（一个时期某产业每一个单位的投资额所提供的税收贡献）分析，第二产业的投资回报最高，为 0.9；而第一产业和第三产业分别只有 0.1、0.21。同样，湖南各产业对财政收入的增长弹性（各产业每增加一个单位的产值相应增加的工商税收）第二产业最高，为 0.54；而第一产业和第三产业分别只有 0.32、0.43。因此，推进湖南工业化进程，将促进湖南财政的稳定发展，有利于实现湖南财政的振兴。

（二）工业化将增强财政支出的责任

工业化的一个重要结果是城市化。城市化水平的不断提高，将直接导致政府财政支出责任的增强。因为，较之于农村而言，城市往往是一定区域内的经济、文化与政治中心，虽然城市化水平的提高有利于实现公共服务供给中的规模经济，但更重要的是城市往往要求政府提供更多的农村所没有的公共服务，如公共卫生与环境保护、城市公园与绿化、市内公共交通设施、城市街道等。根据世界各国的实践，这些大都是由地方政府承担。因此，工业化进程的推进会因为城市化水平的不断提高而直接加重财政的支出责任。

同时，工业化进程的推进，要求交通、通信、能源等工业化所必需的基础设施有相应的发展。由于这些基础设施具有自然垄断性质而无法完全通过市场方式来加以解决，因而需要政府的干预和投资。因此，工业化进程的推进也会直接加重政府在这些基础设施领域的财政责任。

四、湖南财政在推进工业化进程中的职责

经济学理论和世界各国工业化的实践都表明，要推进工业化，必须具备以下五个方面的基本条件：

一是资金。现代工业不同于传统农业，从总体上说，传统农业是在自然条件下以利用自然资源为主要特征的生产方式，而现代工业是以人造环境并使用先进生产工具对自然资源进行大规模、高效率利用为主要特征的生产方式。生产方式的根本区别，决定了农业对资金的需求相对较弱，工业对资金的依赖相对较强。因此，无论一个国家或地区，推进工业化进程，必须有大量的资金投入。

二是技术。技术革命是引发工业革命的根本动因。随着现代科技的迅猛发展，科学技术在现代经济尤其是工业经济中的作用日益突出，其重要性已超过资金（本），跃升为第一要素。追求科技进步，创造科技优势，是一个国家或地区实现经济尤其是推动工业快速持续发展的根本举措。

三是资源。拥有自然资源优势，是一个国家或地区经济发展特别是工业发展十分重要的基础和条件。尽管随着经济全球化的发展，交通运输体系的现代化，尤其是科学技术的迅猛发展，自然资源优势在经济和工业发展中的作用与地位已在不断下降，但这并不意味着一个

国家或地区的经济特别是工业发展可以离开自然资源，而只是可以在更广阔的空间获取和利用自然资源，并大幅度提高资源的利用效率，减少对自然资源的依赖程度。

四是劳动力。大批合格和高素质的劳动力不仅是推动工业发展必不可少的要素，而且是最活跃、最重要的因素，以日新月异的科学技术为支撑的现代工业发展尤其如此。这就要求劳动者的知识、技能和各项素质都能够随工业发展的需要而尽快地更新和提高。否则，就会造成劳动力供给与需求的结构性失调。

五是市场环境。所谓市场环境，主要包括经济体制、法律法规、市场秩序、思想观念等软环境以及基础设施等硬环境。市场环境是促进或制约工业发展十分重要的因素。一个良好的市场环境，将有利于推进工业发展，加快工业化进程。而一个不理想的市场环境，无疑将阻碍工业化发展，减缓工业化进程。因此，努力创造良好的市场环境，是促进工业快速健康发展的关键性条件。

这一系列基本条件，不同程度地需要财政发挥职能，或直接提供支持，或给予间接支持。当前，湖南要在有效需求相对不足、技术较为落后、体制尚不完善的情况下推进工业化，尤其需要财政从三个方面发挥作用。首先，要依靠财政的支持来缓解"需求瓶颈"的制约。受各种因素影响，我国经济已出现了低水平状态下的相对过剩现象。这就意味着未来湖南的工业化将面临较大的"需求瓶颈"制约。而要突破"需求瓶颈"的制约，一个很重要的方面，就是通过财政资金的投入及引导，加大基础设施建设以及技术改造的力度，扩大投资需求，并为消费需求的扩大创造条件。其次，必须依靠财政的支持，缓解"技术瓶颈"制约。湖南传统产业所占比重大，产业技术水平较低，技术创新能力较弱，高新技术产业的发展和传统产业的现代化改造任重道远。而要推进技术进步和技术创新，加大财政对科技的投入，是一项重要的举措。最后，必须依靠财政的支持，突破"体制瓶颈"制约。经过20多年的努力，湖南的经济体制改革取得了很大的成就，但同建立比较完善的社会主义市场经济体制的要求相比还存在较大差距，突出表现为分配制度和社会保障体系尚不完善。这些问题如不能解决，势必大大影响工业的发展。必须通过分配政策和财政收支结构的调整，解决经济体制中存在的深层次矛盾，为工业的发展提供新的动力。

总之，在建立适应社会主义市场经济要求的公共财政框架下，财政在推进湖南工业化进程中的主要职责是努力提供和改善与工业化相关的公共服务，改善工业化所需要的软硬环境，创造有利于各类经济成分共同发展的外部条件。同时，财政作为国有资产所有者的代表，负有发展国有经济的重大职责，要努力推进国有企业改革，支持国有企业发展。

五、加快湖南工业化进程的财政对策

（一）充分运用财政政策和财政资金的引导作用，促进企业发展壮大

财政部门是政府进行宏观调控的重要职能部门。财政部门将充分发挥职能作用，研究制定支持和促进我省工业发展的政策措施，加大投入力度，着力扶持优势企业和优势产业的发展，推动企业技术进步和体制创新，促进我省工业的结构调整和发展壮大。

1. 对部分优势骨干企业继续实行优惠的财税政策。为推进工业企业的技术改造，加快形成优势产业和优势企业，增强我省企业在国际国内市场的竞争能力，我们将根据优势企业的不同发展情况，采取既具有针对性又符合国际通行做法的措施，扶持其做大做强。

一是对卷烟企业继续实行"两税"增收返还的政策；对长沙、常德卷烟厂的技术改造项目，执行省重点工程的税费优惠政策；对长沙、

常德卷烟厂兼并小厂，采取保地方财政既得利益的办法。

二是省财政 2002—2005 年每年安排专项资金，支持华菱集团的重点技术改造项目，促进华菱集团尽快进入全国 50 强。

三是落实中央下放的有色金属企业税收优惠政策，用好有色金属企业的补贴资金，提高有色金属产品的科技含量，促进有色金属资源优势向经济优势的转变。

四是进一步调整财政支农支出结构，安排财政专项资金，扶持农产品加工龙头企业的发展。

2. 改善融资环境，扶持中小企业发展。为缓解中小企业贷款难问题，省财政在 2001 年安排了 1000 万元中小企业贷款担保基金，今后将继续支持组建政府与其他出资人共同出资的中小企业融资担保机构；在股份制企业的上市辅导期内，采取股份制企业与母体企业合并年度会计报表清算企业所得税，股份制企业实缴所得税超过合并会计报表计算应缴所得税部分，由财政退库到母体企业，鼓励有发展前途的中小企业进行重组改制，组建股份制企业，促进企业上市融资。

3. 支持企业技术创新。一是切实用好高新技术产业发展引导资金。1999 年以来，省财政每年安排 3 亿元资金，建立了高新技术产业发展引导资金。三年来共支持了 200 多个高科技产业化项目，引导社会资金投入约 80 亿元，引导资金与引入资金比例为 1 : 9，放大了财政资金使用效应。我们将继续安排高新技术产业发展引导资金，支持企业技术进步。同时进一步做好资金管理工作，采取有效措施，加强引导资金的回收管理，保证引导资金按期回收，滚动使用，壮大资金规模，提高对企业技术创新的引导能力。二是进一步改进财政资金投入方式。对现行工业企业技术改造资金等财政专项资金，改以借款和拨款为主的方式为以财政贴息为主的方式，支持企业技术改造。在财政资金的扶持对象上，进一步淡化企业所有制性质，对符合国家产业政策、投资重点，具有相应资产、信用等级和市场竞争力的企业，财政将择优予以扶持。三是落实好国家支持和鼓励企业发展的税收先征后返、即征即退、税收抵免等优惠政策；充分利用国家鼓励企业研究开发新产品、新技术、新工艺和加速折旧的财务政策，鼓励和督促企业进行技术开发和技术改造。

4. 积极促进企业改革和发展。一是促进国有资本的优化配置。按照"有进有退、有所为有所不为"的原则，促进国有资本逐步向优势企业转移，盘活资产存量，提高国有资本的营运效益。安排财政专项资金，做好对不符合产业政策，国家明令限制和禁止发展，以及破坏资源、污染环境、不具备安全生产条件企业的关闭工作。二是完善社会保障制度，加大社会保障投入。近年来，为支持企业改革，我省大幅度增加了社会保障补助支出。2000 年，全省财政安排的社会保障补助支出达 22.68 亿元，比 1998 年增长 3.33 倍。今后，我们将努力争取中央财政的更多支持，进一步调整我省财政支出结构，增加社会保障支出。同时，积极配合有关部门，进一步完善社会保障资金筹措机制和缴费制度，依法扩大社会保险的覆盖范围。切实加强资金的征缴和清欠力度，提高征缴率。逐步将"三条保障线"转化为失业保险和城镇居民最低生活保障"两条保障线"，规范城镇居民最低生活保障制度，建立统一、规范的城镇职工基本医疗保险制度。三是按照构建以资本为纽带的企业体制的要求，加快构建省属企业集团和骨干企业的母子公司管理体制，强化企业的投资主体地位，逐步建立规范的现代企业制度。进一步改进财政对企业的管理方式，积极开展对企业的财务考核与效绩评价试点工作，促进政府职能转变，建立有效的企业激励机制和约束机制，正确引导企业经营行为。督促企业加强财务管理，建立健全企业财务预算制度、内部财务考核与评价制度，促进企业提高管理效益。

5. 拓宽财政扶持企业发展的资金筹措渠道，征收国有资产经营收益。征收国有资产经营收益，是国有资本出资人权利的一项重要内容，也是增强政府宏观调控能力的重要手段。从外省的情况来看，征收国有资产经营收益的潜力很大。1999 年，广东征收国有资产经营收益 8.1 亿元，广西 4.9 亿元，四川 3.7 亿元，而我省只有 1.2 亿元，且全部在市县。为了有效解决发展工业所需要的资金问题，我们建议征收省级国有资产经营收益，建立国有资本经营预算，将包括国有企业的税后利润、国有资产转让收入和有限责任公司、股份有限公司等企业中的国有资产经营收益纳入国有资本经营预算范围。

（二）努力改善企业发展环境

1. 加强基础设施建设，改善企业发展的硬环境。1998 年以来，我省争取国家下达国债项目 267 个，安排国债资金 180.9 亿元，其中拨款 121.98 亿元，支持了我省的基础设施建设，对改善我省的投资环境起到了积极的作用。今后，我们将抓住国家继续实施积极财政政策的有利机遇，积极配合有关部门做好项目筛选和申报工作，争取国家对我省基础设施建设的更多投资。安排专项资金，支持小城镇示范点的建设，带动和促进全省小城镇建设的全面发展。发挥财政资金的导向作用，引导社会资金参与高新技术开发区、大学科技园等园区的建设。

2. 积极推进国有企业分离社会职能。目前，我省国有企业的社会负担仍然较重。2000 年，全省 1308 户国有及国有控股工业企业共有各类学校 249 所，教职工 1.1 万人，当年实际支付教育经费 9258 万元；医疗卫生机构 235 所，职工 9038 人，当年实际支付医疗卫生机构经费 1.4 亿元。我们将严格按照省政府的要求，积极配合有关部门做好企业办社会职能的分离工作。落实好各项优惠政策，推动企业办的福利性机构和医疗卫生机构成为自主经营、自负盈亏的经济实体或事业法人。企业管理学校的职能移交当地政府，办学经费由财政统筹安排。

3.大力整顿财税秩序。一是加强执法检查，促进企业提高会计信息质量。针对企业会计信息失真的问题，2001年5月份以来，我们进行了《会计法》执行情况检查。在各单位进行自查的基础上，对2000多个单位进行了重点检查，其中省本级分两批重点检查了35个单位。对检查中发现的重大违法违规问题，将严格依法进行处理；对带有普遍性的问题和会计制度方面存在的漏洞，将从制度和机制上进行完善。今后，我们将把《会计法》执法检查作为一项经常性工作来抓，以促进会计秩序的根本好转和会计信息质量的提高，建立良好的经济秩序，保护投资者和债权人的利益，吸引社会投资。二是继续清理整顿经济鉴证类社会中介机构。按照"归类合并，统一管理"的原则，抓紧完成经济鉴证类社会中介机构的清理整顿，规范对经济鉴证类中介服务行业的管理。继续以提高执业质量和打假治假为核心，加强行业监管。通过推行合伙制，进一步强化中介机构的法律责任。探索建立经济鉴证类社会中介机构的执业质量评价体系，完善职业道德公约，严格依法处理。三是强化行政事业性收费、基金等非税收入的征管。进一步强化票据管理，加大清理乱收费的工作力度。认真落实已取消的项目，坚决取消不合理的项目，严格控制收费标准，严禁出台新的针对企业的收费项目，切实减轻企业负担。对保留的行政事业性收费，严格实行"收支两条线"管理。四是坚持依法治税，营造良好的税收秩序。既严厉打击偷税、逃税、骗税、抗税行为，又坚决制止擅自减税、免税、缓税等违法行为，公平企业税负，促进企业公平竞争，为经济发展营造良好的财税环境。

湖南工业化与财政 *

（2002 年 11 月）

　　党的十六大报告提出，本世纪头二十年我国经济建设和改革的主要任务是，完善社会主义市场经济体制，推动经济结构战略性调整，基本实现工业化，大力推进信息化，加快建设现代化，保持国民经济持续快速健康发展，不断提高人民生活水平。实现工业化仍然是我国现代化进程中艰巨的历史性任务。那么，什么是工业化？湖南工业化的现状如何？推进湖南工业化进程面临怎样的环境？工业化对湖南财政有何影响？湖南财政在推进工业化进程中有哪些职责？我想就学习和工作中的一些体会与大家进行交流和探讨。

一、湖南工业化的现状和面临的主要环境

（一）工业化的概念

　　在人类历史长河中，自 18 世纪 70 年代工业革命开始以来，由工业革命孕育的新技术，倡导的新视角，带来的新思维，以及种种眼花缭乱、目不暇接的新变化，创造了有史以来最为巨大的社会生产力的

---

* 在湖南省财政系统县市区财政局长培训班上的专题报告，2002 年 11 月 29 日。

持续进步。工业化一直是经济史学和现代经济发展理论所关注的重要问题，工业化的概念也是经济学家和社会发展学家研究、争论的焦点。时至今日，对什么是工业化的表述尚无标准的定义和结论。在对工业化的解释中，具有代表性的有四种：

1. 从生产工具的角度，认为工业化是以机器生产取代手工操作为起源的现代工业的发展过程。德国经济史学家鲁道夫·吕贝尔特在其《工业化史》中指出："只是在机器时代破晓之后，随着纺织的机械化，随着蒸汽机作为一项新的能源，随着从单件生产过渡到系列生产，过渡到大规模生产，人类社会才开始了巨大的变化，我们称之为工业化的这种变化。"

2. 将工业化定义为社会生产方式的一种变革。我国发展经济学家张培刚教授认为，工业化是指国民经济中一系列主要生产函数（或生产要素组合方式）连续发生由低级向高级的突破性变化（或者变革）的过程，是一场包括工业发展和农业改革在内的社会生产力的变革，是社会生产力的一场有阶段性（由低级向高级阶段）的变化。从这一角度定义工业化应该说比较系统，比从生产工具的角度更加全面，更具有说服力，它不仅考虑了劳动方式的变化，而且考虑了因为劳动方式的变化而带来的社会组织形式的改变。

3. 从资源配置结构转换的角度，将工业化定义为资源配置的主要领域由农业转向工业的过程。

4. 从一国经济结构的变动分析，工业化是指机器大工业诞生以来经济结构的变动过程。具体地讲，工业化是指一国或地区的经济结构由农业占统治地位向工业占统治地位转变的经济发展过程。伴随着这个过程，该国国民收入或该地区收入中工业所占份额提高了，在工业中劳动力就业的份额也逐渐增加，同时城市化水平提高，人均收入水平大幅度增加。《中国产业发展报告（2000）》将工业化定义为社会经济发展中以农业经济为主过渡到以工业经济为主的一个特定的历史阶段和过程，工业化实现后还会向以服务业为主的阶段过渡。目前大多数经济学家持这种观点。

（二）湖南工业化的现状

新中国成立 50 余年来，特别是改革开放以来，湖南工业由小到大、从弱到强，逐步形成了一个传统产业与高新技术产业竞相发展、门类齐全的工业体系。1999 年，全省完成工业总产值 4556.74 亿元，比 1949 年增长了 740 倍，年均增长 14.1%。工业增加值占国内生产总值的比重由 1952 年的 10.6% 提高到了 1999 年的 35.4%。

湖南的工业化进程虽然取得了巨大成就，发生了根本性变化，但与全国工业化进程比较，仍有一定的差距。改革开放以来，当全国工业进入快速发展的时期，湖南工业没有跟上全国发展的步伐。1979—2000 年，湖南工业增加值年均增长 11.3%，比全国年均水平低 0.3 个百分点，比安徽、江西、河南分别低 2.9、2.9、1.7 个百分点，比广东、江苏分别低 6.0 和 2.7 个百分点。湖南工业增加值占全国的比重明显低于 GDP 和人口占全国的比重。1999 年湖南工业增加值占全国工业增加值的比重为 3.14%，而 GDP 和人口占全国的比重分别为 4.14% 和 5.19%。人口占全国比重与湖南相差不多的广东、江苏工业增加值占全国的比重分别高达 10.6% 和 9.69%。

工业增长速度相对偏慢，工业化程度相对偏低，导致改革开放以来湖南经济总量在全国位次下降（由第 11 位降到第 12 位），人均 GDP 占全国人均 GDP 的比重下降（由 1979 年的 82.3% 下降到 1999 年的 78.1%）；导致湖南人均 GDP 水平由改革开放初比江西、安徽、河南高转为比它们低，与浙江、江苏、广东等沿海省市的差距成倍扩大。

工业发展滞后，也直接影响了湖南的财政实力。近几年来，尽管湖南财政收入增长势头良好，但财政实力相对较弱，主要表现在两个方面：一是湖南财政收入占 GDP 的比重整体呈下降趋势，低于全国财政收入占 GDP 的比重；二是湖南财政收入增长速度自 1993 年达到顶峰后逐年递减，1995 年以来的增长速度低于全国水平，收入增长的难度越来越大。

因此，加速工业发展，推进工业化进程，增强湖南的综合经济实力，是我们在新世纪初面临的一项重大而紧迫的战略任务。

（三）湖南工业化面临的主要环境

当前，国内外经济社会环境正在发生深刻变化，而这些变化将对湖南工业化进程产生重大而深远的影响。

1.经济全球化的步伐加快，国际经济结构加速调整以及我国加入WTO。从正面影响看，这将有利于湖南在更大范围内引进国外资金、技术和管理经验，更好地利用国际国内两种资源和两个市场，更快地发展开放型经济。从负面影响看，将意味着市场竞争更加激烈，国际竞争国内化、国内竞争国际化的现象将更加普遍。如果工业竞争力不能得到有效提高，湖南将面临国际国内市场的两面夹击。

2.以信息技术为主体的高新技术迅猛发展。信息化是我国加快实现工业化和现代化的必然选择，要坚持以信息化带动工业化，以工业化促进信息化，走新型工业化的道路。信息技术等高新技术的迅猛发展，一方面，将有利于高新技术产业发展，有利于用高新技术改造传统产业，从而推动湖南产业结构升级。特别是信息技术革命带来的信息化，将有利于全面推进工业化进程，为社会生产力实现跨越式发展创造了难得的机遇。但另一方面，高新技术的迅猛发展及其产业化，将不断弱化自然资源方面的传统优势，并有可能迅速放大区域经济之间的水平差距。如果湖南不能在高新技术及其产业化方面占据一席之地和有利地位，不用信息技术改造提升传统产业，就有可能被其他省市甩得更远。

3. 西部大开发和沿海地区产业升级。这将有利于湖南发挥承东启西的区位优势，较好地接受东部沿海地区的经济辐射，并利用湘西进入西部大开发范围的契机，呼应和参与西部大开发。但如果湖南的软硬环境得不到有效改善，日益强大的东部不仅将以雄厚的经济技术实力占据竞争优势，而且其对外投资将有可能全方位跨越式地转向西部地区，使湖南形成"灯下黑"的状况。

4. 买方市场的形成。20世纪90年代后期，我国买方市场逐步形成，有效需求呈现不足。中央实施积极的财政政策，采取扩大内需、鼓励出口、改善供给的重大战略方针。这有利于湖南乘势抓住机遇，多争取中央支持，推进基础设施建设，推进企业技术改造，努力增加出口。但是，买方市场的形成，对经济增长方式转变提出了更紧迫的要求，使粗放型外延式扩大再生产的模式难以为继，这对产业产品结构层次相对较低的湖南工业来说，无疑是个严峻的挑战。

5. 城镇化的加快发展。党的十六大报告提出，要逐步提高城镇化水平，坚持大中小城市和小城镇协调发展，走中国特色的城镇化道路。中央已把加快城镇化发展作为重要的战略方针，城镇建设将进入加速发展阶段。城镇化发展不仅可以为工业化提供良好载体，创造良好的发展条件，而且还可以在一定程度上直接拉动和促进工业发展。但是，如果不把城镇化与工业化有机结合起来，只为建城而建城，城镇化与工业化将难以实现良性互动，甚至有可能出现相互制约的状况。

6. 劳动力成长进入新的高峰期。由于人口结构原因，现阶段已进入新的劳动力高速增长阶段，每年净增劳动力50万—60万个。同时，随着改革深入，大量下岗职工也成为一个突出的社会问题。另外还有农村已经沉淀下来的近千万的剩余劳动力。丰富的劳动力资源，可以为工业化发展提供大批相对廉价的劳动力。但是，这也意味着就业压力更大，就业形势更加严峻。而且由于这些劳动力资源缺少有效的职业和技能培训，整体素质相对不高，与工业化对劳动力的素质要求存在一定距离，在就业中竞争力不强，致使劳动力资源在总量过剩的情况下还存在结构性不足的问题。

7. 可持续发展战略实施力度进一步加大。保护和改善生态、控制环境污染，是实施可持续发展战略的重要内容。党的十六大报告要求，走出一条科技含量高、经济效益好、资源消耗低、环境污染少、人力资源优势得到充分发挥的新型工业化路子。从发展和长远的眼光看，这有利于改善湖南的发展环境，有利于工业化健康发展。但就近期看，对工业发展还是有一定的负面影响。因为这将意味着对环境污染和破坏较大的各种小企业将关闭停产。湖南由于产业层次相对较低，这类企业占有相当比例，尤其是不少非公有制经济都是靠这类低门槛低成本的企业起步和积累的。严禁这类企业开办，将意味着在这些领域老的企业将关闭、新的企业无法生成，而关闭现有这类企业，如果找不到新的产业接替，肯定会影响工业增长。

8. 改革向纵深发展，市场经济不断完善。这将有利于推进制度创新，有利于建立公平有序的市场经济秩序，为经济发展注入新的活力。但是，随着改革不断深入，多年积累的经济社会矛盾将会集中凸显出来，一些经济问题尤其是社会问题将可能处于激化状态，使改革、发展、稳定协调的难度加大。

二、工业化对财政的影响

（一）工业化将促进财政实力的增强

工业化的主要结果之一是经济结构的改变，即随着工业化的推进，劳动生产率水平较高的工业经济在国民经济中所占比重不断上升。而工业比重的上升，则意味着财源基础的扩大和政府财政收入征集能力的提升。因此，可以说，一个地区工业发展的过程，就是财政实力不断增强的过程。

近十年来，湖南财政收入总量随经济的发展而不断增加。1990
年全省财政收入为 70.66 亿元，2000 年上升到 321.85 亿元，10 年增
加 251.19 亿元，增长 3.55 倍，年均递增 13.52%。从主要税种的产业
来源看，来自工业部门的税收占 60% 以上，其中烟草、电力、石化、
有色金属、冶金等行业中的大型企业又是支柱税源，工业对财政的贡
献一直处于主导地位。从 1991 年以来湖南各产业的投资税收贡献率
（一个时期某产业每一个单位的投资额所提供的税收贡献）分析，第
二产业的投资回报最高，为 0.9，而第一产业和三产业分别只有 0.1、
0.21。同样，湖南各产业对财政收入的增长弹性（各产业每增加一个
单位的产值相应增加的工商税收）第二产业最高，为 0.54，而第一产
业和第三产业分别只有 0.32、0.43。因此，推进湖南工业化进程，将
促进湖南财政的稳定发展，有利于实现湖南财政的振兴。

（二）工业化将不断增强财政支出的责任

工业化的一个重要结果是城市化。城市化水平的不断提高，将直
接导致政府财政支出责任的增强。因为，较之于农村而言，城市往往
是一定区域内的经济、文化与政治中心，虽然城市化水平的提高有利
于实现公共服务供给中的规模经济，但更重要的是城市往往要求政府
提供更多的农村所没有的公共服务，如公共卫生与环境保护、城市公
园与绿化、市内公共交通设施、城市街道等。根据世界各国的实践，
这些大都是由地方政府承担。因此，工业化进程的推进会因为城市化
水平的不断提高而直接加重财政的支出责任。

同时，工业化进程的推进，要求交通、通信、能源等工业化所必
需的基础设施有相应的发展。由于这些基础设施具有自然垄断性质而
无法完全通过市场方式来加以解决，因而需要政府的干预和投资。因此，
工业化进程的推进也会直接加重政府在这些基础设施领域的财政责任。

（三）工业化将影响政府间的分配关系

与传统农业经济不同，工业化是通过生产要素的大量集中使用来实现的，或者说，工业化是通过经济非均衡增长来实现的，因此，工业化往往会产生经济发展中的区域性不均衡。在推进工业化的进程中，经济发展的非均衡增长将是湖南经济结构发展变化的必然结果。这样，湖南各级、各地财源结构的变化，将使政府间财政关系受到影响或冲击，政府间财政的不平衡会因此而进一步拉大。

三、湖南财政在推进工业化进程中的职责

（一）推进湖南工业化进程必须具备的基本条件

经济学理论和世界各国工业化的实践都表明，要推进工业化，必须具备以下五个方面的基本条件：

1. 资金。现代工业不同于传统农业，从总体上说，传统农业是在自然条件下以利用自然资源为主要特征的生产方式，而现代工业是以人造环境并使用先进生产工具对自然资源进行大规模、高效率利用为主要特征的生产方式。由于生产方式的根本区别，因而也就决定了农业对资金的需求相对较弱，工业对资金的依赖相对较强。因此，无论一个国家或地区，推进工业化进程，必须有大量的资金投入。

2. 技术。技术革命是引发工业革命的根本动因。随着现代科技的迅猛发展，科学技术在现代经济尤其是工业经济中的作用日益突出，其重要性已超过资金（本），跃升为第一要素。追求科技进步，创造科技优势，是一个国家或地区实现经济尤其是推动工业快速持续发展的根本举措。

3. 资源。拥有自然资源优势，是一个国家或地区经济发展特别是工业发展十分重要的基础和条件。尽管随着经济全球化的发展，交通运输体系的现代化，尤其是科学技术的迅猛发展，自然资源优势在经

济和工业发展中的作用与地位已在不断下降。但这并不意味着一个国家或地区的经济特别是工业发展可以离开自然资源，而只是可以在更广阔的空间获取和利用自然资源，并大幅度提高资源的利用效率，减少对自然资源的依赖程度。

4. 劳动力。大批合格和高素质的劳动力不仅是推进工业发展必不可少的要素，而且是最活跃、最重要的因素，以日新月异的科学技术为支撑的现代工业发展尤其如此。这就要求劳动者的知识、技能和各项素质都能够随工业发展的需要而尽快地更新和提高。否则，就会造成劳动力供给与需求的结构性失调。

5. 市场环境。所谓市场环境，主要包括经济体制、法律法规、市场秩序、思想观念等软环境以及基础设施等硬环境。市场环境是促进或制约工业发展十分重要的因素。一个良好的市场环境，将有利于推进工业发展，推进工业化进程。而一个不理想的市场环境，无疑将阻碍工业化发展，减缓工业化进程。因此，努力创造良好的市场环境，是促进工业快速健康发展的关键性条件。

（二）湖南财政在推进工业化进程中发挥的作用

以上一系列基本条件，不同程度地需要财政发挥职责，或直接提供，或给予间接支持。当前，湖南要在有效需求相对不足、技术较为落后、体制尚不完善的情况下推进工业化，尤其需要财政从三个方面发挥作用。

1. 必须依靠财政的支持来缓解"需求瓶颈"的制约。受各种因素影响，我国经济已出现了低水平状态下的相对过剩现象。这就意味着未来湖南的工业化将面临较大的"需求瓶颈"制约。而要突破"需求瓶颈"的制约，一个很重要的方面，就是通过财政资金的投入及引导，加大基础设施建设以及技术改造的力度，扩大投资需求，并为消费需求的扩大创造条件。

2.必须依靠财政的支持，缓解"技术瓶颈"制约。湖南传统产业所占比重大，产业技术水平较低，技术创新能力较弱，高新技术产业的发展和传统产业的现代化改造任重道远。而要推进技术进步和技术创新，加大财政对科技的投入，是一项重要的举措。

3.必须依靠财政的支持，突破"体制瓶颈"制约。经过20多年的努力，湖南的经济体制改革取得了很大的成就，但同建立比较完善的社会主义市场经济体制的要求相比还存在较大差距，突出表现为分配制度和社会保障体系尚不完善。这些问题如不能解决，势必大大影响工业的发展。必须通过分配政策和财政收支结构的调整，解决经济体制中存在的深层次矛盾，为工业的发展提供新的动力。

总之，在建立适应社会主义市场经济要求的公共财政框架下，财政在推进湖南工业化进程中的主要职责是努力提供和改善与工业化相关的公共服务，改善工业化所需要的软硬环境，创造有利于各类经济成分共同发展的外部条件。同时，财政作为国有资产所有者的代表，负有发展国有经济的重大职责，要努力推进国有企业改革，支持国有企业发展。

四、推进湖南工业化进程的财政对策

（一）近几年来财政扶持工业的主要措施

1.加强工业财源建设。1994年8月，省委、省政府《关于进一步加强财源建设严格财政管理的决定》提出：要强化效益观念，形成"经济发展看效益，效益提高看利税，利税增长看入库"的共识。要优化主体财源，大力提高工业企业的经济效益。把调整优化工业结构、加快工业发展作为财源建设的主攻方向。按照国家产业政策，对支柱产业、重点企业、拳头产品，择优扶持，集中投入，形成规模效益。1996年，省委、省政府又明确提出了加强省本级财源建设的工作重点。

1996—1998 年，省本级共安排财源建设资金 4.6 亿元，带动湘潭钢铁公司转炉—连铸、岳阳造纸厂胶印书刊纸等 14 个重点技改项目投资总额达 53 亿元。

2. 支持企业技术创新，促进企业技术进步。1999—2002 年，省财政安排了 10.9 亿元高新技术产业发展引导资金，有效带动了银行、企业和社会投资，扶持了一批具有高科技含量的产业化项目。各级财政充分发挥财政政策和资金的引导作用，吸引和集中各方面的资金用于重点企业和重点项目的技术改造。

3. 实施推进工业化进程战略。进入新的世纪，一个响亮的口号传遍三湘大地，这就是推进"三化"。所谓"三化"，即工业化、城镇化、农业产业化。其中推进工业化是推进"三化"的核心。省第八次党代会提出："要以加快发展为主题，大力推进工业化进程，促进农业大省向经济强省转变。"2001 年 10 月省政府"731"会议，将推进湖南工业化进程作为中心主题。2001 年 12 月，省委、省政府下达了《关于大力推进工业化进程的决定》，全面实施推进工业化进程战略。《决定》要求多渠道增加对工业的投入，各级财政要逐步增加财政贴息资金、技术改造资金和财政转移支付，支持工业结构调整，扶持重点产业和特色产品。2002 年是实施推进工业化进程战略的第一年，省财政继续安排了高新技术产业发展引导资金，安排了中小企业信用担保资金，增加了重点技术改造项目贴息资金，加大了国有劣势企业的关闭破产力度。

（二）推进湖南工业化进程的财政对策

1. 充分运用财政政策和财政资金的引导作用，促进企业发展壮大。财政是政府进行宏观调控的重要职能部门。我们要充分发挥财政的职能作用，研究制定支持和促进我省工业发展的政策措施，加大投入力度，着力扶持优势企业和优势产业的发展，推动企业技术进步和体制创新，促进我省工业的结构调整和发展壮大。

第一，对部分优势骨干企业，继续实行优惠的财税政策。为推进工业企业的技术改造，加快形成优势产业和优势企业，增强我省企业在国际国内市场的竞争能力，近几年，省财政将根据优势企业的不同发展情况，采取既具有针对性，又符合国际通行做法的措施，扶持其做大做强。一是对卷烟企业继续实行"两税"增收返还的政策；对长沙、常德卷烟厂的技术改造项目，执行省重点工程的税费优惠政策；对长沙、常德卷烟厂兼并小厂，采取保地方财政既得利益的办法。二是省财政 2002—2005 年每年安排 5000 万元专项资金，支持华菱集团的重点技术改造项目，促进华菱集团尽快进入全国 50 强。三是落实中央下放的有色金属企业税收优惠政策，用好有色金属企业的补贴资金，提高有色金属产品的科技含量，促进有色金属资源优势向经济优势的转变。四是进一步调整财政支农支出结构，安排财政专项资金，扶持农产品加工龙头企业的发展。

第二，改善融资环境，扶持中小企业发展。为缓解中小企业贷款难的困难，省财政从 2001 起每年安排了 1000 万元中小企业贷款担保基金，今后将认真落实《中华人民共和国中小企业促进法》的有关规定，适当安排扶持中小企业发展专项资金，支持建立中小企业信用担保体系。县级以上人民政府和有关部门应当推进和组织建立中小企业信用担保体系，推动对中小企业的信用担保，为中小企业融资创造条件。

第三，支持企业技术创新。党的十六大报告提出，坚持以信息化带动工业化，以工业化促进信息化，走出一条科技含量高、经济效益好、资源消耗低、环境污染少、人力资源优势得到充分发挥的新型工业化路子。走新型工业化道路，必须推进产业结构升级，形成以高新技术为先导、基础产业和制造业为支撑、服务业全面发展的产业格局；必须发挥科学技术作为第一生产力的重要作用，加强基础研究和高技术研究，推进关键技术创新和系统集成，实现技术跨越式发展。为此，财政将做好三方面的工作：一是切实用好高新技术产业发展引导资金，支持企业技术进步。进一步做好资金管理工作，采取有效措施，加强引导资金的回收管理，保证引导资金按期回收，滚动使用，提高对企业技术创新的引导能力。二是进一步改进财政资金投入方式。对现行工业企业技术改造资金等财政专项资金，改以拨款为主的方式为以财政贴息为主的方式，支持企业技术改造。在财政资金的扶持对象上，进一步淡化企业所有制性质，对符合国家产业政策、投资重点，具有相应资产、信用等级和市场竞争力的企业，财政将择优予以扶持。三是落实好国家支持和鼓励企业发展的税收先征后返、即征即退、税收抵免等优惠政策；充分利用国家鼓励企业研究开发新产品、新技术、新工艺和加速折旧的财务政策，鼓励和督促企业进行技术开发和技术改造。

第四，积极促进企业改革和发展。一是促进国有资本的优化配置。按照"有进有退、有所为有所不为"的原则，促进国有资本逐步向优势企业转移，盘活资产存量，提高国有资本的营运效益。安排财政专项资金，做好对不符合产业政策，国家明令限制和禁止发展，以及破坏资源、污染环境、不具备安全生产条件企业的关闭工作。努力筹措资金，支持企业做好破产工作。为积极稳妥地推进省属劣势国有工业企业关闭破产工作，省财政从 2001 年开始安排关闭破产补助资金。在 2001 年，省财政安排 8860.42 万元资金，妥善解决了湖南电线电缆集团公司和湘潭纺织印染厂的破产遗留问题。在 2002 年，省政府专题研究了株洲钢厂、湘华机械厂、株洲苎麻纺织印染厂破产需要解决的问题，计划安排 11050 万元资金，支持这三户企业的破产工作。同时，近两年来，我们争取中央财政十多亿元的资金支持，对中央下放的煤炭 7 个矿山和有色 7 个矿山实施了破产。特别要说明的是，按照中央的政策，中央下放企业实施破产后，其生活和公用服务部门的设施和职工成建制移交给地方政府管理，并给予一定的经费补助。在移交工作中，大多数市县的政府和部门积极配合，但也有一些地方，以各种理由来拖延移交工作，影响了破产进度，影响了群众生活，影响了社会稳定。我们希望在今后的破产工作中，有关市县一定要进一步提高认识，统一思想，坚决执行中央的政策，积极做好企业破产的有关工作。二是完善社会保障制度，加大社会保障投入，支持下岗失业人员再就业工作。近年来，为支持企业改革，我省大幅度增加了社会保障补助支出。今后，将努力争取中央财政的更多支持，进一步调整我省财政支出结构，增加社会保障支出，加大再就业资金投入。认真贯彻 2002 年 9 月全国再就业工作会议和《中共中央 国务院关于进一步做好下岗失业人员再就业工作的通知》（中发〔2002〕12 号）精神，完善和落实促进再就业的扶持政策。巩固"两个确保"，完善社会保障体系。三是继续支持国有企业改革。党的十六大报告提出，国家要制定法律法规，建立中央政府和地方政府分别代表国家履行出资人职责，享有所有者权益，权利、义务和责任相统一，管资产和管人、管事相结合的国有资产管理体制。按照十六大精神，要积极探索在新的国有资产管理体制下财政和企业的关系，建立财政管理和支持企业的渠道和方式。按照现代企业制度的要求，完善法人治理结构，构建以资本为纽带的企业体制，加快构建企业集团和骨干企业的母子公司管理体制。督促企业加强财务管理，建立健全企业财务预算制度、内部财务考核与评价制度，促进企业提高管理效益。

2. 努力改善企业发展环境。

第一，加强基础设施建设，改善企业发展的硬环境。1998 年至 2002 年，我省争取国家下达国债项目 426 个，安排国债资金 226.03 亿元，支持了我省的基础设施建设，对改善我省的投资环境起到了积极的作用。今后，我们要抓住国家继续实施积极财政政策的有利机遇，积极配合有关部门做好项目筛选和申报工作，争取国家对我省基础设施建设的更多投资。安排专项资金，支持小城镇示范点的建设，带动和促进全省小城镇建设的全面发展。发挥财政资金的导向作用，引导社会资金参与高新技术开发区、大学科技园等园区的建设。

第二，积极推进国有企业分离社会职能。党的十五届四中全会明确提出，要分离企业办社会职能，切实减轻国有企业的社会负担。省委、省政府明确要求在 2002 年全面完成分离企业办社会职能的任务。但到目前，我省国有企业的社会负担仍然较重。我们应当严格按照省委、省政府的要求，积极配合有关部门做好企业办社会职能的分离工作。落实好各项优惠政策，推动企业办的福利性机构和医疗卫生机构成为自主经营、自负盈亏的经济实体或事业法人。企业管理学校的职能移交当地政府，办学经费由财政统筹安排。

第三，大力整顿财税秩序。一是加强执法检查，促进企业提高会计信息质量。把《会计法》执法检查作为一项经常性工作来抓，以促进会计秩序的根本好转和会计信息质量的提高，建立良好的经济秩序，保护投资者和债权人的利益，吸引社会投资。二是继续规范对经济鉴证类中介服务行业的管理，以提高执业质量和打假治假为核心，加强行业监管，进一步强化中介机构的法律责任。探索建立经济鉴证类社会中介机构的执业质量评价体系，完善职业道德公约，严格依法处理。三是强化行政事业性收费、基金等非税收入的征管。进一步强化票据管理，加大清理乱收费的工作力度。认真落实已取消的项目，坚决取消不合理的项目，严格控制收费标准，严禁出台新的针对企业的收费项目，切实减轻企业负担。对保留的行政事业性收费，严格实行"收支两条线"管理。四是坚持依法治税，营造良好的税收秩序。既严厉打击偷税、逃税、骗税、抗税行为，又坚决制止擅自减税、免税、缓税等违法行为，公平企业税负，促进企业公平竞争，为经济发展营造良好的财税环境。

第四，要进一步加强干部队伍建设。政治路线确定之后，干部就是决定因素。推进工业化进程，要有创新的精神、务实的作风。要切实增强工业意识，优化干部队伍结构，加强财政系统内部直接服务工业的干部队伍力量，提高干部队伍素质。请各位局长继续支持企业科、企业股的工作。

工业化是一个复杂的系统工程，发展的任务紧迫而艰巨，需要我们不断地进行研究和探索。省委、省政府《关于大力推进工业化进程的决定》要求，全省各级要把推进工业化摆到党委、政府工作的重要位置。各个部门要统一思想，协调行动，为推进工业化创造良好环境。要动员全省各级干部和广大群众积极推进工业化进程。财政部门要扎扎实实地工作，充分发挥财政职能，为推进湖南工业化进程，全面建设小康社会作出更大的贡献。

总之，工业化是一个较大的经济课题，还涉及许多经济范畴，如工业化与农业产业化、工业化与城镇化、工业化与科技进步、工业化与品牌战略、工业化与人才发展战略等。以上只是从财政的角度谈了些肤浅的认识，供大家参考。

SARS 对湖南经济发展的影响及对策研究 *

（2003 年 6 月）

今年以来，SARS（严重急性呼吸道综合症，别称"非典"）在我国的突然暴发，使得人民生活和国民经济运行都受到了不同程度的负面影响。湖南尽管疫情不算严重，但由于受进出口主要通道广东和全国经济、文化、政治中心北京疫情的严重影响以及由此所产生的戒备心理，我省旅游、餐饮、运输等三产业和外经外贸遭遇严重的"倒春寒"，尤其是作为拉动经济增长的消费、投资、出口"三驾马车"中的消费、出口影响最为突出，全省经济运行面临着许多变数。充分认识 SARS 的严重危害性，客观分析和预测其深层次的影响，及时采取应对措施，确保全省社会经济持续稳定发展，具有极其重要的现实意义。

一、SARS 对我省经济发展的影响

受 SARS 影响，4 月份，我省第三产业增加值、全社会固定资产投资、社会消费品零售总额和外贸出口增速同比分别下降 1.9、4.7、5.7

---

* 原载《求真》，2003 年第 2 期，与彭清辉、赵敬明同志合作撰写。

和 7.1 个百分点。1—4 月，全省 GDP 增长 9.4%，比一季度回落 0.2 个百分点，其中第三产业回落 0.5 个百分点，批零餐饮业、运输邮电业和其他服务业分别回落 1.1、0.6 和 0.2 个百分点。

（一）社会消费趋缓，第三产业整体滑坡

1. 消费品市场的负面影响逐渐显露。4 月份，全省消费品市场日渐冷清，当月实现社会消费品零售总额 129.75 亿元，同比增长 6.1%，比 3 月份下降 4.4 个百分点；1—4 月实现社会消费品零售总额 575.23 亿元，同比增长 10.5%，比一季度下降 1.3 个百分点。主要表现在两方面：一是 1 月份以来餐饮业增幅逐月下降，同比分别增长 19.5%、16%、12.2% 和 -4%，其中 4 月份首次出现负增长。二是商品销售整体滑坡。按规律，4 月份应是我省市场销售小旺季，但受 SARS 影响，人们外出消费大幅减少，居民购物方式和消费行为发生变化，从多层次消费转向必要的基本消费，大型商场、超市的客流量明显减少，各类商品销售全面下降，其中食品饮料烟酒类、服装鞋帽类、书报杂志类、办公用品类、通信器材类商品零售额分别比 3 月份下降 18%、16%、34.9%、51.9%、30.6%。只有防疫商品旺销，中药材市场火爆。4 月份全省限额以上批发零售贸易企业的中西药品类商品销售 2.71 亿元，同比增长 18.3%，其中中草药及中成药增长 42.6%。

2. 客货运输波动，邮电业务总量增幅下降。1—4 月，全省累计完成货运量 17361.08 万吨，同比增长 14.3%，增幅下降 13.2 个百分点；客运量 34432 万人，同比下降 1.6%，其中 4 月份下降 10.8%。由于出行的游客大大减少，铁路、航空等部门取消了部分开往旅游景点和疫区的车次航班，1—4 月全省铁路客运量 1469.60 万人，同比下降 17.3%，其中 4 月下降 19.8%；民航客运量 53.24 万人，同比增长 11.6%，增幅比一季度下降 17.2 个百分点。1—4 月全省邮电业务总量 69.19 亿元，同比增长 22.3%，增幅较一季度下降 8.3 个百分点。

3. 旅游、文化娱乐等休闲服务业受影响较大。尽管有春节黄金周支撑，一季度我省旅游业已感寒意，全省入境旅游者 6.5 万人次，同比下降 41.1%，其中 3 月份港澳台胞来湘旅游人数分别下降 90.8%、95.5% 和 87.1%。进入 4 月份，情况更加严重。由于一些国家和地区陆续发出对华"劝诫令"，境外旅游者已基本停止来湘，各旅行社纷纷取消组团旅游，入境退团 612 个，出境退团 110 个。1—4 月，全省入境旅游者 7.17 万人次，同比减少 46.5%；国际旅游收入 0.16 亿美元，减少 75.5%。国内旅游者 1750 万人，同比减少 4.8%；国内旅游收入 55.16 亿元，减少 3.5%。

旅馆业、理发及美容业、沐浴业客源急剧减少。据对 22 家旅馆的调查，4 月 1 日至 5 月 10 日共实现营业收入 792.47 万元，同比下降 40.8%。据对 13 家理发、美容化妆和沐浴业企业的调查，4 月 1 日至 5 月 10 日的营业收入同比下降 72.6%。

文化娱乐业遭受重创。1—4 月全省娱乐业营业收入同比下降 80%。据对田汉大剧院、琴岛歌厅等 6 家影剧院调查，年初 6 家影剧院平均每天收入为 35 万元，现在每天收入仅 2 万—3 万元。省文物商店今年 3—4 月与去年同期比较，文物出售下降 55%，工艺品出售下降 34%。

4. 证券保险业务冷清。SARS 给保险推销造成了一定的困难，部分企业销售人员全部或部分撤回。1—4 月全省保险行业共实现保费收入 41.6 亿元，同比增长 30.7%，增幅比一季度低 0.5 个百分点。受 SARS 影响，本就低迷的证券市场更是雪上加霜。从 1—3 月深沪证券交易额看，全省每月分别为 113.95 亿元、66.26 元和 88.86 亿元。从深沪开户情况看，1—3 月分别为 3033 户、1828 户和 27 户，呈直线下滑态势。

5. 商品房销售降温。4 月份全省当月商品房实际销售面积比 3 月份下降 36.4%，全省 57.4% 的企业无新增销售面积，55.6% 的企业无新增预售面积。

（二）国际国内市场环境趋紧，外经外贸形势堪忧

随着 114 个国家和地区对我国出访设置限制，我省出国推销和邀请外商来湘以及境内外参展延期甚至取消，对外劳务合作订单大大减少，外派劳务人员急剧下降，我省招商引资、外贸出口、国际劳务合作和旅游等形势堪忧。

从出口情况看，3 月份我省出口 1.63 亿美元，增长 12.2%，已呈减缓趋势。4 月份全省进出口增幅较上月下降 12.5 个百分点，其中出口下降 2.8 个百分点，进口下降 36 个百分点。尤其是农产品出口受到很大影响。4 月份湖南粮油进出口集团有限公司出口港澳的冻肉、生猪数量只有 40 吨，同比下降 86.7%；出口日本、香港的水煮笋、肉类合同下降 50%。由于目前美国把中国视为重点疫区，已有意向的美国客户对疫区食品敬而远之。对美非食品类产品出口也要求消毒，每柜约增加 300 美元成本费用。我省广交会成交额一般在 2.4 亿美元，今年第 93 届广交会才 7336 万美元，较上届下降了 69.43%。

从利用外资情况看，虽然 4 月份我省利用外资和对外贸易继续保持增长，4 月份关税入库超过了 1 亿美元，但主要是履行在手合同。由于出入境不方便，部分城市利用外资工作出现了较大影响。长株潭利用世行贷款项目原定 6 月评估，世行表示要视 6 月份非典控制情况而定。LG 飞利浦曙光玻壳项目建设也暂时停摆。省政府原定 5 月底在德国举行的欧洽会也不得不延期。湘钢梅塞尔预计今年下半年敲定的液态氧、氮设备项目，因该厂 4 月和 6 月的赴欧团延期，导致项目会商延缓。

（三）部分工业企业订单减少，生产、销售受影响

受 SARS 影响，商贸会、洽谈会减少，部分企业销售推介活动推

迟或取消，业务人员闭门不出，生产订单和产品销售开始下降。1—4月，全省规模工业产品销售率 99.19%，同比提高 0.21 个百分点，但 4 月当月仅为 97.92%，同比下降 1.48 个百分点，比 3 月份低 3.06 个百分点。

据对全省 10 个地市 62 家企业的调查，有 79% 的企业认为疫情对其企业生产经营产生了影响，77.5% 的企业认为销售受到了影响。湖南洞庭苎麻纺织印染厂是亚洲最大的苎麻加工基地，其产品主要是出口，实行以销定产，但今年 3 月份以来，生产、销售出现了明显下降，特别是到 4 月底，对外来料加工部分全部停产，生产部分也有一半的机组停产。该厂 4 月份产品销售收入 1900 万元，比 3 月份减少 450 万元，下降幅度为 19.15%；但各类纱库存量却比 3 月底增加了 28.78%。怀化市金丰有限公司主要产品销往广东，由于广东是主要疫区之一，直接导致公司销售停滞，主要产品涤棉混纺纱 4 月价格降至 1.13 万元/吨，降幅约 2%。由于关卡增多，交通受阻，运输成本增加，企业生产原料购进价格上涨，部分企业原材料收购难度加大。如湖南金健米业股份有限公司消耗的原料小麦，由于一段时间内采购员外出不便，正常收购工作受到影响，收购质量下降，每吨收购价格也提高了 30 元。

（四）就业形势严峻，农村问题压力增大

1—4 月，第三产业城镇单位从业人员 240.68 万人，同比减少 19.76 万人。由于我省务工人员主要集中在广东，估计有 22 万打工人员已被迫返湘。受 SARS 影响，洞口县生猪外销由一季度的强势增长已转为弱势下降。衡山黄鸡价格由去年同期的 13 元/公斤跌至现在的 8 元/公斤左右。随着就业形势的严峻和农产品销售的不畅，农村经济发展和农民增收面临着极其困难的局面。第三产业是农村外出务工人员的重点行业之一，估计我省上半年农民现金收入人均将减少 30

元，其中打工收入将减少 20 元。

据对南县、湘乡、攸县等 14 个县市 271 户农户的调查，12.5%
的被调查者认为 SARS 疫情对正常生活造成了很大影响，34.7% 认
为有一定影响；35.4% 的被调查者表示不会跟平常一样赶集或进县
城；45.4% 的被调查者认为 SARS 将会使主要农产品价格下跌。问及
SARS 将对家庭收入造成的影响时，58.7% 的被调查者认为 SARS 导
致农民人均纯收入减少，其中 9.6% 认为减少额为 30—50 元，17%
认为减少额在 50 元以上。当问及 SARS 疫情过后，若广州、北京等
地有较多工作机会，是否外出打工时，有 42% 的被调查者表示不再
外出打工。

此外，由于受国家国债投资计划推迟下达、部分在建重大项目外
资和外国技术人员、进口设备不能按时到位等因素影响，投资也面临
一些挑战。1—4 月，全省国有及其他固定资产投资实际完成 213.8 亿
元，增长 31.3%，增幅同比下降 1.1 个百分点。

二、确保完成全省经济预期目标的对策建议

（一）加快公共卫生医疗防治监控体系建设

抓住全民健康意识增强机遇，努力争取国家财政支持和民间投资，
调整财政支出结构，充分估计我省卫生医疗防治监控体系基础的薄弱
性，尽快建成省市县三级疾病预防控制网络，尤其是广大农村的疾病
预防和控制中心、农村卫生机构建设，完善公共卫生与全民防疫体系，
切实提高全省整体救治水平。对国家已经安排的疾控中心国债投资项
目，要加强组织领导，落实配套资金，加大督促检查，从长远出发，
高标准建设，尽快建成受益。要加快医疗系统体制改革，消除医疗系
统行政体制上的条块分割，使统计信息、监测报告、追踪调查等方面
的工作机制健全，促进我省卫生防疫工作再上新台阶。同时，应尽快

建立和完善全省社会经济总动员体系、应对社会和市场异常波动的政府调控机制体系，制定人民生活必需品市场异常波动的应对预案，特别是要抓住机遇建立全社会重大信息监测和发布制度，提高各级政府应对和处理重大社会经济突发事件和疫情的能力，确保重大紧急疫情状况下的社会经济健康稳定发展。

（二）进一步引导、保护和发挥社会各方面的消费积极性

要适时推出刺激消费的政策，鼓励居民消费。政府应尽快拿出切实可行的政策措施，培育消费热点。抓紧出台鼓励汽车、住房消费政策，规范和改善电信、互联网业务的消费环境，推动电子及全民健身等方面的消费。根据具体情况简化制约消费的各种手续，积极营造宽松的消费环境。积极引导商业服务业采取各种应变措施扩大销售，推进电话购物、网上购物和刷卡消费等现代消费方式，充分利用现代信息技术满足居民的各种消费需求。

要将扩大消费与维护社会稳定结合起来。餐饮业、零售业都是劳动密集型产业，确保这些企业的稳定发展，对于增加就业、维护社会稳定具有重要意义。要充分利用 SARS 对人们消费理念的影响，积极引导餐饮企业及时调整经营方式、经营结构，促进餐饮业发展。要加大餐饮、宾馆、娱乐、交通、旅游等行业设施改造的信贷支持和服务质量的监控力度，为疫情有效控制后的市场能量释放做好充分准备。要认真落实减免行政事业性收费和有关财税优惠政策，实行更有利的信贷措施，引导企业加强员工培训，避免企业裁员及破产，帮助企业渡过难关。

要以积极主动的工作去化解不利因素，认真研究市场变化，挖掘新的发展机遇，充分利用好全省得天独厚的旅游资源，确保第三产业的稳定发展。

（三）加大投资力度，努力扩大投资需求

加强重大投资项目的谋划，抓好在建项目的组织协调，做好一批重大项目的前期工作，抓紧新开工一批项目，重点做好"2003湖南银企合作融资洽谈会"项目的落实。认真落实省委、省政府关于加快发展民营经济的有关政策精神，进一步放宽、放开投资领域，改善投资环境，为民营经济发展创造良好的条件。调整投资结构，通过土地供应、信贷政策等引导房地产向生态（健康）住宅、生态（健康）写字楼发展。

加大生物制药行业、医疗器械的投资，加快中药制药以及生产抗生素类、抗病毒类的医药企业发展。大力发展化学原料及化学制品业，确保满足社会对卫生保洁用品、日常洗涤剂和消毒液的需要。加快具有健康保健作用的绿色食品生产，促进农业产业化发展。

进一步加大信息化建设投入，加快全省信息化建设步伐。改进企业营销手段，引导企业采取多种销售方式，充分利用网络、电话等现代资讯手段进行交流，减少人员流动限制对企业经营的影响。

（四）努力促进外贸出口，加大引资力度

尽快恢复各种贸易洽谈会和对外交流工作，切实加强客户联络，做好增信释疑工作，千方百计保客户、保渠道、保市场。进一步丰富招商活动形式，积极邀请国际知名跨国企业在我省组织召开采购订货会、产品发布会等各种活动，大力推介我省招商项目、投资环境和各项优惠政策，多渠道吸引外商投资。

关于财政工作与财源建设的几点认识

（2003 年 7 月）

一、公共财政是否需要从竞争性领域退出

在市场经济条件下，财政存在和发展的主要依据在于满足公共需要，因而市场经济条件下的财政被称作"公共财政"。一般地讲，建立公共财政基本框架，财政资金要逐步退出一般性和竞争性经营领域。但是，是否要完全退出呢？当然不是。众所周知，在市场经济下，财政的一个基本职能是调控经济职能。财政调控经济职能的一条重要措施是财政投资和补贴。从 1999 年下半年开始，中央加大实施积极的财政政策，就是对财政职能的极好运用。在新中国成立初期，薄一波、邓小平、陈云、李先念等老一辈革命家都曾领导过财政工作，财政为国民经济的恢复和发展作出了重大贡献。可是，近十年来，在财政职能方面，先是"让"，然后是"退"，把财政职能定位在一个"账房先生"的角色，导致财政职能日益弱化，财政地位日益下降。如此下去，怎么去振兴财政，怎样才能使财政日益稳固、平衡强大？陈云有句名言："从全局看，第一是吃饭，第二要建设。吃光用光，国家没有希望。吃了之后，还有余力搞建设，国家才有希望。"

二、WTO 是否不允许政府对企业进行投入

WTO（World Trade Organization），即世界贸易组织，是在 1948 年开始实施的关税与贸易总协定（General Agreement on Tariffs and Trade）基础上不断演变而最终于 1995 年 1 月 1 日正式成立的。WTO 的基本原则包括非歧视原则、透明度原则、自由贸易原则、公平竞争原则。其中，非歧视原则包括最惠国待遇原则和国民待遇原则。

我国于 2001 年 12 月 11 日正式加入 WTO。加入 WTO 后，各级政府必须按照 WTO 的规则办事。因此，许多同志就简单地认为，加入 WTO，就不允许政府对企业进行投资了。其实，WTO 规则中《补贴与反补贴措施协议》将专项性补贴分为三类：禁止性补贴、可诉性补贴、不可诉补贴。禁止性补贴又称"红灯补贴"。《补贴与反补贴措施协议》明确地将出口补贴和进口替代补贴规定为禁止性补贴，任何成员不得实施或维持此类补贴。可诉性补贴又称"黄灯补贴"，指那些不是一律被禁止，但又不能自动免于质疑的补贴。对这类补贴，往往要根据其客观效果才能判断是否符合世界贸易组织规则。不可诉补贴又称"绿灯补贴"。《补贴与反补贴措施协议》规定了两大类不可诉补贴，一类是不具有专项性的补贴，另一类是符合特定要求的专项性补贴。不具有专项性的补贴可普遍获得，不针对特定企业、特定产业和特定地区。符合特定要求的专项性补贴，包括研究和开发补贴、贫困地区补贴、环保补贴。

20 世纪 30 年代的世界经济危机后，西方资本主义国家为了调控经济与社会运行，政府的职能不断扩大，从各个方面干预经济生活。通过扩大政府投资（包括拨款、补贴、贷款和贴息等）和其他经济手段（如军事订货等）来控制经济运行，营造民间投资环境，引导和影响社会经济活动。在西方国家，财政具有很高的权威。当前，西方发

达国家的经济支出在财政支出中，一般仅次于社会性支出而占据第二位。经济支出已不局限于公共基础设施投资，而扩大到企业投资、失业投资、开发经济落后地区投资、扶持农业投资、支持私营企业贷款等方面。西方发达国家的财政支出结构已不是过去传统意义上的公共支出和消费财政，用于经济方面的支出在财政支出中已占有重要位置。

三、财政困难是否不能对生产性领域进行投入

确实，目前地方财政实力并不理想，特别是部分基层财政还相当困难，连保政府职能的正常运转都非常吃力。在这种形势下，一些人往往感到力不从心，无所作为。其实，一方面，越是困难的地方，越需要政府对经济的支持，帮助财政摆脱困境。这正如一个目前只能解决温饱问题的家庭，更需要节衣缩食，积攒几个钱，做点小本买卖，逐步发家致富；或者送孩子多学些知识和技术，以图将来。如果全部吃光用光，就难以赶超人家。另一方面，资金少，也并非办不了事。一个企业，在艰难创业的时候，如果有好的技术和项目，有时只要有一点点支持，就能成长壮大。大家非常熟悉的远大集团，当时在郴州进行锅炉研制时，就曾得到郴州市财政局 10 万元的支持。三一重工创业之初，也曾得到娄底市某个乡镇的 3 万元支持。而今这两个企业都已成为我省民营企业的巨星，年产值过 10 亿元，利税上亿元，创造了世界知名品牌。因此，推进工业化进程，必须在财政工作中消除"无钱没事"的思想，精打细算，节约每一个铜板，支持经济建设。

关于中部崛起的思考 *

（2004 年 9 月）

一、崛起的内涵

崛起的含义是抬高、突出，是相对于塌陷而言的。谈到崛起，不由得想起 90 多年前一位伟人的故事。1910 年，周恩来的老师在课堂上提出"为什么读书"的问题，要学生回答。同学们有的说"为了明理而读书"，有的说"为了光宗耀祖而读书"，还有一个学生说"为了帮助父亲记账而读书"。当老师问到周恩来时，12 岁的周恩来站起来响亮而又严肃地回答说："为中华之崛起而读书！"

1917 年，19 岁的周恩来为了寻求救国救民的真理，远涉重洋到日本留学。临行前他赠给同学一首诗："大江歌罢掉头东，邃密群科济世穷。面壁十年图破壁，难酬蹈海亦英雄。"充分表达了周恩来年轻时候的远大抱负。当时，周恩来所处的时代，我们中华民族被世界列强瓜分、蹂躏。因此，谈到崛起，首先要树立三种意识：一是危机意识，二是责任意识，三是紧迫意识。

---

* 在省财政厅党组理论学习中心组（扩大）会议上的专题发言，2004 年 9 月 24 日。

二、崛起的对象

考虑崛起的对象，要运用两个最基本的原理。一是木桶原理。要让破了的木桶在尽可能减少维修成本的情况下盛更多的水，就应该补齐最短的那块板。二是车轮原理。两个车轮，只有左右力量相当，才能一直向前，否则，就会走弯路，或原地打转转。

纵观我省社会经济的各个方面，发展不平衡、短少的那一块，力量弱的那一边，在经济。而经济发展中，突出的问题又体现在第二产业，在工业。主要表现在我省经济总量中，工业比重相对偏小；在全国的工业总量中，我省工业比重相对偏小；在经济增长速度方面，我省工业的增长速度相对滞后。与此相反，湖南是个农业大省，粮和猪的产量位居全国前列，为国家粮食安全作出了积极贡献，第三产业也有较好的发展。

因此，湖南崛起，要抓住工业这个牛鼻子。推进"三化"，要抓住推进工业化这个主要环节，作为湖南崛起的重中之重。从另一方面来看，如果工业没有较快地发展，一产业和三产业发展得再好，也无法实现湖南崛起。如果眉毛、胡子一把抓，不分轻重缓急，就只能永远被动、永远落后。因此，振兴工业，促进工业发展，是促进湖南崛起的主要途径和希望所在。

三、工业发展的几个特点和要求

一是资源的聚集性。发展工业，需要大量的资金、劳动力和其他资源。因此，中部崛起，财政应强化资源配置和调控经济的职能，调度和集中一切有效资源，推进工业化。

二是工业发展的非均衡性。由于资源的聚集性，导致资源向优势地区、优势领域集中，从而导致工业发展的非均衡增长。或者说，工业化本身就是通过经济的非均衡增长来实现的。工业化会导致经济发展地区性不平衡，导致各级、各地财源结构不平衡，从而使政府间的财政关系受到影响和冲击，原已存在的财政不均衡也会因此而进一步扩大。因此，工业化的推进对财政职能提出了更高的要求，要通过转移支付等手段，保障经济相对落后地区的正常运转。

三是市场竞争的特殊性。在工业化过程中，市场竞争有两个明显特点。一是国际上的竞争由企业竞争上升到国家之间的竞争；二是区域之间的竞争由企业竞争上升到政府间的竞争。因此，对政府的职能作用提出了更高的要求，也就对财政的职能作用提出了更高的要求。

四、抓住政策机遇，积极争取中央支持

改革开放以来，我国经济已明显呈区域梯度落差分布，中部地区既面临改革开放后与东部形成的开放落差，又要面临对西部开发与东北振兴可能带来的投资落差，成了"政策的洼地、困难的高地"。

今年 3 月 5 日，十届人大二次会议提出要促进中部地区崛起。国家支持中部地区发挥区位优势和经济优势，加快改革开放和发展步伐，加强现代农业和重要商品粮基地建设，加强基础设施建设，发展有竞争力的制造业和高新技术产业，提高工业化和城镇化水平。

近几年，中央财政对工业投入的一个重要方面在于贯彻中央以调整为主线的经济方针，安排关闭破产补助资金，促进经济结构调整。自 2000 年至 2003 年，我省有 16 户中央下放企业实施关闭破产，争取中央财政补助资金 17.3 亿元。今年以来，我们把争取中央财政关闭破产补助资金的支持和到位作为企业处 2004 年必办的一件实事，作为硬任务来完成的指标和要求，开展了扎扎实实的工作。至 9 月份，煤炭 7 矿和 2 户军工企业共到位补助资金 19.22 亿元，是全国最多的省份。今年后 3 个月，预计还可以争取有色 6 户企业和几户军工企业到位关闭破产补助资金 10 亿－15 亿元，全年在 30 亿元左右，约占

中央财政今年安排的关闭破产补助资金的 1/6。

中央越来越重视中部崛起，是我省发展的又一个新机遇。我们要抓住这个有利时机，争取国家更大的支持，加快湖南的发展。

五、支持企业改革，促进企业发展

企业，是我省财政的骨干财源，是财政的衣食父母。我们的工作，都直接或间接地与企业相关。在处理有关企业改革和发展的工作时，我们时刻要有责任意识，要有紧迫意识，努力为企业服好务。

企业改革难，管理企业难。我省的企业改革已经迟了，而今的企业改革所面临的困难和问题是超出想象的。仅从制定政策来说，常务副省长带领有关部门的同志进行了将近 100 天的调研，省委、省政府出台了 12 个文件。但通过最近 18 次现场办公，企业又反映出几十个具体问题，目前正在研究制定补充规定。企业改革的方方面面，如退休职工的医疗保险、学校移交、离退休干部的管理、社区建设、土地综合治理等，都牵涉到有关处室的工作，请有关处室继续予以大力支持。

中部崛起，匹夫有责。湖南崛起的重任落在我们肩上。我们每位同志都要有一种"面壁十年图破壁"的拼搏精神和"难酬蹈海亦英雄"的豪迈气概，勤奋学习、努力工作，无愧于这个时代，为中部崛起作出应有的贡献。

在推进新型工业化进程中找准财政企业工作的着力点 *

（2006 年 10 月）

在当前推进新型工业化进程中，财政部门肩负着重要责任。如何发挥好财政的职能作用，鼓励、引导、推动企业自主创新，促进工业发展，是当前财政企业工作的一个重点。

一、我省工业化发展的现状

工业化是指由传统农业社会向现代工业社会转变的历史过程。经济学家钱纳里根据处于工业化过程中若干国家的统计资料，运用经济计量分析方法，提出了经济发展的多国标准模型，按人均 GDP 水平把经济发展从不发达到发达的演变过程分为六个阶段：初级产品生产阶段、工业化初级阶段、工业化中期阶段、工业化高级阶段、发达经济初级阶段、发达经济高级阶段。"十五"期间，我省经济稳定协调发展，经济结构出现新的变化。GDP 年均增长 10.2%，其中工业生产总值年均增长 12.9%。2005 年，全省 GDP 为 6474 亿元，按常住人口计算，人均 GDP 为 10366 元；全省三次产业结构为 19.4：40.2（其

---

* 原载《湖南财政》，2006 年第 5 期。

中工业 34.0）：40.4。通过"十五"期间的快速发展，我省工业化程度大大提高，由工业化中期的初始阶段上升为工业化中期的后期阶段，正在向工业化高级阶段迈进。但与全国平均水平相比，仍有一定差距。2005 年，全国 GDP 为 182321 亿元，人均 GDP 为 13985 元，三次产业结构为 12.5：47.3（其中工业 41.8）：40.2。我省人均 GDP 为全国平均水平的 74.12%，第二产业的比重比全国平均水平低 7.1 个百分点，其中工业比重比全国平均水平低 7.8 个百分点。

（一）我省传统工业发展现状

1. 我省部分制造行业已具备较强竞争力。轨道交通设备、工程机械、输变电设备、电子电气制品、有色金属制品、精品钢材、高档卷烟、食品、石化、林纸一体化等制造行业在全国具有一定竞争力，拥有一批名牌产品和龙头骨干企业。制造业信息化成效明显。我省是国家制造业信息化工程试点省之一，到 2004 年，全省制造业信息化省级示范企业已达到 167 家，大型企业 100% 使用了计算机辅助设计（CAD），30% 以上使用了计算机集成制造技术（CIMS），50% 以上使用了管理信息系统（MIS），35% 以上使用了企业资源管理系统（MRP-II/ERP）。

2. 多数企业自主创新能力不强，科技投入不够。我省制造业企业虽然有一定的技术创新能力，但大部分关键技术及关键设备仍主要依赖进口，企业技术改造力度不够，缺乏高级技术工人，制造业出口水平不高。

（二）高新技术产业发展现状

1. 产业规模呈持续增长态势。2004 年，全省高新技术企业 1109户，高新技术产业实现产值 1244 亿元，实现利税 154.04 亿元，出口创汇 14.87 亿美元。2000—2004 年我省高新技术产业的产值、利税、高新技术企业户数等主要指标年均分别增长 28.2%、21.8%、19.6%。

2. 形成电子信息、先进制造、新材料、生物医药四大新兴产业。这四大新兴产业高新技术产品产值占全省高新技术产业的比例稳定在85%左右。

3. 与先进地区比，我省高新技术产业发展尚有差距。高新技术产业的经济效益水平不高，在全国的竞争优势不明显，对工业增加值增长的拉动乏力，外向度不高，产业链不完整，骨干企业研发经费投入不足。

（三）我省优势产业

我省在全国具有较大优势的产业有先进电池材料、现代轨道交通装备制造、有色金属材料加工和现代工程机械制造等。

二、科技创新与我省工业化的关系

（一）科技创新与工业化的关系

从发展经济学的角度来看，工业的发展特别是制造业的发展也就是科技创新的过程，几乎所有的科技创新与科技革命都是通过工业发展来实现的。

发达国家工业化的经验表明，科技进步试验发展与工业化的不同阶段有着密切的关联。

在工业化初级阶段，人均GDP一般小于560美元，为经济增长的起步阶段。这一阶段的R&D（研究与试验发展）投入强度一般比较低，且增长缓慢。

在工业化中期阶段和高级阶段，人均GDP为560—2100美元，为高速增长的经济起飞阶段，对科技的需求最为迫切，科技投入强度的增长也因此最快，一般会超过经济增长速度，这一阶段大多持续10年。

进入发达经济阶段，人均GDP一般大于2100美元，经济增长相对稳定，科技投入强度已达到较高水平，科技投入增长势头出现减缓或波动。

（二）我国现阶段工业化的特点

我国 20 世纪 80 年代以来的工业化进程主要体现为加工组装业的迅速增长，产业技术的进步首先表现为发达国家加工制造业技术向我国的大规模转移和扩散，使我国加工制造业生产能力迅速提高，产量大幅度增长。中国的要素资源禀赋特征决定了现阶段在中低档产品的生产以及在加工制造业的中低端生产环节（特别是组装）上的低成本、低价格，是中国产业参与国际分工和国际竞争的一个很大优势，也是我国现阶段工业化的主要特点。

（三）新型工业化是我省工业化的必由之路

根据党的十六大精神，新型工业化是指以信息化带动工业化，以工业化促进信息化，科技含量高、经济效益好、资源消耗低、环境污染少、人力资源优势得到充分发挥的工业化。党的十六大报告指出："走新型工业化道路，必须发挥科学技术作为第一生产力的重要作用，注重依靠科技进步和提高劳动者素质，改善经济增长质量和效益。"因此，科技进步是实现新型工业化的关键，科技创新是新型工业化的动力源泉。

在当前世界第四次制造业转移过程中，我省的工业不能长期处于低端产业、低附加值的国际分工地位。要形成持续的竞争力和保持持续增长的空间，我省工业要顺应世界产业技术发展的基本趋势，实现向高层次、高技术价值链的推进和升级。因此，必须走新型工业化道路，依靠科技创新推动经济增长，实现从要素驱动型向创新驱动型的根本转变，使科技创新成为我省经济社会发展的内在动力，依靠制度创新和科技创新实现我省经济社会持续协调发展。

三、我省新型工业化进程中的自主创新战略

（一）创新型国家的四大标志

1.科技创新成为促进国家发展的主导战略，创新综合指数明显高于其他国家，科技进步贡献率一般在 70% 以上。

2.创新资金投入达到一定的标准。目前，创新型国家 R&D 投入占 GDP 总值的比重都在 2% 以上。以 2002 年为例，日本和美国的 R&D 投入分别占其 GDP 的 3.35% 和 2.79%，瑞士和芬兰都超过了 3%。根据世界银行统计，在全球 R&D 投入中，美国、欧盟、日本等发达国家和地区占 86%；在国际技术贸易收支方面，高收入国家获得全球技术转让和许可收入的 98%。

3.具有很强的自我创新能力。目前创新型国家对引进技术的依存度均在 30% 以下。

4.创新产出高。创新型国家的高技术产业是制造业产品贸易的主体。美国、爱尔兰、英国和韩国制造业出口均具有技术密集型的特征。

（二）建设创新型国家的目标

《国家中长期科学和技术发展规划纲要（2006—2020 年）》对我国进入新世纪新阶段的科学技术发展进行了全面规划，提出到 2020 年，中国将进入创新型国家行列。

到 2020 年的主要目标是：

1.研发投入要占 GDP 的 2.5%。

2.科技进步贡献率要达到 60%。

3.对外技术依存度降低到 30% 以下。

4.本国人发明专利年度授权量和国际科学论文被引用数均进入世界前 5 位。

而当前我省的现状有两个明显的缺陷：

一是科技经费虽有所增长，但投入强度仍不够。我省 2004 年科学研究与试验发展经费占 GDP 的比重为 0.65%，仅约为全国平均水平 1.31% 的一半。

2005 年我省地方国有及国有控股工业企业 R&D 经费支出只占销售收入的 0.3%。按国际经验，R&D 经费支出占销售收入比例为 1% 以下的企业难以生存，达到 2% 的企业勉强维持，高于 5% 才有竞争力。

二是初试、中试、投产各阶段资金投入比例严重失调。科技成果产业化，一般来说，初试、中试的投入比例为 1∶10，而我省目前大约为 1∶0.5。中试、投产阶段投入不足已成为我省科技成果转化的瓶颈之一。

（三）增强自主创新能力是我省新型工业化的重中之重

自主创新能力是国家竞争力的核心，是我国应对未来挑战的重要基础，是统领我国未来科技发展的战略主线，是实现建设创新型国家目标的根本途径，更是推进我省新型工业化进程的重中之重。

自主创新能力绝不单纯是一个技术问题，而是事关一个国家或地区未来的战略问题。我省目前同时面临两个产业梯度转移，一是国际制造业向中国的转移，二是沿海制造业向内地的转移。如果我们有较强的自主创新能力，就有可能利用这次机遇，实现跨越式发展。如果我们没有足够的自主创新能力，不拥有自己的核心技术，就可能既给外国人当打工仔，又给沿海人当打工仔，被锁定在产业链的低端。

（四）我省新型工业化进程中的自主创新战略

1. 注重引进吸收和成果转化。自主创新包括原始创新、集成创新和引进消化吸收再创新。从省情和需求出发，我省应该把自主创新的重心放到对现有技术的集成创新和对引进技术的消化吸收再创新上，要把加速科技成果转化作为支撑我省发展和引领我省未来的突破口。

2. 统筹两个兼顾。一是兼顾高新技术产业化和传统产业高新技术化，二是兼顾技术密集型、资金密集型和劳动密集型产业协同发展。

3. 发挥三个优势。一是以产业集群化为发展模式，强化产业链和产业集群的关键环节，发展壮大优势产业；二是加大优势技术领域的高新技术成果转化力度，培育新的产业增长点；三是以工业园区为载体，加强特色产业基地建设，形成优势科技产业的空间集聚。

四、财政推进新型工业化的几点建议

（一）强化财税杠杆作用，加大政府财政的支持力度

一是由政府承担培育企业开发新产品或市场的前期风险，运用财政、税收等政策手段实现社会资源更加合理的配置。通过制定相应的财税政策，对企业研发投资市场的失灵部分进行适度干预，并且向企业研发提供公共资金资助，以矫正市场缺陷，分担企业研发的风险与成本，实现激励企业增加研发投资的政策目标。2006 年，国家为鼓励企业自主创新，对相关税收政策做了大幅调整，包括税收抵扣、减免等十多个方面，关键是我省如何抓好配套落实。

二是要通过财政税收优惠政策，如探索建立以所得税为主体的优惠税率，直接优惠和间接优惠并用，多种优惠体制同时使用的优惠科研税收体系建设；或者将企业投入产品研发的力度与政府支持力度挂钩，形成企业投入与政府支持的良性互动，以刺激企业的 R&D 投入，提高企业 R&D 的投入强度。

三是要切实落实中央和省有关增加财政科技投入的各项规定，确保地方财政科技投入增长与全省经济和财政收入增长相适应。

四是要探索财政支持企业自主创新的机制，提升财政影响和引导企业行为的能力。通过加大财政贴息等支持力度，加快中小企业信用担保体系建设，改善企业自主创新的投融资环境；利用财政政策杠杆有效调动社会资本参与风险投资、创新投资的积极性，财政政策要加

大对金融创新和金融支持企业自主创新行为的奖励引导力度，多管齐下，突破企业自主创新的资金瓶颈。

（二）整合财政支持企业创新的资金和政策，明确支持的重点和范围

在政府的主导下，由财政部门牵头，组建企业创新资金管理机构，整合政府支持企业创新的资金、项目和政策，共同研究确定支持重点，集中投向，形成合力。政府安排的创新资金应突出投向以下三个方面：一是财政对企业自主创新的支持要符合WTO和公共财政的原则，主要用于对共性技术和关键性技术研发的支持。政府有关科技计划项目要更多地反映企业重大科技要求，在具有明确市场应用前景的领域，应当由企业、高等院校、科研院所共同参与实施。要综合运用无偿资助、低息贷款、风险投资等多种投入方式，促进高等院校与科研院所围绕企业技术创新需求服务，积极促进产学研有机结合，推动企业提高自主创新能力，真正形成以企业为主体、市场为导向、产学研相结合的技术创新体系。二是支持的重点项目主要有两方面：一方面是技术水平高、市场前景好、产品关联度大、对地区经济带动性强、辐射力大的项目，包括对支柱产业和重点企业、重点园区的自主创新支持；另一方面应逐步加大对有知识产权、有知识团队、有市场前景、有资本市场运作空间的风险创业投资类自主创新项目的扶持力度。三是支持的范围要由单纯的国有或国有控股企业，向包括国有企业在内的各种所有制企业的方向转变，尤其要关注民营企业中的创新型中小企业，对其尽快实行"国民待遇"，确保其在享受政府资金政策支持上与国有或国有控股企业拥有同等的权利。

（三）强化企业创新项目的跟踪管理，健全企业自主创新的支撑服务体系

一是要明确政府资金的管理职责。财政部门统一负责、统筹管理各项财政支持企业创新资金的政策制定、投放监管、评审监管、效益评价等，科技、教育等部门主要支持基础研究、技术研发和中试阶段，发展改革部门主要支持试产及产业化阶段。

二是要转变管理方式。扭转财政资金管理中重投放轻跟踪、重审批轻服务、重宏观轻微观的倾向，建立财政部门全程参与、全程跟踪的系统管理思路。建立健全财政专项资金使用绩效的评估和反馈机制，并根据绩效评估结果对专项及项目进行相应调整，重大专项和科技研发、中试、产业化项目在实施后定期进行全面评估。

三是积极探索财政资金管理的新机制。增强市场化操作意识，增加公开性和透明度，在更大范围内实现社会中介机构有效参与的新管理模式。健全人才支撑体系、社会资金支撑体系、中介服务体系，搭建企业自主创新公共技术和资源共享平台、科技成果转化平台，为企业自主创新构建良好的社会平台，努力营造有利于推进企业自主创新的良好环境。

（四）加大对创新有功人员的奖励力度

政府及其财政部门应营造有利于提高自主创新能力的政策环境，包括法制环境、人文环境等。这些环境要有利于激励自主创新，有利于促进企业成为技术创新主体，有利于调动科技人员积极性、创造性，有利于实现科技政策和经济政策的统筹协调，切实降低企业自主创新的外部成本。如通过完善对企业家、科技人员、国有民营企业、中小企业创新的激励机制，加大对创新骨干的激励力度。进一步提高省级科技进步奖的奖励金额，对在自主创新上有重大突破的项目主要负责人予以重奖。

支持企业自主创新　推进新型工业化进程[*]

（2006 年 10 月）

一、学习中需要了解的主要文件和把握的主要政策

（一）需要了解的主要文件

1. 党的十六届五中全会通过的《中共中央关于制定国民经济和社会发展第十一个五年规划的建议》（2005 年 10 月 11 日）和《中华人民共和国国民经济和社会发展第十一个五年规划纲要》（2006 年 3 月 14 日第十届全国人民代表大会第四次会议批准）。

2. 《国家中长期科学和技术发展规划纲要（2006—2020 年）》（国发〔2005〕44 号）。

3. 《中共中央国务院关于实施科技规划纲要增强自主创新能力的决定》（中发〔2006〕4 号）。

4. 《国务院关于印发实施〈国家中长期科学和技术发展规划纲要（2006—2020 年）〉若干配套政策的通知》（国发〔2006〕6 号）。

5. 《中共湖南省委湖南省人民政府关于增强自主创新能力建设创

---

* 在省财政厅党组理论学习中心组（扩大）会议上的专题发言，2006 年 10 月 28 日。

新型湖南的决定》（湘发〔2006〕8号）。

（二）需要把握的主要政策

1.党的十六届五中全会通过的《中共中央关于制定国民经济和社会发展第十一个五年规划的建议》提出："科学技术发展，要坚持自主创新、重点跨越、支撑发展、引领未来的方针，不断增强企业创新能力，加快建设国家创新体系。"《中华人民共和国国民经济和社会发展第十一个五年规划纲要》明确要求："加快建立以企业为主体、市场为导向、产学研相结合的技术创新体系，形成自主创新的基本体制架构。"

2.2006年2月25日，省委常委会议同意把省委、省政府原来提出的科教兴湘战略进一步完善为实施科教兴湘、建设创新型湖南战略。

3.《国务院关于印发实施〈国家中长期科学和技术发展规划纲要（2006—2020年）〉若干配套政策的通知》要求："确保财政科技投入的稳定增长。各级政府把科技投入作为预算保障的重点，年初预算编制和预算执行中的超收分配，都要体现法定增长的要求。2006年中央财政科技投入实现大幅度增长，在此基础上，'十一五'期间财政科技投入增幅明显高于财政经常性收入增幅。"

二、我省工业化进程中的自主创新战略

（一）实现湖南崛起，关键是加快新型工业化进程

据测算，工业每增长1个百分点，可拉动经济增长0.58个百分点。珠三角、长三角、环渤海湾之所以能够成为当今中国经济最发达的地区，主要原因是它们得改革开放之先机，首先基本上实现了工业化。加快我省经济发展潜力在工业，关键在工业，出路在工业。

（二）增强自主创新能力是我省新型工业化的重中之重

自主创新能力是国家竞争力的核心，是我国应对未来挑战的重大选择，是统领我国未来科技发展的战略主线，是实现建设创新型国家目标的根本途径，更是推进我省新型工业化进程的根本途径。

自主创新能力绝不单纯是一个技术问题，而是事关一个国家或地区未来的战略问题。我省目前同时面临两个产业梯度转移，一是国际制造业向中国的转移，二是沿海制造业向内地的转移。如果我们有较强的自主创新能力，就有可能利用这次机遇，实现跨越式发展。如果我们没有足够的自主创新能力，不拥有自己的核心技术，就可能既给外国人当打工仔，又给沿海人当打工仔，被锁定在产业链的低端。

（三）注重引进吸收和成果转化

自主创新包括原始性创新、集成创新和引进消化吸收再创新。从省情和需求出发，我省应该把自主创新的重心放到对现有技术的集成创新和对引进技术的消化吸收再创新上，特别要把加速科技成果转化作为支撑我省发展和引领我省未来的突破口。

（四）统筹两个兼顾

一是兼顾高新技术产业化和传统产业高新技术化。二是兼顾技术密集型、资金密集型和劳动密集型科技产业协同发展。

（五）发挥三个优势

一是以产业集群化为发展模式，强化产业链和产业集群的关键环节，发展壮大优势产业；二是加大优势技术领域的高新技术成果转化力度，培育新的产业增长点；三是以工业园区为载体，加强特色产业基地建设，形成优势科技产业的空间集聚。

三、我省新型工业化途径

（一）我省科技产业发展的现状

一是科技经费虽有所增长，但投入强度仍不够。我省 2003 年 R&D 经费占 GDP 的比重为 0.65%，仅约为全国平均水平 1.31% 的一半，在全国排名第 17 位。2005 年我省地方国有及国有控股工业企业 R&D 经费支出只占销售收入的 0.3%。按国际经验，R&D 经费支出占销售收入比例为 1% 以下的企业难以生存，达到 2% 的企业勉强维持，高于 5% 才有竞争力。二是初试、中试、投产各阶段资金投入比例严重失调。关于科技成果产业化，一般来说，初试、中试的投入比例为 1:10，而我省目前仅为 1:0.5。中试、投产阶段投入不足已成为我省科技成果转化的瓶颈之一。

（二）以科技为主导的新型工业化发展战略目标

"十一五" 我省科技产业发展战略目标是：到 2010 年，综合科技进步水平指数由目前的全国第 17 位提高到前 14 位；科技产业总产值超过 7300 亿元，年均增长 21%；科技产业增加值达到 2200 亿元。

（三）支持企业自主创新，推进新型工业化进程的对策

一是要构筑有利于知识和创新的制度平台。具体包括完善投融资体制，培育企业家精神，加强知识产权保护，发展教育与科研，健全跨国人才流动机制，加强技术交流和引进，增加财政补贴和援助，建立和完善风险投资机制等方面。二是加大研发投入。2004 年，我省研发投入 30 多亿元，占 GDP 的 0.7% 左右，只相当于全国 R&D 投入占 GDP 比重（1.32%）的一半左右，与创新型国家 2% 的标杆差距更大，因此要特别增加各方面对研发的投入。三是大力发展知识型产业。一般而言，知识型产业不仅包括高新技术产业，还包括研发、教育、信息设备制造、信息服务、出版娱乐等。四是加大其他政策支持。把增强企业自主创新能力作为提高我省科技产业竞争力的中心环节，把

加速科技成果转化作为科技支撑发展和引领我省未来的突破口。落实有关税收优惠政策，鼓励企业加大技术研发的投入。大力发展劳动密集型科技产业和与农产品精深加工相关的科技产业，超前部署生物科技产业。建立政府采购自主创新产品制度，对拥有自主知识产权的高新产品销售进行支持。资助建设科技共享平台，制定平台建设总体规划，围绕重点产业、协同企业、中试基地等，搭建科技资源共享法律平台。引导社会资本发展专业孵化器，促进科技成果转化。支持建立以企业为主体的产学研一体化技术创新体系，加快以企业为主的、产学研结合的各类联合研发机构建设。

四、履行财政职能支持企业自主创新的几项具体工作

（一）加大科技投入

科技投资特别是提高自主创新能力的投资是战略性投资。要坚持突出重点、有保有压的原则，调整支出结构，大力压缩一般性支出，把科技支出摆到优先位置，在编制年初预算和分配超收收入时都要体现科技支出法定增长的要求，确保财政科技投入增幅高于经常性财政收入增幅。

（二）落实税收激励等政策

通过税收优惠政策，激励企业加大研究开发投入。实行促进自主创新的政府采购制度，优先购买国内、省内具有自主知识产权的高新技术装备和产品。

（三）加强资金管理，提高资金使用效益

优化支出结构，保障重点支出需要。把增强自主创新能力放在更加突出的位置，重点确保能源、资源、环境、农业、信息等关键领域重大技术突破项目、重点应用基础研究项目和重要技术成果转化项目的投入，加大对全省高新技术重点领域、高新技术产业中的关键技术、

共性技术和瓶颈技术的研究开发投入，加强重大科技基础设施和条件平台建设，努力把科学技术转化为现实生产力。特别是要强化企业在技术创新中的主体地位，支持建立以企业为主体、市场为导向、产学研相结合的技术创新体系。支持高新技术创业投资公司的组建和发展。

总之，自主创新是科技发展的灵魂，是一个民族发展的不竭动力，是支撑国家发展的筋骨。没有自主创新，我们就难以在国际上争取平等地位，就难以获得应有的国家尊严，甚至难以自立于世界民族之林。一个国家要想在政治上独立，首先必须在经济上独立；而要取得经济独立，首先必须在技术上能够独立，拥有自己的核心技术。在关系国民经济命脉和国家安全的关键领域，真正的核心技术、关键技术是买不来的，必须依靠自主创新。因此，我们要在若干领域掌握一批核心技术，拥有一批自主知识产权，造就一批具有国际竞争力的企业，大幅度提高国家竞争力。湖南经济的薄弱环节在工业，加快湖南经济发展，实现湖南崛起，潜力在工业，出路在工业，希望也在工业，必须大力推进我省新型工业化进程。而推进新型工业化进程，需要进一步发挥财政职能作用，大力支持企业自主创新。今后一个时期，我省经济具有良好的发展环境和机遇，一是国家实施促进中部崛起战略，省委、省政府实施科教兴湘、建设创新型湖南战略，采取有效措施大力培育发展产业集群，加快发展循环经济；二是国际制造业向中国的转移和沿海制造业向内地的转移两个产业梯度转移；三是国有企业改革的强有力推进，既优化了国有经济结构，又为我省非国有经济发展及引进战略投资者提供了产业空间；四是制度创新为科技创新提供了良好的环境。

在经济学上有一个理论叫蘑菇理论：森林里的蘑菇，对外部环境有很强的依赖性，但只要土壤、温度、水分合适，一长就是一大片。未来15年，通过自主创新，推进新型工业化进程，我省经济一定能够实现跨越式发展。

抓改革 促发展 努力培植壮大主体财源[*]

（2009 年 9 月）

一、1—8 月我省工业经济运行情况

今年以来，全省上下认真贯彻省委、省政府关于"保增长、扩内需、调结构、促就业、强基础"的战略部署，积极应对国际金融危机的不利影响，促进了工业经济平稳较快增长。总体上看，1—8 月份全省工业经济运行具有以下几个特点：

（一）工业生产增速居全国前列，规模工业企业经营效益好转

1—7 月，全省规模以上工业完成增加值 2146.15 亿元，同比增长 17.5%，高于全国平均增速 10 个百分点，列全国第 4 位，仅次于天津（20.8%）、四川（19.8%）和内蒙古（18.4%）。同时，企业经营效益好转。1—6 月，全省规模工业企业累计实现主营业务收入 5215.74 亿元，同比增长 10.51%，盈亏相抵后累计实现利润总额 212.19 亿元，比去年同期增加 35.23 亿元，同比增长 19.91%。

---

* 在省财政厅党组理论学习中心组（扩大）会议上的专题发言，2009 年 9 月 26 日

（二）所有制结构出现积极变化，非公有制企业发展势头良好

1—8月，我省规模以上非公有制企业完成工业增加值1421.59亿元，增长25.4%，比全省平均水平的17.6%高7.8个百分点。1976户企业的财务快报反映，1—8月，纳入快报范围的810户国有企业实现利润21.16亿元，比上年同期减少32.64亿元，下降60.67%；而1166户非国有企业实现利润35.52亿元，比上年同期增加8.48亿元，增长31.36%。

（三）省属国有企业经营效益降幅收窄，一些骨干企业企稳回升迹象明显

1—8月，省国资委监管的30户企业实现主营业务收入958.1亿元，同比下降13.2%，但比1—7月降幅缩小1个百分点；实现利润14.3亿元，同比下降72.7%，但比1—7月降幅缩小3个百分点。而且一些骨干企业的经营效益开始企稳回升，少数企业保持了持续快速发展的势头，复苏迹象明显。

中联重科率先复苏。尽管海外市场不景气，中联重科1—8月出口额同比下降60%，但受房地产和基建投资带旺国内市场需求的影响，其业绩率先复苏。1—8月实现营业收入109.87亿元，同比增长37.16%，实现利润14.89亿元，增长13.49%；应交税金10.58亿元，增长118.23%。预计全年实现营业收入190亿元，同比增长40.23%；实现利润23亿元，增长128.84%；应交税金15亿元，增长102.3%。

华菱集团有望扭亏为盈。国内钢材价格自4月份以来连续四个月上涨，如棒材由4月份的每吨2920元上升到8月份的3500元，上涨20%，目前处于振荡运行区间。华菱集团5月份前严重亏损，从6月份开始出现盈利，尽管1—8月实现利润为-8149万元，但预计9月份可以全面扭亏为盈，全年可确保实现利润10亿元，力争20亿元。

湘煤集团盈利预期明显。受煤价下跌影响，湘煤集团1—8月营业收入、利润总额、应交税金分别同比下降16.32%、59.75%和10.37%。但6月份以来，煤炭价格已小幅回升，后几个月的形势将会好转。预计全年实现营业收入42亿元，比上年增长5.6%；实现利润1.45亿元，增长13.91%；应交税金4.96亿元，增长12%。

（四）国有企业对税收贡献同比下降，但止降企稳

企业财务快报反映，1—8月，810户国有企业应交税金56.22亿元，比上年同期减少14.29亿元，下降20.27%；已交税金58.86亿元，比上年同期减少13.94亿元，下降19.15%。华菱集团应交税金10.62亿元，比上年减少13.61亿元，下降56%；预计全年应交税金16.8亿元，比上年同期减少22.59亿元，下降57%。湖南有色控股集团应交税金4.66亿元，比上年同期减少6.19亿元，下降57.06%；预计全年应交税金6.5亿元，比上年减少6.67亿元，下降50.68%。

（五）政策调整对税收短期影响明显，但长远预期乐观

由于推行增值税转型改革，岳阳纸业40万吨项目固定资产投资增加了当期抵扣，增值税大幅度降低，到8月末根据发票可抵扣1.1亿元，应交增值税 −6738万元。部分企业被评为高新技术企业，企业所得税率由25%降到15%。长丰集团从2009年起不再享受三线企业退税优惠政策，减少退税约7000万元。但从长远来看，这些政策调整将有助于企业的长远发展，有利于夯实财源基础，对税收的正面影响将逐步显现，预期乐观。

二、我省工业经济平稳较快增长的主要原因

我省工业经济发展势头良好，关键在于各级各部门认真按照中央和省委、省政府的决策部署，认真贯彻积极的财政政策和适度宽松的货币政策，全面落实中央和省委、省政府应对国际金融危机的一系列

政策措施，工作抓得紧、抓得实。主要体现在以下几个方面：

（一）加大了对企业的财政支持力度，有效缓解了企业融资难问题

2009 年，省财政在继续安排推进新型工业化专项引导资金 3 亿元的基础上，新增安排了产学研结合专项资金。今年 5 月，省财政厅、省经委等五部门联合下发了《关于缓解中小企业融资困难的若干意见》（湘财企〔2009〕12 号），出台了 18 条政策措施，其中除安排 14 亿元专项调度资金外，还新增了中小企业发展专项资金、贷款贴息资金、担保机构资本金、中小企业融资奖励资金、创业投资引导基金等 2.1 亿元。14 亿元专项调度资金带动了市县财政和民间资本共计 5.75 亿元投向担保体系建设，一定程度上缓解了中小企业融资困难。市县财政虽然面临较大的收支压力，但对工业的投入仍有增加，2009 年，各市州和县（市、区）财政共安排支持企业的专项资金 26.51 亿元，比 2008 年 18.22 亿元增加 8.29 亿元，增长 45.50%。其中市州本级 8.24 亿元，增长 54.89%；县级 18.27 亿元，增长 41.63%。

（二）强力推进国有企业改革，经济发展的活力不断增强

我省工业经济平稳较快发展，主要得益于非公有制经济的发展。而非公有制经济的发展，一个重要原因是一些长期亏损、资不抵债、扭亏无望的国有企业实施关闭破产，一些处于一般竞争领域不具备比较优势的国有企业实施转制搞活，实现了国有资本部分或整体有序退出，为非公有制经济发展腾出了空间。自 2000 年以来，我省共争取 63 户中央下放企业关闭破产补助资金 110.79 亿元，占全国的 1/14，是全国最多的省份之一；安置职工 27 万多人，基本完成中央下放企业关闭破产任务。从 2004 年启动本轮省属国有企业改革以来，省财政已经筹措 53.03 亿元改革专项资金。目前，除华达机械厂、长沙矿业公司、益阳麻纺厂等 3 户企业正在进行费用审核和职工安置，已经完成 94 户企业的改制和 351 户企业的关闭破产（注销）任务。今年可以完成本轮省属国有企业改革任务。

（三）大幅增加技术改造和技术创新投资，增强了企业的内生增长能力

今年1—8月，全省投资500万元以上的技术改造项目累计完成投资1243.65亿元，同比增长56.3%。部分重点企业，如华菱集团坚持"低谷时期搞建设，高峰时期赚大钱"的经营理念，实施的汽车板、5米宽厚板、钢管基地三大项目将分别在年底和明年投产。三大项目全部投产后，集团钢产量将由目前的每年1200万吨上升到1800万吨，产能增加50%。中联重科加大科技创新和技术改造力度，Z80小型挖掘机等一系列新产品成为新的利润增长点；目前投入试生产的麓谷工业园履带起重机生产基地，可年产履带起重机900余台，实现销售收入40亿元。

（四）实施有色产品储备政策，稳定了有色产品价格

今年以来，国家实施有色产品收储计划，株冶集团锌锭中标3万吨。省财政安排贴息资金5000万元，有色控股集团向银行贷款12亿元，实施收储，目前已经收储4.65亿元。国家实施收储的政策效应明显，增强了企业的信心，刺激了有色产品价格回升，如锑产品价格从年初的2.9万元/吨上升到4.1万元/吨。

（五）积极落实适度宽松的货币政策，金融支持力度进一步加大

去年以来，民生银行、北京银行、广发银行、华夏银行相继来长沙设立分行，其中民生银行、北京银行长沙分行已经开业，广发银行和华夏银行长沙分行年内可以开业；交行、招行、兴业、光大银行在株洲、湘潭设立了分支机构。8月末，全省金融机构各项贷款余额9309亿元，比年初新增2021亿元，增长27.73%，同比多增1245亿元。7月末，我省中小企业贷款余额2812.9亿元，占全部企业贷款的50.1%；1—7月新增贷款494.4亿元，占企业新增贷款的43.5%。

（六）企业抓住机遇实施并购重组，做大做强势头强劲

一是华菱集团今年 4 月投资 FMG 项目，投资金额 61.9 亿元，目前实现账面浮盈 11 亿美元，约合人民币 75 亿元，资产增值 1.2 倍。该项目的实施，不但使企业控制了战略资源，获得了经济效益，而且为企业参与国际竞争培养了人才、积累了经验，大大提高了企业的国际知名度，真正实现"化危为机""弯道超车"。二是长丰集团与广汽集团合作，广汽集团承诺 5 年内投资 100 亿元，实现年产长丰 20 万辆、菲亚特 50 万辆。三是有色控股集团与中国五矿合作，中国五矿按 1∶1 对有色控股增资扩股，将投入 60 亿元做大湖南的有色产业。

（七）特事特办，对特别困难企业进行特别支持

今年年初，泰格林纸集团由于受国际金融危机等因素的影响，企业生产经营面临较大困难。特别是在 4 月份媒体对企业的问题作了报道后，企业出现信贷危机，几乎陷入绝境。针对这一情况，6 月 5 日，省长主持会议研究了政府支持该企业的一系列措施，将该企业从危机中挽救出来。同时，企业利用国家适度宽松的货币政策，积极与各家金融机构沟通，共获得新增授信 3.4 亿元，岳阳纸业获批 11 亿元短期融资债券。1—8 月，该集团共实现销售收入 38 亿元，同比增长 13.16%；实现利润 1300 万元。

三、工作思路和建议

自去年下半年以来，尽管我国经济增长明显下滑趋势得到了遏制，经济形势总体呈现企稳向好势头，但世界经济复苏将是一个缓慢曲折的过程。当前，美国经济复苏迹象显现，但可以肯定的是美国经济的复苏之路将会一波三折、任重道远；至于欧洲经济，尚未完全走出衰退的阴影，复苏的信号非常渺茫和脆弱。受国际经济大环境的制约和国内多年来积累的经济结构性问题的影响，我国经济回升基础还不稳定、不牢固、不平衡，需要视经济形势的变化制定新的有效应对预案，更需要我们继续通过抓改革、促发展来培植壮大主体财源。

（一）进一步完善促进企业发展的投入机制

近几年来，省财政对工业的投入力度较大，为推进新型工业化进程提供了资金保障。市州和县（市、区）财政投入力度也不断加大。但是，财政对企业的投入，也存在一些问题。一是部分市县财政投入力度偏小。个别市县两级财政对企业的专项资金投入不足 1000 万元，其中市本级只有 100 多万元。二是大部分资金采取无偿补助的方式，财政资金的引导和放大效应不明显。尤其是对非公有制企业的无偿投入，虽然合法合规，使非公有制企业享受了国民待遇，但由于得到财政无偿补助的只可能是极少数企业，对大多数非公企业来说，其结果是不公平的。因此，各级财政一方面要进一步提高认识，加大对企业的投入力度，另一方面要进一步完善投入机制，除对企业的技术研发等方面采取无偿补助外，财政支持企业的专项资金，特别是对非公有制经济的支持，尽可能采取贷款贴息、支持担保机构对企业贷款进行担保、设立创业投资引导基金进行股权投资等方式。同时，更要加强专项资金的科学化精细化管理，提高资金的安全性和有效性。

（二）适时开展国有资本经营预算试点工作

根据《国务院关于试行国有资本经营预算的意见》（国发〔2007〕26 号）和财政部相关文件精神，2008 年，我们在进行调研的基础上，研究起草了《湖南省人民政府关于试行国有资本经营预算的意见（代拟稿）》《湖南省省级企业国有资本收益收取管理暂行办法》《湖南省国有资本经营预算编报试行办法》，并就这些制度与省国资委进行了交流与沟通，联合省国资委向省政府上报了《关于试行国有资本经营预算的请示》。《意见》于 2008 年 11 月 12 日经省政府常务会议原则通过，原计划于 2009 年择机出台，但由于受国际金融危机的影响，省属国有企业经济效益大幅度下滑，生产经营面临严重困难，因此没有推出。下一步将提请省政府出台《湖南省人民政府关于试行国有资本经营预算的意见》，加紧研究制定我省国有资本经营预算编制办法、国有资本经营收益收缴办法等相关配套文件，稳步开展国有资本经营预算试点工作。

（三）加快完成地方国有企业改革

总体上看，全省各市县国有企业改革已基本完成80%，但各地各级不平衡。有一部分市县已基本完成，个别市本级只完成50%左右。其实，在经济市场化过程中，国有企业改革是一道绕不开的坎。改革不完成，经济难发展，民生难改善，稳定难维护，和谐难实现。目前，一些地方因为难以筹措改革资金，把企业放在一边不管不顾，导致维稳压力非常大，特别是一到重大节假日，总会出现不稳定情况。因此，我们应该认识到，改革越主动，成本越低，矛盾越少；更应该树立保企业就是保增长，保企业就是保稳定的理念。有关市县应主动承担改革成本，千方百计筹措改革资金，加快完成地方国有企业改革任务。

随着中央下放企业和省属国有企业改革任务的完成，我们将对一些改革后续问题进行认真梳理研究。社会普遍关心的省属国有企业移交社会职能机构过渡期到期后有关经费问题，已经拿出了初步方案。对于关闭破产国有企业退休人员医疗保险费用问题，我们正配合社保处认真研究方案，将着力予以解决。前一段时间，根据领导的指示，我们与办公室、经建处以及相关行业管理部门组成联合调研组，到部分矿山进行调研，看到矿山职工住在边远山区的棚户里，甚至将原企业的办公室、仓库、配电间、养猪场改造成住房，且饮水、行路、就医、就学、卫生等居住条件非常差，我们深深感到破产企业矿区在一定程度上成了惠民政策的盲区，有被边缘化的趋势。下一阶段，有必要把逐步解决中央下放和省属破产矿山职工住房困难问题、支持改善他们的居家环境作为公共财政关注的一个焦点。

（四）认真做好尾矿库闭库治理工作

安全生产是企业的生命线，也是深入学习实践科学发展观的重要体现。尾矿库闭库治理安全工程是安全生产的重要内容。关于中央下放政策性关闭破产有色金属矿山企业尾矿库闭库治理工作，财政部和国家安全监督总局于今年7月印发了《中央下放地方政策性关闭破产有色金属矿山企业尾矿库治理安全工程项目和补助资金管理暂行办法》（财企〔2009〕120号）。省里也于8月25日开会进行了布置，对相关工作提出了明确要求。我省有30座尾矿库，分布在株洲、衡阳、岳阳、郴州、娄底、怀化、湘西自治州。从工作进展情况来看，除岳阳原桃林铅锌矿以及有色控股集团管理的5个尾矿库外，其余24个尾矿库治理责任单位的工作均不是很主动。按照政策规定，虽然尾矿库的治理责任单位是所在地的县级人民政府，但争取中央财政的资金支持是各级财政部门共同的职责。因此，请有关市州积极抓好尾矿库治理项目资金的申报工作，并督促有关县市财政认真落实好中央财政要求的配套资金，以对人民群众生命财产高度负责的态度，认真扎实地做好尾矿库闭库治理工作，为建设和谐湖南作出积极贡献。

2019 年上半年湖南财政经济形势分析 *

（2019 年 8 月）

一、2019 年上半年湖南财政经济运行情况

（一）经济运行情况

2019 年以来，面对错综复杂的外部环境，省委、省政府坚持以习近平新时代中国特色社会主义思想为指导，认真贯彻习近平总书记关于湖南工作的重要指示批示精神，坚持稳中求进总基调，坚持新发展理念，坚持推动高质量发展，大力实施创新引领开放崛起战略，积极应对中美贸易摩擦，扎实推进"六稳"工作，全力打好三大攻坚战。在经济下行压力不断加大的背景下，主要经济指标高于全国平均水平，呈现结构优化、提质增效、民生改善的良好态势。

经济运行呈现以下特点：

一是经济运行总体平稳。上半年，规模工业、投资、消费、进出口等主要指标运行在合理区间，在全国排位靠前，总体符合年初预期，就业比较充分，推动高质量发展的积极因素增多。其中，规模工业增

---

* 原载《新理财（湖南财政）》，2019 年第 4 期。

速 8.3%，快于全国 2.3 个百分点，高于去年同期 1.3 个百分点，比一季度加快 0.1 个百分点，是自 2015 年 3 月以来上半年增速的最高值，增速居全国第六、中部第三；固定资产投资增长 10%，高于全国平均 4.2 个百分点，增速居全国第六、中部第二；社会消费品零售总额增长 9.9%，比一季度提高 0.5 个百分点，居全国第八、中部第五；进出口总额增长 40.1%，高于全国平均水平 36.2 个百分点，增速居全国第二、中部第一。上半年就业形势呈现"一降两平一增"的特点。"一降"，指失业率略有下降，6 月末，城镇调查失业率 5.45%，较一季度下降 0.05 个百分点；"两平"，指企业用工和重点群体就业平稳，重点监测企业用工波动连续 5 个月在 1% 以内，对美贸易企业职工在岗、高校毕业生初次就业、劳动力转移就业保持稳定；"一增"，指全省新增市场主体、吸纳从业人员同比分别增长 10.66%、48.45%。

二是新旧动能加速转换。投资结构加速转型，上半年，"产业项目建设年"活动持续推进，产业投资、社会投资"主力军"作用进一步强化。民间投资增长 22%，连续 16 个月保持 20% 以上。高新技术产业投资增长 34.6%，同比提高 15.2 个百分点。第一产业投资增长 46.4%，同比提高 41.4 个百分点。产业结构持续优化，上半年，全省第三产业增加值占 GDP 的比重为 55.1%，同比提高 0.7 个百分点，比第二产业占比高 16.8 个百分点。规上工业中，高加工度工业、高技术制造业增加值分别增长 13.3% 和 14%，六大高耗能行业增加值仅增长 3.7%，较上年同期回落 3.1 个百分点。新能源汽车、光纤、工业机器人和锂电池等新产品产量分别增长 260%、170%、81.4%、34%。

三是贸易摩擦影响显现。对美贸易明显下挫，1—5 月，全省对美进口、出口额同比分别下降 10.5% 和 2.9%，回落 49.8 和 46.5 个百分点。产业发展受到拖累，5 月份规模工业出口交货值、737 家出口工业企业总产值环比分别回落 3.3 和 7.9 个百分点。同时，我省自美进口产品 80% 以上在加征关税清单中，如果部分关键原材料、核心零部件断供，势必对关联企业产生冲击。市场预期出现波动，湘南地区部分制鞋厂、家具厂正在谋划海外建厂，部分劳动密集型企业用工减少。

四是重点行业有所回落。受非洲猪瘟疫情影响，生猪养殖业遭受较大打击，上半年全省生猪出栏减少 8.7%。受"国五"转"国六"政策影响，汽车市场频现烂价销售现象，汽车行业面临竞争洗牌甚至出现无序降价现象，上半年虽仍增长 13%，但增速同比回落 3.5 个百分点。受市场以及设备检修影响，石油化工、炼焦和核燃料加工业增加值下降 5.2%；原材料工业亦低位运行，黑色金属、有色金属冶炼和压延加工业分别增长 6.6% 和 0.1%。烟草、房地产发展减速，上半年烟草业增加值下降 6%，商品房销售面积下降 6.8%。

（二）财政运行情况

上半年，我省贯彻落实更大规模减税降费政策，克服经济下行压力，坚决落实做实非税收入，财政收入保持平稳增长，民生支出保障有力。

1—6 月，全省地方一般公共预算收入完成 1530.56 亿元，同比增长 0.22%。其中，地方税收 1037.98 亿元，同比增长 2.84%；非税收入 492.58 亿元，同比下降 4.89%。省本级完成地方一般公共预算收入 244.78 亿元，同比下降 15.66%；市州完成地方一般公共预算收入 1285.78 亿元，同比增长 3.95%。

全省一般公共预算支出完成 4706.6 亿元，增长 11.47%。其中，省本级完成 312.11 亿元，增长 12.12%；市州完成 4394.49 亿元，增长 11.42%。

财政运行呈现如下特点：

一是收入增幅基本平稳。1—6 月，全省地方收入同比增长 0.22%，分月累计增幅为：1月2.9%，2月4.43%，3月3.15%，4月2.71%，5月2.47%，6月0.22%。在认真落实省委、省政府做实地方收入、提升收入质量的同时，实现"平滑衔接"，保持了正增长。按照"真与真比"测算，全省上半年地方收入增长2.61%。

省本级地方收入较去年同期减少45.46亿元，同比下降15.66%。主要原因是：个人所得税起征点提高、抵扣范围加大以及中烟公司受增值税税率下调影响，导致税收短收5.68亿元；非税收入受去年结转因素和一次性资产处置收入减少影响，减收39.78亿元。

全省政府性基金收入869.26亿元，同比增长12.19%。其中国有土地使用权出让收入770.3亿元，同比增长16.68%。

二是税收征管初见成效。受中央新一轮减税降费政策影响，上半年，全省累计新增减税降费240余亿元，其中，地方收入近120亿元。前6个月，月度间税收增幅波动较大，当月增幅分别是：1月9.84%，2月5.22%，3月-9.84%，4月3.1%，5月-8.24%，6月14.14%。6月当月，税收收入较5月出现较大反弹，主要是在做实地方收入的背景下，狠抓税收征管初见成效。当月全省平台公司、武广铁路清理欠税16亿元，各地加大新增土地交易力度，契税等土地税收有所回升。

三是非税占比有所下降。按照省委、省政府指示精神，从6月起，全面做实地方收入，并根据实际情况制订"平滑衔接"方案，逐步消化前5个月的虚增收入。6月，全省非税收入入库68.09亿元，较去年同期减少54.25亿元，当月下降44.35%。上半年，全省非税收入492.58亿元，比去年同期减少25.33亿元，下降4.89%。全省非税收入占比32.18%，比去年同期下降1.73个百分点。分市州看，郴州市、湘西州2个市州对前5个月虚增的非税收入消化退库；9个市虽暂未消化前5个月虚增，但6月份均据实入库；个别市州6月非税入库较多，存在虚增现象。

四是民生支出保障有力。今年以来，全省大力压缩一般性开支，集中财力保障民生领域支出。1—6月，全省民生支出3384.88亿元，占一般公共预算支出的71.92%。全省财政"八项支出"完成3931.57亿元，增长11.53%。大部分市州"八项支出"占一般公共预算支出的比重超过80%。

二、下半年财政经济形势展望

初步判断，下半年，经济下行压力加大，不确定因素还有很多，但支撑经济发展的有利因素也在集聚，我省经济保持稳定增长仍具有较好基础。

1.投资方面。下半年全省投资预计能完成年初10%的既定增长目标。一是产业投资支撑。开展产业项目建设年"五个100"活动，产业项目的持续落地、产业投资的较快增长，将成为整体投资平稳增长的坚实基础。二是基础设施投资推进。下半年，基础设施补短板重大项目加快推进，高速公路和铁路、"135"工程升级版、城镇垃圾污水处理设施、长沙5G试点等新的投资增长点，预计在下半年将加速形成实物工程量，基础设施投资降幅有望继续收窄。三是资金供给利好。6月份国家出台专项债券及配套融资利好政策，加速债券发行和资金使用，允许作为符合条件重大项目的资本金，并由金融机构依法合规提供市场化配套融资，将有效支持重大项目建设的资金需求。

2.消费与价格方面。总体看，下半年我省市场价格仍将持续分化。一是猪肉价格或持续上涨。当前，我省猪肉价格在生猪存栏大幅降低的情况下还能保持基本稳定，主要是恐慌性出栏维持了市场供应。后期随着市场生猪和能繁母猪存栏断崖式减少，加之中秋、国庆等节日效应拉动及消费旺季的到来，我省生猪价格将大幅上涨，预计出栏价格将达到 15 元 / 斤。二是劳动力人工成本刚性上涨。未来一段时期，人工成本上升所产生的累积效应，将逐步向终端消费价格传导。三是居民消费潜力不断释放，全年社会消费品零售总额预计增长 10% 左右。

3. 进出口方面。随着下半年进出口基数增高以及国际贸易形势的变化，我省外贸增长面临较大放缓压力，预计下半年进出口增速将有所放缓，但全年有望实现 15% 的增长目标任务。

4. 财政收入方面。一是提高财政收入质量任务依然艰巨。规范非税收入入库，提高财政收入质量，将对收入增幅形成压力。初步测算，全年要达到地方收入增长 4% 的目标，地方税收需增长 6.3%，难度很大。二是主体税源增收后劲不足。卷烟产销两线在 2018 年基础上难以实现较大增长；成品油受产能限制，预计税收基本维持上年水平；房地产宏观调控还将持续，税收增速趋于平缓。三是减税降费效应将在下半年集中显现。预计全年税收将减收 370 亿元以上，其中地方税减收 200 亿元左右，分别拉低我省地方收入、地方税收增幅约 7 个、10.2 个百分点。

5. 财政支出方面。一是打好三大攻坚战和全面建成小康社会进入决战决胜阶段，促进经济结构转型升级、推动经济社会高质量发展，对做好财政资金保障工作提出了更多硬需求。二是落实义务教育化解大班额、城乡居民医保财政补助提标、提高退休职工等特定人群补助水平等中央和省出台的重大惠民政策，财政保基本民生刚性支出需求逐年加大。三是近三年是政府债务还本付息的高峰期，短期内的流动性、结构性、刚兑性风险比较突出。部分市县债务偿付压力大，还本付息存在明显缺口，各级财政保障重点公共工程在建项目后续融资的压力剧增。

三、下阶段打算

当前，我国经济发展面临新的风险挑战，国内经济下行压力加大。7 月 30 日中共中央政治局会议指出，要实施好积极的财政政策和稳健的货币政策。财政政策要加力提效，继续落实落细减税降费政策。

下一步，我们将按照中央及省委、省政府部署要求，加力提效实施积极财政政策，主动服务全省经济社会发展大局。

1. 促进经济高质量发展。一是认真做好地方政府专项债券发行及项目配套融资工作。二是积极稳妥做好当前财政收支预算管理工作，确保财政收支运行平稳，减税降费落到实处。三是积极应对债务风险，确保高额成本降下来、刚兑产品不爆雷、到期风险能缓释、化债计划能落实。

2. 提升税收征管效能。一是加强重点税源管理。二是建立由政府牵头，财政、税务、公安等部门协同参与的协税护税机制，构建全省财税信息共享网络。三是加大税收稽查和执法力度，积极开展治理虚开、治理骗税和治理部分行业领域乱象等"三项重点治理"，深入开展打击虚开骗税和整治影视等高风险行业领域税收秩序"两个专项行动"。

3. 做实地方财政收入。按"真实比真实"进行考核和通报。剔除去年虚增非税收入，明确各市州、县市区真实基数，严格按真实非税收入入库，并与去年真实基数比较。考核通报各地收入完成情况，重点考核税收完成情况。

4. 优化财政支出结构。大力压减一般性支出，力争全年压减10% 以上。从严控制"三公"经费。持续调整优化支出结构，促进财力向产业项目建设、三大攻坚战、基础设施领域补短板等重点领域倾斜。全面实施预算绩效管理，加强和规范县级财政管理，确保财政平稳运行。

卷 二

国企改革

资产经营责任制的弊端与改革的出路 *

（1987 年 6 月）

目前试行的资产经营责任制，对完善国营企业的经营机制，增强企业活力，起到了一定的作用。但是，无论在理论上还是从实际工作来看，资产经营责任制都有着明显的弊端。

第一，对企业资产进行模拟市场的社会评估和周期性的招标评估，将不可避免地产生马拉松式扯皮现象。

第二，通过招标招聘的企业领导人，依靠个人的力量来消除目前企业存在的不经济行为，削弱了企业职工的主人翁地位。

第三，实行"收益分享"，对所有企业规定统一的上交利润率，产生"一刀切"的现象。而在目前的试行工作中，实际上又是一户一率制。所谓"收益分享"与旧的体制下的利润分成制没有本质区别，这无疑是利改税之后的一种倒退。

第四，将企业税后留利划分为企业留成、资产分红、劳动分红三个部分，并且使企业留成与经营者的利益挂钩，企图在一个积累和消费的最佳点达到均衡。但是，从长远来看，企业领导人所追求的企业

---

* 原载《经济学周报》，1987 年 6 月 21 日。

长远发展和职工的利益是基本一致的；而从短期来看，企业留成多，企业领导人的收入就多，职工的劳动分红就少，反之亦然。这样就不可避免地使经营者和职工之间产生摩擦和内耗，使目标难以实现。

鉴于资产经营责任制存在以上弊端，建议改资产经营责任制为企业经营责任制。即将全民所有制企业的一切经济活动归企业集体自主经营，真正的"国营企业"将限于有关国民经济命脉的必要范围。其基本内容如下：

第一，核定企业所占有的国有资产数额，除国家对企业进行非常性调整或企业破产倒闭外，国家将国有资产无限期地交给企业集体经营。

第二，成立企业管理委员会（简称企管会），竞选聘任厂长，实行企管会决策下的厂长（经理）经营负责制。企管会由企业职工选举产生，但必须包括"一长三师"、党委书记、工会主席、团委书记和一名国家代表（可以由财政驻厂员兼任），也可以在社会上聘请专家。厂长作为一个企业家，不再是国家的行政干部，这样可以避免厂长的"仕途经济"思想。

第三，国家以双重身份向企业征取收入。其一是作为整个社会的利益代表向企业这个创造社会财富的经济实体征取一般税收；然后，作为国有资产所有者向经营国有资产的企业从税后留利中收取由企业所经营的国有资产数额决定的、而与企业经营效果无关的法定资产占用费。国家可以根据政策要求和行业特点，规定不同行业的资产占用费率，但总的原则应当是高于同期银行存款利息率，低于银行贷款利息率。由企业用自有资金及税后留利还本付息的自筹资金所形成的固定资产不向国家上交占用费。

税前（以税）还贷的回顾与反思 *

（1987 年 11 月）

税前（以税）还贷包括两个方面的内容。其一是税前还贷，即企业在交纳所得税之前，用投产项目新增利润归还银行贷款，并按归还贷款数额提取一定比例的职工福利基金和职工奖励基金（简称"两金"）；其二是以税还贷，即企业用国家减免的税收归还银行贷款。

税前（以税）还贷作为经济体制改革时期新旧体制转换过程中的产物，它是由当时的经济历史条件所决定的，并且对扩大企业财权、扶持短线产品生产、调整产业结构起了一定的积极作用。经过几年的改革，经济形势已发生了重大变化，税前（以税）还贷也呈现出一些弊漏，对经济发展起了某些不利影响，因而亟待完善归还贷款政策，以适应新的经济形势，促进国民经济的发展。本文就税前（以税）还贷的演变历史作一回顾，分析其对国民经济的影响，探讨改革的基本方向。

---

* 本文系与李兰芝同志合作撰写，原载《城市财政问题探索》，长沙市中青年财政理论研究会编，1987 年 11 月。

一、税前（以税）还贷的历史沿革

税前（以税）归还技术改造和基本建设贷款政策，自 1975 年其雏形产生至今，已延续了十余年，经历了一个数量从少到多、范围由小到大的增长过程。

第一阶段：1975—1983 年。

早在 1975 年，作为试点，实行小型技术措施贷款，期限一年，贷款额度为 3 万—5 万元，同时规定企业从实现的超计划利润中归还，且不计利息。1979 年又作了放宽性的补充规定：期限不超过两年，贷款额度扩大到 10 万—20 万元，年息 4.2%。由于当时企业主要以利润形式上交财政，所以 1975 年起的超计划利润还贷，从实质上说，是以后税前还贷的雏形。

1980 年以后，随着"拨改贷"的试行，基本建设贷款规模逐步扩大，而且伴随着其他改革措施的出台，各种专项贷款也陆续发放，还款数额迅猛增长。

以税还贷始于 1979 年 5 月，在决定增加轻工业专项小型技术措施贷款时，首次允许用贷款项目新增产品应缴的工商税归还。同年 8 月，在基本建设试行"拨改贷"后，对烟、酒、糖、手表四项税大利小产品也作了减税还贷规定。以后，随着国营企业"以税代利"试点的推广，企业收入中税收比重逐步增大，这样就使得还贷利润减少，企业就申请减免税收以解决还贷问题。1980 年财政部发文规定：国营和城镇集体企业使用的贷款，凡属于国务院和省级人民政府决定发放的，以及财政部同意以税还贷的（包括人民币和外汇），均可以用贷款项目投产后新增利润和固定资产折旧基金、固定资产占用费以及其他企业自有资金归还，不足部分，再用减免的工商税归还。

第二阶段：1983—1984 年。

1983 年，我国实行了第一步利改税，从那以后，实行利改税的企业归还贷款的资金来源由过去实现的超计划利润，变为在交纳所得税之前，用贷款项目投产后新增加的利润归还，完整意义上的税前还贷从此开始。

由于税前（以税）还贷数额急剧增加，并连锁引起投资规模过大、消费基金失控等问题，给财政收入和国民经济都带来了不利影响。为了扭转这一局面，从1982年起，国务院就屡次强调，对贷款要加强审查与控制。1983年8月，国务院在下发的《关于抓紧增收节支确保今年财政收支基本平衡的紧急通知》中指出：过去允许某些企业用税款归还贷款的规定，要限期取消，不能再扩大范围；企业归还银行贷款，要坚持先用企业自有资金，不足部分再用贷款项目新增利润归还，不能用企业原有应上交的利润还贷款。

根据上述精神，财政部和中国人民银行于1983年8月联合下发通知，对有关技措贷款的归还问题作了某些政策调整，规定企业在使用贷款时，一般要有10%—30%的自有专项资金用于贷款项目。归还时，国营企业首先用贷款项目新增利润；城镇集体企业由1980年规定的交纳工商所得税之前改为交纳工商所得税后归还，有困难的，可在税前归还一半。同时大幅度缩小了工商税还贷的范围，只规定对个别利率高、利润低、需要鼓励发展的产品，如计划内制糖工业项目，可以以税还贷。以后，由于有关部门认为集体企业税前还贷比例过低，困难较大，因此将集体企业税前还贷比例放宽到60%，困难仍较大的，另行再酌情放宽。

第三阶段：1984年第二步利改税至今。

第二步利改税之后，为了缓解企业资金短缺的矛盾，国家对税前（以税）还贷采取了放宽政策，扩大了流转税的还贷范围，主要是对一些高税低利产品重新开口子，允许减税还贷，其中包括卷烟、名优白酒、啤酒、电力、高价成品油等。虽然上述范围与前几年相比有所收缩，但这几类产品贷款数额庞大，因而以税还贷数额有增无减，并且电力行业还贷已超出了新增利润范围，对国家基数收入产生了较大影响。另外，第二步利改税时，考虑到企业借款首先要有一定比例的自有资金，因而取消了必须首先用自有资金还贷的规定。

二、税前（以税）还贷的历史背景

评价一项政策的优劣，不可脱离其产生、形成的背景。税前（以税）还贷政策，今天看来，要完善的地方很多，但在当时，它是不乏可取之处的。

（一）支持企业进行技术改造，税前（以税）还贷较之其他政策更为可行

在经济改革之初，国家花了大气力调整畸形的产业结构，特别是要增强轻纺等薄弱产业的生产能力。但是，由于当时国家财政并不宽裕，不可能一下子投资很多，而企业在多年"统收统支"体制下，更没有足够的财力，如 1978 年国营工业企业人均留利仅 30 多元，不足 1985 年近 800 元的 4%；1981 年国营工业企业人均留利也只有 300 来元，不足 1985 年的一半。在这种情况下，国家实行了技措贷款的办法，择优发展重点行业，并允许企业用贷款项目投产后新增利润还贷，甚至允许企业向税务部门申请减免贷款项目增加产品应交纳的工商税还贷。在第一步利改税核定企业留利时，国家没有考虑企业自我改造和自我发展的资金需要，仅仅考虑了企业进行简单再生产的资金需要，因而给企业的留利不多。1983 年国营工业生产企业留利仅 150 多亿元，略高于同期企业基建借款和专项借款的 110 多亿元，但大大低于年末借款余额的 200 多亿元。在实行第二步利改税时，也没有对企业留利给予新的考虑，因而只好沿用和强化税前（以税）还贷政策，其实质在于缓解企业急需资金进行技术改造而国家财政资金困难，无

法大量增加支出的矛盾，是国家用远期财政收入进行固定资产投资，给企业实行的一种"缓期拨款"政策。

（二）贷款规模不大，期限不长，规定执行严格，税前（以税）还贷对当时经济的影响不大

从 1981—1983 年国营工业生产企业基建和专项借款情况来看，无论借入数还是归还数的增长变化都不是很大。如 1983 年借入数 111 亿元，仅比 1982 年借入数的 110.3 亿元增加 0.7 亿元，增长 0.63%。由于企业借款的数量和增长的幅度都比较合理，对财政的压力不大，对投资规模、结构也没有形成威胁，所以，税前（以税）还贷在当时对经济的发展还是有利的。

（三）税前（以税）还贷是受过去整个财政信贷体制和企业管理体制制约的

在集中管理体制下，贷款项目的确定，贷款的发放计划，都统由国家掌握，银行、企业都没有相对独立的经营自主权，形成一种建设单位奉命借款、银行奉命贷款的格局。与此相应，建设单位不可能独立承担投资风险，银行也无法承担贷款风险，归根结底，一切风险都得由国家财政来包揽。

回顾税前（以税）还贷形成及延续的历史背景，我们认为，税前（以税）还贷是适应过去的经济情况，在旧的经济体制制约下发育起来的一个"畸形儿"，按第一步利改税时会议代表的话来说，是"当前没有办法的办法"。

三、税前（以税）还贷对经济的影响

任何一种经济办法或经济政策都不是万能的或完美无缺的，它要随着时间的推移、条件的变化而不断地发展和完善。同时，它也绝不是孤立的，作为一种机制或杠杆，它必然与整个经济环境中其他各个

因素相互制约，因而对其他因素形成一定的影响。税前（以税）还贷正是如此。随着经济实践不断进行，其本身的缺陷也暴露得越来越明显，加上执行过程中存在贷款项目审查不严等问题，使之对经济产生了许多不利影响。

（一）税前（以税）还贷使国家财政背上了沉重的包袱

第二步利改税之后，税收在国家财政收入中的比重高达 96% 以上，财政收入的多少主要取决于税收的收入状况。因此，税前还是税后还贷对财政会形成截然不同的影响。1986 年全国国营工业企业用实现的利润归还贷款近 90 亿元，与 1978 年相比，平均每年递增30% 以上。税前（以税）还贷数额增长如此之猛，已使国家财政背上了沉重的包袱。

1. 企业还贷的增长速度远快于财政收入的增长速度。近几年，国家财政比较吃紧，"六五"时期累计财政赤字 121.2 亿元，而 1986 年赤字又高达 70.5 亿元，国家财政收入占国民收入的比重已由 1979年的 31.9% 降至 1986 年的 24.9%，国家决策使用的财政收入骤降。1978—1986 年，在国营工业企业实现利润中，上交国家财政部分平均每年递增 7.1%，而归还贷款数额却平均每年递增 30.1%。税前（以税）还贷是影响财政收入的重要原因之一。

2. 企业实现利润中国家所得比重不断下降，归还贷款比重不断上升。在国营工业企业实现利润中，国家所得部分由 1978 年的 95%，下降到 1981 年的 77.8%、1986 年的 42.2%，呈不断下降趋势。相反，企业归还贷款部分由 1978 年的 2.4% 上升到 1981 年的 3.8%、1986年的 15.6%，其变化不断看涨。有的省份情况更为严重，据山东省初步统计，国营工业企业实现利润中用于还贷部分从 1983 年的 16% 上升到 1986 年的 28.3%，相当于当年入库所得税的 76%。如果再考虑到同期企业所得部分的变化因素，国家这个"大头"地位已被动摇。

3. 以税还贷有增无减，直接减少了国家财政收入。税前还贷使计算税收的基数变小，影响财政收入的利害也许不太直观，而以税还贷则会直接减少本应上交的税收收入，使财政确有"切肤之痛"。近几年来，在国家财政入不敷出的情况下，以税还贷却有增无减，迅猛上升。1983 年全国以税还贷 13.92 亿元，1985 年上升到 50.6 亿元，增加 2.6 倍。减税还贷已成为近几年各级税务部门的日常工作之一。

（二）税前（以税）还贷削弱了财政税收杠杆进行宏观调控的作用

目前，各项税收收入已成为财政收入的主要来源，税收越来越介入各个经济领域以及社会再生产的各个环节，所以，税收不仅是国家为了实现其职能取得财政收入的一种方式，而且是国家加强宏观控制，调节社会再生产，引导社会经济运行的重要经济杠杆。但是，税前还贷和以税还贷政策却人为地削弱了税收的调节作用。

1. 税前（以税）还贷抑制了税收自身的调节职能。一般地，税收可以调节企业的收益，进而调节企业的投资行为。但是，归还贷款在交纳所得税之前进行，就难以有效地调节企业的投资行为，因为就还贷后的利润征税，其作用的范围和程度就大大缩小了。至于以税还贷，直接冲减税收收入，就更表现出一种放任，是盲目地牺牲国家财政利益，开新的"大锅饭"。

2. 税前还贷"一刀切"，不利于国民经济各部门按比例协调发展。不分地区、行业，不分发展时期，不分差异悬殊的经济条件，一概税前还贷，如此"一视同仁"，不利于形成合理的国民经济结构。税收作为调节经济的重要杠杆，它应该服务于国家经济发展规划，对短线的薄弱产业积极扶持，对投资多、效益差、重复的产品生产严加限制。可是，在贷款、还贷条件差别不大，特别是可以税前（以税）还贷的情况下，就无法体现国家的奖限政策。如果发放贷款时不注意合理的投向，还会波及财政支出的方向、结构及其使用效益。

（三）税前（以税）还贷导致银行贷款失去控制，加剧固定资产投资规模膨胀

在税前（以税）还贷这种"银行放款、企业用款、财政还款"的格局下，一方面，银行不要承担发放贷款的风险，因而对贷款缺乏严格控制；另一方面，企业不承担归还贷款的责任，并能按归还贷款数额提取"两金"，因而刺激企业一味地告贷，形成"贷款饥渴"，进而加剧固定资产投资规模膨胀。

"六五"期间，国营工业生产企业固定资产投资贷款的借入数和贷款余额连年猛增。从借入数来看，1985年比1981年增长近3倍，平均每年递增40.2%。其中专项贷款增长2.5倍，平均每年递增36.7%；基建借款增长4.7倍，平均每年递增54.6%。从贷款余额来看，1985年比1981年增长4.3倍，平均每年递增51%。到1986年底，企业需要还贷的数额已达600多亿元，比1981年底增长5倍。

银行贷款的迅猛增长，成为近几年固定资产投资规模膨胀的重要原因。1985年全民所有制固定资产投资总额为1680.21亿元，比1984年的1185.18亿元增加495.03亿元，增长41.77%。其中国家预算内投资由426.05亿元上升为444.03亿元，增长4.22%；银行贷款却由182.49亿元上升为387.13亿元，增长112.14%，一年之内翻了一番多。"六五"期间企业新增固定资产大部分来源于银行贷款。

（四）税前（以税）还贷加剧固定资产投资结构不合理，投资效益下降

近几年来，随着开放搞活，企业自主权的扩大，在计划外固定资产投资总规模增长过快的同时，固定资产投资结构很不合理。一方面，国民经济薄弱环节的能源、交通、通信和原材料工业等建设投资不足，使它们成为阻碍整个国民经济发展的瓶颈；另一方面，建设周期短、规模小、"见效快"的一般加工工业迅猛发展，如国营烟草工业1985

年固定资产原值为 10.9 亿元，比 1983 年的 0.8 亿元增加 10.1 亿元，两年增长 12.6 倍。更有甚者，银行和企业不顾市场供求情况，盲目贷款、盲目投资的现象非常严重。在计划外固定资产投资结构不合理导致我国社会经济生活总供给远远不能满足总需求的前提下，某些行业的产品库存积压十分严重。截至 1986 年 11 月，仅预算内国营工业企业产成品资金占用就高达 400 多亿元，比 1986 年年初猛增 100 亿元。去年橡胶制品、冶金工业、化纤产品、十种耐用消费品（除电冰箱外）的库存增长率均在 50% 以上，有的甚至高达 200%。烟草工业固定资产投资迅猛增长，在一些优质名牌香烟供不应求的同时，大部分香烟没有销路，1986 年全国生产的卷烟一半左右被积压下来。

（五）税前（以税）还贷抑制了企业自我生产性积累的积极性，导致企业税后留利分配不合理，加剧消费膨胀，并诱发企业产生宁愿借款而对提高折旧兴趣不大的扭曲心理

近几年来，国家为了提高企业自我改造、自我发展的能力，分期分批地提高了企业固定资产折旧率，并实行一系列减税让利措施，扩大企业财权。但是，由于实行税前（以税）还贷政策，企业在银行"网开一面"的情况下，大部分投资来源依赖于银行，自身缺乏生产性积累的积极性，而将大部分留利用于集体福利和职工奖励。更有甚者，不少企业对提高折旧兴趣不大，认为当前企业留用的折旧基金还要上交 15% 的能源交通重点建设基金，而且提高折旧率还影响到成本的上升，利润下降、留利减少，企业得到的好处不多，认为与其用提高折旧的办法来提高企业自我改造能力，不如向银行借款。这样，既可以变相地用财政资金进行固定资产投资，又可以照提"两金"，做到生产、消费"两不误"。税前（以税）还贷抑制了企业自我生产性积累的积极性，企业把大量自有资金用在消费性支出和非生产性建设上，是我国近几年来投资膨胀与消费膨胀并存的症结。在这种情况下，国家再减税让利，扩大企业财权，也难以收到增强企业活力的效果。相反，只是为满足企业的消费需求心理提供财源，进一步加剧消费膨胀。

四、改革税前（以税）还贷政策是经济发展提出的客观要求，是整个经济体制改革的重要组成部分

税前（以税）还贷作为新旧体制交替过程中的暂行政策，对目前经济生活的消极影响日益显露出来，使之成为改革过程中的"绊脚石"，改革税前（以税）还贷政策已被提到日程上来。

（一）实现财政收支平衡，要求改革税前（以税）还贷

实现财政收支平衡是我国经济生活的重要原则，也是稳定经济的重要保证。但税前（以税）还贷作为某些地区、部门、企业变相挖国家财政的"橡皮口袋"，对国家财政收入的消极影响日益增大。因此，要保证国家财政收入的稳定增长，实现财政收支的基本平衡，就必须改革税前（以税）还贷办法。

（二）控制固定资产投资规模，优化投资结构，提高投资效益，要求以改革税前（以税）还贷政策为前提

固定资产投资规模过大，投资结构不合理，投资效益不高，是多年来的一个"老大难"问题。1986年在控制固定资产投资规模方面取得一定效果，全民所有制单位基本建设投资仅比1985年增长7.3%，大大低于1985年的44.6%。但是，问题依然存在，企业的投资"饥渴症"仍然没有得到很好的医治。为了有效地控制固定资产投资规模，优化投资结构，提高投资效益，必须改变税前（以税）还贷政策，使投资单位真正承担投资风险，根除企业依赖国家财政、吃国家"大锅饭"的"脐带"关系，使企业建立起控制固定资产投资的自我约束机制。

（三）增强企业活力，完善企业经营机制，必须改革税前（以税）还贷

增强企业活力是经济体制改革的中心环节。近几年来，经过多方面的改革，企业活力有了一定程度的增强。从财政角度来看，国家与企业分配关系的一系列重大改革，从根本上改变了国家高度集中的统收统支体制，给大部分企业营造了一个自我改造、自我发展的经济条件。但是，在企业财权逐步扩大的同时，企业活力还增强得很不够，特别是国营大中型企业还没有真正活起来。其中主要有两个方面的原因：一是国家规定下放给企业的自主权没有真正落实；二是在企业扩权中，责权利没有很好结合，为企业放开经营自主权和真正实现自负盈亏创造条件的问题没有得到很好的解决。深化企业改革，关键在于完善企业经营机制，通过多种形式的经营责任制，使企业真正成为相对独立、自主经营、自负盈亏的经济实体。实现企业自负盈亏，完善企业经营机制，必须改革税前（以税）还贷政策。否则，企业依赖国家财政还款来进行固定资产投资，却无须承担投资风险，就无法主动适应国家宏观决策的要求，对市场变化及时作出合理反应，也无法实现企业行为合理化，挖掘企业内部潜力，增强自我生产性积累的积极性。

当前，以"包死基数，确保上交，超收多留，欠收自补"为特征的多种形式的承包经营责任制在全国大中型工业生产企业中推行，在这种形势下，有许多同志认为，虽然以税还贷还和财政相连，但税前还贷和财政的关系已经不大了，因为在基数包死之后，企业上交财政的收入是一定的，税前还贷的多少，只与企业的利益有关，而不再影响国家财政投入。其实，这只是事物的表面现象，从本质上看，税前还贷对财政的影响并没有因实行承包经营责任制而减弱。第一，按照"收支两条线"的管理办法，企业承包以后，仍应按照税法的规定，

照章缴纳各种税收，对企业超额完成承包任务而应得的好处，由财政按承包合同的规定同企业清算，拨给企业。在这种情况下，税前还贷的多少直接影响了财政收支决算。第二，在利润一定的情况下，企业还贷的时间、数额直接影响企业上交国家利润的入库进度。第三，税前还贷的多少直接影响企业留利，从而影响企业应上交的能源交通重点建设基金。第四，税前还贷提取"两金"，直接影响积累和消费的比例关系。从以上可以看出，实行承包经营责任制，并没有使改革税前还贷失去意义。

（四）改革金融体制，要求改革税前（以税）还贷

银行是商品货币经济和社会化大生产的产物，是经营货币的特殊企业。深入进行金融体制改革，必须有条件地实行省以下专业银行的企业化。专业银行企业化经营管理的基本特征是相对独立经营、承担贷款风险，实现自负盈亏。但在税前（以税）还贷政策下，企业变相用应上交国家财政资金来归还银行贷款，使国家承担了银行的贷款风险，银行可以做到"旱涝保收"，根本谈不上自负盈亏。因此，要实行省以下银行企业化，必须以改革税前（以税）还贷为根本前提条件。

五、关于改革税前（以税）还贷的思考

改革税前（以税）还贷，有许多不同的思路，但我们可以抽象出这样几条简要的线索：

1. 加强对以税还贷的审批管理，严格控制以税还贷，并逐步取消以税还贷办法。

2. 改税前还贷为税后还贷，同步取消提取"两金"的规定。

3. 为增强企业的还贷能力，应根据不同行业合理的还贷规模提高企业留利水平。因而必须适当降低所得税税率，并且将国营大中型企业 55% 的比例税率改为超额累进税率。

目前比较有争议的是对过去的老贷款如何处理。有的同志认为应当对税前还贷进行一次性改革，即无论新老贷款，一律改为税后归还。但我们认为，新贷款一定要改为税后归还，而老贷款还是执行老办法。因为：第一，目前贷款余额在各行业、企业之间分布极不均匀，如果一律改为税后归还，可能会出现有的企业还不起，有的企业还贷后留利太多的现象，造成企业间的苦乐不均。第二，就财政来说，一律实行税后还贷，必然要求较大幅度地降低所得税税率。虽然从近期来看，由于正在推行各种形式的承包经营责任制，国家的收入基数及递增速度是一定的，对财政影响不是很大，但是，税率降低之后一般很难再回升，在国家和企业的分配关系还没有规范化的情况下，所得税税率的大幅度降低，可能会为将来的远期改革设置障碍。第三，从现实情况来看，影响国家和企业分配关系的主要问题不在于老贷款，而在于新增贷款和新增还贷规模像滚雪球似地发展，并且，完善企业经营机制，增强企业自我约束能力，也必须且只能从制约企业新增贷款方面着手。

论承包 *

（1988 年 12 月）

　　按照"包死基数、确保上交、超收多留、欠收自补"的原则来确定国家与企业收入分配关系的承包经营责任制，对转变企业经营机制，增强企业活力产生了重大作用。实践表明，企业承包经营责任制所取得的成效是显著的。但是，实践中也反映出现行企业承包经营责任制还有许多有待进一步发展和完善的地方。本文试图通过对实践的考察，分析现行承包经营责任制在处理国家与企业收入分配关系上的主要弊端，提出发展和完善企业承包经营责任制、理顺国家与企业收入分配关系的基本思路。

---

* 原载《湖南财政与会计》1989 年增刊《湖南省第二次中青年财政理论讨论会专辑》。本文节选自硕士学位论文《发展和完善企业承包经营责任制　理顺国家与企业的收入分配关系》；1989 年荣获改革十年来湖南省优秀财政理论研究成果评选一等奖、十年来全国财政理论研究成果评选佳作奖。

一、承包经营责任制在处理国家与企业收入分配关系上的主要弊端

（一）承包基数不能合理确定

企业承包经营责任制的关键是如何合理地确定承包基数。在实践中，承包基数一般根据过去的经验数据，凭人们的主观估计，由政府部门同企业协商确定，因而缺乏科学依据。这样就不可避免地存在争基数、吵比例等讨价还价的现象。争吵的结果，上交承包利润基数一般偏低。据湖南省实行承包经营责任制的 1299 户企业统计，1987 年核定的承包上交利润基数比 1986 年的应上交利润数下降 9.6%。承包方案执行的结果是，大多数企业能较为轻易地完成承包目标任务，极少存在"欠收自补"的风险，"跳一跳才能摘到果子"的企业少见。

（二）一户一率，负担不均，有悖于国家与企业收入分配关系的基本原则

党的十三大报告指出，要"根据公平税负、促进竞争和体现产业政策的原则，合理设置税种、确定税率"。实行企业承包经营责任制，由于承包基数一般是根据经验数据确定，这就难免出现"鞭打快牛"的情况。更为主要的是由于承包基数是由政府与企业之间一户一率地协商确定，从而难以避免人治现象。由于各地区之间、各行业之间、各承包经营形式之间政策执行标准不一，因而企业负担也就极不均衡。据统计，1987 年湖南省辖六市实行承包经营责任制的企业平均上交利润率（上交承包目标利润占当年实现利润的比例）最高的是湘潭，高达 40% 以上；最低的是岳阳，不及 25%。湖南省 1987 年实行承包经营责任制的 498 户大中型盈利企业的情况表明，各种承包形式之间的上交利润率也相差较大，其中最高的是实行"两保一挂"的 103 户企业，平均为 39.88%；最低的是实行"企业经营责任制"的 14 户企业，平均仅 10.14%。如果在全国范围进行比较，这种情况将更为显著。

企业负担参差不齐，既没有体现公平负担、促进竞争的原则，也没有体现国家产业政策的要求。因为它是讨价还价而来，对未来效益预测不准，各地区各行业政策执行不一，缺乏科学合理性，这也是现行承包制自身所无法克服的主要弊端之一。

（三）欠收难以自补，包盈不包亏

承包经营责任制以"十六字"原则来确定国家与企业的收入分配关系，其本意在于强化财政约束，给企业以动力和压力。然而，实践的结果却是"超收多留"做到了，"欠收"却难以"自补"。据调查，1987年湖南省412户大中型盈利企业超承包数额1299万元，其中上交国家部分仅75万元，其余的1224万元留给了企业。有几家所谓"欠收自补"的企业，也只是因为在大量税前还贷之后的利润按照利改税办法计算的应交所得税、调节税不及承包基数，于是只好用税后留利弥补。而真正连全部实现利润也交不足承包基数的企业，却不能做到自补，只能挂在账上，或者干脆调减基数。实行企业承包经营责任制的主要目的之一是使企业做到自负盈亏，结果却是负盈做到了，负亏的问题没有很好解决。

（四）一定程度上强化了企业短期行为

实行企业承包经营责任制以后，从短时期来看，交足了国家的，剩下就是自己的，经济"透明度"确实提高了。但从长期来看，由于承包合同几年一变，承包合同一到期，又需讨价还价地确定基数。这样，经济"透明度"并没有提高，而是一定程度地降低了。所谓"早知道"，也只不过是"几年"的事情。分配关系的不稳定，一定程度上强化了企业的短期行为。其主要表现是经营策略的短期化和利润分配行为的短期化。在生产领域盲目拼设备，在流通领域乱涨价，当效益下降，工资需要下浮时，要求保住工资基数。更有甚者，隐瞒包袱，搞虚盈实亏，按照"先消费，后建设"的原则支配企业留利。当留利按国家规定比例提取的消费基金满足不了职工的期望时，企业便将留利的大部分乃至全部用于奖金、福利，分光吃光。有的企业经济效益并不好，却奖金照发，福利照搞，寅吃卯粮。这些现象，虽然在承包前就已存在，但实行承包以后，企业随着自主权的扩大，更是有恃无恐，短期行为被进一步强化。

（五）"包死基数"捆住了国家财政的手脚，不利于经济杠杆作用的充分发挥

财政作为调节国民经济活动的主要经济杠杆，在处理国家与企业收入分配关系方面，应当能够通过对企业利润收与不收、收多收少的奖限政策，来灵活地体现国家宏观政策要求，调节企业的收入水平，以引导企业正常稳定地向前发展。但是，实行承包制以后，"包死基数、确保上交"，虽然一定程度上为国家财政收入的稳定增长提供了保障，但同时，它也捆住了财政的手脚。对于一些企业由于市场环境的变化而获得的额外利润，财政不能予以合理的调节，而对于一些因为外部环境的变化暂时步入困境的企业，财政也难以给予必要的扶持。例如，株洲市农药厂 1986 年亏损 53.4 万元，预算弥补 35 万元。1987 年签订承包合同时，考虑到可能出现的亏损，确定由预算弥补 25 万元。但是由于市场变化，其主要产品杀虫双水剂单位价格由 1986 年的每吨 1851.54 元涨到 1987 年的每吨 2260.25 元，增长 22.07%，该厂全年价格性盈利 189.9 万元，为实现利润 100.6 万元的 188.77%。到年终结算时，国家还得按合同兑现，拨给企业 25 万元"亏损"补贴。这样，纯粹从"保上交"的角度出发，一锤定音，对于非合理盈利"鞭长莫及"，对于该扶持的企业"爱莫能助"，把财政的多功能一定程度上吊死在筹集资金这棵"树"上。

二、关于理顺国家与企业收入分配关系的理论探讨

（一）国家与企业收入分配关系的基本格局

国家自其产生以来，就是统治阶级的暴力工具，作为一个政权机关和社会管理者，从统治阶级的利益出发，履行着政治职能和社会经济职能。在社会主义社会里，由于国家取得了生产资料所有权，从而又以生产资料所有者的身份，履行其经济职能。

社会主义国家作为政权机关和社会管理者，为了维护其公共权力，执行其政治职能和社会经济职能，就必须以政权为依托，向企业这个创造社会物质财富的经济实体强制性进行一系列必要的社会扣除。从整个社会历史发展的情况来看，国家所进行的一系列社会扣除，主要是通过税收这种具体的分配形式来实现的，依法纳税是所有企业应尽的社会义务。

社会主义国家作为全民所有制生产资料所有者，代表全体人民行使生产资料的所有权。从经济关系的角度讲，生产资料所有权的体现，是对财产收益的分配，即占有剩余产品（纯收入），因此，国家所有权实现的经济形式，就是国家以所有权为依托，参与企业的税后利润分配，取得资产收益。从经济关系的另一方面讲，在社会主义商品经济下，由于价值规律的存在，必然要求用于生产经营活动、以营利为目的的资产不能无偿使用，因而，占用国家资产进行生产经营活动的企业，也就有向国家上交利润的义务。

通过以上分析，我们可以得出这样的结论：社会主义国家具有社会管理者和生产资料所有者的双重身份，使国家与企业之间具有税收分配和利润分配的双重关系，税利并存构成国家与企业收入分配关系的基本格局。

（二）理顺国家与企业收入分配关系的基本方向

在过去的经济生活中，我们由于忽视了税收和利润的区别，混淆

了二者的职能作用，在处理国家与企业的收入分配关系方面，出过一些偏差，走过一些弯路。第一，纯粹从所有权角度出发，忽视税收的职能作用，税利合一，从而强化国家的所有权利益，否定国家的政权利益。第二，片面地从管理角度出发，忽视利润的职能作用，以税代利，从而强化国家的政权利益，放弃国家的所有权利益。进一步理顺国家与企业收入分配关系的基本方向，在于以第二步利改税为基础，走税利分流的道路，即通过对现行税制加以完善，向企业普遍征收统一的税收，然后实行灵活的税后利润分配，从而实现税利并存的基本分配格局。

（三）利润分配的灵活性

在国家与企业的收入分配关系上，税收要求进行规范化的刚性分配，而利润分配对刚性的要求没有那么强，相对具有灵活性的特点。但是，利润分配的灵活性，并非国家与企业一户一户地讨价还价的分配，而是根据国家产业政策、技术经济政策及企业的经营条件，按照行业和地区的不同情况，进行有弹性的相对规范化的分配。正确理解和把握分配关系上的灵活性，要求我们在发展和完善企业承包经营责任制时，制定和执行相对统一的政策，运用税利分流的办法，使国家与企业之间通过有刚性的规范化的税收分配和有弹性的相对规范化的利润分配，尽可能地克服现行承包制下"一地一法、一户一率"的现象，使企业之间在分配上大体公平合理，以利于企业之间开展公平竞争。

三、发展和完善企业承包经营责任制，理顺国家与企业收入分配关系的实施步骤

（一）实行税收的规范化改革，完善现行税制

1.进一步扩大增值税的征收范围，解决重复征税的问题。在改产品税为增值税的同时，为了引导消费、回笼货币、增加财政收入，还应当对烟、酒、高档耐用消费品等征收消费税。至此，将目前以产品税为主体的流转税改革为以增值税为主体，包含产品税、消费税、营业税的合理的流转税体系。此外，流转税的税负过重，也是一个比较大的问题，它一定程度上制约着税后利润分配，给税利分流造成障碍，因此，我们在完善流转税的过程中，还应当有计划地降低流转税税负。

2.扩大资源税的征收范围，调节资源级差收入。将目前尚未列入征收范围的非金属矿产品、水资源、森林等资源列入资源税征收范围，创造条件征收资源税。

3.开征社会保险税，以平衡企业的社会负担。从国外的情况看，社会保险税一般是向雇主和职工双方征收，少数国家只向雇主征收。考虑到我国职工目前的收入水平，在近期内，社会保险税可只向企业征收，今后，随着职工收入水平的提高，逐步过渡到向企业和职工双方征收。

4.统一所得税制，把目前的国营企业所得税、集体企业所得税、城乡个体工商业户所得税统一为"工商所得税"，实行统一的超额累进税率，对各类经济成分的企业一视同仁，以体现税法面前各类企业一律平等，并有利于征收管理。

5.取消调节税。

6.取消能源交通重点建设基金（简称"能交基金"）。从理论上讲，该基金似税非税、似利非利，不利于理顺国家和企业的收入分配关系。从征收情况来看，也有许多问题。其一是计算不满，一些企业计算的能交基金没有达到国家规定的比例；其二是拖欠严重，有些企业欠交的能交基金累计数已经超出一年的应交数。由于以上问题的存在，有必要逐步取消能交基金。至于国家进行重点建设所需要的资金，应通过税收或其他规范的渠道来解决。

7.逐步取消工资调节税。国家对实行了工资总额与经济效益挂钩的企业征收工资调节税，对抑制消费需求膨胀起了积极的作用。但是，实行工资总额与经济效益挂钩之后，企业的工资随生产经营效益的变化而变化，因此，企业职工在工资总额范围内所获得的收入，一般都是合理的和必要的。这样，应在进一步完善个人收入调节税，加强对个人收入调节税的征收管理的前提下，进行不征工资调节税的试点，并逐步取消，以免分配领域的多头控制而导致宏观调控系统的紊乱。

8.改税前还贷为税后还贷，严格控制税前扣除项目，以强化税收约束。

9.合理确定税收的数量界限。从历史情况来看，我国国防、行政、科教文卫、社会保障等经常性支出占国民收入的比重为20%左右，再加上有关全社会的非营利性经济建设支出，在近期内，税收的数量界限以国民收入的20%—25%为宜，且最低不能少于国民收入的20%。

（二）实行所得税后承包

所得税作为税收分配体系的有机组成部分，从其性质和职能来看，是一种体现国家政权利益的必要的社会扣除，而不是与国家资产所有权相联系的上交利润；在核算方法上，所得税也不应纳入"实现利润"（或"利润总额"）的范畴。因此，实行企业承包经营责任制，处理国家所有者与企业经营者之间的利润分配关系，不能把税收作为企业承包上交目标任务的范围，必须改目前的"包税制"为税后承包，以承包上交目标利润作为企业向其资产所有者上交利润的形式，这是当前发展和完善企业承包经营责任制，理顺国家与企业收入分配关系的必然方向。

（三）以国家资金占用费作为企业上交利润的基本形式

实行税后承包之后，国家的政权利益和所有权利益都得到了体现，国家与企业的收入分配关系基本理顺。但是，它还是消除不了承包中诸如基数难以合理确定，企业负担参差不齐等"包"字所固有的弊端，因而有必要进一步改进企业上交利润的形式。

理顺国家与企业的收入分配关系，作为企业上交国家利润的规范化模式，应该体现以下几条原则：第一，透明度高，企业上交利润的目标任务相对稳定，从而硬化国家对企业的财政约束，强化企业自身的利益刺激机制；第二，计算依据科学合理，企业的上交利润数额必须与企业所占有的国家资产数额挂起钩来；第三，企业负担大体公平统一；第四，具有一定的灵活性。只有体现了以上原则，才能既吸收现行承包制的优点，又克服目前"包"字的内在弊端。

按照《全民所有制工业企业承包经营责任制暂行条例》的有关规定，实行资金分账制度，划分国家资金和企业资金，分别列账，在此基础上扩大资金分账制，增强企业自负盈亏的能力，把国家资金作为国家参与企业利润分配的计算依据，以国家资金占用费作为企业上交利润的规范化模式，能基本满足上述要求。

所谓国家资金占用费，是指国家按照预先规定的比率，以企业所占有的国家资金数额为依据，从企业税后利润中征收一定的费用，作为企业上交国家利润的形式。按照体现产业政策的要求，国家可以规定不同行业的国家资金占用费率，并且，在同一行业内部，也给国家资金占用费率留下一定的浮动幅度，以利于各地区因地制宜，灵活变通。资金占用费率应依据各个行业的平均资金利润率确定，且要在不同时期根据国家的分配政策和各个行业的平均资金利润率的变动情况及时进行调整。随着国家与企业收入分配关系的理顺和社会主义市场体系的健全，国家资金占用费率应当与银行利息挂起钩来，其平均水平应高于同期银行存款利息率，低于同期银行贷款利息率，从而既使国家获得高于银行存款利息率的投资收益，又使企业获得低于银行贷款利息率的投资成本，得到经济实惠，做到国家和企业双方得利。在当前，考虑到企业的负担能力，可将国家资金占用费年率确定在

2%—5% 的范围内。在此范围内，如果有些企业确实承受不了，可以暂时挂账，用以后年度留用的利润弥补。

以国家资金占用费作为企业上交利润的规范化形式，具有以下几个方面的优越性：第一，国家资金占用费是企业所占用的国家资金与国家资金占用费率的乘积，在国家资金占用费率调整以前，企业上交国家资金占用费的多少与企业的经营效益无关，因而透明度高，能增强企业的压力和动力。第二，按照企业所占用的国家资金数额征收占用费，为确定企业的上交利润任务找到了科学合理的计算依据，避免了承包制下争基数、吵比例的弊端。第三，同一行业内各企业的国家资金占用费率大体平衡，因而体现了公平负担、促进竞争的原则，克服了承包制下"一地一法、一户一率"、负担高低悬殊的弊端。第四，各地区、各行业企业的国家资金占用费率有一定的浮动幅度，因而有利于发挥利润分配的弹性作用，做到统一性与灵活性的辩证统一。第五，征收国家资金占用费，不但体现了国家所有权利益，而且通过国家资金的有偿占用，能促使企业加强使用国家资金的经济责任，提高国家资金的使用效益。第六，对于企业资金单独列账，不征占用费，能形成企业自我积累的刺激机制。

值得说明的是，我国早在 1980 年就开征了国家固定资产占用费和国家流动资金占用费，但由于当时只是为了加强企业的经济责任，促进企业节约使用资金，没有把"两费"明确为国家的所有权收益，而把它们放在销售收入中列支。并且，由于当时企业的承受能力有限，减征免征的现象相当普遍，以后便在各地取消了。现在，我们向企业征收国家资金占用费，与以前的"两费"有着本质区别。第一，国家资金占用费不仅是为了促进企业提高国家资金的使用效益，更主要的是为了实现国家的所有权利益，因此，国家资金占用费只能在企业税后利润中征收。第二，国家资金占用费一经确定，不管企业的经营效果如何，对于一切营利性的生产经营单位，都必须强制征收，不允许有减征或免征的现象存在。

至此，国家与企业的收入分配关系构成一个由流转税、所得税、国家资金占用费为主体，体现国家政权利益和所有权利益，有利于实现公平负担、促进竞争和国家产业政策的规范化的"鼎足之势"。

（四）"按股分红"应当缓行

当前，发展股份制具有较大的积极作用，它可以明确企业的产权关系，可以吸收社会资金，引导资金流向，等等。因此，在完善承包制的同时推行股份制，似有不可阻挡之势。但是，股份制可以逐步推行，而"按股分红"却应当缓行。限于篇幅，不在此作详细探讨，但只要算清楚下面的这笔账，就足以把道理讲明白。企业实行股份制以后，首先必须至少按实现利润的 30% 交纳法人所得税，然后按大约 20% 的比例从税后利润中提取发展基金、福利基金和后备基金，这三项基金大约占实现利润的 14%，剩下约 56% 的实现利润在国家、企业、个人之间按股分配。而在目前的所有制结构下，只要不是人为地瓜分国家财产，国家股至少占企业所有股份的 80% 以上，于是得分走 80% 以上的红利，约为企业实现利润的 45%。由此一来，企业交纳的法人所得税和支付给国家的红利要在全部利润的 70% 以上（而目前却是 30% 左右）。这种国家真正得大头的分配格局，是企业目前所难以接受的。而在实际工作中，实行股份制的企业，也往往采取多种变通的办法：或人为地减少国家股份，或减免企业应支付给国家的红利，或按照承包办法结算，超过承包上交目标任务的税利直接由企业转化为国家资金，增加国家股份。由此看来，在目前的情况下，真正的"按股分红"是难以行得通的。而在股份制企业里，先交纳 30%—35% 的法人所得税，然后在税后利润中支付国家资金占用费，倒不失为妥善处理国家与企业收入分配关系比较理想的选择。

关于工业企业消费基金增长情况的调查与建议 *

（1989 年 4 月）

　　党的十一届三中全会以来，我国国民经济在改革开放的推动下，取得了持续稳定的发展，人民生活也相继有了不同程度的改善，在国民收入分配关系上逐步纠正了长期存在的高积累、低消费的做法。但是，在高积累、低消费的问题得以基本纠正之后，片面提高消费的问题一度有所抬头，特别是 1984 年以后，由于经济发展过热，企业自主经营的地位有所加强，但又缺乏有力的自我约束机制，再加上国家在消费基金领域的宏观调控措施不到位，从而导致消费基金增长过快。目前，消费基金膨胀已成为经济生活中的一个严重问题。为了研究分析这方面的情况，我们于 1989 年 4 月对我省冶金、机械等 9 个行业的 50 户地方国营预算内工业企业 1984—1988 年的消费基金增长情况作了较为详细的调查。现就 50 户企业消费基金增长情况及我们对完善分配制度、控制消费膨胀的思考与建议，分述如下。

---

* 原载《分配制度改革的理论思考》，湖南省分配经济学会编，1989 年 5 月。

一、企业消费基金增长情况与存在的问题

企业消费基金是指企业所创造的国民收入中用于职工劳动报酬、社会救济、劳动保险以及企业集体消费等方面的支出。从严格意义上说，企业用于非生产性固定资产投资的支出属于积累基金的范畴，但由于其中的绝大部分是用于职工生活（如职工住宅等），因此，在这里我们也把企业非生产性固定资产投资视同企业消费基金的一个组成部分来分析。1984—1988年，50户企业消费基金增长情况与存在的问题主要表现在以下几个方面。

（一）企业消费基金增长过快，出现了明显的消费膨胀

在分析企业消费基金与企业其他经济指标的相互增长关系时，我们不赞同拿职工的名义货币收入与以不变价格（尽管不变价格也在变动）计算的劳动生产率作简单的对比，但50户企业的人均消费基金增长速度远远高于同期以变动价格计算的人均销售收入和人均实现利税的增长速度。特别是1986年，生产停滞，效益下降，而人均消费基金却比1985年增长了13.24%。5年来消费基金增长高峰为1988年，当年劳动生产率只增长了7.02%，人均销售收入增长20.77%，人均实现利税增长17.25%，而人均消费基金却增长了27.29%，其中人均集团购买力的增长速度高达32.64%。1984—1988年，人均消费基金由1396元上升为2840元，增加1444元，翻了一番多。其中人均工资增加958元，增长91.15%，年均递增19.43%，其增长速度是相当惊人的。

（二）企业集团购买力高速增长

50户企业1984年企业集团购买力为1135万元，1988年上升为2821万元，增加1686万元，增长1.49倍，年均递增25.56%。其中1987年比1986年增长37.01%，1988年又比1987年增长37.51%。50户企业1984年用于购买专项控制商品的支出为159万元，1988年

上升为 484 万元，增加 325 万元，增长 2.04 倍，年均递增 32.09%。其中，1987 年比 1986 年增长 40.53%，1988 年又比 1987 年增长 81.27%。企业集团购买力失控，一定程度上助长了社会上的奢侈浪费之风，加剧了需求膨胀和市场的供求矛盾。

（三）分配不公的现象比较严重

所谓分配不公，是指随着分配制度的改革，在人们的收入差距初步拉开以后产生的一些新的问题。一方面，在不同部门、地区、单位、个人之间出现了收入差距过大和不合理的现象；另一方面，合理的收入差距还没有拉开，平均主义现象还相当严重。乍看起来，分配不公与消费膨胀属于两个不同的范畴，但在现实生活中，二者常常具有因果关系。收入差距过大和不合理会使人们产生不满和攀比心理，诱发消费膨胀；而平均分配则往往是刺激消费膨胀的最常见的分配制度和办法。在工业领域，分配不公在当前的主要表现有以下三个方面：

1. 不同行业、企业之间的收入差距存在过大和某些不合理现象。这次抽样调查表明，1984—1988 年，人均工资总额增长最快的是机械加工行业，增长 1.21 倍，年均递增 21.93%；而同期煤炭行业人均工资总额只增长了 84.81%，年均递增速度为 16.59%，比机械行业少 5.34 个百分点。从绝对额来看，1988 年冶金行业人均工资为 2194 元，是同期军工行业 1614 元的 1.36 倍。而在 1984 年，冶金行业的人均工资是 1156 元，仅为军工行业 1008 元的 1.15 倍。可见几年之间，收入差距拉开比较大。在同一行业内，不同企业之间分配不公的现象也比较严重，如被调查的湘潭纺织印染厂，1988 年人均工资为 2165 元，比同期湘潭市针织厂人均工资 1415 元多 750 元，高出 53%。无可否认，合理的收入差距不仅是按劳分配原则的客观要求，也是激发劳动者积极性的必要手段。但在现阶段，人们的收入与社会生产力发展水平不均衡，企业参与市场竞争的机会不平等，如果劳动者之间的收入差距拉得太大，或是这种差距的存在本身就不合理，则必然引起人们的普遍不满，乃至给社会带来不安定因素。

2. 存在"体脑倒挂"的不合理现象。马克思指出："比较复杂的劳动只是自乘的或不如说多倍的简单劳动，因此，少量的复杂劳动等于多量的简单劳动。"[①] 按照马克思按劳分配的基本原理，脑力劳动者的收入水平应该高于体力劳动者的收入水平。然而，50 户企业的调查结果却表明，1984—1988 年，企业管理人员和工程技术人员的平均工资一直低于生产工人平均工资，其中工程技术人员与生产工人平均工资的对比系数各年分别为 1∶1.05、1∶1.04、1∶1.002、1∶1.02 和 1∶1.01。尽管二者之间的平均工资水平差距不大，但如果按照脑力劳动等于倍加的体力劳动来衡量，"体脑倒挂"现象不仅是一种客观存在，而且还相当严重。在这样一种分配关系制约下，尊重知识、尊重人才无疑难以实现。

3. 平均主义加剧。1984—1988 年，50 户企业的劳保福利费用、各种补贴急剧增加，特别是企业消费基金中劳保福利费用的增长速度快于职工工资总额的增长速度。而在工资总额中，各种补贴的增长速度又快于标准工资和各种奖金的增长速度，从而使平均分配的消费基金比重越来越大，按劳分配的成分日益减少，平均主义愈演愈烈。调查资料反映，50 户企业 1988 年人均劳保福利费用（不含离休退休退职费）和各种补贴总计高达 693 元，是同期人均标准工资和各种奖金 1643 元的 42.18%，比 1984 年 32.22% 高出近 10 个百分点。从某种意义上说，近年来出现的消费膨胀是一种平均主义性质的"人人涨"。

---

①马克思：《资本论》（第一卷），人民出版社 1975 年版，第 58 页。

（四）离休退休退职费急剧增长，企业社会负担日益加重

在企业的劳保福利费用中，离休退休退职费急剧增长，1984 年 50 户企业的离休退休退职费为 653 万元，1988 年上升为 2346 万元，增加 1693 万元，增长 2.59 倍，年均递增 37.65%，快于劳保福利费用总额年平均递增 31.26% 的速度，从而使离休退休退职费占劳保福利费用总额的比重逐年上升，各年分别为 33.98%、36.91%、39.27%、40.17% 和 41.09%。

（五）企业消费行为短期化

企业消费行为短期化，是企业行为短期化在消费领域的一种特殊现象，它表现为企业以平均主义思想为指导，按照"有多少分多少，能分多少分多少"的分配原则，将企业所掌握的消费基金"及时"乃至超前地以现金和实物形式分配到职工个人手中，而忽视消费基金积蓄与大宗生活设施建设。调查中发现，尽管近年来企业消费基金迅速增长，但企业用于集体的福利设施和职工住宅建设等方面的支出几乎没有变化，职工人均住宅面积 1984 年为 14.52 平方米，1988 年仍只有 15.96 平方米，几年只增加了 1.44 平方米。企业消费行为短期化使企业消费基金迅速地转到职工个人手中，从而使企业消费基金变为现实消费的"催化剂"。

二、企业消费膨胀的主要原因

（一）思想认识上的偏差

在改革以前，我国职工工资被冻结了近 20 年，职工的收入水平长期偏低，在职工生活上欠账较多。国家为了提高职工的生活水平，调动职工的生产积极性，在改革以后曾连续几年大范围、大幅度调整职工工资，提高了企业消费基金的分配比例。这在 1984 年以前具有"补欠账"、调整国民收入分配结构的性质，应该说是合理的。但在此之后，

国家没有及时制定适合我国国情的合理的分配政策和分配模式，及时加强消费基金的宏观管理和宏观调控，导致各级政府部门脱离生产的发展情况，不断放宽有关消费基金的分配政策，从而使近年来消费基金继续在"补欠账"的思想指导下过快增长。

（二）立法不严，四方施惠

在改革前，我国的工资制度是实行的全国一盘棋的高度统一的体制，各地区、各部门很少在工资制度方面擅自主张。改革以后，在"搞活"的借口下，不少地区、部门各自为政，采用种种所谓灵活变通的政策，对工资、奖金、补贴、津贴越权扩大范围，提高标准，经济较发达地区以扩大奖金来源、提高奖金标准来调动职工的积极性，落后地区以提高工资标准、增发津贴补贴来招揽人才，开放地区在管理权限下放的情况下，对消费基金的管理则更为宽松。另外，在我们的工作中，随着对物质利益原则的重视，也曾过分地强调物质利益对调动企业职工积极性的诱导作用，政府部门在制定有关增产节约等方面的政策制度和管理办法时，往往附带相应的奖励措施，基本上是"有法必奖"，为企业消费基金膨胀开了方便之门。

（三）名目繁多，渠道混乱

与发达国家相比，我国的职工收入水平是较低的。但是，我国的工资制度却相当复杂，不同地区、不同行业、不同工种均有不同的工资标准，奖金、津贴、补贴更是名目繁多，数不胜数。开支渠道也相当混乱，有从成本费用中开支的，有从销售收入中开支的，有从营业外支出中开支的，有从企业留利中开支的。几乎国民收入的每一分配环节都有企业消费基金的开支渠道，使国家对企业消费基金的管理难度增加，从而导致企业消费基金失控。

（四）企业行为短期化

近年来，随着物质利益原则的贯彻，企业职工在收入水平逐年提高的同时，由于收入差距的拉开而自发产生了一种消费攀比心理和消费"饥渴症"，无形中助长了重消费、轻积累，保生活、压生产的短期行为。随着企业自主权的扩大，这一现象日趋严重，企业总是尽可能利用各种手段来增加消费基金来源，提高职工的收入水平，以期稳定职工队伍和维护企业领导者的任期业绩。

（五）物价上涨，客观上迫使消费基金增加

近年来，物价上涨过快成了一个相当严重的问题。在物价过快上涨情况下，要使企业职工的生活水平不下降，并能逐年有所提高，就必须增加消费基金。企业在增加消费基金上具有客观理由，政府部门也因此采取同情、默许乃至放任的态度。由此一来，物价上涨客观上迫使消费基金增加，而消费基金的过快增长又必然导致物价上涨，从而产生物价和消费基金轮番上涨的恶性循环。

三、完善分配制度，抑制消费膨胀的设想

工业企业作为整个社会的主要物质生产单位，包含了社会产品和国民收入的分配与再分配整个分配过程，企业消费基金可以渗透到社会产品和国民收入的各个分配环节。因此，要有效地抑制企业消费膨胀，必须采取层层设防的办法，完善分配制度，对企业在社会产品和国民收入的分配与再分配过程中的各个环节加以全面和系统的管理与调控。

（一）改进补偿基金分配制度，提高补偿基金在社会产品中的比重

社会产品的第一步分配是建立补偿基金，用于补偿生产中所消耗的生产资料，即社会总产品价值构成（C+V+M）中的 C 部分。补偿基金是保证简单再生产顺利进行的必要条件。马克思指出："在其他条件不变的情况下，社会在例如一年里所消费的生产资料，即劳动资料、原料和辅助材料，只有在实物形式上为数量相等的新物品所替换，社

会才能在原有的规模上再生产或保持自己的财富，这些新物品要从年产品总量中分离出来，重新并入生产过程。"① 新中国成立以来，我国工业企业的固定资产折旧率一直比较低，尽管1985年颁布了新的折旧办法，有重点有步骤地调整了折旧率，使全国工业企业的平均折旧水平提高了1个百分点，但仍然满足不了企业补偿固定资产消耗的正常需要。特别是在近年来物价连年上涨的情况下，这一缺口越来越大（在这里我们暂且不考虑企业折旧基金经过再分配后所发生的"流失"现象），从而使企业简单再生产的顺利进行缺乏必要条件。在国民收入分配中积累与消费的比例关系一定的情况下，补偿基金与消费基金之间存在此消彼长的关系。补偿基金不足，意味着企业将用于维持简单再生产的一部分收入转移到消费基金里面去了。为此，建议改进补偿基金分配制度，通过提高折旧率等措施来提高补偿基金在社会产品中的比重，在社会产品分配的第一个环节克服消费挤生产（指简单再生产）的现象。

（二）完善国民收入初次分配制度，有效控制个人收入在国民收入中的比重

在工业领域，社会产品扣除补偿基金后的部分便是企业所创造的国民收入，国民收入经过初次分配，便分解为劳动者个人收入和社会纯收入两大部分。目前，尽管企业消费基金的来源渠道很多，但其中较大部分来自国民收入初次分配，并以工资为主要形式支付给职工，作为职工的劳动报酬。因此，有效地控制以职工工资为主的劳动者个人收入在国民收入中的比重，是有效抑制消费膨胀的关键所在。

要改进国民收入初次分配制度，有效控制个人收入在国民收入中的比重，目前的工作重点应放在进一步完善企业工资总额同经济效益

①马克思：《资本论》（第一卷），人民出版社1975年版，第621页。

挂钩（简称"工效挂钩"）制度上。自 1985 年试点以来，工效挂钩制度已在工业企业中广泛推行，至 1988 年，我省地方预算内工业企业（本段所称企业皆指同一口径）实现了挂钩的有 1392 户，占企业总户数的 77.46%；挂钩企业的职工人数达 87.7 万人，占职工总人数的 84.38%；挂钩企业的工资总额为 15.92 亿元，占全部工资总额的 87.62%，从而使工效挂钩成了企业单位的主要工资分配制度。工效挂钩的推行，较好地处理了国家、企业、个人的收入分配关系，一定程度上调动了职工的劳动积极性，促进了生产的发展和经济效益的提高。1988 年，挂钩企业的工业总产值、产品销售收入、实现税利和利润总额分别比 1987 年增长 12.03%、27.99%、24.86% 和 17.50%，分别高于全部企业相应指标的 11.07%、26.18%、20.46% 和 16.15%。但是，在目前状况下，由于挂钩工作尚处于不断摸索阶段，还没有真正做到规范化、制度化，因而在实践中还存在一些具体问题，其中三个方面一定程度上加剧了消费膨胀：一是核定工资基数和效益基数的随意性较大，存在偏松的现象；二是非劳因素使部分企业的经济效益剧增，从而使企业工资总额迅速增加；三是企业工资总额负增不负减的现象比较普遍。

要控制消费膨胀，可从以下三个方面来着手完善工效挂钩制度：

第一，遵循"不挤不让"的原则，科学合理地核定基数。既要保障职工有必要和合理的工资收入，也要尽可能地减少工资基数中的水分。第二，尽可能剔除非劳因素的影响，使职工的工资水平与企业职工的劳动贡献相一致，真正贯彻社会主义按劳分配原则。为此，建议采取以下三条措施：一是实行组合式工资总额与多元化经济效益指标挂钩，缩小价格等非劳因素的作用范围。二是在核定当年的工资基数时，对上年的工资增长基金进行修正，工资增长率越高，其核入当年工资基数的份额就越小，从而缓解上年非劳因素对以后年度工资基数的影响。三是采取"超额递减法"提取工资增长基金。从 1989 年起，在挂钩的效益指标与当年生产不同步的情况下，效益净增长速度超过 40%（不含 40%）以上部分，按核定的工资浮动系数的 50% 提取增长工资；效益净增长速度超过 80%（不含 80%）以上部分，按核定的工资浮动系数的 20% 提取增长工资。尽管以上三种途径还不可能将非劳因素完全剔除，但通过以上"三刀"，能在一定程度上缓解非劳因素在工效挂钩中的副作用。第三，严格工资结算。企业因经营管理上的问题而导致工资下浮时，必须坚决按挂钩方案兑现，使企业真正做到负增又负减。

（三）改进企业留利分配制度，合理掌握职工福利基金、职工奖励基金在企业留利中的比重

企业消费基金除来源于国民收入初次分配这个主要渠道外，另外一个来源渠道就是企业留利分配。现行制度规定，国民收入经过初次分配形成职工个人收入和企业纯收入两大部分，而企业纯收入经过再次分配以后，大部分以税金和利润等形式上交国家财政，小部分以企业留利的形式留给企业自主支配，用于企业新产品试制、生产发展、建立后备、职工福利和职工奖励，其中后两项支出直接形成企业消费基金。近年来，随着企业自主权扩大，企业职工消费互相攀比，部分企业在留利分配上一定程度地存在短期行为现象。企业往往按照"先消费、后生产"或"压生产、保消费"的原则来支配企业留利，从而使企业留利分配成为滋长消费膨胀的又一主要环节。因此，有关部门应该切实履行监督职能，督促企业合理使用留利，在企业留利分配环节上防止和克服消费膨胀。

另外，在控制企业消费膨胀方面，还有许多必要的和切实可行的措施，如加强立法，强化政府部门的监督职能，加强奖金税、工资调节税的征管工作等。

　　在这次调查中，人们普遍反映，尽管近年来消费基金增长较快，但物价增长也不慢，以 1988 年为例，被调查的 50 户企业 1988 年人均工资为 2009 元，比上年增长 23.41%，而同期零售物价指数上升了 25.9%，职工生活费用价格总指数上升了 25.7%。由此看来，似乎消费基金不是膨胀了，而是相对不够。这里牵涉到一个对工资与物价的认识问题。我们认为，尽管工资与物价的变化几乎是同步的，但不是物价的上涨导致了消费基金膨胀，而是因为消费基金膨胀引发消费需求过旺，从而诱发物价上涨。如果仅仅是稳定物价，并不会使消费基金膨胀的现象自动消除；相反，要稳定物价，首先必须抑制消费膨胀。同时，在物质生产部门，消费基金既作为成本构成供给因素，又作为收入构成需求因素，从而对价格既形成成本推动力，又形成需求拉动力，因此，抑制工业企业消费膨胀的意义更为重大。

关于郴州、衡阳两地市工业企业
生产效益情况的调查报告 *

（1989 年 9 月）

今年前 5 个月，我省地方预算内工业企业的生产、效益情况不太理想，特别是生产发展速度迟缓，产成品资金上升，亏损总额增加，上交利润入库难。为了分析研究这方面的情况，提出发展生产、提高效益的对策，我们于 1989 年 6 月对郴州、衡阳两地市工业企业生产、效益情况作了比较全面的调查，现将调查情况及我们的一些思考分述如后。

一、基本情况

（一）1—5 月份几项经济指标完成情况

今年前 5 个月，郴州、衡阳两地市 239 户国营工业企业完成工业生产总值 82184 万元，比上年同期增长 2.01%；完成销售收入 114593 万元，比上年同期增长 18.2%；完成销售税金 6697 万元，比上年同期增长 20.84%；实现利润 5798 万元，比上年同期增长 30.26%；发

＊　原载《郴州财会》，1989 年第 3 期。

生亏损 1627 万元，比上年同期增长 34.35%；产成品资金月末实际占用数 22373 万元，比上年同期上升 30.53%；上交利润 416 万元，比上年同期下降 48.13%。

（二）整体印象

从郴州、衡阳两地市的几项经济指标完成情况来看，前 5 个月的生产情况不理想，其中衡阳市的工业总产值只增长了 2.3%，而郴州地区工业总产值几乎没有增长。从每个月的生产发展情况来看，主要是前 3 个月生产出现了大滑坡，到 4 月份才扭转生产滑坡的被动局面。一季度，衡阳市的工业总产值比上年同期下降 5.02%，郴州地区下降 3.78%。特别是今年 2 月份，生产进入最低谷，其中衡阳市 2 月份工业总产值比 1 月份下降了 16.27%，1、2 月份累计工业总产值比上年同期下降 9.14%；郴州地区 2 月份工业总产值比 1 月份下降 26.9%，1、2 月份累计工业总产值比上年同期下降 7.5%。

如果只从销售收入和实现利润指标完成情况来看，还是可以的，特别是郴州地区，1—5 月完成销售收入和实现利润分别比上年同期增长 27.19% 和 31.16%，增长幅度较大。

二、主要问题

（一）企业生产困难重重，增长速度缓慢

我省地方预算内工业企业今年前 5 个月生产发展速度低于全国平均水平，而郴州、衡阳两地方的生产发展速度又低于全省平均水平。从调查的情况来看，今年生产发展速度缓慢的原因，主要有以下几个方面：

1. 电力供应不足。今年前 5 个月，我省发电量大幅度下降，电力供应减少，企业普遍开工不足，这一现象在一季度尤为突出。据衡阳纺织印染厂反映，前 5 个月由于缺电影响工业总产值 632 万元，其中

一季度严重缺电影响产值 550 万元。

2. 原材料短缺。衡阳电缆厂全年需要电解铜 3500 吨、铅锭 1000 吨，而国家只计划分配 830 吨电解铜和 250 吨铅锭，分别只占需求量的 23.7% 和 25%，其余部分要靠企业自找门路。今年前 5 个月，该厂实际购进铜材 970 吨（其中国家指标 500 吨）、铅锭 277.5 吨（其中国家指标 200 吨），只占全年需求量的 27.7% 和 27.75%，远远满足不了生产的正常需要。又如衡阳纺织印染厂，今年国家计划安排生产棉纱 10650 吨，需要原材料 11500 吨，而国家计划供应只有 6646 吨，只占需要量的 58%，且其中省内计划 80 吨无货供应。

3. 资金紧张。去年下半年开始紧缩银根后，企业流动资金十分紧张，这一现象对以农副产品为原料的加工企业影响特别严重。如郴州市酒厂，去年 10 月份红薯片上市时，从银行贷不到钱，应收购 1500 万公斤红薯片，实际只买回来 500 万公斤，为正常需求量的 1/3，到 5 月份，已停产一个半月，下半年还将半停产 4 个月，要等到 10 月份新红薯片上市后才能恢复正常生产。由于资金紧张，企业之间相互拖欠货款的现象极其严重，到 4 月份，衡阳市国营工业生产企业（大口径）发出商品占用资金高达 29259 万元，比上年同期上升 88%。企业间货款的相互拖欠，使生产协作企业之间形成一个理不清的"三角债"。以衡阳市农机生产协作网为例，截至 4 月底，省内外各农机公司拖欠衡阳拖拉机厂货款近千万元，衡阳拖拉机厂又拖欠建湘柴油机厂货款 333 万元，建湘柴油机厂再拖欠衡阳市 15 家协作厂货款 270 万元，从而使许多农机协作生产配套企业特别是小企业叫苦不迭。

在原材料短缺的情况下，一些生产、经营紧俏原材料的单位向需求方收取预付款，更进一步加剧了资金紧张的局面。如衡阳市变压器厂于去年 12 月与国家五金矿产公司签订 1050 吨进口矽钢片的购货合同时，国家五金矿产公司当时就要求衡阳变压器厂预付 1155 万元的保证金（相当于全部货款的 1.1 倍），工厂到今年 4 月份才收到货，仅因此而多承担的利息支出就高达 30 万元。

4. 基建、技改失误。衡阳毛纺厂在 1984、1985 年先后新建兔毛纱生产线和羊毛衫工程，由于投资额一再突破（兔毛纱生产线设计投资 480 万元，最后突破为 1083 万元）、设备不配套、技术力量薄弱，因而一直未形成生产能力，两个项目总投入资金 1315 万元，至 1988 年底创造的税利却只有 28 万元，而企业支付的贷款利息已达 220 万元，银行调整利率后，企业每年支付的利息将达 150 万元。去年年底，虽然企业账面亏损反映为零，但有潜在亏损 152 万元。由于生产能力未形成，再加上原料、资金短缺，产量大幅度下降。今年前 4 个月，该厂全部绒线产品产量为 103.6 吨，比上年同期减少 102.3 吨，下降 49.68%。在产量低、单耗高的情况下，该厂 1—4 月份已发生亏损 155 万元。又如衡阳化工厂，原计划技改新装置在今年 3 月投产，因而在去年底没有对老设备进行检修，但因资金不落实，新装置投产延期，靠老设备带病运转，导致产量低、单耗高、成本上升。如该厂原来生产 1 吨硫酸只需消耗 28 公斤硝酸，今年却上升为 48.5 公斤，该厂去年 1—5 月份盈利 33.4 万元，今年却发生 6.9 万元的亏损。

5. 金融割据，束缚了生产发展。在国家紧缩银根，出现资金紧张的情况下，金融系统内部各专业银行之间、各地区之间出现了金融割据的局面，结算渠道不畅，造成企业购货资金不能及时汇出，货款不能及时收回，影响了企业的生产经营。如衡阳市工商银行规定，企业汇出资金在 10 万—40 万元的，必须经过市支行各办事处审批，一些业务量较大的企业，不得不专门配备一个财会人员跑审批工作。各专业银行之间为了争夺资金，擅自规定本行内的资金不能往其他专业银行划转，既造成金融管理的混乱，又给企业带来许多麻烦。如今年 6 月河南修武电业局为解决衡阳变压器厂资金紧张的矛盾，通过建设银行汇来 30 万元，款到衡阳市建设银行后，该行不同意往工厂开户的工商银行划转，工厂只得在建设银行另立账户，才得到这笔钱。而多头开户，又是我国的金融制度所不允许的，企业真是左右为难。

6. 归口不当，不利于行业管理和企业发展。衡阳溶剂厂由于技改失误，导致原料短缺和产品价格上涨，近年来生产萎缩，效益下降。该厂 1987 年盈利 26 万元，1988 年发生亏损 246 万元，今年 5 月份，已累计亏损 114.6 万元。目前，企业处境艰危，希望政府部门能在调整产品结构、提高技术水平等方面予以协调帮助。而该厂归口于衡阳市二轻局，主管部门无能为力，因而迫切希望划归市化工局管理。这类现象，在郴州地区也存在，如郴州水电设备厂是一家生产变压器的机工企业，目前却归属郴州地区电力局管理。

（二）产品积压增加，产成品资金上升

今年 5 月末，郴州、衡阳两地市产成品资金分别比去年同期上升45.06% 和 25.61%，产品积压相当严重。这种情况的出现，主要有以下几方面的原因：

1. 国家抽紧银根，压缩需求，造成部分走俏产品疲软。如衡阳市的手扶拖拉机、农用运输车、190 型柴油机，在以前十分抢手，购货单位往往要预付货款，而今年却难以出售，卖出去的也收不回钱。至今年 4 月底，衡阳市的手扶拖拉机销售量比去年同期下降 67.8%，库存上升 958 台；190 型柴油机销售下降 57%，产品库存比上年同期上升 3.1 倍。

在国家大力压缩基本建设投资规模的情况下，建材产品的积压尤为严重。据资兴市财政局反映，至 5 月底该市积压水泥 5000 多吨，并且已经卖出去的水泥销售价格也比去年下半年大为降低，平均每吨价格由去年下半年的 240 元降为 117 元。

在产品限价的情况下，部分企业担心产品销售造成的亏损无法承担，被迫压库。如衡阳市特种合金厂电解锰压库 300 吨，占用资金 300 万元。

2. 受专卖和限制出省的影响，有些产品企业无权自销，而需求单位又无钱购买，造成产品积压。到 5 月份，衡阳市松柏化工厂积压磷肥 5000 吨，金雁农药厂积压杀虫脒 1000 吨，第一塑料厂积压地膜 106 吨，由此而使 3 家企业产成品资金占用分别比去年同期上升 234%、261% 倍和 79%。又如我省煤炭不能外销，而省内用煤单位又无钱购买，致使煤炭大量积压。据耒阳市反映，该市到今年 6 月份已经积压煤炭 20 多万吨，部分煤矿今年只发了一个月的工资。

3. 市场竞争激烈，产品供过于求。如印刷机行业，全国各生产厂家的生产能力之和大大超出用户的需求量，其中 201 型铸字机的年生产能力为 3000 台，而市场需求量不足 1000 台；801 型印刷机的生产能力为 1100 台，而市场需求量为 500 台左右。在这种供应大大超出需求的情况下，产品积压是必然的。今年 1—5 月，郴州印刷机械厂积压 801 型印刷机 97 台、201 型铸字机 131 台、615 型印刷机 97 台，占用资金 205.1 万元，比上年同期的 62.78 万元上升 2.27 倍。

另外，有些企业因受运输影响而引起库存上升。如祁东水泥厂因公路改道、运输受阻，积压水泥 3000 吨，占用资金 30 万元。

（三）经济效益不稳，亏损总额增加

从账面上的数字来看，郴州、衡阳两地市前 5 个月实现的利润分别比上年同期增长 31.16% 和 29.79%，还是相当可观的。但通过调查发现，今年前几个月在生产发展缓慢的情况下，实现利润能保持大幅度增长的现象是不大正常的，其中主要是价格因素在起作用。据郴州地区反映，今年前 5 个月，该地区 139 户国营工业企业因销售数量扩大、产品提价等因素增利 6200 万元，因产量下降、成本增加等因素减利 5580 万元，二者相抵，净增利润 620 万元。在各种增利因素中，因产品提价增利 5180 万元，占全部增利的 83.55%。在各种减利因素中，原材料、燃料动力提价 3000 万元，占全部减利的 53.76%。这就是说，如果只考虑价格因素，该地区净得涨价收入 2180 万元。这种情况的出现，主要有下面几个原因：一是去年部分价格较低的库存原材料用于今年的生产，成本相对较低，因此有的企业领导得出这样一条结论：在某些时候，资金周转不快也并非全是坏事。二是去年部分库存产品在今年提价后销售。三是一些企业在价格"双轨制"的情况下，今年前几个月主要销售计划外产品，如郴州棉纺厂今年应为郴州床单厂提供 300 吨计划棉纱，今年前 5 个月却只提供了 30 吨，仅完成计划的 1/10，其余棉纱运到外地卖高价去了。

这种以涨价收入为主要支柱的经济效益是极不稳固的。因为在国家紧缩银根、压缩需求的情况下，大部分产品的涨价潜力是相当小的，部分产品不但不能涨价，反而出现了降价的迹象，而原材料短缺的状况却一时难以缓解。

另一方面，部分企业由于产销倒挂和生产萎缩，产品滞销，原材料等提价，各种费用增加，再加上管理不善，致使亏损增加，甚至还出现了一些新的亏损户。今年前 5 个月，郴州、衡阳两地市的亏损总额分别比上年同期增长 83.89% 和 13.4%。

（四）入库利润进度迟缓，影响财政收入

1—5 月份，我省地方国营工业企业上交利润为 8187 万元，比上年同期下降 25.23%；郴州、衡阳两地市的下降幅度分别为 58.4% 和 43.15%。究其原因，主要有以下几个方面：

1. 企业资金紧张。银行不能按规定的流动资金借款计划贷款，导致企业拖欠财政资金用于生产周转。如衡阳电缆厂，今年经常性拖欠税利为 100 万元；衡阳变压器厂至今拖欠税利 130 万元，其中增值税 70 万元，所得税 30 万元，能交基金 30 万元。

2. 征收不及时。一些地方财政部门采取比较灵活的政策，对个别产品销路好但资金短缺的企业，有计划地推迟企业上交利润入库进度，甚至还反过来为企业发放临时周转金。

3. 所得税征管脱节。目前，企业所得税由财政部门管理，但由税务部门征收，却又不列入税务部门的工作考核范围，出现征管脱节的现象。特别是在税务部门实行工作责任制后，他们往往担心征收了所得税会影响其他税收的及时入库，从而影响他们的工作成绩及物质奖励，因而对所得税的征收普遍采取消极的态度。据资兴市财政局反映，该市一些企业多次主动要求按实现利润进度入库，而税务部门却以没带票据、年底一次算账交清等为理由拒收。

此外，自实行企业职工离退休基金社会统筹以来，有些措施还不太完善。根据郴州地区的一些企业反映，一是统筹比例太高，结余较多。如 1988 年郴州市提取 206 万元，实际支付 173.5 万元，结余 32.5 万元，为提取数的 15.78%，不符合"以支定筹，略有结余"的原则。二是一些地区实行"差额结算"办法后，企业提取数高于实际支出数的，必须上交劳动部门，而提取数不够实际支出的，劳动部门又不予以弥补。如郴州市麻纺厂，今年 1—5 月份提取统筹金 30.2 万元，其中 12.1 万元由本厂实际支出，剩下的 18.1 万元上交了劳动部门。而郴州地区磷肥厂 1988 年只提取统筹金 33.5 万元，实际支出为 40.5 万元，不足部分 7 万元，劳动部门没有补足。对于这种"只进不出"的做法，企业的意见较大，要求予以改正。

三、几点建议

（一）加大金融支持

金融部门应实行信贷倾斜政策，对国营企业，特别是对那些产品销路好而资金周转困难的企业，应当在信贷上尽量放宽，予以扶持。

（二）打破地区封锁

目前我省有些产品不允许外销，而省内一些用户又无能力购买，结果造成人为积压。对这类问题应该予以重视，制定可行的办法，完善市场体系。

（三）优化产品结构

在需求萎缩的情况下，一些企业应利用这个机会调整产品结构，有关主管部门应在行业管理上发挥作用，帮助企业开发新产品，对一些行业归口不当的企业，应尽可能地合理调整。

（四）加强财政管理

财政部门应严格企业固定资产投资管理，主动帮助企业提高技术改造项目的经济效益，并制定可行的办法约束企业的盲目投资。

（五）严格税收征管

依法征税是税务部门的天职，各级政府应强化税收的征管工作，并按照"奖罚对等"的原则，在对有成绩的税务人员予以必要奖励的同时，对不按税法办事、征管不力的，应给予精神和物质上的处罚。

（六）完善承包经营责任制

我省部分企业一轮承包今年到期，下一步怎么办，要尽快拿出个办法来，给企业吃一个"定心丸"，以稳定职工和经营者的思想。

（七）调动职工积极性

今年部分企业的经济效益不太理想，因此提出在工效挂钩时要调减税利基数。我们认为，税利基数不能动，但到年终时对一些特殊情况可作特殊处理，尤其是对那些产量、质量上升，消耗降低而效益指标下降的企业，可以保住工资基数，甚至略有增长，以防止出现努力了但得不到好处的现象。

对一些企业出现分配不公的情况，应当予以重视。在现阶段，既要贯彻社会主义物质利益原则，又要考虑职工群众的精神承受能力；

既要做到按劳分配，又要防止收入过分悬殊。对于经营者的奖励，必须制定一个可行的办法，既要使经营者得到必要的实惠，又要使职工群众感到合情合理。

论"错位承包"*
——兼谈企业领导制度改革

（1989 年 12 月）

一、错位承包的主要弊端

所谓错位承包，是指在实行企业承包经营责任制过程中，一般由企业经营者代表承包方同政府部门订立承包经营合同，办理承包手续。企业按照承包经营合同规定所需完成的各项任务由企业经营者应承下来，并将承包合同完成情况的好坏与企业经营者个人的奖惩联系起来，从而使承包经营合同赋予企业的一切权利和义务转移到企业经营者个人身上，出现承包主体错位，使企业承包经营责任制变成企业经营者承包经营责任制。在实践中，错位承包带来了许多消极影响。

（一）选聘的经营者不理想

这类问题集中反映在由企业主管部门组织的实行招标承包的企业上。从实际情况来看，大部分招标厂长（经理）是比较理想的，工作

---

* 原载《企业财务体制改革论文选编》，湖南省财政厅工交企业财务处、湖南省财政科学研究所编，1990 年 1 月。

成绩也是相当出色的，但也有一些志大才疏的投标者，他们往往对企业的情况了解不足，或缺乏开拓精神和工作能力，却由于其他方面的原因（如投标书比较周密、演说答辩精彩、深受招标委员会的信任等）而中标，但经过工作的实践，一般达不到预想的目的。这样，要么因为经营者个人的问题而加重企业的负担，从而使企业遭难；要么更改甚至中止承包合同。更有甚者，在公开招标过程中，难免有一些投机经营者，他们为了当上厂长之后解决诸如自身待遇、子女就业、亲戚朋友的工作等问题而以策略性的投标手段中标。如果完不成承包合同，即使追究行政责任和经济责任，也往往是得多失少，最终负担还是落在国家和企业全体职工身上。

（二）将企业的命运维系在企业经营者个人身上，往往因人废事

在现行承包办法下，承包合同能够兑现的一个基本前提条件是企业经营者在整个承包期内不能变动。但是，在现实生活中，由于客观方面的原因，经营者需调动工作，或者发生意外，于是不得不予以更换。在这种情况下，企业后任经营者往往"新官不理旧账"，要求调整或中止承包合同，"和尚一跑，连庙撤除"，严肃的承包合同因个人的变动而成了一张废纸（如果政府硬性要求企业执行原有合同，也未免失之偏颇，因为合同规定的任务是前任经营者应承的，并且，要履行合同，往往又非他不可）。错位承包，往往使企业的承包方案因承包人的变更而难以继续执行。

（三）强化了企业的短期行为

我国有关企业领导制度规定，企业经营者应当具有"双重人格"，既代表国家，又代表企业。而在现实生活中，虽然企业经营者具有"干部"的级别和官衔，但他更把自己看作企业集体中的一员，因而往往在国家与企业二者之间将砝码押在企业这一头。更有一部分经营者，由于其思想觉悟、道德水平有限，把个人私利放在第一位。在错位承包的情况下，由于企业厂长（经理）的管理权威倍加强化，部分经营者总是迁就企业职工的消费需求。也有不少经营者利用手中的职权，搞急功近利的短期行为，谋取个人私利，正所谓"有权不用，过期作废"。近年来，许多企业的厂长（经理）在任期内成绩没有多少，却捞足了好处，然后屁股一拍，一走了之，将包袱甩给了企业。这种现象，在一些实行招标承包的企业里尤为突出。

（四）职工的主人翁地位虚化

企业法人代表的错位承包，使国家与企业的责权利关系变成了国家与企业经营者的责权利关系。虽然增强了企业经营者的动力和压力，保障了企业经营者的管理权威，强化了企业生产经营管理系统（甚至有的承包人说，企业是我承包的，一切都得听我的），但与此相对应，也就只有厂长一个人或部分人的积极性，企业职工的行为动机往往是"完成厂长分配的任务，可以多挣钱"这一简单的雇用思想。广大职工的责权利不落实，其主人翁地位也就得不到落实，主人翁精神也就难以发挥。

（五）导致个人收入分配上的矛盾，影响社会生产力的发展

错位承包，使个人收入分配出现了两种不尽合理的现象。其一是有些地方的政府部门按照企业承包合同中对企业经营者的奖惩规定，在兑现年终奖时，直接向企业经营者发放成千上万元的承包奖。有些地方甚至是"政府请客，企业拿钱"，即政府部门从企业中集中一部分资金，再发到承包人手中，或者干脆给企业下达一个奖金额度，由承包人从企业消费基金中支取。其二是由于企业经营者具有个人收入分配上的绝对权威，在实行奖金分配时，往往利益先沾。有不少企业个人奖金的分配结果是厂长、副厂长成千元地拿，中层干部几百元地拿，一线职工几十元地拿。由于以上两个原因，企业内部出现明显的个人收入差距。沈阳市曾对10个行业600名社会劳动者进行调查。

1988 年，企业家人均月收入为 643 元，为最高收入阶层，比最低收入者营业员和工人分别高出 494 元和 491 元，前者分别为后者 4.3 倍和 4.2 倍。1988 年，吉林省一个县的 49 位承包人共得年终一次性承包奖 164.1 万元，人均 3.35 万元，该省企业承包奖个人"冠军"所得的奖金竟高达 44.8 万元。不可否认，企业经营者对完成承包任务具有十分重要的作用，其收入高一些也是应该的。但是，承包任务的完成毕竟离不开企业全体职工的共同努力。由于错位承包而引起个人收入分配上的明显不公平，必然导致经营者与职工的利益对立，其后果是企业职工消极怠工，甚至殴打乃至罢免承包人。这些现象，近年来已是屡见不鲜，从而严重地阻碍了社会生产力的发展。

二、企业领导制度与承包主体问题

（一）我国企业领导制度的沿革

企业领导制度，是企业领导原则、体制和领导权限的规定的总称。它的核心内容是解决企业内部领导权的归属、划分和如何行使的问题。我国企业领导制度，经历了一个创立、发展和逐步完善的过程，具体有以下几种形式：

1. 第二次国内革命战争时期，革命根据地的公营企业实行"三人团"制度，即由厂长、党支部书记、工会委员长三人组成企业的领导核心，共同研究决定企业的各项问题，三人意见不一致时，厂长有决定权。

2. 中华人民共和国成立前后，面临接管改造官僚资本企业和恢复生产的严峻形势。1948 年 1 月，党中央指示在公营企业建立"工厂管理委员会"和"职工代表会议"制度。管理委员会是工厂的领导机构，由厂长、工会主席、副厂长、主要工程师以及相当数量的职工代表组成，厂长担任主席。职工代表会议则可以听取管理委员会的报告,对行政工作进行检查、批评和建议。

3.1953 年开始,先后在国营工交企业中推行"一长制"。厂长对企业的生产行政工作全权负责,而企业党组织对生产行政工作实行保证和监督。同时,还建立厂长领导下的工厂管理委员会,吸收职工代表参加管理。

4.1956 年,党的第八次全国代表大会批评了"一长制",决定实行党委领导下的厂长负责制。1957 年,党中央又决定同时实行职工代表大会制,作为职工参加企业管理和监督行政管理的权力机关。在1958 年开始的"大跃进"中,由于"左"的指导思想,事事强调"书记挂帅",党委领导下的厂长负责制没有得到贯彻。1961 年,贯彻"调整、巩固、充实、提高"方针,党中央颁发《国营工业企业工作条例(草案)》,即"工业七十条",重申在企业中必须实行党委领导下的厂长负责制和职工代表大会制。

5.十年"文化大革命"中,企业领导制度遭到严重破坏,党组织一度瘫痪,厂长行政指挥权被取消,无政府主义泛滥。以后在工厂建立了由军代表、领导干部、群众组织代表组成的"革命委员会"。后期,企业恢复了党委,强调党的"一元化"领导,实行党政合一,党委书记兼革命委员会主任,形成企业中事无巨细都由党委包办的不正常现象。

6.1977 年,中共中央颁发《工业三十条》,取消了革委会,恢复了党委领导下的厂长负责制和职工代表大会制。但由于指导思想上"左"的错误没有纠正,仍然是以党代政、党政不分,未能形成以厂长为首的生产行政工作的集中统一指挥。

7.党的十一届三中全会以后,党中央在企业领导制度上总结历史经验,提出了"党委集体领导、职工民主管理、厂长行政指挥"原则,在企业中普遍实行党委领导下的厂长负责制和党委领导下的职工代表大会制。

8.1986 年，为改革企业领导制度，确定厂长的责任和权限，实行厂长负责制，制定了《全民所有制工业企业厂长工作条例》，1988 年第七届全国人民代表大会第一次会议通过的《中华人民共和国全民所有制工业企业法》（以下简称《企业法》）明确规定，企业实行厂长（经理）负责制。

（二）我国企业领导制度中存在的主要问题

从企业领导制度的整个变化过程来看，除去 1958—1961 年、1966 年至党的十一届三中全会前这两个特殊时期外，企业的生产行政工作基本实行的是厂长负责制。我国第一个国营工厂条例（1934 年 4 月 10 日中华苏维埃共和国人民委员会颁布的《苏维埃国有工厂管理条例》）和最新的《企业法》（1988 年 4 月 13 日中华人民共和国第七届全国人民代表大会第一次会议通过的《中华人民共和国全民所有制工业企业法》），都明文规定企业实行厂长负责制。这种企业领导制度有两个鲜明的特点：其一是企业厂长由政府机关委任，并对国家负绝对责任；其二是对于厂内的生产行政工作，厂长拥有绝对的权威。这些特点，对于消除企业工作中无人负责与职责不明的现象，形成集中统一的生产指挥系统，树立和维护企业正常的生产经营秩序，促进社会化大生产的发展，具有十分重要的作用。但是，这种领导制度自身也存在一定的弊端，其突出表现是时常削弱职工的民主管理，抑制职工的主人翁精神，企业领导人官员化，不利于社会主义商品经济条件下企业家队伍的形成。在土地革命时期和旧的经济体制下，由于我国全民所有制企业实行的是国家所有、国家经营，这些弊端尽管时常出现，但问题还不是十分突出。而在实行经济体制改革以后，特别是实行企业承包经营制以后，有些问题已经变得相当严重，因而需要我们进一步深化改革，予以克服。

（三）西方现代公司制度中"两权分离"现象及其启示

考察西方现代公司制度，特别是股份公司制度，发现其核心内容是股东和经营者的两次分离，即股东通过选举、投票等方法来影响法人组织——股东大会，再由法人机关——董事会来行使法人财产所有权，形成股东同公司法人的分离。在此基础上，法人机关再聘任公司经营者——经理、总裁等，由公司经营者从事具体的生产经营活动，形成公司法人与公司经营者的分离。现代公司制度通过股东与法人、法人与经营者的两次分离，形成一整套严密的法律制度和治理体系，其特殊作用突出表现在这样两个方面：第一，公司利益独立。公司作为特殊的法律主体，支配着与股东相分离的财产，拥有充分的自主权，并承担相应的责任，获得相应的利益。第二，企业管理制度科学化。公司必须建立相互制约的机构，如董事会、监事会等，以克服个人决策的片面性。这种制度在我国也有相应的实践，这就是在20世纪80年代随着工业企业的改组联合，为适应新组建的一些同行业、同地区和跨行业、跨部门、跨地区的企业性工业公司的经营管理需要而建立的董事会领导下的总经理负责制。

按照所有权和经营权相对分离的原则，搞活全民所有制企业，是深化经济体制改革的主要任务之一。在全民所有制经济里，与现代公司制度的有关内容相对应，国家、企业、厂长分别为"股东"、法人、经营者。全民所有制经济所有权和经营权相分离，也必须经过两次分离，即国家与企业相分离、企业与经营者相分离。目前的企业承包经营责任制，虽然对旧的经济体制给予了巨大的冲击，为实现全民所有制经济所有权和经营权的分离作了有益的探索，但由于企业法人制度不完善，企业的法人地位不明确，将企业对国家的承包和经营者对企业的承包（实质上只是一种高层次的内部承包）合二为一，一步到位，企业的承包主体发生错位，因而产生了如前所述的一系列问题。发展和完善企业承包经营责任制，必须按照所有权与经营权两次分离的原则，确立企业法人在第一次分离中的承包主体地位。

三、完善企业领导制度，理顺国家、企业、经营者三者的关系

完善企业领导制度，必须以现行的厂长负责制为基础，在树立厂长的管理权威、深化企业行政管理改革的同时，根据现代社会化大生产的要求，进一步推进我国企业领导制度的科学化、民主化改革。

（一）健全企业法人机构，实行企业法人机构领导下的厂长（总经理）负责制

凡设立了董事会的企业，应当实行董事会领导下的厂长（总经理）负责制。没有设立董事会的企业，应当进一步健全企业管理委员会，把企业管理委员会作为企业生产经营管理的最高权力机构和集体决策机构，实行企业管理委员会领导下的厂长（总经理）负责制。企业管理委员会由企业党、政、工、团主要负责人，有关政府部门负责人，社会上聘请的业务专家，职工代表大会选出的职工代表组成。职工代表人数至少应占企业管理委员会全体成员的 1/3。

企业董事会或企业管理委员会行使以下职权：一是决定企业的经营方针、具体政策和重大措施；二是审定长远规划、年度计划、财务预决算；三是决定企业的机构设置方案；四是任免、审查和奖惩企业厂长（总经理）。企业董事会或管理委员会代表企业向国家负全面责任。

企业厂长（总经理）作为企业日常生产经营活动的组织者、领导者，拥有对企业生产经营活动的指挥权，对董事会或企业管理委员会负全面责任。企业副厂长（副总经理）及其他有关行政管理领导人的人选由厂长（总经理）提议，协助厂长（总经理）分管有关业务，对厂长（总经理）负责。

（二）废除企业领导行政级别终身制

在我国，由历史条件所决定，全民所有制企业的行政领导人自其产生至今，都是作为政府官员，由政府机关批准委任，并保持行政级别终身制。这种制度发展到今天，其弊端日益显露出来，严重阻碍了企业经营者的职业化和企业家队伍的形成。为此，完善企业领导制度，对于企业负责人来说，除了上面所提到的企业厂长（总经理）由董事会或企业管理委员会任免、审查和奖惩，还必须废除企业的"官本位"制，取消企业的行政级别，摘掉企业领导的"官衔"，企业的各级领导上即为"官"，下即为"民"，从而废除企业领导行政级别终身制。

四、纠正"错位承包"的设想

按照改革企业领导制度的要求，在进一步发展和完善企业承包经营责任制的过程中，纠正"错位承包"的做法，确立企业的承包主体地位，必须实行企业对国家、经营者对企业的"两次承包"。

一是由企业的权力机构——董事会或企业管理委员会代表企业同国家签订承包合同，向国家负责，实行企业承包经营责任制。

二是由企业董事会或企业管理委员会聘任企业经营者，企业经营者同董事会或企业管理委员会签订内部承包合同，向董事会或企业管理委员会负责，实行企业内部经营者或经营者集团承包经营责任制。

理顺国家与企业收入分配关系的探讨 *

（1989 年 12 月）

党的十一届三中全会以来，随着整个经济体制改革的逐步展开和不断深入，以增强企业活力为主要目的，以理顺国家与企业收入分配关系为核心内容的国家与全民所有制企业（本文所称企业仅指全民所有制工业企业）的收入分配体制也进行了一系列重大改革，先后实行了企业基金制度、多种形式的利润留成和盈亏包干办法、两步利改税和承包经营责任制。通过这些改革，逐步打破了旧的经济管理体制下"统收统支"的分配格局，既增强了企业的活力，又加强了企业的责任，为企业成为自主经营、自负盈亏、自我发展的经济实体创造了一定的条件，一定程度上促进了生产的发展和经济效益的提高。

但是，回顾这十年的改革，人们又总感到改革措施较多，变动频繁，基本上是每两年进行一次大动，而每一次改革由于试点不够，仓促出台，又不尽如人意，改革的盲目性较大。如何进一步深化企业财务管理体制改革，正确处理国家与企业的物质利益分配关系，

---

* 原载《企业财务体制改革论文选编》，湖南省财政厅工交企业财务处、湖南省财政科学研究所编，1990 年 1 月。

仍然是摆在我们面前的一个重大改革课题。本文试图围绕这个主题，对国家与企业收入分配关系的基本格局、基本形式、数量界限等三个方面进行探讨。

一、确立国家与企业收入分配关系的基本格局

（一）社会主义国家的双重身份和两种职能决定了"税利并存"是国家与企业收入分配关系的基本格局

国家自产生以来，就是统治阶级的暴力工具，作为一个政权机关和社会管理者，从统治阶级的利益出发，履行着政治职能和社会经济职能。在社会主义社会里，国家由于取得了生产资料所有权，从而又以生产资料所有者的身份履行其经济职能。

社会主义国家作为政权机关和社会管理者，为了维护其公共权力，执行其政治职能和社会经济职能，就必须以政权为依托，向企业这个创造社会物质财富的经济实体强制进行一系列必要的社会扣除，有计划按比例地通过再分配建立各种社会基金，用于满足国防、行政的需要，满足科学、文化、教育、卫生和社会保障事业的需要，用于满足扩大再生产和增强后备的需要，以不断壮大国家的力量，不断改善和提高人民群众的物质文化生活水平。从整个社会历史发展的情况来看，国家所进行的一系列社会扣除，都是通过税收这种具体的分配形式来实现的。税收是随着国家的产生而产生的，是以国家为主体的一种分配，是国家为了实现其职能凭借政治权力参与国民收入分配取得财政收入的重要工具。每一个企业，作为创造社会物质财富的基本经济细胞，是国家财政收入的主要源泉，都有责任向国家提供必要的社会扣除，因而必须无条件地履行依法纳税的基本义务。

在社会主义社会里，国家由于取得了生产资料所有权，因而不仅具有政权机关和社会管理者的身份，而且具有全民所有制生产资料所

有者的身份，代表全体人民行使生产资料所有权。从经济关系的角度讲，在我国全民所有制经济里，国家所有权实现的形式，就是国家以所有权为依托，参与企业的税后利润分配，取得资产收益。国家通过利润分配，使财力适当集中，然后按照不同时期国民经济发展和产业政策的要求，通过再投资，以调整产业结构，实现国有资产的增值，发展和壮大全民所有制经济，从而实现国家的经济职能。从经济关系的另一方面来讲，在社会主义商品经济下，按照等价交换的原则，用于生产经营活动、以营利为目的的资产不能无偿使用。因而，占用国家资产进行生产经营活动的企业，也就有了向国家上交利润的义务。

通过以上分析，我们可以得出这样的结论：在社会主义商品经济下，一方面，国家作为政权机关和社会管理者，为了实现其政治职能，以政权为依托，有权向企业这个创造社会物质财富的经济实体征取一般税收；另一方面，国家作为全民所有制企业的资产所有者，为了实现其经济职能，以所有权为依托，有权参与企业的税后利润分配，取得资产收益。"税利并存"构成了国家与企业收入分配关系的基本格局。

（二）税利分流是理顺国家与企业收入分配关系的基本方向

在过去的经济生活中，我们由于忽视了税收和利润二者的区别，混淆了二者的职能作用，在处理国家与企业的收入分配关系方面，出过一些偏差，走了一些弯路。

第一，纯粹从所有权角度出发，忽视税收的职能作用，试行税利合一。新中国成立以来，我们在处理国家与全民所有制企业的收入分配关系上，曾受到苏联"非税论"的影响。按照苏联的观点，全民所有制企业把收入上交国家，不能称之为税，流转税也不是税，只具有税的外壳。1950 年，政务院审查通过的《工商业税暂行条例》明确规定，公营企业所得部分提取利润，不交所得税。在"大跃进"和十年动乱时期，由于受"左"的错误思想影响，出现过轻视和否定税收作用的思潮，一度在几个城市的全民所有制企业搞税利合一的试点，想把税收合并于利润，取消税收，实现所谓无税国家。

第二，片面地从管理角度出发，忽视利润的职能作用，试行以税代利。在旧的经济管理体制下，主要以利润的形式来处理国家与企业的收入分配关系，形成一种统收统支的局面，既不利于贯彻物质利益原则，又不利于稳定国家同企业之间的收入分配关系，因而存在许多弊端。这样，我们就自然地想到了税收在这些方面所具有的特殊功能，转而走利改税的道路，取消上交利润的办法，实行完全的以税代利。这实质上仍是一种将利润合并于税收的税利合一形式。

然而，由于税收和利润是两个存在本质区别的范畴，二者不可能完全相互替代。在实践中，从完全以税代利的动机出发，也难以达到预期的效果。由于经济情况复杂，企业规模大小悬殊，盈利水平参差不齐，完全征收统一的税收，无法适应各个企业的具体情况，要么保证不了国家的财政收入，要么满足不了企业的合理留利水平，于是只好采用调节税等一些似税非税、似利非利的分配形式予以平衡。并且，为了区分国家与不同经济形式之间的分配关系，不得不实行多种所得税制度，使税制变得相当繁杂，没有达到统一税制的目的。

总之，国家与全民所有制企业之间存在双重关系，曾经模糊了我们的视野，使我们忽视了税收和利润二者不同的内在规律性，往往只从管理角度出发，认为全民所有制企业的一切财产反正都是国家的，只要对管理有利，采取什么样的分配方式都无所谓。认识上的主观随意性，导致在工作实践中将税收和利润二者进行机械对比，"择优选用"。这种对比的结果，要么就是以利代税，强化国家的所有权利益，否定国家的政权利益；要么就是以税代利，强化国家的政权利益，放弃国家的所有权利益，使国家与企业之间的收入分配关系忽左忽右地两头跳动。进一步理顺国家与企业收入分配关系的基本方向，在于走

"税利分流"的道路，即通过对现行税制加以完善，向企业普遍征取统一的税收，然后实行灵活的税后利润分配，从而实现"税利并存"的基本分配格局。

二、完善国家向企业取得收入的基本形式

在确立了国家与企业收入分配关系的基本格局之后，理顺国家与企业收入分配关系的一个主要任务是进一步完善国家向企业取得收入的基本形式，即国家通过什么样的手段，采取什么样的方式取得收入。目前，国家取得收入的形式相当混乱，有从企业成本（费用）中取得的，有从企业销售收入中取得的，有从企业实现利润中取得的，有从企业留利和其他专用基金中取得的。从采取的方式来看，有通过税收形式取得的，有通过各种上交利润形式取得的，还有通过特种基金乃至摊派形式取得的，并且，每一种方式本身还有许多不完善的地方。这种状况，远远不符合"税利并存"分配格局的基本要求。为此，我们必须逐步做好以下工作：

（一）实行税收的规范化改革，完善现行税制

实行税利分流，确立税收分配和利润分配并存的基本格局，首先必须有比较完善的税制。因此，我们应当抓紧实行税制改革，逐步建立起适合我国国情的、流转税与所得税并重的多税种、多次征、多环节调节、体现公平负担和产业政策的规范统一的复合税制。

1. 调整现行流转税的结构，适当降低产品税的比重，进一步扩大增值税的范围和所占比重。今后，产品税的征收应限于以下几个方面：一是农、林、牧、水产品；二是部分生产环节单一的工业品以及少数价高利大需要进行特殊调节的工业品。除此之外的各种工业品都应逐步纳入增值税的征收范围，从而将目前以产品税为主体的流转税改革为以增值税为主体，包含产品税、消费税、营业税的合理的流转税体系。

2. 扩大资源税的征收范围，调节资源级差收入。对金属矿产品应尽快征收资源税，目前尚未列入征收范围的非金属矿产品、水源、森林等资源应尽快列入征收范围。有些产品因为价格偏低，征收资源税可能会扩大企业的亏损面，因此，应根据具体情况对产品价格或流转税进行适当调整后再征收资源税。

3. 开征社会保险税，建立起统一的社会保障制度，同时取消统筹"两金"的做法，以平衡企业的社会负担，促进企业开展公平竞争。

4. 统一所得税制。把国营企业所得税、集体企业所得税、城乡个体工商业户所得税统一为"工商所得税"。实行统一的比例税率，对各类经济成分的企业一视同仁，以体现法律面前各类企业一律平等，并且有利于征收管理。

5. 取消调节税。在第二步利改税时，我们为了对大中型企业所得税税后利润大于合理留利部分进行调节而开征调节税，这在当时具有一定的实际意义。但由于调节税本身有一些弊端，已通过各种减免措施逐步缩小了调节税的范围。将来，我们应在税制完善的过程中将调节税完全取消。

6. 取消能源交通重点建设基金和预算调节基金。国家为了筹集资金，以加强能源交通重点建设，对企业税后留利和折旧基金征收一定比例的能源交通重点建设基金。为了平衡预算，提高财政收入占国民收入的比重，从 1989 年起又对企业税后留利和折旧基金征收 10% 的预算调节基金。从理论上讲，能交基金和预算调节基金似税非税、似利非利，不利于理顺国家与企业的收入分配关系。从征收情况来看，也有许多问题：其一是计算失真，一些企业计算的能交基金没有达到国家规定的比例，有些企业还尽可能地通过成本费用的增加和税前还贷来缩小能交基金和预算调节基金的计算数额；其二是拖欠严重，有些企业欠交的能交基金累计数已经高达一年的应交数。另外，对企业专用基金集中一部分上交国家，使企业名义留利与实际留利之间的差距很大，往往导致国家的宏观决策失误，使有些政策不完全适应企业的具体情况。鉴于以上问题的存在，有必要取消能交基金和预算调节基金。至于国家进行重点建设和平衡预算所需要的资金，应通过税收或其他规范的形式来解决。

7. 逐步取消工资调节税。实行工资总额与经济效益挂钩办法以后，国家及时开征了工资调节税，对督促企业妥善处理好生产与消费的关系，控制消费基金，抑制消费需求膨胀起了积极作用。企业的工资随生产经营效益的变化而变化，因此，企业职工在工资总额范围内所获得的收入，一般都是合理的和必要的。这样，应在进一步完善个人收入调节税，加强对个人收入调节税征收管理的前提下，进行不征工资调节税的试点，并以逐步取消为目的，以免因分配领域的多头控制而导致宏观调控系统的紊乱。

8. 改税前还贷为税后还贷，严格控制税前扣除项目，以强化税收约束。目前，在计算企业应纳税所得额时，允许税前扣除的项目达十多项，尤其是税前还贷规模越来越大，大大缩小了计税基数。税前还贷执行的结果，虽然一定程度上促进了企业技术进步，但也有许多消极作用，不仅使它成为某些单位变相挖国家财政的"橡皮口袋"的理由，而且使它成为银行贷款失控、固定资产投资规模膨胀、投资结构不合理、投资效益下降、企业依赖贷款搞建设、缺乏自我积累的积极性、将留利偏重于消费、加剧消费膨胀等不良经济现象的"催化剂"。因此，应当尽快取消。

在改税前还贷为税后还贷，严格控制税前扣除项目的同时，还有两个问题值得研究：其一是折旧问题；其二是企业留利中的政策性支出问题。就折旧来说，我国目前实行的是按照固定资产的原始价值以较低的折旧率来提取折旧基金，这远远满足不了企业补偿固定资产消耗的正常需要，特别是在近年来物价连年上涨的情况下，这一缺口越来越大，再加上企业更新改造基金还必须以高达25%的比例向国家上交能交基金和预算调节基金，更使企业简单再生产的顺利进行缺乏必要条件。另外，折旧水平低，导致企业利润虚增的同时，还带来了两个方面的不利影响：一是使企业的计税所得额虚增，从而加重了企业的上交负担；二是在积累与消费的比例关系一定的情况下，折旧基金不足，使企业本应用于维持简单再生产的一部分资金，通过税后利润分配转移到消费基金里面去，形成消费挤生产的现象。就企业留利中的政策性支出来说，目前国家有许多统一的规定，其中绝大部分支出是用于补偿职工劳动消耗的，属于职工劳动报酬的范畴，理应在成本（费用）中列支。而按现行做法，由国家出政策，要企业自行负担，也导致了两个方面的问题。一是企业计税所得额和税后利润增加，从而增加了企业所得税和上缴利润的负担；二是企业留利名不符实，使企业自身可支配财力与企业名义留利之间的差距拉大。针对以上问题，有必要采取下面措施：第一，在取消能交基金和预算调节基金的同时，通过调整折旧率、参照物价指数的变动情况使固定资产适当升值来提高折旧水平；第二，将企业留利中的一些政策性支出，特别是属于劳动报酬性质的支出，改在成本（费用）中列支。

9.严格控制企业主管部门向企业集中资金，坚决杜绝各种形式的摊派。目前，一些政府部门纷纷制定各种办法，向企业要钱，建立形式多样的"开发基金"。这些基金，有的起了一定的作用，但有的实际意义不大，反而增加了企业的额外负担，造成国家财力分散和宏观管理失控，因此应当严加控制。对于有关政府部门及来自社会各个方面、各种形式的不合理摊派，要坚决禁止。同时，也要从实际出发，扩大地方政府的税收立法权，给地方以一定的机动财力，使地方政府能有正常的收入来源形式保证实现其职能的需要，进而使企业的合法利益得到保障。

（二）实行灵活多样的税后利润分配

在国家与企业的收入分配关系上，税收要求进行规范化的刚性分配，相对具有固定性、连续性和统一性的特点。而利润分配对刚性的要求就没有这么强，具有灵活性的特点。但是，利润分配的灵活性，并非国家与企业一户一户地讨价还价的分配，而是根据国家产业政策、技术经济政策及企业的经营条件，按照行业或地区的不同情况，进行有弹性的相对规范化的分配。它要求尽可能地克服"一地一法、一户一率"的现象，使企业之间在分配上大体公平合理，以利于开展公平竞争。

具体地说，灵活多样的税后利润分配主要有以下几种形式：一是利润分成（含分档分成）；二是上交利润包干（含递增包干）；三是国有资产租赁费和国有资产占用费；四是国有资产按股分红。这些利润分配形式都曾试行过，有的目前还在实行，已有不少这些方面的经验，只是将来随着形势的变化需要不断加以改进和完善。

至此，国家与企业之间有刚性的规范化的税收分配形式和有弹性的相对规范化的利润分配形式便基本理顺了。

三、合理确定国家与企业收入分配关系的数量界限

通过以上分析，还只是确立了国家与企业收入分配关系的基本格局，理顺了国家向企业取得收入的基本形式，即解决了"怎么征"的问题。与此同样重要的是，还必须合理确定国家与企业收入分配关系的数量界限，即解决"取多少"的问题。

国家与企业收入分配关系的具体数量界限，在不同历史时期因国家的宏观经济政策、政治环境以及社会经济形势而异，不可能有一个具体而又一成不变的系数。因此，本文只联系我国目前的实际情况，

探讨。必须清醒地认识到，深化经济体制改革，正确处理国家与企业的物质利益关系，是一个相当艰巨复杂的系统工程。我们不奢望这个问题在短期内能很快解决，但求将来的企业财务体制改革能紧紧围绕税利分流这个总的目标，稳步推向前进。

论改革税前还贷 *

（1989 年 12 月）

所谓税前还贷，是指企业在交纳所得税之前，用投产项目新增利润归还基本建设和技术改造等专项贷款。作为经济改革时期新旧体制转换过程中的产物，是由当时的经济历史条件所决定的，它在扩大企业财力、扶植短线产品生产、调整产业结构、增强企业活力等方面起到了一定的积极作用。但是随着经济改革的不断深化，经济形势发生了重大变化，税前还贷的弊端越来越明显，对经济发展起了某些不利影响，因而亟待完善。

一、税前还贷对经济的不利影响

（一）税前还贷干扰了正确处理"三者"关系的分配格局

在利改税情况下，税前还贷数额的大小直接影响着计税所得额，税前还贷和税后还贷对国家财政形成截然不同的效果。近几年来，国营工业企业税前还贷数额迅猛增长，企业归还贷款占实现利润的比

---

* 原载《企业财务体制改革论文选编》，湖南省财政厅工交企业财务处、湖南省财政科学研究所编，1990 年 1 月。

重不断增加。据统计，全省地方国营工业企业税前还贷数额由 1985 年的 2.64 亿元增至 1988 年的 6.74 亿元，增长 1.55 倍，年均递增 36.65%。税前还贷占实现利润的比重，由 1985 年的 23.75% 上升为 1988 年的 41.47%。与此同时，企业上交利润（包括所得税、调节税）仅由 3.34 亿元上升为 3.54 亿元，增长 5.99%，年均递增 1.95%，上交利润占实现利润的比重由 30.05% 下降为 21.79%。在企业实现利润分配格局中，呈现出近 80% 的利润为企业和企业职工所得的逆转现象。

（二）税前还贷削弱了财政税收杠杆的宏观调控职能

社会主义税收不仅是国家为了实现其职能取得财政收入的一种方式，而且是国家加强宏观控制、调节社会再生产的重要经济杠杆，它介入经济领域、社会再生产的各个环节。但是，税前还贷政策却人为地削弱了税收的部分调节作用。以企业而言，税收可以调节其收益，进而调节企业的投资行为。但是，实行税前还贷的政策，将归还贷款上升为利润分配的第一位，反而把企业的纳税义务倒转为第二位，无形中缩小了税收的调控职能。同时，税前还贷实行"一刀切"，不分地区、行业，不分发展时期，不分差异悬殊的经济条件，一概税前还贷，不利于形成合理的国民经济结构，不利于国民经济各部门按比例协调发展。作为调节经济重要杠杆的税收，在税前还贷政策下，表现得软弱无力。

（三）税前还贷加剧固定资产投资结构不合理，导致投资效益下降

近几年来，随着开放搞活，扩大企业自主权，税前还贷扩大了计划外固定资产投资，造成固定资产结构很不合理。一方面是国民经济薄弱环节的交通、能源、通信和原材料工业等投资不足，成为阻碍国民经济发展的瓶颈；另一方面是一般加工工业迅猛发展，使我国社会经济生活在总供给远远不能满足总需求的前提下，某些行业的产品库存积压十分严重，导致投资效益连年下降。据统计，1986—1988 年，地方预算内工业企业增加固定资产 47.3 亿元，相当于 1985 年的 48.1%，而百元固定资金提供的产值、利税、利润由 1985 年的 166.62 元、32.72 元、18.62 元下降为 1988 年的 159.95 元、32.68 元和 18.46 元。

（四）税前还贷抑制了企业自我生产性积累的积极性，导致企业留利分配向消费基金倾斜

尽管国家为了提高企业自我改造、自我发展的能力，采取了分期分批提高固定资产折旧率和一系列减税让利的政策措施，但是，企业在银行"网开一面"和税前还贷的情况下，大部分生产性投资来源依赖于银行贷款，而将留利等自有资金主要用于消费性支出和非生产性建设，从而成为我国近年来投资和消费膨胀并存的症结。

（五）税前还贷使国家财政背上沉重的包袱

在目前这种"银行贷款、企业用款、财政还款"的不合理格局下，一方面，银行不需承担发放贷款的风险，无形中就放松了贷款的效益审查和严格控制，基本上"有求必应"；另一方面，企业不承担归还贷款的责任，还能按归还贷款的数额提取奖励、福利基金，刺激企业一味地告贷，产生"投资饥饿症"。据统计，全省地方预算内工业企业 1985—1988 年的贷款，年均递增 21.39%，1988 年底贷款余额高达 36.91 亿元，比 1985 年增长近 2 倍，相当于 1988 年实现利润的 2.27 倍。也就是说国家在三年内，不要企业上交一分钱的利润，才能基本还清贷款的本息。

二、改革税前还贷的必要性

税前还贷的消极影响已成为当前深化改革的"绊脚石"，改革税前还贷已被提到议事日程上来。

（一）实现财政收支平衡，要求改革税前还贷

财政收支平衡是我国经济生活的重要原则，也是稳定经济的重要保证。可是，税前还贷已是某些地区、部门、企业变相控制财政收入的"橡皮口袋"。因此，要保证国家财政收入稳定合理地增长，实现财政收支基本平衡，就必须改革税前还贷。

（二）控制投资规模，强化计划外投资管理，优化投资结构，提高投资效益，要求改革税前还贷

固定资产投资规模过大，投资结构不合理，投资效益不高，是多年来的一个"老大难"问题。解决问题的关键是投资者必须真正承担风险，根除依赖国家财政、吃国家"大锅饭"的"脐带"关系。投资单位建立起自我约束机制，一个前提是要改革税前还贷。

（三）进一步完善金融体制，要求改革税前还贷

专业银行是商品货币经济和社会化大生产的产物，是经营货币的特殊企业。深化金融体制改革，必须有条件地实行专业银行企业化，其经营管理的基本特征是相对独立经营，承担贷款风险，实现自负盈亏。但在税前还贷政策下，企业实际上用应上交国家的财政收入来归还银行贷款，国家财政承担了银行的贷款责任，银行却"旱涝保收"，谈不上合理运用资金，讲求投资效益。因此，实行专业银行企业化，必须改革税前还贷。

三、改革税前还贷的总体设想

国家与全民所有制企业之间的分配制度，先后采取了以两步利改税、承包经营责任制为重点的一系列改革。但是，这些改革的一个基本出发点，没有区分国家作为整个社会管理者与全民所有制企业资产所有者的双重身份和职能，来参与企业收入分配和再分配，而停留于"以税代利"或"以利代税"，摆脱不了统收统支的模式。所以改革税前还贷必须立足于强化国家财政收入和促进企业发展两个落脚点。目前来说，实行税利分流的办法是比较恰当的，但必须考虑以下一些问题。

（一）强化依率计征，实行税后还贷

实行税利分流，国家首先要以社会管理者的身份，按照法律规定，向企业征收所得税。在征收所得税前，取消一切减免税的优惠政策，以体现企业依法纳税的应尽义务。同时以资产所有者的身份参与分配税后利润，这部分利润不能成为国家财政一般预算收入，应是国家作为资产所有者用于企业扩大生产的再投入资金。根据这一思路，对有基本建设或技措专项贷款的企业，实行税后还贷。无贷款的企业，按照一定的比例上交国家作为专项资金，用于重点企业、重点建设的再投入，从而形成既保证国家财政收入不断增长，又确保企业不断发展壮大、提高经济效益的良性循环。

（二）合理确定企业负担，增强企业发展能力

改税前还贷为税后还贷，取消一切减免税优惠政策后，一方面，企业上交所得税的利润计算基数扩大了，财政收入可以随效益增长而增长；另一方面，国家作为资产所有者，也应与经营者同样承担投资责任和生产经营风险。所以，在实行税利分流时，既要考虑确保税收收入，也要考虑企业有利可留。在近期内，综合国家、企业承受能力，以及现行政策的衔接，税利分流的比例以实行"三三制"为妥。即按企业实现利润征收 30% 的所得税，按税后利润 30% 上交国家作为再投入资金，实行税后利前还贷，取消归还贷款部分的能源交通重点建设基金和预算调节基金。按以上比例测算，对没有贷款的企业，其利润分配中企业留利达 49%。

（三）正本清源，理顺初次分配渠道

国营企业创造的国民收入进行初次分配，形成职工个人和企业纯

收入两大部分，企业的纯收入除支付银行利息、保险费外，应大部分上交国家统筹使用，小部分留给企业支配。但是，目前国营企业的初次分配渠道紊乱，各种名义的集资、收费等侵占企业的纯收入：以集资办重点建设或补偿贸易为名，变相增加企业成本，侵占企业利润；一些行政主管部门履行监督检查、检测的职能时，千方百计扩大有偿服务；以低价向所属劳动服务公司让售产品，转移利润；扩大津贴补贴范围、标准，侵占利润；通过形形色色的摊派以及不遵守财务会计制度截留利润。这些都不同程度地成为国家财政收入中"跑冒滴漏"的"老鼠洞"，必须及时理顺封堵。属于应由预算管理的，则由国家统筹安排，克服那种"资金自筹、费用自理"的不正常现象；对于违纪行为、非法的做法，应坚决取缔和杜绝，才能做到"塞漏渠满"，增强国家财政再分配的宏观调控能力。

（四）建立健全投资管理体制

财政部门或国家资产管理部门，必须加强基本建设、技措等专项贷款的管理，建立投资分级管理体制，发挥计划管理和讲求投资效益的职能作用，增强投入产出的调控能力，以促进企业稳定发展，实现国民经济的兴旺繁荣。

关于税利分流的思考 *

（1990 年 8 月）

一、税利分流试点工作中存在的几个主要问题

为了进一步理顺国家与企业的收入分配关系，自 1988 年起，重庆、益阳、厦门等城市进行了税利分流试点。从两年多的试点情况看，税利分流明确体现了国家作为整个社会行政管理者和全民所有制企业生产资料所有者的双重身份，严格区分了税收和利润的不同性质，使企业上交国家财政收入的形式和数量逐步趋向统一和规范，有利于促进企业建立起自我约束的投资机制。因此，税利分流是国家与企业收入分配关系改革的基本方向。但是，从另一方面来看，目前全国的几个税利分流试点方案都还存在一些问题，有待进一步完善。

（一）分配渠道仍未理顺

通过两步"利改税"，我们初步建立起基本适合我国国情的税收制度，但国家取得收入渠道混乱和手段不规范的弊端一直相当严重，

---

* 原载《税利分流——理论、政策与实践》，财政部财税体制改革司编，中国财政经济出版社 1991 年版。

其中比较突出的有以下几个问题：

1. 能源交通重点建设基金和预算调节基金问题。在经济体制改革过程中，为了适应新旧体制交替的需要，国家不得已出台了一些自相矛盾的财政政策。一方面，为了搞活企业，增加企业财力，伴随着一些大的改革措施出台，国家财政总要"放水养鱼"，对企业减税让利；另一方面，各级财政（特别是中央财政）困难，国家又要采取一些不规范的手段，将下放的财力重新收上来，以平衡预算。1983 年征收的能源交通重点建设基金，1989 年开征的预算调节基金，就是国家在财政困难的情况下采取的不规范的征收手段。尽管这些措施对于保证国家重点建设的资金需要和缓解财政资金的供求矛盾起了一定的积极作用，却不利于理顺国家与企业的收入分配关系。对企业留利集中一部分上交国家，使企业名义留利和实际留利之间差距很大，往往导致国家的宏观决策失误，使有些政策不完全适应企业的具体情况。而在我国企业固定资产重置价值不断上升、折旧水平明显偏低的情况下，还对企业折旧基金征收能交基金和预算调节基金，实质上是通过普遍抽走企业原有资产进行重点建设投资，严重妨碍了企业固定资产的更新改造，制约了企业技术进步，影响了企业资产的完整性，不利于企业生产力的发展。因此，在理顺国家与企业收入分配关系的过程中，很有必要取消能交基金和预算调节基金。

2. 社会摊派和部门集资问题。名目繁多、数额巨大的社会摊派和部门集资，实质上是企业通过非正规渠道向国家作的特殊贡献。严格控制各级政府部门向企业集中资金，坚决杜绝各种形式的社会摊派，是防止财力分散、稳定企业负担、确保国家财政收入稳定增长，以达到理顺国家与企业收入分配关系的基本前提条件之一。但在税利分流的试点过程中，对这一问题尚无过硬的解决办法，从而将继续制约着税利分流的实施。

3.所得税制的统一问题。国家作为政权机关和社会管理者，为了行使其社会职能，具有向企业征税的权利；而每一个企业，作为创造社会物质财富的基本经济细胞，是国家财政收入的主要源泉，具有向国家依法纳税的基本义务。为了促进企业之间开展公平竞争，社会主义税收制度必须体现公平负担的原则。但由于受多种因素的影响，我国的税收制度，特别是所得税制长期不能统一，一定程度上阻碍了社会主义商品经济的发展。因此，建立统一的所得税制，是实行税利分流、理顺国家与企业收入分配关系的核心内容之一。尽管财政部和国家体改委联合制定的《关于国营企业实行税利分流的试点方案》明确规定，要在降低所得税税率的基础上，把内资企业的几个所得税法规合并为一个；改变现行大中型企业按 55% 的比例税率和小型企业按八级超额累进税率交纳所得税的办法，即所有盈利的国营企业，一律改按 35% 的税率交纳所得税，但在全国几个试点单位并没有统一执行。因此，所得税制的统一，仍是一个相当复杂的问题，如果所得税改革不成功，税利分流将难以取得预期的效果。

（二）投资机制尚未健全

近几年来，企业实行税前还贷政策，虽然一定程度上促进了企业技术进步，但也刺激了企业投资规模膨胀，成了企业投资机制不健全的政策性因素之一。为了有效地控制投资规模、遏制投资膨胀，在实行税利分流时，必须逐步取消税前还贷政策，实行税后还贷。从我省益阳市的试点情况看，控制投资规模的效果相当明显，但必须引起重视的是，在试点企业中出现了人为减少技术改造贷款或者停止技术改造贷款的短期行为。自 1988 年实行税利分流后，益阳市试点企业专项贷款比 1987 年下降 33%，1989 年专项贷款比 1987 年下降 70%。这一现象在重庆、厦门等试点城市也同样存在。如何进一步健全企业的投资机制，防止企业投资行为由一个极端走向另一极端，以保障社会生产力的持续稳定发展，是实行税利分流、取消税前还贷过程中一个值得深入研究的问题。

二、实行税利分流的基本原则

（一）规范化原则

实行国家与企业收入分配关系的规范化改革，首先要求严格区分国家的社会管理者职能和资产所有者职能。一方面，国家作为社会管理者，为了实现其政治职能，以政权为依托，向企业这个创造社会物质财富的经济实体征取一般税收；另一方面，国家作为全民所有制企业的资产所有者，为了实现其经济职能，以所有权为依托，参与企业的税后利润分配，取得资产收益。由此通过税收和利润这两种分配形式，确立国家与全民所有制企业收入分配关系的基本格局。

实行税利分流，要有利于收入分配渠道的规范化，从而必须严格控制各种社会摊派和部门集资，取消能源交通重点建设基金、预算调节基金等分配渠道。

为了形成一个规范化的税收制度，给企业创造平等的竞争条件，必须把国营企业所得税、集体企业所得税、城乡个体工商业户所得税合并为"工商所得税"，对各类经济成分的企业一视同仁，并实行统一的比例税率，以不影响企业的边际收益。

在改革固定资产投资借款归还办法，有效控制固定资产投资规模的同时，要建立健全新的投资机制，以利于企业的技术改造和技术进步。

（二）合理负担原则

在理顺国家与企业收入分配关系的过程中，必须统筹兼顾，按照企业提供的各项财政收入必须保障国家履行其职能的基本需要的原则，确定企业的上交负担，既要考虑国家的需要，又要考虑企业的承受能力。

税收的存在是为了满足国家的政治和社会管理需要，企业向国家提供的税收，必须保障国防、行政、科学、文化、教育、卫生、社会保障支出，要保障必要的经济建设支出，并保障留有必要的后备资金。因此，我们必须按照国家实现其政治职能和社会管理职能的基本需要来合理确定企业的税收负担。

社会主义国家的经济职能，决定了社会主义国家的一个中心任务是发展以全民所有制经济为主体的社会生产力。因此，社会主义国家必须以所有者的身份，向全民所有制企业征收利润，然后进行再投资，以保障全民所有制经济的发展壮大。不过，确定企业的上交利润负担与确定企业税收负担的基本原则相反，不是首先考虑国家的基本需要，而是首先考虑企业的基本需要。要在保障企业留有维持内涵扩大再生产的利润和必要的积累，保障职工生活水平随着生产的发展而相应提高的前提下，将剩下的那部分税后利润在国家与企业之间进行合理分割。

三、税利分流实施方案的设想

（一）所得税税率的确定

1.合理确定企业的整体税负。根据历史资料测算，我国国防、行政、科教文卫、社会保障等经常性支出占国民收入的比重为 20% 左右（在某些年份整个财政收入占国民收入的比重也只有这个水平）。考虑到全民所有制工业企业是国家财政收入的主要来源，其上交负担每年都要重于其他纳税单位，应当将全民所有制工业企业上交税收占国民收入的比重定在 20% 以上。从近年来的情况看，我省地方预算内工业企业实际上交全部财政收入占国民收入的比重为 35% 左右。因此，实行税利分流以后，将企业的整体税负确定在 30% 左右还是可行的。

2. 在现行税制下，流转税占国民收入的比重。在测算这个指标时，应当利用全国若干年的数据资料，进行严密分析和科学计算。但由于条件所限，在这里，只采用我省地方预算内工业企业 1989 年的决算数据。1989 年，我省地方预算内工业企业应交流转税（含城市维护建设税）13.59 亿元，占国民收入 61.65 亿元的 22%。

3. 所得税税率。在 30% 的整体税负下，我省地方预算内工业企业 1989 年应交税金为 18.5 亿元。如果我们在这里将土地使用税等小税种忽略不计，扣除 13.59 亿元的流转税后，应交所得税为 4.91 亿元，占国民收入的 8%，为当年实现利润 15.77 亿元的 31%，占当年盈利企业利润总额 17.71 亿元的 28%。

如果我们将土地使用税等考虑进来，在整体税负不变的情下，应交所得税为 3.22 亿元，占国民收入的 5%，为当年实现利润 15.77 亿元的 20%，占当年盈利企业利润总额的 18%。

由此看来，在流转税税制没有大的变动的情况下，为了稳定企业的负担，企业所得税税率只宜确定为 20%—30%。在此，暂且把企业所得税税率设定为 25%。并且，只要流转税税负不减轻，国家按照这个税率从企业获得的税收收入，也足以保障其行使社会职能的资金需要。

很显然，这个税率与财政部和国家体改委的要求还有一定的差距。不过，在目前状况下，如果流转税不作相应的配套改革，却硬要实行 35% 的所得税税率，方案执行的结果，要么会加重企业的负担，要么会出现税后无利可分的局面。无论出现哪种情况，都将会严重影响实行税利分流的预期效果。因此，实行 35% 的所得税税率，需要有一个过渡阶段。

（二）全面取消税前还贷

目前，尽管大家不否认税前还贷政策有一定的积极作用，但其弊端也是显而易见的。在几个税利分流的试点方案中，之所以将企业的固定资产借款分为"老借款"与"新借款"，并允许"老借款"的一部分在税前归还，主要是基于两个原因：一是如果实行"一刀切"，全面取消税前还贷，则企业的还贷包袱太重，会承受不了；二是有可能矫枉过正，抑制企业的合理投资，阻碍企业的技术进步。我们认为，按照规范化原则，在实行税利分流时，应当在给企业必要的财力和建立健全投资机制的前提下，全面取消税前还贷。

实行税利分流以后，取消税前还贷又遇到了一个新的问题，即企业固定资产投资借款是在企业上交利润前归还（简称利前还贷），还是在上交利润以后归还（简称利后还贷）。如果实行利前还贷，则税前还贷的弊端有可能完全遗留下来。而随着企业管理体制的进一步完善，在企业真正成为投资主体以后，也应当完全承担自我投资的责任。因此，企业自主决定的固定资产投资借款，也应当完全由企业归还，即在企业留利中归还。因此，企业所创造利润的分配秩序依次是：缴纳所得税—上交国家利润—企业留利。企业再自主安排所留利润，用于发展企业生产和改善职工福利。

（三）上交利润的确定

1. 上交利润方式的确定。上交利润是国家以资产所有权为依托所进行的收入分配，从严格意义上说，应以国家给企业的全部预付资本作为企业上交利润的唯一依据。那么，企业上交利润的方式就必须与企业所占有的国家资金直接挂钩，可以灵活选择以下方式：一是国有资产租赁费或国有资产占用费；二是国有资产按股分红。但是，从目前状况来看，各地区之间、行业之间，乃至同行业内部各企业之间，由于各种客观因素的存在，资金利润率水平高低悬殊，这些上交利润方式很难实行。因此，根据目前的条件，应当主要以利润分成（含分档分成）或上交利润包干（含递增包干）作为企业上交国家利润的方式。并且，在实际操作中，对于绝大部分企业，应采取利润分成的形式。

2.上交利润负担的确定。在确定企业的上交利润负担时，应当优先考虑企业的需要，即要保障企业留有必要的利润，以用于发展企业生产和改善职工生活。以湖南省地方预算内工业企业1989年决算资料为依据，假定1989年企业扣除能交基金与预算调节基金以后的纯留利为目前企业的合理留利水平，以此来测算企业的上交利润负担。

1989年，我省地方预算内工业企业中盈利企业共实现利润17.71亿元，扣除25%的所得税后，税后利润为13.28亿元。当年企业实际留利4.97亿元，其中上缴能交基金、预算调节基金共1.24亿元，企业实际净留利为3.73亿元，占企业税后利润13.28亿元的28%。因此，我们可以将企业的合理留利水平确定为企业税后利润的30%。相应地，企业上交利润负担可以确定为企业税后利润的70%，即企业税后利润的绝大部分归企业资产所有者。这样一个上交水平，相当于现行体制下企业上缴能交基金和预算调节基金，以及归还固定资产投资借款的利润。至于具体到每个企业的上交利润负担，可以在保障各地区、各行业上交利润总体水平的前提下灵活确定。

综上所述，可以概括为下面四点：一是对企业实现利润统一征收25%的所得税；二是对企业税后利润平均征收70%的上交利润；三是取消能源交通重点建设基金和预算调节基金；四是全面取消税前还贷，企业自主决定的固定资产投资借款（主要用于内涵扩大再生产）从企业留利中归还。

四、实行税利分流的配套性改革

经济体制改革是一项十分复杂的系统工程，某一项改革措施的出台，必须综合考虑相关方面的协同动作。实行税利分流，牵涉到税收机制、投资机制、企业机制等各个方面，因此，在这些方面也应当作配套性改革，以保障税利分流改革的顺利进行。

（一）进一步完善税收体制

多年来，我们一直提倡建立一个流转税与所得税并重的复合税制，但时至今日，这个目标远没有实现。根据企业财务决算资料，1987—1989 年三年间，湖南省地方预算内工业企业应交所得税与销售税金之间对比系数分别为 1∶2.52、1∶2.85 和 1∶3.67。流转税税负过重是现行税制的主要弊端之一，它一定程度上制约了所得税和税后利润分配，阻碍了税利分流的实施。因此，实行税利分流，必须逐步降低流转税税负，再相应地将所得税税率由本方案的 25% 提高到 35%。

（二）健全投资机制

实行税利分流以后，国家可以按照产业政策的要求，将集中的利润进行再投资。至于国家进行再投资的方式，可以分为两种，即直接投资和间接投资。所谓直接投资，是指国家直接对企业进行固定资产拨款投资，主要用于基础工业基础设施和国家重点项目的建设；所谓间接投资，是指经过国家论证审批，企业向有关信贷部门进行固定资产借款投资，然后由国家下达还贷计划，通过逐年抵交上交国家利润来归还固定资产投资借款。全面取消税前还贷以后，绝大部分企业还有巨额的还贷任务，这部分贷款余额，实质上也是国家对企业的间接投资，应当通过逐年抵交上交国家利润来归还。

在企业留利中，其生产发展基金应专项用于企业的技术改造，主要进行内涵扩大再生产。企业可以根据自身的需要和承受能力，在国家计划之外完全自主地进行固定资产投资，其借款部分，应由企业留利归还。

（三）健全亏损弥补制度

从我国财政状况来看，巨额亏损补贴是我国财政的一大沉重包袱。

因此，为了摆脱财政困境，我们应努力通过发展生产，提高效益，把亏损补贴降下来。但是，对于资产所有者来说，与拥有分享投资收益的权利相对应，必须承担投资风险，当企业因各种客观因素发生亏损时，国家应以集中的利润给予必要的弥补，绝对的企业自负盈亏是行不通的。

（四）改进有关企业财务制度

1. 适当提高折旧率。为了保障现有资产的完整和增值，企业必须有足够的资金进行简单再生产。可是，我国的固定资产折旧水平一直低下，远远不能满足企业补偿固定资产消耗的正常需要，特别是在前几年物价较大幅度上涨的情况下，这一缺口越来越大。再加上企业更新改造资金还必须上缴能交基金和预算调节基金，更使企业简单再生产的顺利进行缺乏必要条件。因此，在取消对企业更新改造资金征收能交基金和预算调节基金的同时，要通过调整折旧率，参照物价指数的变动情况使固定资产存量适当增值来提高折旧水平，以此来实现资产存量的完整和增值。

2. 将国家政策规定的福利性支出列入成本。目前，国家有许多统一的规定，要求一些用于补偿职工劳动消耗的福利性支出在企业留利中列支。这些支出其实质是属于职工劳动报酬的范畴，按照政治经济学的基本原理，理应在成本（费用）中列支。而按现行做法，由国家出政策，要企业自行负担，导致了两个方面的问题：一是企业计税所得额和税后利润增加，从而增加了企业所得税和上交利润负担；二是企业留利名不符实，使企业自身可支配财力与企业名义留利之间的差距过大。因此，应将这类支出规定在成本中列支。

企业留利偏低　专用基金不足 *

—— 对 20 户重点企业的调查

（1991 年 6 月）

　　"七五"期间，为了增强企业活力，特别是为了搞活大中型企业，国家先后实行了完善税制、推行承包、提取技术开发费等一系列政策措施。但是，由于受经济效益及分配政策的影响，我省国营工业企业仍然普遍存在留利偏低、专用基金不足的严重问题。据对 20 户重点企业的调查，1985—1990 年 6 年中，这些企业共留利 6.19 亿元，为实现利润的 32.74%，每年人均留利为 815 元，高于全省国营工业企业每年人均留利 410 元的水平。但是，如果把湘潭钢铁公司、涟源钢铁公司这两家税利大户剔除，则其余 18 户企业每年人均留利只有 538 元。"七五"期间，20 户重点企业的工业总产值由 1985 年的 17.2 亿元上升为 1990 年的 20.8 亿元，增长 20.93%，年均递增 3.87%；实现税利由 5.44 亿元上升为 6.16 亿元，增长 13.24%，年均递增 2.52%。其中实现利润由 3.39 亿元下降到 1.83 亿元，降幅为 46.02%，年均下降 7.89%。同期内，企业留利由 1.38 亿元下降为 2226 万元，降幅

---

* 原载《湖南企业》，1991 年第 6 期。

高达 83.86%，年均下降达 12.95%；企业留利占实现利润的比重由 40.71% 下降到 12.16%。

以上情况表明，近几年来，20 户重点企业在生产发展、实现税利增长的情况下，实现利润与企业留利却呈现下降的趋势，并且企业留利下降的幅度大于实现利润的下降幅度，实现利润中企业所得已越来越少。

分析企业留利下降、留利水平偏低的原因，首先是受企业整体效益的影响，可供分配的利润相对不足。在被调查的 20 户企业中，没有留利的企业逐年增加，1990 年达 12 户。此外，也和国家的分配政策，特别是归还贷款与承包上交的硬性约束有很大的关系。1990 年，全省地方预算内工业企业归还贷款和上交国家利润的数额分别为当年实现利润的 99.8% 和 77.91%，其中工业盈利企业的税前还贷和上交国家利润分别为实现利润的 37.88%、38.62%。在企业实现利润一定的前提下，要保障归还贷款和上交国家承包收入，企业留利就必然要受影响。

从调查的情况来看，企业的专用基金，大部分还是用于生产建设。但由于企业留利及提取的专用基金偏少，再加上国家采取一些措施，特别是通过征收能交基金和预算调节基金，将企业的专用基金集中一部分，从而使企业职工的福利性支出得不到基本保障，进行生产建设缺少必要的资金。据被调查企业"七五"期间部分投资项目的统计，企业自有资金仅占投资总额的 25%，而银行贷款占投资总额的比重却高达 58.5%。就我省全部地方预算内工业企业的情况来看，1990 年，职工福利基金超支 3.76 亿元，人均超支 351 元；基建及专项借款余额达 54.45 亿元，为当年归还数额 8.84 亿元的 6.2 倍。

根据以上情况分析，提出几点建议：

第一，适当提高折旧基金和大修理基金水平。近几年来，由于物价指数的持续上升，企业固定资产的重置价值不断增加，按原有的折旧办法和大修理基金提存办法所提取的专用基金，远远满足不了企业设备更新和大修的需要。因此，有必要采取措施来提高企业的折旧基金和大修理基金水平，以满足企业维持简单再生产的基本需要。具体办法有三种：一是适当提高折旧率和大修理基金提存率；二是对企业的固定资产进行重新评估，予以升值；三是适当提高固定资产的单位价值标准，可以考虑将固定资产单位价值的最低标准，由目前的200元、500元或800元提高为1000元、1500元或2000元。

第二，适当扩大企业职工福利基金来源，保障企业职工福利的基本开支。可考虑采取扩大职工福利基金计提基数的办法，将计提企业职工福利基金的工资总额基数与计提企业工会经费的工资总额基数统一起来。按照我省1990年的资料测算，采用这一办法，可以使列入成本的职工福利基金增加约40%，人均增加60多元。并且，这一办法的实行，还可以优化财务核算办法，提高企业财会人员的工作效率。

与此同时，还必须清理职工福利基金的开支渠道，对那些实际上不属于职工福利范围的支出，应该重新明确其开支渠道。比如，应该将职工副食品价格补贴、物价补贴、书报费等工资性的开支列入成本，将独生子女费、计划生育经费等属于计划生育奖励政策的开支列入营业外支出。

第三，逐步减免能交基金和预算调节基金。对企业专用基金征收能交基金和预算调节基金，既造成企业名义留利和实际留利之间差距很大，又不利于理顺国家与企业的收入分配关系。而对企业折旧基金征收"两项基金"，实质上是通过普遍抽走企业原有资产进行重点建设投资，严重妨碍了企业固定资产的更新改造，制约了企业生产力的发展，其弊端是相当明显的。因此，应制定减免能交基金和预算调节基金的有关政策，支持企业加速技术改造和调整产品结构，增强企业活力。

企业潜亏与对策 *

（1991 年 12 月）

　　近几年来，由于受多种因素的影响，工业企业的经济效益连年下降，实现税利及利润总额大量减少，亏损总额急剧增加。据统计，1990 年，我省地方预算内工业企业完成税利 15.9 亿元，比上年下降 45.1%；完成利润总额 3.9 亿元，比上年下降 74.48%；亏损总额达到 6.4 亿元，比上年增亏 2.3 倍，亏损总额为新中国成立以来的最高点。亏损总额的急剧增加，已引起有关部门的高度重视。今年，我省各级政府已把减少亏损列入工业系统必须攻克的两个 "堡垒" 之一（另一 "堡垒" 是减少产品库存）。但是，在企业亏损总额急剧增加的同时，企业潜在亏损也大量存在。据匡算，1990 年末，我省地方预算内工业企业仅库存材料、库存产成品、发出商品及应收销货款中的潜在亏损就达 7 亿元之多，相当于当年账面亏损的 1.1 倍。巨额的潜在亏损，已使相当一部分企业负重运行，如不及时采取得力措施予以扭转，将会给工业企业乃至整个社会经济生活带来严重的后果。

---

* 原载《湖南财政与会计》，1991 年第 12 期。

一、潜亏的表现

1. 待摊：应摊费用不摊或少摊。一些企业不按生产经营进度及财会制度分摊待摊费用，有的甚至把"待摊费用"科目作为实现虚假利润的"橡皮口袋"，当企业目标利润实现不了时，便将本期应摊销的费用摆到下期。久而久之，不正常的待摊费用急剧增加，而企业利润目标却如期完成。

2. 少提：折旧基金、大修理基金等一些应提的费用少提甚至不提。一些企业在效益不好的时候，不按规定及时提取费用，特别是一些停产半停产企业，为了减少账面亏损，人为扩大不提折旧的固定资产价值。这样一来，企业的补偿基金没有保障，企业固定资产就无法及时得到更新。

3. 倒挂：库存产品单位成本高于售价。受价格因素的影响，企业原材料价格大幅度上涨，管理费用大量增加，导致生产成本上升。与此同时，由于产品结构不合理、产品质量不高，再加上受市场疲软的影响，产品没有销路，产品价格上不去甚至下跌，再加上一些企业人为地加大产成品的单位成本，造成产销价格倒挂。往后，如果产品价格没有大的提高，那么，随着产品销售数量的增加，企业账面亏损也将增加。

4. 悬账：物资盘亏隐瞒不报，呆账、烂账不作处理。一些企业由于管理不严，经营不善，物资亏空或货款收不回来的现象时有发生。发现这些问题以后，也不及时作出处理，让它长期挂在账上。

5. 空库：账实不符。一些企业由于管理偏松，制度不严，家底不清，长期不进行彻底的清仓查库工作，导致原材料、产成品等账面库存数量与实际数量不符，库存亏空。

二、潜亏的成因

1. 片面追求产值。有些政府部门乃至企业领导思想认识不端正，为了显示业绩，片面强调产值，甚至不顾原材料来源是否充足，生产的产品是否有销路，盲目进行生产。有时为了社会安定，稳定职工，一些企业尽管因产品没有销路而必须停产，却硬性开工。如我省一个大棉纺厂，尽管原棉"吃不饱"、产品没销路，为了实现工业生产"开门红"，连春节期间也加班加点。益阳、株洲、洞庭三个苎麻纺织厂，去年因打"工业整体战"而使产成品资金增加 1 亿多元。此外，一些企业由于技术、设备及管理水平落后，生产出来的产品质次价（成本价）高，造成销路不好、售价上不去而发生潜在亏损。

2. 承包机制不健全。企业搞虚盈实亏或隐瞒利润，在我国早已存在。但虚盈实亏大量存在，并发展到非常严重的程度，则是在实行承包以后。这主要是由以下因素造成的：一是"新官不理旧账"。企业承包人在到任时，为了"轻装上阵"，对企业原有的债权债务及前任承包人所造成的损失不积极处理，而一些政府部门为了便于对承包的任期业绩进行考核，也往往迁就承包人，将一些遗留问题撇在一边。二是个人利欲膨胀，分配行为超前。实行了承包的企业，大多同时实行了工资总额与经济效益挂钩的分配办法，一些企业不管生产效益如何，工资、奖金反正不能少。企业为了多提效益工资或在实际效益下降时工资总额不下浮或少下浮，就人为地制造虚假利润。更有甚者，少数承包人信奉"承包一任，快活一生"的人生哲学，在企业生产经营活动中为所欲为，为了能够拿到承包奖金，不惜采取一切手段弄虚作假，为完成承包考核指标，人为树立"业绩"。三是监督乏力。承包以后，在企业内部，财会人员的监督职能基本丧失，"书记成本、厂长利润"的现象非常普遍。在企业外部，一些职能部门"以包代管"，监督不及时、不严格。更有甚者，有的职能部门以"加强服务"为借口，对企业存在的问题或不闻不问，或视而不见。

3.企业流动资金全额信贷体制下的行为扭曲。近几年来，随着资金管理体制的改革，企业进行生产经营活动所需资金绝大部分依靠银行。而银行在管理资金方面，对一些因为效益不好、专用基金超支而挤占了流动资金的企业，实行加息、罚息或不增加贷款等处罚政策。企业为了得到贷款，免遭惩罚，便不惜弄虚作假，隐瞒亏损。

4.投资失误。潜在亏损的存在，是工业企业整体经济效益不好的一个局部表现。而企业经济效益不佳的症结在于投资失误，导致原材料紧张，产品质量档次低下，没有销路。改革以来，从各级政府到企业，投资积极性都比较高，千方百计寻找资金进行固定资产投资。大量的投入，无疑对经济实力的增强具有一定的积极作用。但是，地方政府和企业大量建设近期内能够创造较多税利的加工工业项目，使我国的投资机制步入了重复建设、盲目建设、"复制古董"的恶性循环之中。由此而导致工业与农业等其他产业的发展不平衡及工业内部结构严重失调，能源、动力等基础产业严重滞后，并且在产品结构上存在一般产品生产能力过剩，而一些紧俏产品又生产不出来的现象，更缺乏生产引导消费潮流的高、新、尖产品的能力。这样一来，投资的预期效益不但不能实现，反而使企业背上了沉重的包袱。

三、潜亏的危害

1.害职工。企业搞虚盈实亏，主要目的之一是通过制造虚假效益来保住企业职工的既得利益，或更进一步增加职工个人收入。近几年来，由于国家采取一些政策措施适当提高职工个人收入，再加上有些政府部门宏观控制不严，导致职工个人收入增长快于生产效益的增长。1990年，我省地方预算内工业企业在工业总产值、产品销售收入、实现税利分别比 1985 年增长 46.47%、97.20% 和 −18.63% 的情况下，职工工资总额和人均工资总额分别增长 1.44 倍和 0.98 倍。这种情况，尽管能给企业职工带来一时的好处，但如果国家宏观控制加强，企业潜亏一暴露，就会导致职工个人收入急剧下降，给企业职工带来更大的直接损害。

2. 害企业。企业在隐瞒亏损的情况下，生产经营上的问题及企业的实际困难就无法如实反映出来，特别是管理方面的失误不能得到及时纠正。同时，企业尽管实际上没有效益，却还要对人为制造的虚假效益进行分配，来满足各方面的利益需要，即"打肿脸充胖子"。这样一来，必然会使企业的负担超出自身的能力，从而逐渐使企业自身成为一个负重运行的"空壳"。

3. 害国家，害社会。从企业的资金运行情况来看，企业的潜在亏损实际是由银行贷款填补的，由此而使银行贷款沉积在潜在亏损的陷阱中，从而大大妨碍了银行贷款作用的发挥，资金使用效益进一步降低。而国家财政根据企业的虚假效益征取的收入，实际上并没有相应的物资保障，从而导致国家财政虚收，影响国民收入分配和再分配的顺利实现。此外，企业潜亏还会造成繁荣假象，可能因此而造成国家宏观决策的失误。更有甚者，企业潜亏使一部分企业逐渐成为"空壳"，有可能严重影响整个社会经济的持续稳定发展，乃至于危及公有制这个社会主义经济的基石。

四、治理潜亏的对策

1. 转变观念，重视效益。要从思想上、制度上改变重产值、轻效益、片面追求产值增长速度的错误意识，把经济建设切实转到以经济效益为中心的轨道上来。对一些产品确实没有销路的企业，要在加强企业职工思想教育和解决基本生活费用的同时，搞好停产转产工作，尽可能避免采取以无效益或负效益的生产来"买"安定的做法。

2. 改进办法，完善承包。一是"新官"必须理旧账。各级政府部门在与企业承包者签订承包合同时，对一些有潜在包袱的企业，不能把潜在包袱撇在一边，而应当把消化包袱作为一项指标写进承包合同。二是强化产权管理，把国有资产的完整、有效和增值纳入承包考核内容，以约束企业短期行为。三是搞好承包终期审计，对弄虚作假、夸大业绩的承包人，要追究责任，予以处罚。

3. 深化管理，加强监督。一是加强企业内部财务管理。企业必须严格执行财务制度，如实反映财务成果。有必要改变现行财会人员的管理方法，企业主要财务负责人可以由企业的主管部门垂直领导、直接管理，以保障财会人员严格按财会制度和财经纪律办事。二是强化企业外部财务监督。各经济监督部门和企业主管部门要多方位地介入企业各项管理工作，切实解决"以包代管"的问题。特别是财政、税务、审计等部门要加强对企业的检查、审计与监督，及时纠正企业的违纪违规行为。三是完善工资分配办法。有关部门对靠搞潜在亏损来增加职工个人收入的企业，除了扣除因虚假盈利而多提的工资基金，还必须酌情对企业的工资予以下浮。四是加强投资管理。企业在进行投资时，要做好可行性研究，并做出科学合理的决策，有关部门也要在宏观上为企业投资当好参谋把好关，避免盲目投资，提高投资效益。

企业纯收入分配与亏损补偿 *

（1992 年 2 月）

一、企业纯收入分配的重大意义

企业纯收入，是劳动者所创造出来的产品价值扣除已耗费的劳动资料价值和劳动对象价值以及为自己所创造的那部分新价值后的剩余部分，是企业为社会创造的剩余产品的价值形式。从产品价格的实际构成来看，企业纯收入相当于产品销售收入扣除销售成本后的差额。从社会再生产过程来看，企业的产品成本，反映了生产中耗费的物质资料（生产资料和生产者消费的生活资料）的价值，而销售收入则反映企业生产出来的物质资料的价值。所以，企业的产品销售收入补偿销售成本以后的企业纯收入，表明企业生产出来的物质资料超过消耗掉的物质资料而形成的剩余产品，而企业所创造的剩余产品，也就通过企业纯收入的形式表现出来。

按照国家规定的办法，企业纯收入划分为税金和实现利润两个部分。税金和实现利润只是形式不同，并无本质区别，它们都是企业剩

---

* 原载《分配经济学》，章锐夫、欧阳志高主编，经济科学出版社 1993 年版。

余产品的货币表现形式，也都体现着企业所创造的剩余产品在国家与企业之间的分配关系。

物质生产部门创造的纯收入，无论何时，都是社会赖以存在和发展的基础。因此，搞好纯收入分配管理，具有重要的意义。

（一）企业纯收入是保障国家机器正常运转的物质条件

物质资料的生产和再生产是人类社会存在和发展的基础，而任何物质资料的再生产，又都是社会的再生产。在社会主义国家中，为了使物质资料生产活动正常运行，除必须有直接从事物质资料生产的部门以外，还必须有从事经济和行政管理、科教文卫和保卫国家安全等工作的部门。但这些部门并不生产物质资料，它们需要的一切开支要靠企业纯收入来满足。国家通过税收等形式把企业纯收入的大部分集中起来，形成社会消费基金，然后将其中的一部分用于行政管理、科教文卫和国防支出等方面。如果企业没有纯收入，不依法向国家上交税金和利润，非物质生产部门的活动就难以开展，国家机器的运转就没有物质基础。可见，增加企业纯收入，为国家多积累资金，可以保障整个社会主义的社会正常活动，巩固无产阶级国家政权。

（二）企业纯收入是社会主义扩大再生产资金的主要来源

社会主义生产本质上是扩大再生产，而要尽快地把我国建设成为社会主义现代化强国，更必须迅速地扩大再生产，把国民经济搞上去。要进行社会主义扩大再生产，必须有大量资金用于基本建设投资和增加企业流动资金，用于建立必要的物质后备。社会主义建设需要的大量资金，不能像资本主义国家那样通过掠夺殖民地或勒索战败国赔款来解决，也不能全部依赖外国贷款来解决。根本的办法还是自力更生，依靠社会主义内部积累来解决。企业纯收入是国家建设资金的基本来源，目前，我国财政收入 90% 以上来自国营企业上交的税金和利润。只有增加企业纯收入，搞好企业纯收入分配，才能保证扩大再生产的资金需要，发展社会主义国民经济建设事业。

（三）企业纯收入是提高人民群众物质文化生活水平的重要保障

在社会主义制度下，随着国民经济的发展，劳动生产率的不断提高，人民群众的物质和文化生活将逐步得到改善。增加企业纯收入，就能有更多的资金用于扩大集体福利基金和社会保险基金，更好地举办集体福利事业和社会救济事业，增加社会福利。同时，企业经营管理越好，实现的纯收入越多，则分配给企业的部分也就越多，从而有利于改善本企业职工的生活福利。

由此可见，努力增加企业纯收入，搞好企业纯收入分配管理，对于巩固社会主义国家政权，发展社会主义经济和提高人民群众物质文化生活水平，均具有十分重要的意义。

二、上交国家税利

企业纯收入，应按照国家政策规定将用于社会需要的那部分上交国家进行再分配。国营企业的纯收入采取上交税金和上交利润两种形式。

（一）以税金和利润两种形式上交国家的客观必然性

1. 社会主义国家的双重身份和两种职能决定了"税利并存"是国家与国营企业收入分配关系的基本格局

国家自产生以来，就是统治阶级的暴力工具，作为一个政权机关和社会管理者，从统治阶级的利益出发，履行着政治职能和社会经济职能。在社会主义社会里，由于国家取得了生产资料所有权，从而又以生产资料所有者的身份，履行其经济职能。

社会主义国家作为政权机关和社会管理者，为了维护其公共权力，执行其政治职能和社会经济职能，就必须以政权为依托，向企业这个创造社会物质财富的经济实体强制进行一系列必要的社会扣除，有计划按比例地通过再分配建立各种社会基金，用于满足国防、行政需要，满足科学、文化、教育、卫生和社会保障事业的需要，用于满足扩大再生产和增强后备的需要，以不断壮大国家的力量，不断改善和提高人民群众的物质文化生活水平。

从整个社会历史发展的情况来看，国家所进行的一系列社会扣除，都是通过税收这种具体的分配形式来实现的。税收是随着国家的产生而产生的，是以国家为主体的一种分配，是国家为了实现其职能凭借政治权力参与国民收入分配取得财政收入的重要工具。每一个企业，作为创造社会物质财富的基本细胞，是国家财政收入的主要源泉，都有责任向国家提供必要的社会扣除，因而必须无条件地履行依法纳税的基本义务。

在社会主义社会里，国家由于取得了生产资料所有权，因而不仅具有政权机关和社会管理者身份，而且具有全民所有制生产资料所有者的身份，代表全体人民行使生产资料所有权。从经济关系角度讲，在全民所有制经济里，国家所有权实现的经济形式，就是国家以所有权为依托，参与企业的税后利润分配，取得资产收益。国家通过利润分配，使财力适当集中，然后按照不同时期国民经济发展和产业政策的要求，通过再投资，以调整产业结构，实现国有资产的增值，发展和壮大全民所有制经济，从而实现国家的经济职能。

从经济关系的另一方面来讲，在社会主义商品经济下，按照等价交换的原则，用于生产经营活动、以营利为目的的资产不能无偿使用。因而，占用国家资产进行生产经营活动的企业，也就具有向国家上交利润的义务。

通过以上分析，我们可以得出这样的结论：在社会主义商品经济下，一方面，国家作为政权机关和社会管理者，以政权为依托，有权向企业这个创造社会物质财富的经济实体征税。另一方面，国家作为全民所有制企业的资产所有者，以所有权为依托，有权参与企业的税后利润分配，取得资产收益。由此，税利并存构成了国家与国营企业收入分配关系的基本格局。

2.税利并存的重要意义

（1）税利并存符合国家对全民所有制经济的双重管理职能。我国全民所有制经济在国民经济中居于主导地位，而全民所有制又是以国家所有制来体现的，因此，国家在全民所有制经济中具有双重身份和双重职能。一是国家作为社会管理者，要履行社会管理职能，因此必须以强制的手段、固定的税率，无偿地向企业征税，用于保障政权的巩固和满足社会公共需要；二是国家作为国有资产的所有者，要履行发展和壮大全民所有制经济的职能，因而必须根据企业的盈利情况，参与企业的利润分配，用于再投资。两种身份体现两种不同职能，代表两种不同利益，二者不能混淆，不能合二为一，也不能互相替代。而税利并存，能明确体现国家作为整个社会行政管理者和全民所有制企业生产资料所有者的双重身份，有利于国家履行其两种不同的职能。

（2）税利并存可以有效发挥税与利各自的经济作用。税收是国家以政治权力为依托，强制参与国民收入分配，取得财政收入的一种手段，以它独有的强制性、固定性和无偿性这三个特性来发挥它组织财政收入和调节经济的作用，任何单位和个人都必须无条件地按照国家规定的课税依据和标准计算纳税。而税后利润是企业经济行为的结果，不具备这三个特征，它是投资的结果，是投资者的权益，是投入资金的一种有偿收入或投资回报。国家作为全民所有制经济的所有者，向企业投入了资金，就有权从企业取得投资回报。而只有采取税利并存，才能严格区分税收和利润的不同性质，充分有效地发挥税收和利润在组织财政收入与调节国民经济过程中的不同作用。

（3）税利并存更能符合社会主义初级阶段的经济情况。在社会主义初级阶段，所有制结构是以公有制为主体多种经济成分并存。在大力发展全民所有制经济，保证其在国民经济中居主导地位的同时，还要发展集体所有制经济、个体经济、私营经济以及涉外经济，发展不同所有制经济成分的联合体，发展股份制企业等。在这种经济格局下，实行税利并存，发挥税收和上交利润各自的功能，更加重要。否则，势必会对多种经济成分并存的国民经济的发展以及对股份制的探索形成障碍。因而，只有采取税利并存，才能更加有利于社会主义初级阶段有计划商品经济的发展。

（二）上交国家税利的数量界限

1.我国两种上交税利形式的比例关系

新中国成立以来，从国营工业企业纯收入分配中两种上交形式的比例关系来看，上交国家利润所占的比重较大，从1952年至"七五"末期，国营工业企业上交税金与上交利润之比是1∶0.89。其中"一五"时期为1∶2.09，"二五"时期至"五五"时期为1∶1.5左右。进入"六五"以后，由于实行了利改税，税收的比重才逐步上升，5年间上交税金与上交利润之比为1∶0.57。"七五"时期为1∶0.22。

总结过去几十年来国营企业纯收入分配情况，中国由于忽视了税收和上交利润二者的区别，混淆了它们的职能作用，曾经走过一些弯路。

（1）纯粹从所有权角度出发，忽视税收的职能作用，试行税利合一。新中国成立以来，我国在处理国家与国营企业收入分配关系上，曾经受到苏联"非税论"的影响。按照苏联的观点，全民所有制企业把收入上交国家，不能称之为税，流转税也不是税，只有税的外壳。1950年，政务院审查通过的《工商业税暂行条例》明确规定，公营企业所得部分提取利润，不交所得税。在"大跃进"和十年动乱时期，由于受"左"的错误思想影响，出现过轻视和否定税收作用的思潮。1959年，曾经一度在几个城市的全民所有制企业搞税利合一的试点，把国营企业交纳的工商统一税、地方各税和工商税收附加，同以前应当上交的利润合并在一起，由企业按照规定的期限统一交纳，定名为"企业上交收入"。而国营企业原来的各种税收和利润不再分别交纳，取消税收，实现所谓无税国家。试点结果表明，税利合一违背了社会主义历史阶段的经济规律，暴露出不少严重问题，对财政收入和经济发展造成了不利影响，因而不久就停止试点。

（2）片面地从管理角度出发，忽视利润的职能作用，试行以税代利。在旧的经济管理体制下，我国主要以利润的形式来处理国家与国营企业之间的收入分配关系，形成一种统收统支的局面。这种局面，既不利于贯彻物质利益原则，又不利于稳定国家与企业的分配关系，因而存在许多弊端。这样，我国就自然地想到了税收在这些方面的特殊功能，转而走利改税的道路，对国营企业开征所得税，取消上交利润的办法，实行完全的以税代利。实质上仍是一种将利润合并于税收的税利合一形式。

然而，由于税收和利润是两个存在职能区别的范畴，二者不可能完全替代。在实践中，从完全以税代利的动机出发，也难以达到预期的效果。由于经济情况复杂，企业规模大小悬殊，盈利水平参差不齐，完全征收统一的税收，无法适应各个企业的具体情况，要么保证不了国家的财政收入，要么满足不了企业的合理留利水平，于是只好采取调节税等一些似税非税、似利非利的分配形式予以平衡。并且，为了区分国家与不同经济形式之间的分配关系，不得不实行多种所得税制度，使税制变得相当复杂，并没有达到统一税制的目的。

2. 上交国家税利数量界限的确定

妥善处理国家与国营企业纯收入分配关系，除了要确立国家与国营企业纯收入分配的基本格局，解决"怎么征"的问题，还必须合理确定国家与国营企业纯收入分配的数量界限，即解决"取多少"的问题。

国家与国营企业纯收入分配的具体数量界限，在不同历史时期因国家的宏观经济政策、政治环境以及社会经济形势而异，不可能有一个具体而又一成不变的系数。因此，这里仅联系我国目前的实际情况，对近期内国家与国营企业纯收入分配的数量界限作初步测算。

（1）税收的数量界限。由于国家与企业纯收入的分配由税收分配和利润分配两部分组成，而税收分配又是最基本的分配形式，因此，在确定国家与企业纯收入分配的数量界限时，必须首先合理确定税收的数量界限，即通常所说的税负。

税收的存在主要是为了满足国家的政治和社会管理需要，即要保障国防、行政、科学、文化、教育、卫生、社会保障支出，要保障必要的经济建设支出，并保障留有必要的后备资金。因此，应在保障企业留有维持内涵扩大再生产的利润和必要的积累，保障职工生活水平随着生产力的发展而相应提高的前提下，按照国家实现其政治职能和社会管理职能的基本需要来确定税收的数量界限。从历史情况来看，我国的国防、行政、科教文卫、社会保障等经常性支出占国民收入的比重为 20% 左右，再加上有关全社会的非营利性经济建设支出，如某些基础工业、基础设施建设、政策性生产经营亏损补贴等，在近期内，税收的数量界限以国民收入的 20%—25% 为宜，且最低不能少于国民收入的 20%。考虑到国营企业是国家财政收入的主要来源，其税负可以比平均税负略高一些。

在确立企业的整体税负之后，还必须合理确定各个税种的税率，以建立一个科学合理的税收体系。多少年来，我国一直提倡宣传要建立一个流转税与所得税并重的复合税制，但时至今日，这个目标远没有实现。1987 年实行企业承包经营责任制以后，所得税更是名存实亡了。在将来的税制改革中，必须树立起所得税的地位，充分发挥所得税对国民经济的调节作用。在近期内，所得税可以实行 30% 左右的比例税率。然后，在不突破整体税负的前提下，重新调整流转税的税负。目前，国营企业流转税的税负过重，也是一个比较大的问题，它一定程度上制约着税后利润分配，给税利并存造成障碍。因此，在完善税制的过程中，还应当有计划分步骤地降低流转税税负。

（2）上交利润的数量界限。由社会主义国家的经济职能所决定，社会主义国家的一个中心任务是发展全民所有制经济为主体的社会生产力。从另一方面来看，社会主义生产力的发展，要求国家具有强大的宏观调控能力，而国家具备宏观调控能力的重要物质基础就是相当规模的国有经济。因此，社会主义国家必须以全民所有制生产资料所有者的身份，向企业征取利润，然后进行再投资，以发展和壮大全民所有制经济。

利润分配具有灵活性的特点，因此，对于不同企业来说，其上交利润的数量界限不一定相同，国家可以根据实际需要和企业的具体情况分别确定。在目前情况下，企业上交利润的数量界限保持在企业税后利润的30%—50%为宜。至于全部企业上交利润的平均数量界限，在不同时期因国家的经济政策、财力状况、政府与企业各自的职责等的不同而不同。当前，在利润分配上国家与企业的矛盾较大。一方面，企业资金困难，深感活力不足；另一方面，国家财力紧张，难以为继。根据"七五"时期的分配情况，综合考虑国家与企业双方各自的需要，在近期内，国营企业上交利润的平均数量界限以企业税后利润的30%为宜。

对于以全民所有制为主体的股份制企业，其分配关系不再单纯是国家与全民所有制企业之间的关系，因而不存在上交利润的数量界限问题，而必须实行完全的按股分红。在实践中，某些政府部门人为地给股份制企业下达一个上交利润指标，其执行结果往往是使国家的资产收益流失到集体或个人手中。

三、企业留利分配

企业留利，是指企业在一定时间内实现的利润，按规定作了各项扣除及完成所得税和上交国家利润后留用的部分。它等于企业计税利润扣除应纳所得税额和应上交利润后的余额。按照国营企业利改税办法的规定，企业应从留利中建立生产发展基金、新产品试制基金、后备基金、职工福利基金和职工奖励基金，并分别管理使用。

（一）生产发展基金、新产品试制基金和后备基金

为了扩大企业经营自主权，增强企业财力，企业应将留利的50%用于建立生产发展基金、新产品试制基金和后备基金。这三项基金主要用于发展企业生产、扩大企业规模和开发新产品。建立这三项基金，对于企业的生产发展具有十分重要的意义。

1. 生产发展基金

生产发展基金，是企业从留利中建立的用于生产发展的一种专用基金。这项基金是从实行利润留成制度时开始建立的，当时提取的比例，是以原来纳入利润留成中开支的新产品试制费、国家科研经费和职工技术培训拨款为依据核定的。其用途主要是发展生产和开发新产品。实行利改税后，国家规定企业从税后留利中建立生产发展基金。由于同时规定了建立新产品试制基金，因而生产发展基金主要用于发展企业生产的技术措施方面的开支。 其使用范围一般包括以下几个方面：

（1）对现有设备的技术改造和技术革新；

（2）增添生产设备、修建厂房、扩大生产规模；

（3）用于科学研究机构经费和职工技术培训机构经费；

（4）用于改革工艺方法、工艺流程、节约材料和能源消耗等技术措施；

（5）用于开发新产品措施和劳动安全保护措施；

（6）用于补充生产经营所需的流动资金。

2. 新产品试制基金

新产品试制基金，是企业实行利改税后，从留利中建立用于开发新产品的专用基金，主要用于企业自行安排的新产品试制项目的支出。至于由国家安排并列入国家新产品试制计划的项目，其费用由国家拨入的新产品试制费拨款中开支。新产品试制基金和新产品试制费拨款的资金来源不同，使用范围也不相同。承担由国家安排的新产品试制任务的企业，应严格分清规定的开支范围，单独核算，不能互相占用。

按照现行财务制度规定，企业自行安排试制的新产品，试制过程中所发生的原材料、工资和费用，列入新产品成本。试制成功的新产品作为样品、样机的，其成本转入企业管理费。但达到固定资产标准的样品、样机的成本，从新产品试制基金中开支；企业试制新产品所发生的新产品设计费，工艺规程制定费，设备调整费，原材料、半成品、成品的试验费，样品、样机购置费，均计入企业管理费。但购入的样品、样机如达到固定资产标准的，从新产品试制基金中开支。企业出售样品、样机所得收入，应分别冲减企业管理费或返回新产品试制基金。

企业必须通过技术改造，有计划地研制新产品，使产品能够不断升级换代。但试制新产品的工作，必须掌握市场信息，做好技术准备，要经过技术经济论证，选择市场上有前途、技术上有把握、经济上效益好的产品投入试制。防止盲目试制，浪费资金。

3. 后备基金

后备基金，是企业从留利中建立用以应付自然灾害和不测事件，保证生产的恢复和发展的一种专用基金。建立后备基金的目的在于以丰补歉，使企业在遇到特殊情况造成生产经营状况不好、盈利下降、留利减少，不能保证最低需要的资金开支时，可以动用后备基金来补充生产发展基金和补贴职工奖励基金，以保证企业生产经营活动的正常进行。因此，企业必须加强对后备基金的管理，按规定的比例从税后留利中提取后备基金，平时不能动用。在企业歉收，需要动用后备基金时，必须认真研究，合理安排使用，并应首先保证发展生产的最低限度的需要，其次适当补贴职工奖励基金。

（二）职工福利基金

1. 职工福利基金的来源

职工福利基金，是企业用于职工生活福利和医疗卫生等方面的一种专用基金。现阶段，职工福利基金的来源主要有两个：其一是按照职工工资总额（扣除奖金和副食品价格补贴）和国家规定的比例提取，列入生产成本；其二是按照一定比例从税后留利中提取。后者属于企业留利分配的范畴。

我国国营工业企业从 1953 年开始就建立了职工福利基金制度。当时规定按工资的一定比例计算，并随工资计入生产成本，称为工资附加费。当时的工资附加费包括工会经费（按工资总额的 2% 提取）、劳动保险金（按 3% 提取）、医疗卫生补助金（按 5% 提取）和福利补助金（按 2.5% 提取）。主要用于职工工会、退休职工生活费、职工医疗卫生费以及职工生活困难补助等方面的开支。

1969 年我国政府规定将医疗卫生补助金、福利补助金和企业奖金合并提取，称为职工福利基金，按在职职工工资总额的 11% 提取列入生产成本。

1978 年起实行企业基金制度，除按规定继续在成本中提取职工福利基金外，企业在完成实现利润和上交利润的前提下，按国家规定的条件和比例从实现利润中提取企业基金。企业基金主要用于职工集体福利支出。

1979 年起，国家在部分国营企业试行利润留成制度。在企业留利中，除按基数利润和核定的比例建立职工福利基金外，企业还可以从增长利润的留成中提取一定比例的职工福利基金。凡实行利润留成制度的企业，不再从成本中提取职工福利基金。

1983 年实行利改税后，财务制度规定一方面以按扣除奖金和副食品价格补贴后的工资总额的 11% 从生产成本中提取职工福利基金；另一方面，企业从税后留利中按 30% 的比例提取职工福利基金。

2. 职工福利基金的使用范围

现行财务制度规定企业职工福利基金的使用范围如下：

（1）医疗补助。即企业职工及其供养的直系亲属按规定报销的医药费、医务人员工资、医务经费、职工因工负伤外地就医路费等。

（2）职工生活困难补助。

（3）企业集体福利设施支出。

（4）福利部门收支差额补助。如企业经营的职工浴室、理发室，举办的托儿所、幼儿园等人员工资和各项支出，用取得的收入不够弥补的差额，由福利基金予以补助。

（5）企业职工食堂炊事用具的购置费、修理费用等。

（6）企业经营农副业生产的开办费和亏损补贴。

（7）按照国家规定应由职工福利基金开支的其他支出。

企业实际发生的支出中，有些虽属于福利性的支出，但并不在福利基金中开支，如编外人员生活费，6 个月以上病假人员的工资，退休职工的退休金和医药费，职工死亡丧葬费等，按规定在营业外支出中列支；职工食堂炊事人员和管理人员的工资按规定在生产成本中列支。

（三）职工奖励基金

1. 职工奖励基金的形成

职工奖励基金是企业用于对职工发放奖金的一种专用基金。

我国国营工业企业从 1952 年起就建立了奖励基金制度，当时提取的奖励基金主要用于发给先进生产者、劳动模范及模范单位的奖金。直到 1966 年以前，虽然财务制度有所变化，但基本上保留了提取奖励基金的办法。与此同时，还对职工实行各种形式的工资性奖励，计入生产成本。

1966 年以后，由于批判所谓的"物质刺激""奖金挂帅"，停止执行企业奖励基金制度，并将对职工支付的工资性奖金也改为工资附加费。职工除得到国家规定的工资以及维持基本医疗卫生等福利开支外，基本上没有其他物质利益。

直到 1978 年才在企业恢复实行奖励基金制度。先对职工实行综合奖金，接着实行企业基金制度，企业提取的企业基金 20% 用于职工奖金。

1979 年后，实行利润留成制度，职工奖励基金从企业实现的利润中按规定的比例提取。这种办法把职工奖金的多少与企业的经济效益高低直接挂钩，对于正确处理国家、企业和职工个人之间的关系，调动企业和职工为国家增加收入、积累资金的积极性，发挥了积极作用。

1983 年在国营企业实行利改税后，按规定从企业税后留利中一般按 30% 的比例提取职工奖励基金。除国家规定的原材料节约奖、技术改造和合理化建议奖等单项奖可以计入生产成本外，其余奖金由企业税后留利解决。

与此同时，从 1984 年开始，我国试行了工资总额同经济效益挂钩的工资分配方法，简称"工效挂钩"。到 1988 年，这一分配办法已普遍实行。实行工效挂钩的企业，有的采取"总挂总提"，即企业职工的工资与奖金一起与经济效益挂钩，并一同从成本中提取。这些企业的税后留利不再提取职工奖励基金。

2. 职工奖励基金使用的管理

职工奖励基金的使用，直接关系到每一位职工的切身利益，企业必须按照国家制度规定正确提取和使用，认真管好用好。职工奖励基金的管理，具体要求做到以下几点：

（1）精神奖励与物质奖励相结合。精神奖励与物质奖励，二者是紧密相连、互相促进的。只有重视精神奖励，才能激发职工群众的积极性和自觉性。如果片面强调物质奖励，就会导致职工产生计较个人得失的思想，形成奖金发得越多，矛盾越大，生产积极性反而受到挫伤的现象。

（2）体现按劳分配的社会主义原则。在社会主义条件下，奖金实质上是对职工超额劳动所付的报酬，是对职工所作贡献的奖励，它是贯彻按劳分配的一种辅助形式。实行奖励基金制度的目的在于更好地调动职工的社会主义生产积极性，努力发展生产，提高经济效益。因此，在奖金的使用上，必须贯彻按劳分配原则，体现多劳多得，奖勤罚懒，把奖金的多少与职工贡献大小结合起来，防止奖金分配上的平均主义。

（3）先提后用、量入为出，瞻前顾后、以丰补歉。企业必须根据各个时期提取的奖励基金总额，确定职工奖金的发放水平。在奖励基金的安排上，不能满打满算，而应瞻前顾后，留有余地，做到以丰补歉。

四、企业亏损补偿

（一）企业亏损类型及补偿

1. 企业亏损类型

企业亏损是指企业的销售收入低于其成本、税金与其他各项费用之和的差额部分。企业亏损一般可分为政策性亏损和经营性亏损两种。

政策性亏损，是指国家政策准许生产或经销某些亏损商品而发生的计划内亏损，是国家政策规定某些产品售价低于其成本费用而形成的。如煤炭、石油、粮食等产品的亏损都是由于国家控制的价格低于产品成本费用支出而发生的。

经营性亏损，是指由于企业经营管理不善，忽视核算，放松管理，产品（商品）质量差、消耗高、浪费大、投入多、产出少或其他外部原因如自然灾害等发生的亏损。

2. 企业亏损的补偿

根据我国现行政策，对企业两种不同类型的亏损，采取不同的补偿办法。对于政策性亏损，在国家的统一计划下，由财政给予补贴。对于经营性亏损，应由企业自己负责，采取有效措施，扭亏为盈。企业扭亏为盈以后，可在交纳所得税前用实现的利润弥补以前年度的亏损。

（二）扭亏增盈的措施

近年来，企业亏损急剧增加，亏损状况十分严重。要扭转这种局面，必须针对企业亏损的不同情况，采用以下措施：

1. 对国家控制的产品价格低于成本费用支出而发生政策性亏损的企业，要逐步核定亏损补贴，实行定额补贴或亏损总额包干，超亏不补、减亏分成的办法。坚决纠正以政策性亏损掩盖经营性亏损的倾向。

2. 对产品（商品）价格已经放开的亏损企业，不能给予亏损补贴。根据国家规定产品价格可以逐步放开的亏损企业，必须在一定期限内扭亏为盈，实行亏损补贴递减包干办法。凡在期限内扭亏为盈的，原核定的亏损补贴可以照给，超过期限不能扭亏的，财政停止补贴。

3. 对经营管理不善、长期发生亏损的企业，凡产品有销路的，要实行竞争招标、公开招聘经营者等办法，促进企业扭亏增盈。凡产品无销路、转产无条件、改造无出路的，可按国家有关政策实行出售或者兼并。

4. 对盈利企业的亏损产品，要逐一进行分析研究，制定扭亏规划，搞好成本核算，严格划分成本界限，采取措施，限期扭亏，改变企业以盈包亏的弊端。

5. 对亏损严重甚至资不抵债的商业批发公司、对外经济贸易公司、物资公司及其他公司，要按照有关规定，该撤销的坚决撤销，该合并的坚决合并。被撤销的公司所占用的国家资金要及时收回，公司发生的亏损，财政不予弥补。

6. 经营平价粮油的企业，用平价粮油加工产品，或者经营其他附营业务，都要合理分摊费用，所得利润要按规定抵补平价粮油亏损。经营议价粮油的企业，其所得利润的 80% 应上交财政或者抵顶平价粮油亏损。

此外，所有企业都要改进和完善内部经济责任制，下大力气健全定额管理、成本管理、资金管理和质量管理，加强经济核算，将扭亏增盈目标层层分解，落实到车间、班组及个人，做到指标到人、责任到人，努力降低原材料消耗，节约费用开支，提高产品质量。与此同时，相关政府部门都要面向企业，加强领导，相互配合，采取措施，加强服务，积极为企业扭亏增盈创造外部条件。

健全国有资产管理机制的构想 *

（1992 年 6 月）

　　新中国成立以来，经过几十年的发展，我国社会主义经济日益壮大，已经积累和形成数以万亿元计的国有资产。在管理国有资产方面，也逐渐摸索和形成一整套办法，为保护和发展国有资产起了一定的积极作用。但是这套管理办法也存在一系列问题，主要表现为多头管理、权责不清，从而导致国有资产底数不清、使用效益不佳、闲置浪费不少。以上问题的存在，迫切要求我们改革国有资产管理体制，特别是要求将国有资产管理从政府的社会管理职能和一般经济管理职能中分离出来，成立专门机构实施国有资产管理。

　　为了达到这一目的，自 1988 年开始，从中央到地方逐步成立了国有资产管理专门机构。并且，经过几年的发展，已经初步形成一个比较完整的机构体系。在深化体制改革、精简政府机构的同时，国有

---

　　* 原载《建立健全新型国有资产管理体系》，湖南省国有资产管理局、湖南省财政科学研究所编，1992 年 8 月。

资产管理机构能够成立并得以发展，本身就说明了这一重大改革的重要性和客观必然性。但是，就这几年的实践来看，由于国有资产管理机构与各有关方面的关系还没有完全理顺，管理机制还不够健全，因而国家所赋予国有资产管理机构的一些权力与职能还没有落实，有的甚至形同虚设，改革国有资产管理体制的初衷还远没有达到。因此，在今后，我们必须紧紧围绕国有资产管理机构的基本职能，以税利分流为主要突破口，配套进行投资体制与企业管理体制改革，理顺关系，健全机制，开拓前进。

一、实行税利分流，确立国有资产管理部门的收益权

国有资产管理部门作为国有资产的代表者，国家赋予其行使国有资产所有者的代表权、国有资产监督管理权、国家投资和收益权、资产处置权，其中国家投资和收益权是其整个职权体系的核心。又因为要投资，必须要有资金来源，因此收益权又是投资权的基础。而收益权的确立，必须通过税利分流，理顺国家与企业的收入分配关系来实现。

（一）社会主义国家的双重身份和两种职能决定了"税利并存"是国家与企业收入分配关系的基本格局

社会主义国家作为政权机关和社会管理者，为了维护其公共权力，执行其政治职能和社会经济职能，就必须以政权为依托，向企业这个创造社会物质财富的经济实体强制进行一系列必要的社会扣除。从整个社会历史发展的情况来看，国家所进行的一系列社会扣除，都是通过税收这一具体的分配形式来实现的。税收是随着国家的产生而产生的，是以国家为主体的一种分配，是国家为了实现其职能凭借政治权力参与国民收入分配取得财政收入的重要工具。企业作为创造社会物质财富的基本经济细胞，是国家财政收入的主要源泉，有责任向国家

提供必要的社会扣除，因而必须无条件地履行依法纳税的基本义务。

与此同时，由于社会主义国家取得了生产资料所有权，因而国家不仅具有政权机关和社会管理者的身份，而且具有全民所有制生产资料所有者的身份，代表全体人民行使生产资料所有权。从经济关系的角度讲，在我国全民所有制经济里，国家所有权实现的形式，就是国家以所有权为依托，参与企业的税后利润分配，取得资产收益。国家通过利润分配，使财力适当集中，然后按照不同时期国民经济发展和产业政策的要求，通过再投资，以实现国有资产的增值，发展和壮大全民所有制经济，从而实现国家的经济职能。从经济关系的另一方面来讲，在社会主义商品经济下，按照商品经济的一般法则，用于生产经营活动、以营利为目的的资产不能无偿使用，因而，占用国家资产进行生产经营活动的企业，也就具有向国家上交利润的义务。

因此，我们可以得出这样的结论：在社会主义商品经济下，一方面，国家作为政权机关和社会管理者，为了实现其政治职能，以政权为依托，有权向企业这个创造社会物质财富的经济实体取得一般税收；另一方面，国家作为国有资产所有者，为了实现其经济职能，以所有权为依托，有权参与企业的税后利润分配，取得资产收益。"税利并存"构成国家与企业收入分配关系的基本格局。

（二）税利分流是理顺国家与企业收入分配关系的基本方向

在过去的经济生活中，由于国家与全民所有制企业之间存在双重关系，我们忽视了税收和利润二者不同的内在规律性，往往只从管理角度出发，认为全民所有制企业的一切财产反正都是国家的，只要对管理有利，采取什么样的分配方式都无所谓。认识上的主观随意性，导致在工作实践中将税收和利润二者进行机械对比，"择优选用"。这种对比的结果，要么就是以利代税，强化国家的所有权利益，否定国家的政权利益；要么就是以税代利，强化国家的政权利益，放弃国家的所有权利益，使国家与企业之间的收入分配关系忽左忽右地两头跳动。进一步理顺国家与企业收入分配关系的基本方向，在于走税利分流的道路，即通过对现行税制加以完善，向企业普遍征取统一的税收，然后实行灵活的税后利润分配，从而实现税利并存的基本分配格局。

（三）利润分配权应由国有资产管理机构行使

在以前的经济管理体制下，由于财政部门代表国家行使国有资产收益权，利润分配（包括所得税、调节税、上交利润）是以财政部门为主进行管理的。这种管理体制，是由一定的历史条件决定的，有其积极的作用。但是，现在既然在财政部门内部专门成立了一个管理国有资产的机构，并且赋予其行使国有资产所有者的代表权，那么，这个机构就理所当然地可以凭借国有资产所有权征取资产收益。因此，财政部门内部原有的职责格局就必须进行新的调整。随着税利分流的实行，国家应将利润分配权交给国有资产管理机构行使，从而确立国有资产管理机构的收益权。

二、完善投资体制，落实国有资产管理机构的投资权

（一）现行投资体制的弊端

现行投资管理体制极不完善，主要表现在"拨改贷"利少弊多。在 1979 年以前，国家基本建设投资都是采取国家预算无偿拨款的办法。这种投资体制，对于建设社会主义、发展全民所有制经济起了一定的作用。但因为它的无偿性质，也伴随一些问题，特别是一定程度地存在资金使用经济责任不明确，投资效益不高，企业吃国家投资"大锅饭"等弊端。为了寻找解决问题的出路，从 1979 年开始，按照资金有偿使用原则，试行"拨改贷"，即由建设银行以预算拨款资金为来源，以贷款方式向建设单位提供资金，1985 年全面推行。同时，对其中无偿还能力的建设项目，规定可以经过批准豁免本息。1986

年又改为凡行政事业单位等经营性的无偿还能力的建设项目取消"拨改贷"及豁免本息办法，恢复无偿拨款制度。

实行"拨改贷"，对于控制固定资产投资规模、提高投资效益，曾经发挥过一定的积极作用，但后来这种作用就逐渐消失了。在过去统收统支的财政管理体制下，固定资产投资要受到国家计划及国家财力的严格制约，但"拨改贷"的实行及以银行为主管理生产性建设投资，使国家计划的约束力大大削弱，国家财政更是几乎放弃了对生产性固定资产投资的必要管理。而税前还贷政策的实行，实质上是用应上交财政的利润来归还银行贷款，无形中使国家财政承担了银行贷款的风险，形成一种"银行放款、企业用款、财政还款"的投资格局。银行基本上不需承担贷款风险，从而会放松对固定资产投资贷款的控制与管理。与此同时，在现行财政包干体制及企业承包经营责任制下，各级政府部门和企业均具有很强的投资欲望，对贷款约束机制根本没多少反应，只要能找到资金，就一味地进行投资。由此一来，必然导致投资规模失控、投资方向失误、投资效益低下，并且使企业背上沉重的还款包袱。"七五"期间，我省地方预算内工业企业共借入基建及专项贷款 74 亿元，平均每年借入 14 亿多元，其中 1990 年借入 17 亿元，相当于 1985 年的 2 倍。1991 年末，全省地方预算内工业企业基建及专项借款余额高达 70 亿元，按目前的盈利水平，即使企业实现利润全部用来还贷，也只能付息，谈不上还本。更严重的是，地方政府和企业对贷款包袱的严重性并没有足够的认识，"虱子多了不怕痒"，投资欲望仍强烈。

（二）直接投资是社会主义国家的基本职能

社会主义国家的主要经济职能是不断发展壮大国有经济，以提高人民群众的物质文化生活水平。而国有经济的发展壮大，必须由国家直接投资。因为，一方面，由银行代表国家进行贷款投资，不能完全履行好国家的投资职能，这是由于尽管国家赋予了银行一定的管理职能，但银行毕竟是企业，具有自身的独立利益，其主要的动机和目的在于获得利差。另一方面，就国家与企业的关系来说，企业作为一个相对独立的商品生产者和经营者，也具有自身的利益，并且，随着所有制领域的改革，企业还可以拥有不归国家所有的资产，按照商品经济的一般法则，企业从银行贷款投资，在还本付息之后，其资产的一部分乃至全部资产的所有权就应当归企业。这样，既然银行代表不了国家，而企业也有自身的权益，那么，国家要发展壮大国有经济，就有直接投资的必要。

（三）国家直接投资的几种形式

国家进行直接投资，可由国有资产管理部门下设专门的国有资产投资公司，根据需要采取以下几种主要形式：一是独家投资，即由一级政府的国有资产管理部门，如国家国有资产管理局、某省国有资产管理局或县国有资产管理局单独以营利为目的的某个项目，成立一家企业，不对外出售股权。二是合伙投资，即两个或两个以上的国有资产管理部门，如国家国有资产管理局与某国有资产管理局或某个社会集团，共同投资经营一个企业，不对外出售股权。三是入（购）股投资，即由某级政府的国有资产管理部门发起成立一家企业，其股票在市场上买卖，或国有资产管理部门直接从市场购买某企业的部分股票。

三、改革企业领导制度，建立健全国有资产管理的日常运行机制

（一）我国企业领导制度中存在的主要问题

企业领导制度，是企业领导原则、体制和领导权限规定等的总称。它的核心内容是解决企业内部领导权的归属、划分和如何行使的问题。我国企业领导制度，经历了一个创立、发展和逐步完善的过程。从其整个变化过程来看，除1958—1961年、1966年至党的十一届三中全

会前这两个特殊历史时期外，企业的生产行政工作基本实行的是厂长负责制。我国第一个国营工厂条例——1934 年 4 月 10 日中华苏维埃共和国人民委员会颁布的《苏维埃国有工厂管理条例》和最新的企业法——1988 年 4 月 13 日中华人民共和国第七届全国人民代表大会第一次会议通过的《中华人民共和国全民所有制工业企业法》，都明文规定企业实行厂长负责制。这种企业领导制度有两个鲜明的特点：其一是企业厂长由政府机关委任，并对国家负绝对责任；其二是对于厂内的生产行政工作，厂长拥有绝对的权威。这些特点，对于消除企业工作中无人负责与职责不明的现象，形成集中和统一的生产指挥系统，促进社会化大生产的发展，具有十分重要的作用。但是，这种领导制度自身也存在一定的弊端，其突出表现是个人决策片面性，企业经营者官员化，由此导致指挥失误，效益不高，甚至发生问题不负责任，易地为官，等等。

（二）西方现代公司制度中"两权分离"现象及其启示

西方现代公司制度，特别是股份公司制度，其核心内容是股东和经营者的两次分离，即股东通过选举、投票等方式来影响法人组织——股东大会，再由法人机关——董事会来行使法人财产所有权，形成股东同公司法人的分离。在此基础上，法人机关再聘任公司经营者——经理、总裁等，由公司经营者从事具体的生产经营活动，形成公司法人与公司经营者的分离。公司制度通过股东与法人、法人与经营者的两次分离，形成一整套严密的法律制度，其特殊作用突出表现在这样两个方面：第一，公司利益独立。公司作为特殊的法律主体，支配着与股东相分离的财产，拥有充分的自主权，并承担相应的责任，获得相应的利益。第二，企业管理制度科学化。公司必须建立相互制约的机构，如董事会、监事会等，以克服个人决策的片面性。这种制度在我国也有相应的实践，这就是在 20 世纪 80 年代随着工业企业的改组联合，为适应新组建的一些同行业、同地区和跨行业、跨地区的企业性工业公司的经营管理需要而建立的董事会领导下的总经理负责制。

企业领导制度改革，要根据现代社会化大生产的要求，采取以下主要措施，进一步加强我国企业领导制度的科学化、民主化：一是健全企业法人机构，实行企业法人机构领导下的厂长（总经理）负责制。除少数独资企业要进一步健全企业管理委员会，把企业管理委员会作为企业生产经营管理的最高权力机构和集体决策机构，实行企业管理委员会领导下的厂长（总经理）负责制外，其余企业要建立健全董事会，实行董事会领导下的厂长（总经理）负责制。二是废除企业领导行政级别终身制。在我国，由历史条件所决定，国有企业的行政领导人自其产生至今，都是作为政府官员，由政府机关批准委任，并保持行政级别终身制。这种制度发展到今天，其弊端日益显露出来，特别严重的是它阻碍了企业经营者的职业化和企业家队伍的形成。为此，改革企业领导制度，对于企业行政领导人来说，除企业厂长（总经理）必须由董事会或企业管理委员会任免、审查和奖惩外，还必须废除企业的"官本位"制，取消企业的行政级别，摘掉企业领导的"官衔"，企业内部的各级领导上即为"官"，下即为"民"，从而废除企业领导行政级别终身制。三是成立国有资产经营管理公司，建立健全国有资产管理的日常运行机制。企业转换机制、政府转变职能以后，国家对企业的管理，应变以行政手段管理为主为以经济手段管理为主，主要以产权关系为纽带来管理国有经济。为此，各级国有资产管理部门除应成立国有资产投资公司外，还必须成立国有资产经营管理公司，以国有资产所有者代表身份，派员加入企业的董事会或企业管理委员会。为了经营管理好国有资产，国有资产经营管理公司必须有一支素质高的队伍。今后，在政府机构改革中，现行的企业主管部门应予以撤并，其中的优秀人员可以选调到国有资产经营管理公司中工作。

四、几个具体问题

（一）国有资产管理部门的资产收益与再投资要不要纳入财政预算

众所周知，财政是国家为执行各种职能而参与社会产品的分配活动。分配职能是财政的基本职能，国有资产收益与再投资，是由财政的基本职能派生出来的。因此，国有资产管理部门的资产收益与再投资应纳入同级财政预算。同时，财政管理体制也要进行改革，实行复式预算，将经营性国有资产收支单列出来，除特殊情况外，一般不得将国有资产收益挪作财政经常性支出。

（二）企业财务如何管

随着经济体制改革的深入，一个现实问题是企业财务谁来管、管什么。从当前的情况来看，企业财务管理一是比较混乱，不同经济成分的企业财务分别由财政、税务等不同部门管理，采用不同的制度，导致企业财务极不统一，从而使企业之间缺乏公平竞争的财务条件。二是国家对国有企业财务管得过多、过细，一定程度上束缚了企业的活力。今后，深化企业财务管理制度改革，必须坚持"统放结合"的原则。一方面，全社会的财务准则、基本财务制度要统一，且要统一由财政部门来管；另一方面，要放权，一些具体的费用开支标准等，可由企业自主决定。但各级国有资产管理部门可根据财政部门制定的财务准则和基本财务制度，再制定具体细则，在国有资产占主体地位的企业中统一执行。

（三）国有资产投资公司与国有资产经营管理公司属政府性质还是企业性质

要管理好国有资产，各级政府除必须成立一个国有资产管理机构，还必须在这个机构下分别设立两个专门从事投资与日常经营管理的公司。毫无疑问，国有资产管理机构属于政府职能部门，但其下属公司又属于什么性质呢？笔者认为，尽管公司以营利为基本目的，但也是履行政府的经济职能，公司不存在属于自己的资产，也不存在自身的独立利益，因而也应属于政府性质。但为了在公司建立激励机制，可以对公司职员采取高薪聘任制。

为什么"全民不如集体"*

（1992 年 6 月）

目前，在商品经济竞争过程中，在诸多经济成分中存在着一种反常的"全民不如集体"的现象，在企业经营成果的对比上明显地反映出来。以 1990 年为例，湖南省共有 97409 户乡镇集体企业，其中亏损企业为 2998 户，亏损面为 3.08%；所有乡镇企业的平均销售利税率为 9.18%，其中销售利润率为 5.02%，人均创利 387 元。而同期湖南省 1079 户国营县级工业企业中，亏损企业有 450 户，亏损面为 41.71%，比乡镇企业高 38.63 个百分点。其销售利润率为 −0.91%，比乡镇企业低 5.93 个百分点；人均创利 −156 元，比乡镇企业少 543 元。

"全民不如集体"，原因是多方面的，其中主要是内部经营机制问题，国家正在下大力气解决这个问题，本文不作论说。从外部环境来看，不利于全民企业的因素也较集体企业要多，其突出表现是全民企业外部干扰偏多，负担偏重。

全民企业普遍面临"四多"，即各种"婆婆"多、监督检查多、

---

* 原载《湖南企业》，1992 年第 6 期。

评比竞赛多、摊派收费罚款多。一个"婆婆"就是一个上级机构，而上级机构必然要行使其职能。于是，有的要求企业对口设立机构，以便开展工作；有的"昨天检查、今天评比、明天竞赛"，以显示工作开展得有声有色；有的今天来个收费，明天来个摊派，以筹集资金，改善工作条件；更有甚者，动辄掏出"黄牌"对企业处以重罚。如此一来，企业的正常生产经营就难以很好地开展。与此相反，集体企业的外部环境就要单纯得多，宽松得多。除税收、工商等政府职能部门在正常范围之内进行必要的监督检查之外，政府部门很少干预，也无法干预集体企业，因而企业经营自主权就有了保障，企业就能够集中精力来搞好生产经营活动。

全民企业负担偏重，首先体现在财政负担较重。在企业流转税方面，尽管流转税的征收是以企业生产的产品为征税对象，无论全民企业还是集体企业都按统一税率征收，不存在不同所有制性质企业之间的税率差别。但实际执行中税收征管工作的松紧程度不同，导致企业的实际税负不一。1990年，湖南省乡镇集体企业的流转税负为4.15%，而国营县级工业企业的流转税负达6.56%，比乡镇集体企业高2.41个百分点。全民企业的所得税税负也高于集体企业。尽管税法规定集体企业所得税按八级超额累进税率计征，但在实际执行中又有变动。如湖南省税务部门规定："对应按八级超额累进税率征收所得税的乡镇企业，实际税负在20%以下（含20%）的按实计征，实际税负超过20%以上的部分，减半征收，最高所得税负不超过30%。"而全民企业的所得税税负明显高于集体企业。1990年，湖南省乡镇集体企业所得税税负为12.96%，而国营县级工业企业在利润总额为净亏损4686万元的情况下，还净上交利润5740万元。此外，在征收"两金"（能源交通重点建设基金和国家预算调节基金）方面，全民企业不如集体企业优惠。集体企业"两金"的计征范围仅指所得税后利润，且县属镇以下集体企业征收能源交通重点建设基金的比例只有 7%，比全民企业低 8 个百分点。而全民企业征收"两金"的范围为企业税后利润及除固定资产大修理基金以外的其他专用基金，其中包括折旧基金、固定资产变价收入等。

全民企业负担偏重的另一表现，是社会负担偏重。特别是在国营大中型企业，连学校、医院也一应俱全，职工的衣食住行、生老病死，都由企业承担，大量的人力、物力、财力消耗在社会性支出上。"七五"期间，湖南省地方预算内工业企业共发生营业外支出 18.16 亿元，在集体企业，类似负担却没有如此沉重。

全民所有制经济是社会化大生产的产物，全民企业客观上具有自身的优势，能较好地适应社会生产力的发展。"全民不如集体"，只是在一定特殊环境下的暂时现象。笔者深信，通过转换企业经营机制，改善企业的生产经营环境，创造实现平等竞争的条件，这种现象是一定可以改变的。

潜亏的成因与治理 *

（1992 年 8 月）

　　近几年，国营工业企业在生产稳定增长的同时，经济效益却呈下降的趋势，突出表现为利润减少，亏损增加。1991 年，湖南省地方预算内工业企业实现利润仅完成 3.74 亿元，亏损却达 6.09 亿元。在企业明亏增加的同时，潜亏也十分严重。

　　据对湖南省地方预算内 1777 户工业企业的统计，到 1991 年底，全省各种潜在亏损数额达 11.95 亿元，相当于 1991 年企业实现利润的 3.2 倍，接近明亏数的 2 倍。其中轻工、纺织、机械等三个行业的潜亏达 8.13 亿元，占全部潜亏数额的 68%。

　　巨额的潜在亏损，主要由以下几个部分组成：一是未列入当年亏损，挂在"待处理财产损失"账上的潜亏；二是各种材料中的盘亏毁损；三是各种在产品中的盘亏毁损；四是各种产成品中的盘亏毁损及库存成本明显高于现行售价，一经销售就要形成亏损的潜亏；五是明显应摊未摊的各种费用。此外，还有呆账损失形成的潜亏。

　　据对湖南省 100 多户企业的典型调查，产生潜在亏损的原因主要

---

* 原载《财政》，1992 年第 8 期。

有以下几个方面：

1. 重生产、轻经营，市场观念淡薄，产品质次价高，销路不畅。在前几年市场过热的情况下，有的企业不顾市场需要，片面追求产值，盲目组织生产，结果生产出来的产品供大于求，造成积压，时间一长，不得不赔本销售，甚至报废处理。

2. 企业管理基础工作薄弱。财务混乱，制度不健全，从而导致账实不符，家底不清。如某小电池厂，在 1991 年底的清查盘点中，就盘亏产成品 35.44 万元、原材料 1.25 万元。

3. 承包机制不健全。一是"新官不理旧账"。企业承包人上任时，为了"轻装上阵"，对企业原有的债权债务及其以前的损失不积极处理，而一些政府部门也往往迁就承包人，将遗留问题撇在一边。如某电瓷厂，一笔早在 1984 年的产品质量事故赔款损失 100 万元，至今未作处理。二是既得利益刚性强，个人收入上升容易下降难。实行承包的企业，大多同时实行工资总额与经济效益挂钩的分配办法，一些企业不管生产效益如何，工资奖金反正不能少，企业为了多提效益工资或在实际效益下降时少下浮或不下浮工资，就人为地制造虚假利润。三是缺乏监督。承包以后，在企业内部，财会人员的监督职能基本丧失，"厂长成本""书记利润"的现象非常普遍。在企业外部，一些职能部门"以包代管"，监督不及时、不严格。

4. 少数地区、部门好大喜功，骗取荣誉。在实际工作中，为了缩小与先进单位之间的差距，完成目标管理指标，突出诸如"大战一百天，攻克亏损堡垒"的成绩，表现扭亏服务队的工作效果，甚至为了印证某些领导人对经济效益估计数的准确性等，少数地区和部门领导人对企业弄虚作假、隐瞒亏损的现象采取授意、默认、支持的态度。1991 年，仅长沙、怀化、邵阳、湘潭等地市经过同意未体现的亏损就有 0.5 亿元。某县办针织企业，1989 年以来连续几年实现利润为零，而实际潜在亏损 220 多万元。

5. 信贷、财政工作中的问题，客观上助长潜在亏损情况的发生。现在，企业生产经营所需的资金主要靠银行贷款，银行为了自身的经济利益，对一些经济效益不好、专用基金挤占流动资金的企业采取加息罚息、少贷不贷的办法。企业为了得到贷款，或者为了免遭处罚，便不惜弄虚作假，隐瞒亏损。又由于财政困难，企业亏损未能及时弥补，也使少数企业产生了与其体现亏损受罚，不如少体现亏损的错误想法。此外，一些企业还采取少提或不提折旧的办法，既隐瞒了亏损，又少交了能交基金和国家预算调节基金，获得了实惠。

总之，目前的潜在亏损，具有发生面广、数额巨大的特点，并且由原来的少数企业弄虚作假，发展到地方政府、部门与企业一道弄虚作假，情况相当严重。它不仅严重违反了国家的财经纪律，影响了企业财务报表的真实性和准确性，从而导致国家宏观决策的失误，也造成国民收入超分配，使国家财政虚收实支、企业虚留实发，给国民经济的发展带来了沉重的包袱和隐患，值得引起各方面的高度重视。

要解决潜在亏损问题，应该主要从以下几个方面努力：

1. 提高认识，切实把提高企业经济效益放在首位。改革开放以来，党中央、国务院曾多次提出经济建设要以提高经济效益为中心，现在的关键是各级政府、部门和企业要坚决执行这一战略决策，按照国家产业政策和市场需求组织生产，积极支持畅销产品生产，坚决限制或停止质次价高、不符合市场需求的产品生产，实现从速度型向效益型的转变。

2. 改进办法，完善承包。一是"新官"必须理旧账，对企业已有的潜亏包袱，各级政府和部门在签订承包合同的时候，不能放在一边，而应该把消化潜在亏损作为一项重要指标写进承包合同，并明确规定承包期满后各种呆账、有问题库存产品（商品）的最高限额，以促进企业消化潜亏包袱。二是要强化国有资产的产权管理，把国有资产的完整、有效和增值纳入承包合同进行考核，以约束企业短期行为。三是要搞好年度审计和承包期满审计。对承包集团的奖励，必须在承包期满并认真审计后才能兑现，对弄虚作假、夸大政绩、骗取荣誉的承包人，要取消其荣誉称号，追回其不该得到的好处，严重的还要绳之以党纪国法，对隐瞒亏损多提的效益工资，要坚决予以剔除。

3. 加强企业财务管理，严肃国家财经纪律。要健全企业管理的各项基础工作，定期进行财产的清查盘点工作，保证企业的账账、账表、账实三相符。要加强企业财会人员的职业道德教育，调动财会人员自觉遵守财经纪律的积极性。对违反财经纪律、打击报复财会人员的，要按照国家有关规定严肃处理。

4. 各级财政、信贷部门要增强服务观念。对已经体现的亏损，财政部门要尽力妥善解决，以减少企业的资金压力。对客观存在潜亏的企业，实行新的承包时，要适当予以照顾，以鼓励企业早日消化亏损，丢掉包袱。对暂时出现亏损但有发展前途的企业，信贷部门要积极支持贷款，以利于企业发展生产。

5. 认真搞好清产核资工作，弄清国有资产家底。通过清产核资，积极处理国有资产和产品积压情况，变死物为活物，盘活企业资产。

关于税利分流理论与实践的思考 *

（1992 年 10 月）

一、税利分流是理顺国家与企业收入分配关系的基本方向

（一）社会主义国家的双重身份和两种职能决定了"税利并存"是国家与企业收入分配关系的基本格局

社会主义国家作为政权机关和社会管理者，为了维护其公共权力，执行其政治职能和社会管理职能，就必须以政权为依托，向企业这个创造社会物质财富的经济实体强制进行一系列必要的社会扣除，有计划按比例地通过再分配建立各种社会基金，用于满足国防、行政的需要，满足科学、文化、教育、卫生和社会保障事业的需要，以不断壮大国家的力量，不断改善和提高人民群众的物质文化生活水平。从整个社会历史发展的情况来看，国家所进行的一系列社会扣除，都是通过税收这种具体的分配形式来实现的。税收是随着国家的产生而产生的，是以国家为主体的一种分配，是国家为了实现其职能凭借政治权力参与国民收入分配取得财政收入的重要工具。每一个企业，作为创

---

* 原载《税利分流理论与实践》，李开望主编，国防科技大学出版社 1993 年版。

造社会物质财富的基本经济细胞，是国家财政收入的主要源泉，都有责任向国家提供必要的社会扣除，因而必须无条件地履行依法纳税的基本义务。

在社会主义社会里，由于国家取得了生产资料所有权，因而国家不仅具有政权机关和社会管理者的身份，而且具有全民所有制生产资料所有者的身份，代表全体人民行使生产资料所有权。从经济关系角度讲，在我国全民所有制经济里，国家所有权的实现形式，就是国家以所有权为依托，参与企业的税后利润分配，取得资产收益。国家通过利润分配，使财力适当集中，然后按照不同时期国民经济发展和产业政策的要求，通过再投资，以调整产业结构，实现国有资产增值，发展和壮大全民所有制经济，从而实现国家的经济职能。从经济关系的另一方面来讲，在社会主义市场经济条件下，按照物质利益原则，用于生产经营活动，以营利为目的的资产不能无偿使用。因而，占用国家资产进行生产经营活动的企业，也就有了向国家上交利润的义务。

通过以上分析，我们可以得出这样的结论：在社会主义市场经济条件下，一方面，国家作为政权机关和社会管理者，为了实现其政治职能，以政权为依托，有权向企业这个创造社会物质财富的经济实体征取一般税收；另一方面，国家作为全民所有制企业的资产所有者，为了实现其经济职能，以所有权为依托，有权参与企业的税后利润分配，取得资产收益。"税利并存"构成国家与企业收入分配关系的基本格局。

（二）税利分流是理顺国家与企业收入分配关系的基本方向

在过去的经济生活中，我们由于忽视了税收和利润二者的区别，混淆了二者的职能作用，在处理国家与企业的收入分配关系方面，出过一些偏差，走了一些弯路。

1.纯粹从所有权角度出发，忽视税收的职能作用，试行税利合一。

新中国成立以来，我们在处理国家与全民所有制企业的收入分配关系上，曾受到苏联"非税论"的影响。按照苏联的观点，全民所有制企业把收入上交国家，不能称之为税，流转税也不是税，只具有税的外壳。1950年，中国政务院审查通过的《工商业税暂行条例》明确规定，公营企业所得部分提取利润，不交所得税。在"大跃进"和十年动乱时期，由于受"左"的错误思想影响，出现过轻视和否定税收作用的思想，曾经一度在几个城市的全民所有制企业搞税利合一的试点，想把税收合并于利润，取消税收，实现所谓无税国家。

2. 片面地从管理角度出发，忽视利润的职能作用，试行以税代利。在旧的经济管理体制下，主要以利润的形式来处理国家与企业的收入分配关系，形成一种统收统支的局面，既不利于贯彻物质利益原则，又不利于稳定国家同企业之间的收入分配关系，因而存在许多弊端。这样，我们就自然地想到了税收在这些方面所具有的特殊功能，转而走利改税的道路，采用取消上交利润的办法，实现完全的以税代利。实质上仍是一种将利润合并于税收的税利合一形式。

然而，税收和利润是两个存在本质区别的范畴，二者不能互相替代。在实践中，从完全以税代利的动机出发，也难以达到预期的效果。由于经济情况复杂，企业规模大小悬殊，盈利水平参差不齐，完全征收统一的税收，无法适应各个企业的具体情况，要么保证不了国家的财政收入，要么满足不了企业的合理留利水平，于是只好采用调节税等一些似税非税、似利非利的分配形式予以平衡。并且，为了区分国家与不同经济形式之间的分配关系，不得不实行多种所得税制度，使税制变得相当复杂，没有达到统一税制的目的。

总之，国家与全民所有制企业之间存在双重关系，曾经模糊了我们的视野，使我们忽视了税收和利润二者不同的内在规律性，往往只从管理角度出发，认为全民所有制企业的一切财产反正都是国家的，只要对管理有利，采取什么样的分配方式都无所谓。认识上的主观随意性，导致在工作实践中将税收和利润进行机械对比，"择优选用"。这种对比的结果，要么是以利代税，强化国家的所有权利益，否定国家的政权利益；要么是以税代利，强化国家的政权利益，放弃国家的所有权利益，使国家与企业之间的收入分配关系忽左忽右地两头跳动。进一步理顺国家与企业收入分配关系的基本方向，在于走税利分流的道路，即通过对现行税制加以完善，向企业普遍征取统一的税收，然后实行灵活的税后利润分配，从而实现"税利并存"的基本分配格局。

二、税利分流试点的成效

自 1988 年开始，全国一些地区、行业、企业先后进行了税利分流试点，从这几年的情况来看，试点取得了一些成效。这些成效主要表现在以下两个方面。

（一）明确了税利分流是理顺国家与企业收入分配关系的方向，坚定了税利分流改革的信心

税利分流的试点，是以国家具有双重身份、两种职能，从而必须收取两种收益为出发点的。这几年，各试点单位基本上遵循了税利分流的理论，采取了比较规范的做法，随着试点面的不断扩大及试点方案的日益完善，再加上理论方面的宣传，不同部门、不同层级达成了基本一致的共识，明确了税利分流是理顺国家与企业收入分配关系的方向。党的十四大报告更是明确指出，要逐步实行税利分流，从而更加坚定了税利分流改革的信心。

（二）客观效果明显

税利分流是在企业普遍试行承包经营责任制的情况下试行的，与承包制相比较，其客观效果是明显的。首先，税利分流规范了国家与企业之间的收入分配，克服了企业承包经营责任制下争基数、吵比例的弊端；其次，增强了税收刚性，有利于公平企业负担；最后，强化了企业投资约束，促进了投资方向的优化及投资效益的提高。

三、税利分流试点进展缓慢的原因

税利分流试点尽管摸索出了一些经验，取得了一些成效，但总的来看，试点情况还是不太理想，特别是试点进展得非常缓慢。究其原因，有主观方面的，也有外部环境方面的。如近几年企业经济效益普遍低下，可分配的利润不多，经济环境不宽松，从而使国家和企业两头受挤；又如自 1991 年以来，为了搞好大中型企业，各级政府相继出台一些优惠政策，面上企业继续搞承包乃至搞投入产出大包干，把流转税也包了进去，从而形成明显的利益差。但是，税利分流试点进展缓慢的主要原因，还是在于以下几个方面。

（一）调节对象仅局限于国有企业

从国家制定的税利分流试点方案来看，它所规定的一整套分配办法，仅适用于国有企业。其中采用 33% 的比例税率，目的是为了将所得税负与外资企业统一起来，但因彼此的税基不一，国有企业与外资企业进行公平竞争的目的还是无法达到。至于国有企业与集体企业、私人企业之间，不仅税基不同，甚至连各自采取的所得税率也不同。由此，采取税利分流的试点办法，并不能真正起到公平企业负担的作用，也就影响了试点的意义。

（二）税负过高

首先表现在流转税税负过重，制约了所得税和税后利润分配，阻碍了税利分流的实施。据统计，1991 年，我省 47 户工业试点企业销售税金与所得税、承包利润之比分别为 1：0.1 和 1：0.04，所得税微乎其微，税后分利更是几乎为零。由此，企业只要向国家交了流转税，税利分流的结果并没有多大的实质意义。其次是由于国有企业与其他企业所得税税前扣除项目不同，再加上受各种基金、集资、摊派的影响，以及国有企业的其他额外负担，尽管试点企业采取与外资企业相同的税率，但国有企业的实际税负更重。

（三）分税、投资、还贷主体责任不统一

按照税利分流的基本理论，国家向企业收取利润，是因为国家是企业所经营的资产的所有者。相应地，国家要拥有从企业获得资产收益的权力，就必须向企业进行投资，并承担归还投资贷款的责任。但在税利分流试点企业中，采取税后还贷的办法，把投资风险全部推给企业，是与税利分流的理论前提相矛盾的。在实践中，税后还贷及企业沉重的还贷包袱，成了税利分流试点的主要阻碍之一。

（四）机会没抓住

早在 1987 年，利改税的弊端已经明显暴露出来，当时却没有及时推出税利分流方案，主动将利改税向税利分流过渡，结果却以全面推行企业承包经营责任制来替代利改税。1990 年，第一轮承包结束，而且承包制的弊端已相当明显，有关部门苦于找不到更完善的办法来取代承包制，结果又没有抓住这个机会，全国普遍转入第二轮承包。

（五）宣传认识有偏差

在以往的工作中，对税利分流的宣传本来就不够，而在宣传工作中又明显地存在"两个讲得多""两个讲得少"。即过分强调收入观念，"水涨船高"讲得多，理顺关系讲得少；控制投资规模讲得多，转换投资机制讲得少。由此使一些部门、企业对税利分流缺乏正确的认识，导致试点工作进展缓慢，甚至阻碍试点。

四、关于完善税利分流方案，加快税利分流改革步伐的设想

（一）完善税制

税收用于满足国家政治职能的需要，因此，要根据这个需要测算企业的合理税负。当前，国家财政收入基本上依靠税收收入，也就是说，税收不仅要满足国家的政治职能需要，而且要满足国家的经济职能需要。根据税利分流的理论基础，税收肯定是多了一些，税负是重了一些。所以，要根据国家的政治职能需要完善税制，把税负降下来。这样，企业税后利润就会相应增加，税后也就有利可分了。鉴于目前企业的税收主要体现在流转税上，因此，在完善税制时，首先要逐步降低流转税税负，确立所得税和税后分利的地位。

（二）统一财务会计制度

要搞好税利分流，实现企业之间的公平，一个前提条件就是不同类型的企业要实行统一的财务会计制度，使企业的税前扣除项目一致。否则，仅有一个统一的所得税税率是不够的。

（三）税后利润分配灵活运用

在收益分配中，企业所得税后利润，在按规定提取有关基金，用于满足企业职工的福利和维持企业简单再生产的资金需要后，可分配的利润应归资产所有者。因此，国家作为国有资产的所有者，对国有企业税后可分配利润，可以采取灵活的办法，对需要发展或还贷任务重的，可以部分或全部留给企业，用于扩大再生产，增加国有资产；对不需要发展的企业，可以全部上交。

（四）按照产权制度的基本要求，解决好企业投资贷款归还的问题

从理论上讲，国家要拥有企业资产的所有权，就相应地要承担归还投资贷款的责任。从现实看，如果简单地要企业承担归还投资贷款的责任，就会有相当一部分企业连老贷款也难以还清，更不用说进行再投资。这对企业参与市场竞争是极为不利的。因此，从近期看，

税前、税后还贷可能仍将是困扰税利分流的一个现实问题。但从长远来看，我们必须有一个明确的认识，即国家应当承担归还国有企业投资贷款的责任。为此，对现有贷款余额，应分别不同情况，逐步采取以下办法解决：一是对于国家财政安排的基本建设投资，即实行"拨改贷"的那部分，应将现有贷款余额予以豁免，转为国家投资；二是对于金融部门的贷款，在征得财政和国有资产管理部门同意后，可将贷款转为金融部门的资本性投资，金融部门根据资本数额参与税后分利；三是对部分国家需要控制的企业，其从金融部门获得的贷款可转为财政性贷款，由国家用企业税后分利或其他资金归还。

（五）利用发展股份制的机会，推行税利分流

目前，股份制发展较快，而实行股份制所面临的问题，不是要求股份制企业实行税利分流，而是反过来要求有完善的税利分流办法，以适应股份制企业的需要。因此，税利分流分配办法，完全可以在股份制企业中全面推行。

税利分流试点总结 *

（1992 年 10 月）

　　1988—1990 年，经省政府批准，我省自行在益阳市的 24 户预算内工业企业进行了税利分流试点。1991 年，汨罗市也进行了试点，并经财政部同意，将两市试点纳入了部批范围，试点范围扩大到两市所属工交商贸企业，达 78 户，增加 54 户，其中益阳市增加 23 户，汨罗市新试点 31 户。

一、基本情况

　　1991 年，湖南省试点企业生产经营、经济效益、利润分配、贷款归还等基本情况呈现以下特点：

（一）工业生产增长缓慢，经济效益继续下降

　　1991 年，湖南省试点企业中的 47 户工业企业共完成工业总产值 5.48 亿元，比上年增长 1.29%；完成产品销售收入 4.83 亿元，比上年增长 16.77%；实现税利 4053 万元，比上年增长 6.79%；实现利润 268 万元，比上年下降 34.16%；亏损企业 14 户，比上年增加 3 户，

---

* 原载《税利分流理论与实践》，李开望主编，国防科技大学出版社 1993 年版。

亏损面为 29.79%，比上年增加 5.88 个百分点；亏损总额 1396 万元，比上年增亏 15.23%。而同期内，我省整个工业的基本形势是生产稳步增长，销售明显好转，效益逐步回升。与上年相比，工业总产值增长 8.45%，比试点企业高 7.16 个百分点；销售收入增长 18.69%，比试点企业高 1.92 个百分点；实现税利增长 11.70%，比试点企业高 4.91 个百分点；实现利润下降 5.82%，比试点企业少下降 28.34 个百分点；亏损企业减少 101 户，亏损总额下降 5.11%。

从我省两个试点城市的情况来看，1991 年，益阳市工业企业的销售收入情况较好，但生产增长缓慢，经济效益大幅度下降。益阳市 35 户工业试点企业，1991 年完成工业总产值 4.36 亿元，仅比上年增长 1.8%；完成销售收入 3.9 亿元，比上年增长 20.6%；实现税利 3263 万元，比上年增长 6.5%；实现利润 172 万元，比上年下降 43.8%；亏损企业增加 2 户，亏损总额 987 万元，比上年增亏 23.35%。汨罗市的工业生产、销售、效益情况也不理想，1991 年，汨罗市 12 户工业试点企业共完成工业总产值 1.13 亿元，比上年下降 0.69%；完成销售收入 9310 万元，比上年增长 10.54%；实现税利 769 万元，比上年增长 8.02%；实现利润 97 万元，比上年下降 5.29%；亏损 409 万元，与上年基本持平。

据对汨罗市的调查，试点企业情况不好的原因主要有以下几个方面：一是试点前技改项目上得不准，不但不能产生效益，而且归还贷款、弥补亏损已成沉重的包袱。如汨罗市纺织厂，原本是一个情况较好的企业，但由于缺乏科学论证和必要的可行性研究，在缺资金、缺材料的情况下，1987 年投资 561 万元，上马纺纱生产线，而工程不能如期竣工，预算一再追加，大量挤占流动资金，致使企业包袱沉重，1990 年亏损 147 万元。1991 年，该厂分成汨罗市纺织厂和汨罗市织布厂，织布厂经过一年的生产自救，依然亏损 144 万元，纺织厂则全部停产。二是产品陈旧，质量不过关，销售萎缩，又由于受技术条件的限制，不能及时调整产品结构，导致积压严重。三是管理水平低，消耗高、浪费大。四是资金周转不畅，利息支出成倍增加。

（二）商业试点企业销售下降，效益上升

1991 年，我省 22 户商业试点企业共完成商品销售总额 3.31 亿元，比上年下降 3.09%；完成商品销售税金 548 万元，比上年下降 5.75%；但实现利润 264 万元，比上年增长 1.67 倍。特别是汨罗市的 10 户商业试点企业，由上年的净亏损 100 万元扭转为盈利 29.7 万元。

（三）工业试点企业利润分配是上交持平，还贷上升，留利下降

1991 年，我省工业试点企业完成利润总额 268 万元。其中盈利企业完成利润总额 1664 万元。这 1664 万元的分配情况是：归还借款 675 万元，占利润总额的 40.56%，比上年提高了 4 个百分点；上交国家 555 万元，占利润总额的 33.35%，比上年下降 1.1 个百分点，基本持平；企业及主管部门留利 304 万元，占总利润额的 18.27%，比上年下降 6.99 个百分点。归还借款占利润总额的比重上升，主要是税后还贷增加。1991 年，盈利企业税后还贷 329 万元，占利润总额的 19.77%，比上年提高 3.65 个百分点。上交国家部分占利润总额的比重尽管与上年基本持平，但发生了结构性变化，其中上交所得税 392 万元，占利润总额的 23.56%，比上年下降 3.55 个百分点；上交承包利润 163 万元，占利润总额的 9.80%，比上年提高了 2.45 个百分点。

从动态比较来看，1991 年与 1990 年相比，盈利企业在利润总额增加 45 万元、增长 2.78% 的情况下，归还贷款增加了 83 万元，增长 14.02%。其中，税前还贷增加 15 万元，增长 4.53%；税后还贷增加 68 万元，增长 26.05%。上交国家利润减少 3 万元，下降 0.54%。其中所得税减少 47 万元，下降 10.71%（其中益阳市减少 33 万元，下降 13.05%）；上交承包利润增加 44 万元，增长 36.97%。企业及主管部门留利减少 105 万元，下降 25.67%。

（四）还贷任务沉重

1991 年，湖南省 47 户工业试点企业增加基建及专项借款 4823 万元，而归还贷款只有 1992 万元，年末基建及专项借款余额高达 1.35 亿元，相当于 1991 年归还数的 6.8 倍。由于企业经济效益不佳，还贷能力严重不足，不少贷款被长期拖欠，使企业背上沉重的包袱，并将影响企业以后的技术改造。

二、面临的困难与存在的问题

税利分流的试行，在理顺国家与企业的收入分配关系、增强投资约束、公平企业负担、加强财务监督等方面起到了积极作用。但在试点过程中，由于受经济效益及有关政策的影响，试点工作面临许多困难，存在一些问题。

（一）经济环境不宽松

近年来，企业经济效益连续下降，利润减少，亏损居高不下，而财政状况也相当困难。在这种形势下，搞税利分流试点，使财政和企业陷入两难境地。对财政来说，随着财政支出的不断增加，要求财政收入也相应增加，但税利分流降低了所得税税率，并且由于企业效益下降，从而使财政收入减少，特别是亏损的增加，使一些企业没有所得税可征，更谈不上税后承包，由此而使财政有一种要为试点付出代价的感觉。对企业来说，试行税利分流后，所得税必须依率计征，企业每增加一块利润，财政就要收走一部分，因此，企业认为试行税利分流没有甜头，积极性普遍不高。

（二）政策干扰大

国家为了推动税利分流试点，曾制定了一些优惠政策，如企业核定的所得税后利润归还老借款范围内的实际还款数，不交"两项基金";经财政部批准试点的地区、部门（或行业）的试点企业，用于归还借款的留用资金免交"两项基金"；从1991年起新投入的固定资产的折旧免交"两项基金"，今后新试点的地区、部门（行业）及企业，从试点年度起，新投产的固定资产的折旧免交"两项基金"，等等。但自去年以来，为了搞好大中型企业，各级政府相继出台了一些优惠政策，如继续实行税前还贷、折旧免"两金"等，使税利分流试点企业的优惠政策不优惠，而一些企业搞的投入产出大包干，把流转税也包了进去，对税利分流试点的不利影响则更为严重。

（三）还贷包袱重

目前，大量的还贷任务是企业普遍存在的一个沉重包袱。到1991年末，湖南省地方预算内工业企业各种基建及专项借款余额达到了70.33亿元，相当于1991年归还数11.84亿元的5.94倍，其中逾期未还贷款达10.62亿元。按照财政部税利分流试点方案，自1990年起，不论何时开始实行税利分流，老借款余额不得超过1989年的借款余额。1989年末，我省地方预算内工业企业基建及专项借款余额只有43.7亿元，其中一部分已在近两年还完。按试点办法核定，老借款余额基数将不到1991年末基建及专项借款余额的一半，这样，企业税后还贷的压力将相当大，从而成为税利分流试点的一大阻力。

（四）税后承包难

税利分流的依据是根据国家的政治权力和财产权力分别向企业征取税收和利润。但在目前，由于国有资产管理职能尚未健全，分税制、复式预算等配套改革没能跟上，税后承包的意义还仅仅是一个取得财政收入的渠道，从而给税后承包带来一定的难度，也给税利分流带来障碍。

（五）有关部门不配合

税利分流的试点，牵涉许多方面，因而要求有关部门密切配合。

但在试点过程中，一些部门从自身角度出发，对试点工作不给予支持，如有的金融单位，因为试点企业要实行税后还贷，就少给企业贷款。

三、几点建议

（一）进一步完善税制

税利分流试点企业所得税一律实行 33% 的比例税率，是我国税制改革的一项重大措施。但在目前，流转税负过重依然是现行税制的主要弊端之一，它一定程度上制约了所得税和税后利润分配，阻碍了税利分流的实施。1991 年，我省 47 户工业试点企业销售税金与所得税和承包利润之比，分别为 1：0.1 和 1：0.04。因此，要实行税利分流，必须逐步降低流转税税负，确立所得税和税后上交利润的地位。

（二）灵活掌握税前还贷

为了减轻企业的压力，促进技术改造和技术进步，在近期内，适量的税前还贷是必要的。至于老借款基数和税前还贷比例的确定，也没有必要采取"一刀切"的办法，可由各级财政部门根据本级财政的承受能力及企业的具体情况灵活确定。对于一些有必要发展而还贷能力又不强的企业，老贷款基数和税前还贷比例可以大一些，反之则小一些。

（三）灵活运用税后利润分配

税后利润分配本来就具有灵活性的特点，以补充税收的刚性。因此，对于税利分流试点企业，除由多种所有制组成的股份制企业外，税后利润分配可灵活运用。一是分配形式可多种多样，如比例上交、定额承包等；二是上交数量可由各级财政根据承受能力及企业发展的需要或多或少地确定，对于少数企业，也可以实行税后上交利润的减免，用于归还贷款等。

（四）政策享受从优

为了鼓励试点，除对试点企业实行一些优惠政策，国家制定了有利于搞好企业的其他政策，试点企业有承受能力的，可同样享受。

（五）搞好配套改革

实行税利分流，要配套进行分税制、复式预算，要进一步健全国有资产管理体制，还要完善金融体制等。此外，也可以进一步深化财务制度方面的改革，如试点企业可将一些在留利中开支的属于职工劳动报酬范畴的福利性支出列入成本。

（六）领导重视，加强宣传

税利分流是理顺国家与企业收入分配关系的基本方向，但能否全面推行，何时可以全面推行，其主要因素在于领导是否重视。因此，财政部门要主动加强宣传，在进一步完善试点办法的同时，尽力争取各级党委、政府领导的支持，以早日全面实行税利分流。

国有工业企业的困境与对策 *

（1997 年 8 月）

改革开放十多年来，国有工业企业发生了深刻的变化，涌现了一批生产稳定增长，经济效益不断提高，市场竞争能力明显增强的企业，在国民经济的发展中起到了支柱和"领头羊"作用。但是，近几年来在整个经济领域欣欣向荣的好形势下，也有不少国有工业企业面临着十分严重的困难与问题，有的甚至面临生存危机。

一、国有工业企业面临的主要困难与问题

（一）效益大幅度下降，亏损大幅度上升

1979—1988 年改革开放 10 年时间里，国有工业企业从传统计划经济体制的束缚下解放出来，焕发出极大的生机和活力，生产、销售两旺，效益稳步提高。但经济过热导致物价上涨幅度过大，出现了明显的通货膨胀。针对这种现象，1988 年 9 月召开的党的十三届三中全会提出了治理经济环境、整顿经济秩序、全面深化改革的方针，大力压缩固定资产投资规模，控制信贷规模，紧缩财政支出。随后的

---

* 原载《湖南财政与会计》，1997 年第 8 期。

三年，资金紧缺，市场疲软，"三角债"剧增，以及基本建设、技术改造投资失误、大量盲目引进、重复建设所造成的严重问题，导致经济效益连年滑坡。1991年，湖南省地方国有工业企业实现利润3.74亿元，比1988年的16.25亿元下降76.98%，其中亏损企业发生亏损6.09亿元，比1988年的1.1亿元增亏约4.5倍。

1992年初邓小平的南方谈话，作为开创我国改革开放和社会主义现代化建设新阶段的宣言书，再次推动了我国经济的腾飞。投资拉动，物价上升，导致产品销售收入大幅度增加，经济效益快速回升。1993年，湖南省地方国有工业企业在完成工业总产值（1990年不变价）307.5亿元、仅比上年增长3.59%的情况下，完成产品销售收入418.5亿元，比上年增长41.62%，其中冶金行业增长75.66%，建材行业增长61.11%。实现利润16.39亿元，比上年增长94.89%，比历史上最高的1988年多0.14亿元，刷新了历史纪录。但在利润指标创历史最好水平的形势下，出现了大盈大亏、两极分化的严峻局面，当年发生亏损15.06亿元，比上年增亏2.18倍，亏损面达43.30%，比上年增加14.67个百分点。1994年以后，生产停滞，销售平淡，成本费用上升，导致亏损多，盈利少，盈不抵亏，湖南省地方国有工业企业利润总额出现负数，其中1994年盈亏相抵后净亏损8.56亿元，1995年净亏损6.78亿元，1996年净亏损7.09亿元。

（二）亏损挂账数额巨大，潜亏包袱沉重

企业效益下降，连年发生巨额亏损，而又无法予以弥补，致使未弥补亏损额剧增。1996年末，湖南省地方国有工业企业未消化的潜在亏损约为30亿元。这些挂账和潜亏，使企业背上了沉重的包袱，给企业经济效益的提高和国家财政收入的增长带来了长期的不利影响。

（三）资产负债率高，利息负担沉重

1996 年末，湖南省地方国有工业企业的平均资产负债率为 69.52%，如果剔除待处理资产损失等虚有资产，实际资产负债率为 74.72%，有近 1/3 的企业已经资不抵债。现在，企业破产重组层出不穷，似乎已成为一种"时尚"。

由于负债率高，企业主要依赖银行贷款维持生产，这就使得利息开支不断增加，1996 年湖南省地方国有工业企业利息支出净额达 24.64 亿元，为上交国家财政总额 21.84 亿元的 1.13 倍，不少企业连正常支付银行利息都感到困难。

（四）职工工资水平下降，特困职工增多

1996 年，湖南省地方国有工业企业职工年人均工资 5153 元，比上年减少 263 元，下降 4.86%。一些多年亏损的困难企业中的特困职工增加，他们的生活已面临较大困难。10 年前只是由于分配不公而有过的"端起饭碗吃肉，放下筷子骂娘"的社会现象，而今的特困职工则发出了"不要鱼，不要肉，只要政府一碗粥"的呼声。党和政府的高度重视特困问题，正动员全社会的力量来帮助企业解困。

二、国有工业企业困难与问题的成因

造成部分国有工业企业困难的原因是多方面的，从表象上看，有资金短缺、市场疲软、消耗偏高、质量低下等方面的原因。从深层次分析，有结构性矛盾和管理滑坡等方面的原因。而对政策进行反思，则主要涉及以下几个方面：

（一）"拨改贷"和流动资金全额信贷

从 1979 年开始试行、1985 年全面推行的基本建设投资拨款改贷款制度，旨在通过资金的有偿使用，消除传统经济体制下企业吃国家投资"大锅饭"的弊端，建立投资自我约束机制，控制投资规模，优

化投资方向，提高投资效益。但在实际执行过程中，由于实行税前还贷等政策，实质上是用应上交财政的利润来归还银行贷款，无形中使国家财政承担了银行贷款的风险，形成一种"银行放款、企业用款、财政还款"的投资格局。在这种投资格局下，银行基本上不需承担贷款风险，从而放松了对固定资产投资贷款的控制与管理。与此同时，在原有的财政包干体制及企业承包经营责任制下，各级政府部门和企业均具有极强的投资欲望，只要能找到资金，就一味地进行投资。由此一来，必然导致投资规模失控、投资方向失误、投资效益低下，并且使企业背上了沉重的还款包袱。由于结构性矛盾，企业不搞技改是等死，搞了技改是找死。可以说，"拨改贷"是造成企业资产负债率高、利息负担重、结构不合理的一个重要因素。

1983 年 7 月 1 日起全面实行流动资金全额信贷，由银行统一管理流动资金，其目的是通过信贷和利息的杠杆作用，促进企业节约使用资金，其结果造成企业完全依赖银行来维持生产经营活动。以后又多次提高贷款利率，增加了企业的资金使用成本，直接减少了企业的利润。

（二）企业承包经营责任制

曾被曹雪芹写进大观园（见《红楼梦》第五十五、五十六回）和在中国农村普遍实行的承包管理办法，一度被某些部门鼓吹为城市经济体制改革的"创举"，以为"一包就灵""一包就活"。而实践的结果却是给国有工业企业造成了极为不良的影响，留下了许多不良后果。

"横向包到边，纵向包到底"，以承包代替管理，使一些多年行之有效的传统管理办法被废弃，一些必要的基础管理被削弱。

企业厂长（经理）的管理权威强化，而又缺乏约束机制，产生了一系列的短期行为。部分企业急功近利，弄虚作假，搞虚盈实亏。可以说，近几年出现的巨大亏损和潜亏包袱，有相当一部分是承包所留下来的。更有甚者，一些厂长（经理）利用手中的权力谋取私利，肥了个人、垮了企业。

按照"包死基数、确保上交、超收多留、欠收自补"的原则来确定国家与企业的分配关系，当企业利润下降甚至发生亏损时，要进行自补。这种保上交、留包袱、寅吃卯粮的做法，一定程度上影响了企业的发展后劲。

（三）社会保障机制

在中国原有的高度集中管理体制下，政府对企业的生产经营活动采取直接控制的办法，而应由政府统一管理的社会保障问题，反而分散给企业自己解决。企业办社会，是国有企业作出的一种特殊贡献，也是一大沉重负担。改革以后，虽然实行了企业养老保险和失业保险统筹，但统筹面不大，而且越是困难的企业，越没有参加"两险"统筹，当这些企业的职工生活发生困难时，没有稳定的资金来资助。至于统筹的"两险"，还存在基金管理不完善，管理费过高，挤占、挪用等问题。

三、国有工业企业摆脱困境的对策

当前国有工业企业确实面临着十分严峻的局面，但我们要客观、全面、准确地分析这一现实问题。我们在看到问题的同时，也要看到改革开放以来，国有企业总体实力得到了增强，尽管非国有工业有了很大发展，但国有工业经济始终占据着国民经济的重要地位，在科学技术等领域具有绝对优势，是城镇社会就业人员的主要场所，是国家财政收入的主要承担者。

工业作为连接第一产业和第三产业的纽带，在国民经济中的地位越来越重要，作用越来越突出。工业上不去，农副产品的延伸加工受到制约，产品的附加值就低，对农业起不到带动作用，农业发展就会受到影响。湖南要由农业大省变为经济强省，没有工业的发展是难以实现的。同样，工业上不去，第三产业发展的基础就不会稳定。因此，湖南经济上台阶，关键靠工业。

中央要求，全党同志特别是各级负责同志，一定要正确分析当前国有企业状况，认清搞好国有大中型企业的重要性和迫切性，进一步坚定搞好国有企业的决心和信心。中央明确，到 21 世纪末要把国有企业的问题解决好。现在，思想认识统一，方针政策明确，关键要发挥职能、狠抓落实，把国有企业搞好搞活。

针对国有工业企业所面临的主要困难，要坚持投入与管理并举、增资与解困齐抓，帮助企业解决一些实际问题。

（一）增加资本，减少债务

增资减债是企业所面临的一大难题。社会主义国家的主要经济职能是不断发展壮大国有经济，以提高人民群众的物质文化生活水平。而国有经济的发展壮大，必须有国家的直接投资，不能单纯依靠企业"自我积累，自我发展"。国家没有形成对企业的资本注入机制，是国有企业资产负债率上升的重要原因。要缓解企业的债务负担，国家就要有计划地对企业进行投资。对于这个问题，目前已形成共识，但一些部门，却是"叶公好龙"，继续对财政已列支出的专项资金实行有偿使用，热衷于自己所负责的某些基金"滚动壮大"。对借给企业的资金，舍不得改为投资，而是等待有朝一日企业好转后再收回来。因此，各经济管理部门应当将国家资金作为资本金投入国有企业，对企业的各种债务在认真清理的基础上予以豁免。

（二）加强企业管理

管理也是生产力，能带来直接的经济效益。经济增长方式从粗放型向集约型转变，主要通过科学的管理来实现。近年来企业经济效益不好，管理滑坡是一个重要原因。企业要进一步建立健全以财务管理为龙头、以成本管理为核心、以资金管理为重点的核算制度，恢复并不断创新那些行之有效的管理制度、管理办法，苦练内功，夯实基础。

（三）健全社会保障制度

国以民为本，民以食为天。千头万绪，温饱第一。解决好困难企业特困职工的生活问题，是当前党和国家的头等大事。目前，湖南省人民政府已建立省本级帮困资金。各有关部门要通力合作，以高度的政治责任感，做好帮困资金的筹集、发放和管理工作。现行以"两险"统筹为主要手段、以企业为主体的社会保障制度，已不适应市场经济的发展。要取消"两险"统筹的做法，开征以从业人员工资为课税对象的社会保险税，建立健全社会保障制度，分离企业办社会职能，让国有企业轻装前进。

省财政支持小化肥企业技术改造取得显著成效 *

（1997 年 8 月）

1991 年以来，在财政部的大力支持和省化工部门的密切配合下，我省财政部门支持小化肥企业综合节能、调整化肥品种和开发副产品搞多种经营的技术改造工作已连续进行了 7 年。通过各级财政部门和行业主管部门的密切配合、协调工作，这项技术改造工作顺利实施，并取得了较好的成效。

1991—1996 年，在财政部的大力支持下，我省财政部门支持 39 户企业进行了 63 个小化肥技改项目。其中"两煤"26 个，"两水"13 个，复混肥 7 个，压缩机、造气炉改造 6 个，多种经营 11 个。这些项目总投资 18341 万元，其中财政部借款 6570 万元，省财政借款 3230 万元，地县财政及企业自筹 8541 万元。除个别项目外，其他项目均已如期完成，并取得了显著成效。

一、推广"两改"等新工艺、新技术，促进小化肥企业节能降耗

"两煤变一煤"和"两水闭路循环"是国家推广的先进技术。我

＊ 原载《湖南财政与会计》，1997 年第 8 期。

省在 39 户企业中推广了 26 个"两煤"项目和 13 个"两水"项目，总投资 10604 万元，其中财政部借款 4800 万元，省财政借款 2230 万元。这些项目全部按期完工投产，效益明显。"两煤"改造后，煤、电消耗大幅度下降，各厂节能效益均在 100 万元左右。"两水"改造项目有效地解决了合成氨生产（特别是夏季生产）的冷却问题，延长了生产时间，提高了生产能力，减轻了环境污染，节约了排污费用，各厂直接经济效益均在 50 万元以上。例如桃源氮肥厂进行"两改"后，年节煤、节电约 95 万元，节水约 76 万元。1994 年枯水期，桃源氮肥厂在一次水断流的情况下，依靠"两水"装置维持了一个多月的生产，多产碳铵 1 万多吨。

针对我省小氮肥企业压缩机、造气炉老化、消耗高的状况，从 1995 年开始，省财政有步骤地支持了压缩机和造气炉改造，两年内支持了 6 户企业，总投资 2420 万元，其中财政部借款 300 万元，省财政借款 370 万元，地县财政及企业自筹 1750 万元。据已通过验收的茶陵氮肥厂的情况来看，效益很好。茶陵氮肥厂原有主机设备能耗高、故障多、效率低，前几年连年亏损，1994 年亏损 230 万元。经过调查研究，我们对该厂的压缩机改造项目予以支持，财政部借款 100 万元，省财政借款 50 万元，企业自筹（含银行借款）500 万元，1995 年 6 月动工，1996 年 5 月投入负荷运行。新设备投产后，吨氨电耗下降了 30%，吨氨油耗下降了 50%。伴随着技改的进行，企业效益也开始好转，1995 年扭亏为盈，实现利润 128 万元，1996 年实现利润 243 万元，1997 年 1 季度在碳铵价格下跌的情况下，仍实现利润 63 万元。

二、开展多种经营，调整产品结构，增强小化肥企业的发展后劲

在激烈的市场竞争中，小化肥企业的生存和发展越来越面临严峻

的考验。为了增强小化肥企业的发展后劲，我省财政除对小化肥企业进行节能降耗改造外，还帮助企业调整产品结构，开展多种经营。从1994年开始，支持7户企业进行了复合肥技术改造，支持10户企业开发了11个其他多种经营项目，经济效益明显。如支持城步氮肥厂利用当地丰富的野生植物资源，建立了一条先进的野生植物深加工线，生产的银杏黄酮、山苍子油、绞股蓝、昆明山海棠等产品畅销国内及欧美，年利税过百万元。1993年，浏阳市氮肥厂进行利用合成氨放空气和原料气生产钨钼材料的技术开发，省财政先后安排小化肥技改借款240万元、周转金及预算调度资金借款200万元，建成了一条年产50吨钨坯料和25吨钨钼丝生产线，大大降低了成本，与专业生产厂家相比具有明显的优势。该项目年增产值1000多万元、利税200多万元，被职工称为企业的"希望工程"。

总的来说，前几年开展的小化肥技术改造，为企业抓住发展机遇创造了条件，带来了生机，增强了实力。浏阳、汉寿、双峰、桃源、茶陵、桥口等氮肥厂及岳阳市化肥厂都实现了改造后增产降耗增效的目标，成为当地骨干企业。省财政支持小化肥企业技术改造，为推动农业生产发展作出了重要贡献，对此，省政府领导在今年年初全省化肥工作会议上给予了充分的肯定。

唱新山歌　打"鬼"主意[*]
——省财政厅扶持湘泉集团发展取得显著成效

（1999 年 4 月）

从 1995 年起，为支持湘西自治州的财源建设，省财政厅将湘泉集团（前身为湘西湘泉酒总厂）列为重点支帮促对象，省厅领导先后五次带领有关处室的同志到湘泉集团进行了认真调研。

1995 年 9 月，省财政厅主要负责人在对湘西自治州的财源建设情况进行认真调查研究后提出：湘西自治州的财源建设要"走强本路，唱新山歌，找致富方，打'鬼主意'"。由于当时白酒行业处于疲软状态，自治州部分同志对扩大酒鬼酒生产规模持怀疑态度，有的甚至认为"物以稀为贵"，扩产会使酒鬼酒丧失竞争力，最终使企业背上技改包袱。针对这种情况，省财政厅与自治州领导及企业的同志一道，针对酒鬼酒扩大产量的生产、运输、市场等各方面因素进行了全面细致的考察论证，论证的结果确认酒鬼酒的市场占有尚处于萌芽状态，发展潜力巨大，湘西自治州的财源建设就是要多打"鬼"主意。方案遂即拟定：在"九五"期间，湘泉集团要进行"1000 吨酒鬼"技改工程，将酒

---

[*] 原载《湖南财政与会计》，1999 年第 4 期。

鬼酒的年生产能力由 300 吨逐步扩大到 500 吨、1000 吨。

此后，为帮助湘泉集团完成"1000 吨酒鬼"技改目标，省财政厅从资金投入、经营管理、转机建制等方面对其进行了全面扶持。

增加投入促技改。1995—1998 年，省财政先后投入财源建设资金、财政贴息资金、周转金等 3000 多万元，用于"1000 吨酒鬼"技改工程。省厅的同志七次专赴湘泉集团，现场督促企业用好资金，协调帮助企业解决实际问题。

加强管理促效益。管理也是生产力，科学的管理能带来更大的经济效益。为了帮助企业做好管理工作，省财政厅协同湘西自治州财政局，积极指导和督促企业建立健全内部财务管理制度：在成本管理方面，指导企业学习邯钢经验，落实成本计划；在销售管理方面，鼓励企业实行销售费用大包干，并实行全员销售办法，促使全体职工共同关注产品销售；在资金管理方面，帮助企业建立跟踪反馈报告制度，提高资金使用效益；在资本运营方面，多方联系，努力协调，促成湘泉集团兼并、收购、控股了 10 多户企业，开拓了一条低成本、高效益的扩张之路。

转机建制促腾飞。"八五"以来，省财政厅紧紧围绕转换企业经营机制这一主题，对湘泉集团的改革给予了大力支持。1991 年，湘西湘泉酒总厂被确定为全省投入产出总承包试点企业；1995 年被确定为全省首批建立现代企业制度试点企业；1996 年被改组为授权投资主体的国有独资企业，由湘西湘泉酒总厂更名为湖南湘泉集团有限公司；1997 年 7 月，湘泉集团独家发起创立湖南酒鬼酒股份有限公司，"湘酒鬼"A 股在深圳证券交易所挂牌上市。"湘酒鬼"的成功上市，使湘泉集团由产品经营转变为资本经营，集团的资产负债结构得到了调整优化，资产负债率由上市前的 68％下降到上市后的 38％，并推动了集团内部全方位、多层次的改革，给湘泉集团乃至整个湘西带来了前所未有的新变化。

自 1995 年以来，湘泉集团在省财政厅和有关部门的大力扶持下，实现了超常规的快速发展。1998 年，湘泉集团已具有年产酒鬼酒 1500 吨、湘泉酒 15000 吨的能力，资产总额 24.62 亿元，是 1995 年的 4.9 倍；完成工业总产值 4.81 亿元，是 1995 年的 3.6 倍；实现销售收入 6.53 亿元，是 1995 年的 2.3 倍；实现税金 2.15 亿元，是 1995 年的 2.3 倍；实现利润 3.31 亿元，是 1995 年的 7.7 倍。湘泉集团已成为全省的利税大户、湘西自治州的主体财源，并且带动了吉首市、保靖县等县市的地方经济发展。1998 年，保靖县仅为湘泉集团生产酒瓶就获利税 1000 万元。根据企业的发展规划，到"九五"期末，湘泉集团将成为一个资产总额达 50 亿元、年实现销售收入 38 亿元、利税总额 12 亿元的全国酒业特大型企业集团。

"湖南三绝走天下，王烟鬼酒湘妃茶。"随着"湘泉""酒鬼"名气的与日俱增，湘泉集团已成为外界走进湘西、了解湘西、发展湘西的一座桥梁。

湖南国有商业企业经营状况分析 *

（1999 年 7 月）

1998 年，湖南省地方国有商业、物资企业努力克服亚洲金融危机和特大洪涝灾害带来的严重困难，紧紧围绕实现"两个转变"，加速调整和完善所有制结构，强化企业内部管理，积极开拓市场，大力开展扩销增效和扭亏增盈工作，为搞活流通、繁荣市场、稳定物价、丰富人民群众日益增长的物质文化生活需要作出了积极的贡献。但由于宏观经济环境持续偏紧，市场有效需求不足，再加上亚洲金融危机的冲击，国有商业市场份额下降，出现行业性经营萎缩，总体财务状况仍不理想，主要体现在以下几个方面：

一、市场仍然低迷，销售收入下降

1998 年，我省 1083 户地方国有商业和 349 户地方国有物资企业共实现商品销售收入 140.11 亿元，比上年的 165.81 亿元减少 25.7 亿元，下降 15.50%。其中国有商业企业实现商品销售收入 92.69 亿元，比上年的 108.1 亿元减少 15.41 亿元，下降 14.26%；国有物资企业

---

* 原载《财贸论坛》，1999 年第 7 期。

实现商品销售收入 47.42 亿元，比上年的 57.71 亿元减少 10.29 亿元，下降 17.83%。而据湖南省统计局《关于 1998 年国民经济和社会发展统计公报》反映，1998 年在商品零售价格总水平比上年下降 2.1% 的情况下，全省实现社会消费品零售总额 1125.33 亿元，比上年增长 8%。其中国有经济实现消费品零售额 197.11 亿元，比上年下降 0.8%；国有经济实现消费品零售总额占全省社会消费品零售总额的比重为 17.52%，比上年的 18.93% 下降 1.41 个百分点。

国有商业、物资企业销售收入下降的原因是多方面的，是整个社会生活在流通领域的反映。主要原因有以下几点：

1. 宏观经济环境偏紧。近几年来由于国家实行宏观调控，各行业都不景气，特别是工商企业的经营状况较长时期没有大的改善，对市场商品流通影响很大。工业带动商业，工业兴则商业旺。我省工商企业连年大面积亏损，职工下岗待业，居民收入减少，市场购买力不足。

2. 有效需求不足。随着改革的不断深入，城镇居民对住房制度、医疗保险制度、失业保险制度、养老保险制度、教育制度等改革的消费预期强烈，普通消费者的消费支出谨慎，高收入阶层的一般性消费趋于饱和，人们的储蓄意识、风险意识增强，捂钱的手越来越紧。而农民由于粮食、棉花、生猪等主要农副产品价格下跌，加上我省大部分地区遭受了严重的洪涝灾害或旱灾，农作物损失惨重，农民收入特别是货币收入增长缓慢，无力购买或更新中高档消费品。因此，市场有效需求不足，消费热点难以形成。

3. 市场竞争激烈。近年来，个体私营经济发展迅速，国有企业下岗职工缺少就业门路，千军万马涌进流通领域，冲击国有企业。平和堂在长沙兴建经营，使得湖南商界的竞争更加白热化。

4. 经营方式影响。部分企业改革经营方式，实行承包、租赁经营，企业只收取承包费和其他费用，销售收入无从统计。

二、效益仍无好转，企业包袱沉重

1998 年，全省地方国有商业、物资企业实现商品销售毛利 13.39 亿元，比上年的 15.73 亿元减少 2.34 亿元，下降 14.88%，毛利率为 9.56%，仅比上年的 9.49% 微升 0.07 个百分点。实现利润 −4.77 亿元，比上年的 −5.48 亿元扭亏 0.71 亿元，减亏 12.96%。其中盈利企业实现利润 6704 万元，比上年的 7944 万元减少 1240 万元，下降 15.61%；亏损企业发生亏损总额 5.44 亿元，比上年的 6.51 亿元减少 1.07 亿元，减亏 16.44%。

企业连年发生巨大亏损，而又无法予以弥补，使累计亏损像雪球一样逐年加大。到 1998 年末，全省地方国有商业、物资企业的未分配利润为 −28.12 亿元，平均每位职工 −1.14 万元。此外，还有超过三年的应收账款余额 5.19 亿元，待摊费用 9.26 亿元，待处理流动资产净损失 8.41 亿元，待处理固定资产净损失 0.34 亿元，递延资产 3.9 亿元，五项共计 27.1 亿元，潜在亏损与明亏相当。

由于全省国有商业、物资企业出现行业性净亏损，其他经济评价指标也很不理想。1998 年，全省国有商业企业的销售利润率为 −3.41%，总资产报酬率为 −0.86%，资本收益率为 −16.47%，资本保值增值率为 95.62%。

三、贡献总额减少，贡献水平下降

1998 年，全省地方国有商业、物资企业的社会贡献总额（指企业为国家和社会创造或支付的价值总额，包括工资性收入、劳保退休统筹及其他社会福利支出、利息支出净额、应交增值税、产品销售税金及附加、应交所得税及其他税收、净利润等）为 11.46 亿元，比上年的 14.07 亿元减少 2.61 亿元，下降 18.55%。社会贡献率为 6.04%，比上年的 7.28% 下降 1.24 个百分点，企业为社会创造或支付的各项价值均呈下降趋势。

1. 工资及劳保福利减少。1998 年，全省地方国有商业、物资企业的职工工资和劳保福利支出 10.24 亿元，比上年的 12.04 亿元减少 1.8 亿元，下降 14.95%。其中职工工资总额 6.43 亿元，比上年的 8.28 亿元减少 1.85 亿元，下降 22.34%；年平均工资 2609 元，比上年的 3288 元减少 679 元，下降 20.65%。

2. 利息支出减少。1998 年，全省地方国有商业、物资企业利息支出净额 3.14 亿元，比上年的 4.24 亿元减少 1.1 亿元，下降 25.94%。

3. 上交国家财政减少，社会积累率持平。1998 年，全省地方国有商业、物资企业上交国家财政总额 3.06 亿元，比上年的 3.73 亿元减少 0.67 亿元，下降 17.96%。其中应交增值税 1.72 亿元，比上年的 2.46 亿元减少 0.74 亿元，下降 30.08%。由于企业上交国家财政总额的下降幅度与企业社会贡献总额的下降幅度基本同步，企业的社会积累率为 26.7%，比上年的 26.51% 微升 0.19 个百分点。

四、资产负债率上升，偿债能力下降

1998 年末，全省地方国有商业、物资企业资产总额 191.98 亿元，比上年的 193.14 亿元减少 1.16 亿元，下降 0.6%；负债总额 158.53 亿元，比上年的 157.07 亿元增加 1.46 亿元，增长 0.93%；资产负债率为 82.58%，比上年的 81.32% 上升 1.26 个百分点。在企业资产总额中，有相当部分名存实亡，其中超过三年的应收账款余额、待摊费用、待处理流动资产净损失、待处理固定资产净损失、递延资产五项就达 27.1 亿元，扣除这部分虚有资产，企业实际资产总额只有 164.88 亿元，资产负债率高达 96.15%。

据统计，我省地方国有商业、物资企业资不抵债的达 399 户，占整个汇编企业户数的 27.86%。如果在资产总额中扣除虚有资产，资不抵债企业的户数还要多。

在资产负债率上升的同时，由于企业的资产构成不合理，偿债能力下降。1998 年末，全省 1432 户国有商业、物资企业的流动负债达 143.18 亿元，流动资产 85.51 亿元，其中速动资产 64.6 亿元，流动比率为 59.72%，比上年的 64.31% 下降 4.59 个百分点，速动比率为 45.12%，比上年的 45.69% 下降 0.57 个百分点。

靖州县国有商业企业全面改制的主要做法*

（1999 年 9 月）

1998 年，靖州县委、县政府按照"产权清晰、权责明确、政企分开、科学管理"的要求和"明晰产权、落实权责、转机建制、放开放活"的思路，对 6 户国有商业企业实行了改制，成功地实现了县级国有商业企业由计划经济全面进入市场经济的跨越。通过改制，共计安置职工 1005 人，补交职工退休养老金 153 万元，清偿债务 2894 万元，盘活闲置资产 780 万元。

靖州县国有商业企业改制的主要做法，有以下四个方面：

一、统一思想，转变观念，积极营造国有商业企业改革的良好氛围

靖州县委、县政府积极引导职工正确认识企业的困境，派出工作组，与企业职工一道面对现实，追根溯源，围绕企业的出路展开讨论，在企业上下形成不改革就没有出路、不改革就难以生存的共识，为改制工作打下了良好的基础。

---

* 原载《湖南财政与会计》，1999 年第 9 期。

二、制定政策，加强领导，形成国有商业企业改制的合力

1998 年初，靖州县委、县政府将国有商业企业全部纳入首批改革试点单位范围，制定了《关于全面推进国有企业改革的决定》和《靖州县全面推进国有企业改革试行方案》，成立由县委书记任"政委"、县长任"团长"、县级领导任"分团长"的国有企业改制工作团，并从县直机关抽调 80 多名懂经济工作的干部组成工作分团，进驻各改制企业进行指导。同时，制定了严格的工作责任制，要求企业改制任务不完成，改制分团班子不能撤，人员不能走。1998 年 5 月，召开了全县国有企业改革千人动员大会，明确企业改制工作是当时各项工作的重点，各级各部门必须为改革开路，为改革铺路，在全县上下形成了抓改革的合力。

三、精心组织，因企施策，稳步推进改制工作

重点抓了以下三个方面的工作：一是清产核资，摸清家底。1998 年初，靖州县 6 户国有商业企业共有职工 815 人，其中离退休 172 人；资产总额 4312 万元，负债总额 3544 万元，资产负债率为 82％，再加上长期积累下来的潜在亏损，实际资产负债率达 100％。改制工作团的同志对这些债权债务进行了一笔笔清查落实。二是因企施策，制订改制方案。1998 年 6 月，几户国有商业企业制订了改制的初步方案，主要包括破产重组、一次性经济补偿、股份合作制、租赁等四种形式，经职工大会讨论通过后，报县改制办审查批准实施。三是盘活资产，搞好资本经营。积极争取银行的支持，用"以物抵贷"的办法清偿银行贷款，使企业收回抵押的资产权证，盘活资产，用于安置职工，抵交税费。

四、突出重点，妥善安置职工

在企业改制过程中，该县基本上采取以资产安置职工的办法。首先充分考虑退休职工的特殊困难，把对他们的妥善安置放在第一位，所有改制企业都一次性补交了基本养老保险费和医疗保险费，以后由社保局直接向个人发放。同时积极盘活闲置资产，筹措资金，为特困企业职工发放基本生活费，并努力创造条件，鼓励职工"断奶"自立，与企业解除经济关系，然后自由优化组合，出资认购、返租企业门店。同样的职工、同样的门店，通过改制，实行民营化以后，都能正常经营，充满了生机和活力。

国有企业的全面改制，基本上理顺了企业的产权、债权关系，规范化解了企业的不良债务；妥善安置了职工，促进了社会保障制度的规范和完善；实现了多种途径的人资两合，资本运营效果大大提高；促进了经济的发展，保障了财政收入的稳定增长。

论国有商业企业改革和发展 *

（1999 年 11 月）

一、国有商业企业改革的基本情况

党的十五大提出，用三年左右的时间，通过改革、改组、改造和加强管理，使大多数国有大中型亏损企业摆脱困境，使大多数国有大中型骨干企业初步建立现代企业制度。根据中央制定的国有企业改革的方针政策和抓大放小的精神，我省在深化流通体制改革、搞活国有商业企业方面进行了积极的探索，少数企业按照《公司法》的要求，组建了股份有限公司或有限责任公司，建立了现代企业制度；大多数企业实行了"放"的做法，其主要方式有兼并、重组、联合经营、承包（租赁）经营、以资抵债、分柜 到人、下岗分流、改变身份、买断工龄、依法破产。

---

* 原载《财贸论坛》，1999 年第 11 期。

二、国有商业企业改革面临的困境和存在的问题

（一）改革步子慢

我省国有商业企业改革的步伐，总的来看，县级大一些，市州次之，省级企业改革步伐迟缓。省、市州企业改革步子慢，主要是因为这部分企业的国有资产、经济实力雄厚一些，政府的支持多一些，企业领导人靠政府、吃财政饭的思想依然存在，仍希望留在现有的载体上求生存、谋发展。

（二）主管部门转体，组建企业集团，主要依靠行政手段，改革不到位

一方面，财政所负担的支出并没有减少；另一方面，下属企业的负担没有减轻，公司向下属企业收取管理费，并以资产所有者的身份对企业的办公楼、经营场地收取租金。

（三）国有资本所有权缺位

以前，国有企业中国有资本所有权的代表机构是政企不分的行业主管部门。通过改革，逐步演变为不同的政府行政机构分别行使权力，众多部门对企业发号施令，而任何一个机构都不对决策后果负责。因为每个机构都只有部分权力，也只能承担部分责任。国有资本所有权的各项职能被不同的部门分割，实际上架空了所有权。

（四）企业经营者缺乏约束和激励机制

一方面，国有资本所有权被分割，导致企业经营者穷于应付，增加了企业经营管理的难度，也使企业经营者有空子可钻，逃避所有者的监督，在享有较大自主权的企业中，普遍存在"内部人控制失控"现象。另一方面，我省大部分国有独资和国有控股公司，仍然沿用计划经济体制下的企业干部管理办法和报酬制度。

（五）社会保障制度不健全

1986年，我国开始实行企业职工养老保险制度和失业保险制度，

但是在执行中还存在一些问题，主要表现为社会保险覆盖面窄，社会保险费的收缴率和社会保险统筹层次低，社会保险基金管理不规范，社会保险的社会化服务水平不高。

三、国有商业企业改革和发展应采取的措施

（一）推进国有商业企业战略性改组

为适应发展社会主义市场经济的要求，必须从战略上调整国有经济布局，对国有企业实施战略性改组。要坚持有进有退，有所为有所不为。对国有商业企业，应通过资产重组和结构调整，集中力量，选择重点，发展优势，抓好一批管理先进、经济实力较强、对市场辐射影响力较大、有发展潜力的龙头企业，提高国有资产的整体素质。积极探索公有制的多种有效实现形式，国有大中型商业企业尤其是优势企业，适宜实行股份制的，要改组为股份制企业，并积极创造条件上市，壮大企业规模，增强经济实力。继续采取改组、联合、兼并、租赁、承包经营、股份合作、出售等多种形式，放开搞活国有小型商业企业，使市州、县的国有商业企业通过改制走向市场，参与市场竞争。对省商业集团总公司和省物资产业集团总公司，在政府继续提供其离退休人员经费的情况下，取消对集团的其他财政性支持，取消集团的行政级别，使集团在市场竞争中求生存、图发展。

（二）坚持建立现代企业制度的改革方向，完善国有资本所有权行使方式

国有企业建立现代企业制度，是实现公有制与市场经济结合的有效途径，是整个经济体制改革的关键环节。要按照"产权清晰、权责明确、政企分开、管理科学"的要求，改变政府直接管理企业、承担无限责任、企业多方面依赖政府的状况。要进行政府机构改革，取消一切行业主管部门，将政府行业管理职能交给经贸委统一行使。政府

设立国有资产经营公司，代表国家对其出资兴办和拥有股权的企业行使所有者职能，按出资额享有所有者权益。国有资产经营公司的人员全部实行高薪聘任制，一年一考核，三年一聘任，三年一轮换。凡考核不合格的，立即免职。三年考核均合格的，继续聘任，但要轮换到另外一个企业。考核工作由经贸委、组织人事、财政、审计等部门执行，报政府审定。该机构不介入企业的日常经营决策，也不介入政府经济管理部门行政职能的行使，工资和费用从资产运营收入中按一定比例提取。

要完善公司法人治理结构，按照《公司法》的规定明确股东会、董事会、监事会和经理层的职责，使其各负其责、协调运转、有效制衡。要处理好"新三会"（股东会、董事会、监事会）和"老三会"（党委会、职代会、工会）的关系，以及"中心"与"核心"和"全心全意依靠工人阶级"的关系，形成公司对重大问题统一决策的机制。党委、工会负责人和职工代表可按照法定程序进入董事会和监事会；董事长、监事会负责人和总经理可按照党章和有关规定进入党委会；党委书记和董事长可由一人兼任。

（三）完善财政政策，调整财政投入对象和方式

调整财政支出结构，采取有保有压的政策，取消对国有商业企业的一般性竞争项目和经营性亏损的资金支持，让企业"断奶"自立，集中资金支持国有商办优势企业和名牌产品，帮助优势企业提高产品质量和科技含量，进一步增强市场竞争力，占领市场，创造品牌效益。继续支持城乡市场建设，建立从城市到农村、从省内到省外窗口的市场流通网络，为物畅其流创造良好的条件。重点支持全省主要城市的大市场建设，通过扩大市场规模、增强市场功能，安置企业富余人员，搞活企业经营，实现"流通活市""市场兴市"，带动其他产业和城市经济的繁荣与发展。注意发挥财政资金的导向作用和乘数作用，主要运用财政贴息、垫息、开发铺底等方式，吸纳和调动更多的社会资金。

（四）建立企业经营者的激励机制

国有企业要搞好，必须有一支高素质的经营者队伍。要建立和稳固这支队伍，促使经营者为实现股东利益和公司目标而努力，不仅需要严格的监督约束机制，还需要有完善的激励机制。高层经营者行使董事会授予的经营管理权，承担重大的经营风险和管理责任，必须根据他们的业绩给予相应的报酬。企业经营者的报酬，可通过基本年薪加奖金兑现。董事会与经营者签订合同，确定企业上交国家财政利税和企业税后利润目标，每年的目标指标可依据历史最高年份数、历史最高3—5年的平均数或前3—5年的平均数计算。没有完成或仅完成目标的，只获得相当于企业上一年职工平均工资2—3倍的基本年薪；超额完成目标的，除获得基本年薪外，还可按合同规定获得超企业税后目标利润10%—30%的奖金。鼓励企业经营者将奖金用于企业投资，凡在离职后才将收入提走的，除获得的投资收益外，减征或免征个人所得税。

（五）营造良好的商业外部环境

1. 开拓城乡市场，扩大内需，刺激消费。

一是积极开拓农村市场。我国农村人口占社会总人口的70%，农村市场蕴含着巨大的消费需求潜力。近9亿人口的农村市场的开拓，将在一个长期过程中提供稳定增长的消费需求，成为经济增长的强大动力。要采取措施调整农村产业结构，推动农业产业化进程，稳定农产品收购价格，促进农民收入不断提高；增加对农村的投入，加快农村道路建设、水利建设、电网改造和小城镇建设，改善农民生存环境，提高农民的生活水平；进一步减轻农民负担，特别是加大对中小学教育的投入，减轻农民的教育费负担。

二是提高城市中低收入阶层的购买力。要在进一步建立健全社会保障制度的同时，坚持效率优先、兼顾公平的原则，充分发挥财政对居民收入进行再分配的作用。依法保护合法收入，调节过高收入。加强对私营企业的税收征管，完善个人所得税制，开征遗产税、赠予税等新税种，增强国家调节收入分配的能力，增加对中低收入阶层的转移支付，使初次分配充分体现效率原则，再分配充分体现公平原则。

三是刺激高收入阶层的消费，推动消费升级。随着温饱问题的解决和小康建设的推进，我国消费结构将发生大的变化，出现消费结构升级。按照消费升级的一般规律，消费热点应从满足吃穿用向满足住行转变，从千元级的家电向万元级的住房和汽车等高价值商品转移。为启动住行消费，必须减少乃至取消福利型、供给型和集团型消费，调整一些过时的抑制消费政策，清理和取消住房建设、汽车购置的不合理收费负担；提倡集资建房、贷款购房；控制社会集团消费，推进公车改革，变公车开支为私车消费。

2. 进一步完善社会保障制度，做好企业再就业工作。要进一步完善国有商业企业减员增效、下岗分流政策，规范企业职工再就业操作程序，创造条件，鼓励职工各尽其才，广辟就业门路，促进劳动力合理有序流动。扩大社会保险覆盖面，加强保险基金管理，完善社会保险费发放制度，积极推行社会保险费税务代征，强化征缴手段，开征以城镇从业人员（包括个体工商户和行政企事业单位人员）工资为计税依据的社会保险税，形成"税务征收、社保使用、财政发放"的新型管理体制，使离退休人员与所在企业分离开来，真正实现社会保障。

3. 增强企业活力，促进公平竞争。与其他所有制经济相比，国有企业活力相对不足，是改革开放以来一直没有得到彻底解决的一个问题。政企不分、自主权不落实、"三乱"等仍然影响企业的公平竞争。因此，要在建立现代企业制度的同时，进一步加大治理"三乱"的力度，严格实行执法单位"收支两条线"制度，同时要落实企业的经营自主权，特别是用人权，改革和完善军队转业人员和大中专学生的分派制度，创造条件并鼓励他们到各种所有制单位工作，减轻国有商业企业的人员安排负担。

华菱跨越式发展现象探析 *

（2002 年 6 月）

　　2001 年，华菱集团公司瞄准进入全国 50 强的目标，不断推进企业"三改一加强"，实现了跨越式发展。全年钢产量突破 400 万吨，销售收入破 100 亿元大关，均登上了历史新台阶；在消化因钢材降价带来巨额减利因素的基础上，增提折旧和技术开发费 2.1 亿元，实现利润 5.3 亿元，完成大效益 15.4 亿元（大效益指实现利润、提取折旧和技术开发费），主要经济指标进入了全国企业 50 强。

　　分析公司去年的运行情况，我们认为华菱之所以能连续四年保持高增长态势，主要是适时抓住了发展机遇。年初，该公司遇到了严峻的压产形势，尽管已形成 450 万吨钢的生产能力，但钢产量计划指标只有 281 万吨，增量受限，加之钢材有降价趋势，增加效益难度很大。4 月份，朱镕基总理来湘视察工作，对华菱改革与发展特别是集团的组织结构和专业化分工给予了充分肯定，勉励他们进一步加快结构优化调整步伐，力争经济效益登上 5 亿元新台阶。总理还明确指出，华菱是年产三四百万吨钢的大钢厂，全国不多，只要市场有需求，销路好，

---

*　原载《时代财会》，2002 年第 6 期。

就要多生产，不能限制。8月份，吴邦国副总理在听取华菱改革与发展情况汇报后，对华菱组织结构和专业化分工再次给予肯定，要求华菱在进入全国百强后进一步做大做强，争取进入全国50强。该公司认真贯彻中央领导的指示精神，两次调整指标：4月份将钢产量计划指标由281万吨调整到400万吨，实现利润由4亿元调整到5.2亿元；8月份将销售收入计划指标由85亿元调整到100亿元，并从以下四个方面狠抓工作落实：

一、抓住机遇保增量，追求规模经济最大化

一是紧跟市场，大力开发和生产市场短缺品种，以市场保增量。去年，公司坚持按市场需求组织生产，适时调整生产布局，线材、螺纹钢、无缝钢管三大拳头产品的产量比上年净增54万吨；站在战略的高度，狠抓出口和以产顶进，全年完成钢材坯出口16万吨，以产顶进38万吨；高度重视重点工程建设用材的销售，主动参与重点工程招标，全年向重点工程销售钢材21万吨，其中涟钢优质螺纹钢占据了省内重点工程70%的市场。

二是发挥新投产项目的作用，以产能保增量。为实现400万吨钢的预定目标，公司集中力量完成湘钢3#转炉的建设，并以最快的速度实现了涟钢2座大转炉达产，使潜在的生产能力变成现实的生产增量。集团全年通过发挥新投产项目的作用，净增钢100万吨，取得了较好的规模效益。

三是高度重视老设备的技术嫁接，通过技术嫁接加快技术进步，最大限度地提升产量水平。涟钢棒材厂在老设备嫁接新技术后，产量水平超过原来3个轧钢厂总和；湘钢二高线通过嫁接，产能比原来增加30万吨。

四是发挥集团整体作用，以优势互补保规模效益。最为突出的是

湘钢与衡钢互保。去年，湘钢向衡钢提供了 10 万吨的优质管坯，有效地缓解了"两钢"购销矛盾，达到了提升产量、增加效益的目标，仅运费一项，衡钢降低采购成本近千万元。

上述四项措施的落实，保证了已有生产能力最大限度地发挥作用，使规模经济实现了最大化。初步测算，由于全年净增钢 100 万吨，公司获得了 5.3 亿元规模效益，为全年经济效益的高速增长奠定了坚实的基础。

二、坚持攻关挖潜，努力提升盈利水平

完成 5 亿元效益目标，单靠规模扩张远远不够。因此，在追求规模最大化的同时，该公司坚持攻关挖潜，通过改善主要技术经济指标，降低成本，增产高效品种，有效提升盈利水平。

一是瞄准全国先进水平，改善技术经济指标。坚持在两个方面加大工作力度：一方面，依靠技术进步，改善和优化工序结构、工艺结构；另一方面，将指标改善任务分解下达到各岗位和工序，与员工的收入直接挂钩。通过一年的努力，收到了明显的成效。列入统计的 74 项主要指标，有 36 项达到全国先进水平，15 项刷新历史纪录。湘钢通过加强管理，甩掉了指标长期落后的帽子，主要技术经济指标从上年的全国同行中下游水平一跃上升到全国同行的上游水平，全年降成本 1.1 亿元，令同行刮目相看。由于技术经济指标改善，公司取得了巨大的经济效益，全年节约标煤 40 万吨，降低原材料消耗 16 万多吨，综合创效 4 亿元以上。

二是调整结构，增产高效品种。提高高效品种的比例，既是适应市场的要求，更是提高经济效益的有效途径。去年，公司把生产节奏、工艺结构的调整向品种优化转移，湘钢全年生产高碳钢盘条 20 万吨、焊接钢盘条 9 万吨；涟钢根据市场要求生产高精度钢筋 90 万吨、高

强度三级钢筋 4 万吨；衡钢按照用户要求生产高级 N80 石油管 4 万吨，出口钢管 5 万吨。通过调整产品结构，集团全年共生产高附加值和高效产品 135 万吨，占钢材总量的 35%。由于高效品种的增加，公司获得了 1.5 亿元的品种质量效益。

三是降低经营成本，挖掘经营效益。按照深层挖潜的工作思路，公司把挖潜增效的触角伸向经营领域的深层次，大幅度地压减销售、管理、财务三项费用支出。在销售方面，坚持区域流向、综合定价，实施"产品卖出去、货款收回来、卖个好价钱"的营销策略，确保产销率和货款回笼率两个百分之百；在供应方面，加强物资采购管理，切实推行招标采购制度；在资金管理方面，实行全面预算管理，严格控制可控费用和营业外支出。深层挖潜措施收到了较好的效果，同口径比较，三项费用支出比上年下降 5%，同时还达到了加强管理、规范运作的目的。

三、加快技术改造，向技术进步要效益

华菱集团成立以来，能够保持"一年一大步、年年上台阶"的发展势头，与坚持技术改造密不可分。华菱组建之初便提出了"追求产业位势，实现产品专业化分工"的战略思路，湘钢以精品线材为主，涟钢以超薄板为主，衡钢以高压锅炉管和石油专用管为主，即"娄底板、衡阳管、湘潭线"。在此基础上，发挥各自的专业优势，在规模、品种规格和技术质量上占据国内同类产品的领先地位。随着薄板项目的立项成功和开工建设，上述战略布局已基本完成，同时还完成一大批配套技改项目。在技术改造中，华菱集团坚持了"两个理念"：

一是技术改造依靠自我积累，实现滚动发展，走出了"不搞技改是等死，搞技改是找死"的怪圈。公司采取"整体规划、重点推进、分期建设、达产达效、滚动发展"的办法，明确投资项目的贷款比例

不得超过40%。在狠抓技术改造的同时，始终把效益作为第一位的考核目标，摒弃"虚胖"数字的增长，脚踏实地实践"大效益"思路。随着效益不断增长，集团技改投资的自有资金逐年增多，2000年达到10亿元，2001年增长到15亿元。1997—2001年的5年间，公司共完成技改投入38亿元，其中自我积累部分达32亿元，资本金比例达到84%。

二是树立"快速达产达效，满足目标市场"的理念。这几年，公司通过加大对项目建设、达产达效的监管力度，达产周期已从过去的3年缩短到1年，甚至有许多项目的达产周期只有几个月。如涟钢130平方米烧结机、90吨大转炉、小型全连轧等工程的达效周期均在4—5个月。正是由于这些项目的迅速达产达效，公司才有能力在消化巨额减利因素和增提折旧、技术开发费的基础上保持效益高速增长。

应该说，坚持不懈的技术改造，既为经济效益连续翻番提供了规模数量平台，也为企业发展增强了核心竞争能力。目前，全集团主体装备75%达到国际先进水平，25%达国内先进水平，形成七大专业品牌，实现了经营产品向经营品牌、经营市场转变。

四、坚持改革创新，从机制中寻找活力

一是用信息化管理模式改革企业传统管理模式。在应对不断变化的市场过程中，华菱集团体会到传统的管理模式使员工对市场变化缺乏灵敏反应，销、产、供信息衔接不紧密，管理成本降低受到制约，因此，推行以企业资源计划（ERP）重组系统为主的办公自动化、电子商务、决策支持系统的信息化扁平化管理模式替代传统的金字塔式管理模式，便成为集团和子公司两级经营者的共识。从公司总部到各子公司，相继聘请管理咨询公司、信息系统开发公司对现有管理模

式进行全面、全方位会诊，衡钢投入 1000 多万元，湘钢、涟钢各投入 2000 多万元，先后开发出符合各自实际情况的计算机信息管理系统（如 ERP 系统和 CIMS 系统）。管理信息工程使华菱集团企业管理支持系统实现了数字化流程制管理模式。衡钢 ERP 系统投入运行后，基本实现了资金流、物流、信息流的一体化管理，增强了生产组织的科学性，市场反应速度和客户满意度明显提高。去年精简 20% 的管理人员后，工作效率和工作质量显著改善，为其 3 年精简管理人员 40% 奠定了基础。

二是用"动态管理"理念激活用人机制。人是生产力中最活跃的因素。用全员"动态管理"来全方位激活员工积极性，等于搞活了企业全盘工作。几年来，该公司不断完善、创新三项制度改革措施，形成涵盖上到董事长、下到普通员工的完整体系。在省委和省委组织部的支持下，取消了集团公司和子公司两级经营者的任期制，实行年度考核，工作业绩（大效益）与年薪制、期股激励挂钩；对中层管理人员实行竞聘上岗、责任追究和定期轮岗等制度。分配制度上推行收入靠业绩的机制，不断大幅降低固定工资比重，员工活工资比重达 50%—70%。用工制度上推行全员劳动合同制，实行内部待岗、尾数待岗、部分劳动合同到期不予续签等改革措施。"晋升靠能力、上岗靠贡献、收入靠业绩"的竞争机制成为全员共识。

三是从降低人工成本角度加大主辅分离改革力度。人工成本是衡量企业管理水平和产品竞争能力的重要组成部分。为加快改革发展事业，华菱相继提出了"华菱没有非经营性资产，所有资产都能盈利"和"力争 5 年赶上国内吨钢人工成本先进标准"的理念和发展思路，强调"三个坚持"，即坚持宁愿付出改革成本也要赋予被剥离单位独立法人资格的原则；坚持被剥离单位职工劳动关系实行根本性变革的原则；坚持有所为、有所不为的原则，对被剥离的单位全面放开搞活。经过连续几年的努力，非钢产业出现了股份制、租赁制、买断经营、合作、合伙经营等多种经营方式，呈现出主体精干高效、辅业放开搞活的局面。累计剥离组建子公司 63 家，分离分流员工 2.3 万人。与华菱集团成立时的非钢产业亏损和企业办社会补贴共 2 亿元，吞食吨钢效益 50 多元相比较，被剥离部分继前年在全国钢铁行业率先整体扭亏后，去年实现销售收入 16.8 亿元，利润近 3000 万元，非钢产业成为新的效益增长点。与此同时，去年的人均产钢量达 130 吨，比 1997 年提高近 90 吨，吨钢人员成本比上年降低 60 元。

意大利国有企业股份制改革及借鉴 *

（2002 年 7 月）

一、意大利国有企业的形成与发展

意大利是西方国有经济比重较大的国家，其国有化进程始于 1905 年的铁路系统，1911—1912 年的人寿保险业，1925—1926 年的电话服务业。1933 年意大利工业复兴公司（IRI）的成立以及政府对一系列关键经济部门的间接控制，使国有经济规模发展壮大。

二战后，意大利国有化趋势并未停止。1953 年意大利埃尼集团（ENI）成立并在能源部门占据首要地位，只为私人企业留下一些边际空间。1962 年，电力公司被国有化，成立国有电力公司。同时，供水、交通、牛奶供应等地方公用事业也逐渐由各市政府接管，成为市属国有企业。

意大利之所以推动国有化，最主要的原因是，有些经济的发展，私人是承担不了的，它们需要的投资较多，效益又低。如在运输、电话、供电、钢铁、大化工、能源等领域，因为成本高，私人难以自如地经营。

---

* 原载《时代财会》，2002 年第 7 期。

而这些领域，又是国民经济发展的关键所在，影响到其他领域的私人经济的运作，这些领域的经济可以称为"外部经济"。此外，还因为国有化被当作收入重新分配和建立新型工业体系的一个途径。意大利在 20 世纪 40 年代末期，经济不发达，国有经济在战后意大利经济的发展中，特别是在 20 世纪 50 年代和 60 年代初期出现的"经济奇迹"过程中，发挥了重要的作用。现在，意大利是个工业化国家，经济的发展，得益于国家的投资。如国家发展钢铁业，促进了汽车制造和家电生产，20 世纪 50—70 年代，意大利是世界上家用电器的主要生产国和出口国。20 世纪 50 年代末 60 年代初，国家投资修建了许多高速公路，在电讯、军工、政府办公信息、科研等领域，国家进行了投资和干预。所有这些，为中小企业的发展提供了良好的环境。在意大利，有 2/3 的企业员工在 20 人以下，它们都得益于混合经济的发展。特别是 IRI 经过二战以来的发展，至 20 世纪 80 年代末，已成为一家直接控制 4 家银行、13 个控股子公司，直接或间接控制 260 多家企业的跨行业的混合型国有控股公司，成为意大利最大的工业集团公司，80 年代中期成为欧洲第三大公司。1990 年末，意大利共有国有及国有控股企业约 3.5 万户。

二、意大利国有企业股份制改革情况

意大利国有企业股份制改革的主要原因和历史背景有四个方面。一是国有企业效益低下，亏损严重。随着时间的推移，国有企业越来越不能有效地利用资源。国有企业往往不是在增加收入，而是在对财富积累造成破坏。许多国有企业效率低下，产品质量差，创新迟缓。在 20 世纪 70 年代末期，所有国有企业都有同样的通病，国有企业出现巨额亏损，国家只得用税收去弥补亏损，补充资本金。中央政府用于国有企业投资及弥补亏损的"政府捐赠基金"一度占政府财政支出的 20%，国家财政背上了沉重负担，致使公共负债急剧增加。这种情况，对私人企业和公民都是不公平的。二是国有企业的经理是政府任命的，出现了许多腐败和政党非法筹资的案例。三是欧盟的要求。欧盟建立单一大市场，至少要满足两个条件：打破垄断和对处于垄断地位的国有企业私有化。因为加入了欧盟，意大利就必须进行股份制改革，把国有企业对市场竞争的干扰消除。四是其他国家的示范。非国有化和所有权向私有过渡始于 20 世纪 70 年代，这一时期，美、英进行了国有企业的股份制改革。特别是英国的股份制改革，取得了全面成功。1989 年以后，东欧和苏联也以各自不同的方式开展了私有化。

意大利在 20 世纪 90 年代开始私有化进程。经过近 10 年的国有企业重组与私有化，至 2001 年 10 月末，意大利国有及国有控股企业减少为 1.1 万个。政府通过国有企业股份制改革和私有化，共收回资金约 1000 亿欧元，全部用于偿还政府公共负债。2001 年意大利公债占 GDP 的比例为 104%，比 10 年前下降了 19 个百分点。

三、意大利国有企业股份制改革的基本做法

（一）设立管理和监督机构

为推进国有企业股份制改革和私有化进程，意大利在国库部（其职能类似于我国的财政部和国家计委，2001 年与预算部、财政部合并为经济财政部）设立了私有化委员会，该部部长兼任委员会主席，政府每 6 个月向国会报告国有企业重组与私有化进展情况；成立独立于政府的专家咨询委员会，对国有企业股份制改革和私有化的具体方案进行论证，提出意见，供政府决策参考；成立独立于政府的监督委员会，对政府、专家咨询委员会的工作情况、所提方案进行监督。

（二）修改或制定相关法律

为使国有企业股份制改革和私有化规范化、合法化、程序化，意

大利非常重视相关法律的修改或制订。1991 年，国会成立 1936 年《银行法》修改委员会，负责修订 1936 年制定的《银行法》。1992 年，国会通过第 359 号法案，批准将 IRI、ENI、全国保险公司和国家电力公司等国有企业改造成股份制公司。1993 年国会通过的第 375 号法案和 1994 年通过的《财政法》，将股份制改造和私有化领域扩展到公用事业领域，并规定国库部部长有责任将国有股出售。

（三）确定具体操作步骤

1. 议会确定年度私有化计划。

2. 国库部确定股份制改革和私有化的企业名单，企业的组织结构改造成为股份制公司。改组部分可以是整个公司，也可以是公司中具有竞争力和发展前途的一部分业务和资产。

3. 专家咨询委员会提出国有企业改革的建议，监督委员会提出审核意见。

4. 国库部私有化委员会根据专家咨询委员会、监督委员会提出的意见确定具体的私有化方案。

5. 聘请中介机构进行评估，聘请一家咨询公司进行可行性研究。

6. 决定出售的股票数量、每股价格。

7. 采取上市方式发行股票的，上市的具体方案报意大利证监会审核及米兰证券交易所批准。

四、股份制企业的公司治理结构

意大利股份制企业的公司治理结构包括董事会、监事会、常务董事、内部审计委员会、执行董事、非执行董事等。在执行董事中，至少有一名独立董事。非执行董事中也有一部分是独立董事。独立董事的作用非常重要，他们在对公司进行评价时会发表客观意见。

国有或国有控股企业董事会成员，由上届董事会提名，议会选聘任命。为保护小股东的利益，应有1—2名董事作为小股东的代表。董事会任期2年。董事会任命一名总经理，管理一切日常事务。

公司有内部审计委员会，由独立的非执行董事组成，不属于任何一个利益主体，对公司的所有机构轮流检查，找出薄弱环节，检查腐败行为，对举报进行调查。这是一个重要的机构，对企业的发展具有战略意义，可以起到监督、咨询和推动发展作用。

公司还要有一个对内部审计委员会进行检查监督的机构，由那些没有参加内部审计委员会的董事中的部分人员组成。

董事会中要有一位成员专门与购买了公司股票的其他企业（大股东）进行联络。

监事会是公司的一个外部机构。监事会成员来自行业协会的会计或审计人员，要有通过国家考试取得的资格，不持有公司的大股，不代表任何利益主体，独立于公司之外，由股东大会提名讨论通过。每个股东都可以提名，由大股东国库部任命。董事会作出的决定都应向监事会通报。

五、意大利的经验与启示

意大利国有企业股份制改革，有些具体做法值得我们研究和借鉴。

（一）立法先行，确保国有企业股份制改革规范有序进行

意大利国有企业股份制改革与私有化自始至终是在法律的框架内规范有序地进行的。1991—2001年，国会共通过了5部法案，对股份制改革和私有化的原则、具体方式、相关政策和监督部门的职责等都作了明确规定，为国有企业股份制改革提供了法律保障。我国目前也基本建立了国有企业改革的有关法律框架，制定了《公司法》《证券法》等法律，国有企业改革取得了重大进展。但是，在国有经济有进有退方面，哪些领域需要退、退多少，哪些领域国家应该绝对或相

对控股，这些领域的长远发展规划及实施战略等，尚无专门的法律规定，急需制定一套基本法则。目前的国有股减持，是重大的产权变动，涉及全体人民的利益。不应当把国有股减持的立足点放在解决社保基金的缺口上，而应当与国有企业改革、资本市场发育、国有股流通等重大问题结合在一起通盘考虑，需要由全国人大常委会制定相关法律加以规范。

（二）政府适当干预，重视保护民族工业

意大利政府在出售国有企业时，并不完全交由市场决定，也不仅仅考虑价格因素。如在出售阿尔法汽车公司时，当时福特公司的报价为意大利民营汽车生产企业菲亚特公司的 1.5 倍，但政府为了保护本国汽车工业，最终进行干预，将阿尔法出售给了菲亚特。目前菲亚特公司成为世界"小汽车巨人"。我国加入 WTO 后，许多行业将对外开放，民族工业的发展既有机遇，也面临极大挑战。我们应积极研究世贸组织规则，充分利用其对发展中国家有利的一些规则，采取一些新的措施支持民族工业的发展。在重要行业、重点企业的改组、出售工作中，既要遵循 WTO 规则，又要考虑产业政策；既要考虑价格高低，也要考虑就业等因素，防止简单的一卖了之，切实保护民族工业的发展。

（三）企业制度规范，公司治理结构完善

在意大利，经济财政部对国有企业统一行使所有者职能，拥有重大经营决策的最终决定权和国有股权收益分配权。股份制企业的法人治理结构完善，企业制度是一个公开、透明、相互制约的完善的制度。在我国，目前国有企业的所有者职能由多个部门多头行使，企业内部的公司治理结构也不规范。因此，进一步规范政府对国有企业的管理，在企业内部建立规范的现代企业制度，仍是深化国有企业改革的一项重大任务。

湖南财政与企业改革发展 *

（2003 年 7 月）

一、国有企业改革的历史进程

在中国经济体制二十多年的改革中，国有企业作为主战场，较为成功地出台了一幕幕重头戏，接连不断地掀起了改革的浪潮，形成一道亮丽的风景线。从大的方面来分析，国有企业改革可分为五个层面：经济市场化、理顺国家与企业的收入分配关系、转换企业经营机制、实施国有企业改革攻坚战、深化国有资产管理体制改革。

（一）中国经济市场化的进程

中国经济市场化经历了三个阶段：

1.1978 年 12 月党的十一届三中全会拉开了中国经济市场化的序幕。全会公报指出：全党工作的着重点应该从 1979 年转移到社会主义现代化建设上来。实现四个现代化，要求大幅度地提高生产力，也就必然要求多方面地改变同生产力发展不适应的生产关系和上层建筑，改变一切不适应的管理方式、活动方式和思想方式，因而是一场

---

* 在湖南省财政系统县市区财政局长培训班上的专题报告，2003 年 7 月 31 日。

广泛、深刻的革命。我国经济体制的一个严重缺点是权力过于集中，应该有领导地大胆下放，让地方和工农业企业在国家统一计划的指导下有更多的经营管理自主权；应该着手大力精简各级经济行政机构，把它们的大部分职权转交给企业性的专业公司或联合公司；应该坚决实行按经济规律办事，重视价值规律的作用。

2.1984 年 10 月党的十二届三中全会使计划经济向市场经济过渡，标志着中国经济市场化进程全面展开。全会一致通过了《中共中央关于经济体制改革的决定》，根据马克思主义基本原理同中国实际相结合的原则，阐明了加快以城市为重点的整个经济体制改革的必要性、紧迫性，规定了改革的方向、性质、任务和各项基本方针政策。

《决定》指出：城市企业是工业生产、建设和商品流通的主要的直接承担者，是社会生产力发展和经济技术进步的主导力量。仅城市工业企业提供的税收和利润，就占全国财政收入的 80% 以上。城市企业是否具有强大的活力，对于我国经济的全局和国家财政经济状况的根本好转，对于党的十二大提出的到 20 世纪末工农业年总产值翻两番的奋斗目标的实现，是一个关键问题。具有中国特色的社会主义，首先应该是企业有充分活力的社会主义。增强企业活力，特别是增强全民所有制的大、中型企业的活力，是以城市为重点的整个经济体制改革的中心环节。

围绕这个中心环节，主要应该解决好两个方面的关系问题，即确立国家和全民所有制企业之间的关系，扩大企业自主权；确立职工和企业之间的正确关系，保证劳动者在企业中的主人翁地位。

过去国家对企业管得太多太死的一个重要原因，就是把全民所有同国家机构直接经营企业混为一谈。根据马克思主义的理论和社会主义的实践，所有权同经营权是可以适当分开的。要使企业真正成为相对独立的经济实体，成为自主经营、自负盈亏的社会主义商品生产者和经营者,具有自我改造和自我发展的能力,成为具有一定权利和义务的法人。

社会主义的计划体制,应该是统一性同灵活性相结合的体制。改革计划体制,首先要突破把计划经济同商品经济对立起来的传统观念,明确认识社会主义计划经济必须自觉依据和运用价值规律,是在公有制基础上的有计划的商品经济。其基本点概括如下:第一,就总体说,我国实行的是计划经济,即有计划的商品经济,而不是那种完全由市场调节的市场经济;第二,完全由市场调节的生产和交换,主要是部分农副产品、日用小商品和服务修理行业的劳务活动,它们在国民经济中起辅助的但不可缺少的作用;第三,实行计划经济不等于指令性计划为主,指令性计划和指导性计划都是计划经济的具体形式;第四,指导性计划主要依靠运用经济杠杆的作用来实现,指令性计划则是必须执行的,但也必须运用价值规律。

党的十三大进一步提出社会主义有计划商品经济的体制应该是计划与市场内在统一的体制。其基本观念是:第一,社会主义商品经济同资本主义商品经济的本质区别,在于所有制基础不同;第二,必须把计划工作建立在商品交换和价值规律的基础之上;第三,计划和市场的作用范围都是覆盖全社会的。新的运行机制,总体上来说是"国家调节市场,市场引导企业"的机制。党的十三届四中全会后,提出建立适应有计划商品经济发展的计划经济与市场调节相结合的经济体制和运行机制。

3.1992 年 10 月党的十四大明确提出我国经济体制改革的目标是建立社会主义市场经济体制。1992 年 1 月 18 日至 2 月 21 日,邓小平视察南方发表重要谈话,进一步指出,决定各项改革措施取舍和检验其得失的根本标准,应该主要看是否有利于发展社会主义社会的生产力,是否有利于增强社会主义国家的综合国力,是否有利于提高人民的生活水平。计划经济不等于社会主义，资本主义也有计划；市场经济不等于资本主义，社会主义也有市场。计划和市场都是经济手段。计划多一点还是市场多一点，不是社会主义与资本主义的本质区别。这个精辟论断，从根本上解除了把计划经济和市场经济看作属于社会基本制度范畴的思想束缚，使我们在计划与市场关系问题上的认识有了新的重大突破，从而党的十四大明确提出，我国经济体制改革的目标是建立社会主义市场经济体制，以利于进一步解放和发展生产力。

1993 年 11 月党的十四届三中全会通过了《中共中央关于建立社会主义市场经济体制若干问题的决定》，把党的十四大确定的经济体制改革的目标和基本原则加以系统化、具体化。

《决定》指出：社会主义市场经济体制是同社会主义基本制度结合在一起的。建立社会主义市场经济体制，就是要使市场在国家宏观调控下对资源配置起基础性作用。为实现这个目标，必须坚持以公有制为主体、多种经济成分共同发展的方针，进一步转换国有企业经营机制，建立适应市场经济要求，产权清晰、权责明确、政企分开、管理科学的现代企业制度；建立全国统一开放的市场体系，实现城乡市场紧密结合，国内市场与国际市场相互衔接，促进资源的优化配置；转换政府管理经济的职能，建立以间接手段为主的完善的宏观调控体系，保证国民经济的健康运行；建立以按劳分配为主体，效率优先、兼顾公平的收入分配制度，鼓励一部分地区一部分人先富起来，走共同富裕的道路；建立多层次的社会保障制度，为城乡居民提供同我国国情相适应的社会保障，促进经济发展和社会稳定。这些主要环节是相互联系和相互制约的有机整体，构成社会主义市场经济体制的基本框架。建立现代企业制度，是发展社会化大生产和市场经济的必然要求，是我国国有企业改革的方向。

（二）理顺国家与企业的收入分配关系

党的十一届三中全会以来，随着整个经济体制改革的逐步展开和不断深入，以增强企业活力为主要目的，在理顺国家与企业收入分配关系方面进行了一系列改革，逐步打破了旧的经济管理体制下"统收统支"的分配格局，既增强了企业的活力，又加强了企业的责任，为企业成为自主经营、自负盈亏、自我改造和自我发展的经济实体创造了一定的条件，一定程度上促进了经济的发展和效益的提高。随着国家与企业收入分配体制改革的不断深入，国家频频推出各项政策措施，不断探索、不断实践、不断总结、不断深化，推动国企走向市场。

1. 企业基金和利润留成。1978年11月，国务院批转财政部《关于国营企业试行企业基金的规定》，从1978年起，国营企业按照规定提取和使用企业基金。根据规定，凡是全面完成国家下达的产量，品种，质量，原材料、燃料、动力消耗，劳动生产率，成本，利润（包括实现利润和上交利润），流动资金占用等八项年度计划指标以及供货合同的工业企业，可按职工全年工资总额的5%提取企业基金。没有全面完成计划指标，但完成产量、品种、质量、利润等四项指标和供货合同的工业企业，可按工资总额的3%提取企业基金；在完成产量、品种、质量、利润等四项指标和供货合同的前提下，其他指标每多完成一项，按工资总额增提0.5%的企业基金。没有完成产量、品种、质量、利润等四项指标和供货合同的，不能提取企业基金。经国家批准的政策性亏损企业，比照盈利企业提取企业基金。其他计划亏损企业全面完成各项计划指标的，可按工资总额的3%提取企业基金；没有全面完成计划指标的，应按上述规定相应地少提或不提企业基金。因经营管理不善，发生计划外亏损的企业，一律不能提取企业基金。企业基金主要用于举办职工集体福利设施，举办农副业，弥补职工福利基金的不足以及发给职工社会主义劳动竞赛奖金等项开支。

1979 年 7 月，国务院颁发了《关于国营企业实行利润留成的规定》。1980 年 1 月，国务院批转国家经委、财政部修订的《国营工业企业利润留成试行办法》。1981 年 12 月，财政部、国家经委颁发《关于国营工交企业实行利润留成和盈亏包干办法的若干规定》。国家对企业和主管部门，根据不同情况，实行多种形式的利润留成和盈亏包干办法，即"基数利润留成加增长利润留成""全额利润留成""上交利润包干，超收分成或留用""亏损补贴包干，减亏分成或留用"和"超计划利润留成"。其主要留成比例是：有新产品试制任务的企业，一般可按利润总额的 1% 计算新产品试制费；从成本中提取的职工福利基金，按照工资总额的 11% 计算；从成本中开支的职工奖金，一般企业按标准工资总额的 10% 计算。企业提取的利润留成资金和包干、超收分成资金，要分别建立生产发展基金、职工福利基金和职工奖励基金。

2. 利改税。从 1979 年起，国家在对国营企业实行企业基金和利润留成办法的同时，在部分国营工交企业中进行了利改税试点工作。1983 年 4 月，国务院批转了财政部《关于国营企业利改税试行办法》，在全国实行第一步利改税。文件规定，从 1983 年 1 月 1 日起，凡有盈利的国营大中型企业（包括金融保险组织），均根据实现的利润，按 55% 的税率交纳所得税。企业交纳所得税后的利润，一部分上交国家，一部分按照国家核定的留利水平留给企业。上交国家的部分，可根据企业不同情况，分别采取递增包干、固定比例、交纳调节税、定额包干等上交办法。凡有盈利的国营小型企业，根据实现的利润，按 7%—55% 的八级超额累进税率交纳所得税。对税后利润较多的企业，国家可以收取一定的承包费，或者按固定数额上交一部分利润。营业性的宾馆、饭店、招待所和饮食服务公司，交纳 15% 的所得税。国营企业归还各种专项贷款时，经财政部门审查同意后，可用交纳所得税之前该贷款项目新增的利润归还。企业税后留用的利润，要建立新产品试制基金、生产发展基金、后备基金、职工福利基金和职工奖励基金，前三项基金的比例不得低于留利总额的 60%。

1984 年 9 月，国务院批转财政部《关于在国营企业推行利改税第二步改革的报告》和《国营企业第二步利改税试行办法》，从 1984 年 10 月 1 日起实行第二步利改税。主要内容是：（1）将工商税按照纳税对象，划分为产品税、增值税、盐税和营业税；将第一步利改税设置的所得税和调节税加以改进；增加资源税、城市维护建设税、房产税、土地使用税和车船使用税。（2）规定以核定的基期利润扣除按 55% 计算的所得税和 1983 年合理留利的部分，占基期利润的比例，为调节税税率。（3）国营小型盈利企业，营业性的宾馆、饭店、招待所和饮食服务企业，都按新的八级超额累进税率缴纳所得税。（4）企业从增长利润中留用的利润，一般应将 50% 用于生产发展，20% 用于职工集体福利，30% 用于职工奖励。

3. 承包上交。1988 年 4 月，财政部印发了《全民所有制工业企业推行承包经营责任制有关财务问题的规定》，要求全民所有制工业企业都推行承包经营责任制。盈利企业承包上交利润的范围是所得税、调节税、利润；实行所得税后承包的，是所得税后的调节税、利润。亏损企业承包的是国家拨补的亏损。

承包上交国家利润的主要形式有：（1）上交利润递增包干；（2）上交利润递增承包，超收分成；（3）上交利润基数包干，超收分成；（4）微利企业上交利润定额包干；（5）亏损企业定额补贴包干，或亏损补贴递减承包，减亏分成；（6）企业上交所得税后利润承包；（7）国家批准的其他形式。

核定承包基数的原则是：盈利企业一般不能低于承包前一年的实际应上交利润；亏损企业一般不能高于承包前一年的实际应补贴数。

企业实行承包后，执行中仍按税法规定，缴纳产品税、所得税、调节税和其他各项税收。盈利企业完成承包上交利润后的超目标利润，也应照章缴纳所得税、调节税。企业超过年度承包目标多得的部分，由财政部门采取收入退库的方式，返还给企业，作为企业留利处理。

4. 能交基金和国家预算调节基金。1982 年 12 月，中共中央、国务院发布《关于征集国家能源交通重点建设基金的通知》，国务院发布《国家能源交通重点建设基金征集办法》。《办法》规定：从 1983 年 1 月 1 日起，一切国营企业事业单位、机关团体、部队和地方政府的各项预算外资金，以及这些单位所管的城镇集体企业交纳所得税后的利润，按规定交纳 10% 的国家能源交通重点建设基金。从 1983 年 7 月 1 日起，征收比例由 10% 提高到 15%。

1989 年 2 月，国务院发布《国家预算调节基金征集办法》，规定从 1989 年 1 月 1 日起，所有国营企业事业单位、机关团体、部队和地方政府的各项预算外资金，所有集体企业、私营企业以及个体工商户缴纳所得税后的利润，按规定缴纳 10% 的国家预算调节基金。

5. 税利分流。自 1988 年起，重庆、厦门、益阳、牡丹江、南阳等城市进行了税利分流试点。1989 年 3 月，财政部、国家体改委印发了《关于国营企业实行税利分流的试点方案》，提出试点地区改变大中型企业按 55% 的比例税率和小型企业按八级超额累进税率交纳所得税的办法，所有盈利的国营企业，一律改按 35% 的税率交纳所得税。取消调节税税种，将原来应交的调节税额并入所得税后利润，并将原来含所得税在内的上交利润承包，改为所得税后上交利润承包。

1991 年 8 月，财政部、国家体改委又印发了《国营企业实行"税利分流、税后还贷、税后承包"的试点办法》，规定盈利企业一律按 33% 的比例税率向国家交纳所得税，所得税后利润应当上交国家的部分，实行承包等各种形式的分配办法。

6. 分税制下国有企业利润分配制度。1993 年 12 月，国务院发布《关于实行分税制财政管理体制的决定》。《决定》提出：根据建立现代企业制度的基本要求，结合税制改革和实施《企业财务通则》《企业会计准则》，合理调整和规范国家与企业的利润分配关系。从 1994 年 1 月 1 日起，国有企业统一按 33% 的税率交纳所得税，取消各种包税的做法。考虑到部分企业上交水平较低的现状，作为过渡办法，增设 27% 和 18% 两档照顾税率。企业固定资产贷款的利息列入成本，本金一律用企业留用资金归还。取消对国有企业征收的能源交通重点建设基金和预算调节基金。逐步建立国有资产投资收益按股分红、按资分利和税后利润上交的分配制度。

至此，一方面，国家作为政权机关和社会管理者，为了实行其政治职能，以政权为依托，向企业这个创造社会物质财富的经济实体征取一般税收；另一方面，国家作为全民所有制企业的资产所有者，为了实现其经济职能，以所有权为依托，参与企业的税后利润分配，取得资产收益，从而理顺和规范了国家与企业的收入分配关系。

（三）转换企业经营机制

为了正确处理国家与企业、职工三者的利益关系，明确企业的责、权、利，推进企业经营机制的转换，让企业逐步成为市场的主体，在规范国家与企业收入分配关系的同时，从试行经济责任制到建立现代企业制度，国家出台了一系列制度和法律法规。

1. 经济责任制。1981 年 4 月，国务院召开全国工业交通工作会议，明确提出建立和实行经济责任制。1981 年 10 月，国务院批转国家经委、国务院体制改革办公室《关于实行工业生产经济责任制若干问题的意见》。1981 年 11 月，国务院批转国家经委、国务院体制改革办公室、国家计委、财政部、劳动总局、人民银行、全国总工会制定的《关于实行工业生产经济责任制若干问题的暂行规定》。1982 年 11

月，国务院批转国家经济体制改革委员会、国家经济委员会、财政部《关于当前完善工业经济责任制的几个问题》。这些文件指出：经济责任制是在国家计划指导下，以提高社会经济效益为目的，实现责、权、利紧密结合的生产经营管理制度。要求企业主管部门、企业、车间、班组和职工，都必须层层明确在经济上对国家应负的责任，建立健全企业的生产、技术、经营管理各项专责制和岗位责任制，为国家提供优质适销的产品和更多积累；要求正确处理国家、企业和职工个人三者利益，把企业、职工的经济责任、经济效果和经济利益联系起来，认真贯彻各尽所能、按劳分配的原则，多劳多得，有奖有罚，克服"吃大锅饭"和平均主义；要求进一步扩大企业经营管理自主权，使企业逐步成为相对独立的经济实体。

2. 国营工业企业暂行条例。为保障国营工业企业的合法权益和正常的生产经营活动，明确其应尽的责任，以加快工业的发展，国务院于 1983 年 4 月颁发了《国营工业企业暂行条例》，规定：企业实行党委领导下的厂长（经理）负责制和党委领导下的职工代表大会制。企业在生产经营活动中实行党委集体领导、职工民主管理、厂长行政指挥的根本原则。企业在生产行政上受直接隶属的主管单位领导。企业的生产经营活动，在国家计划指导下进行，同时发挥市场调节的辅助作用。企业是法人，厂长是法人代表。企业对国家规定由它经营管理的国家财产依法行使占有、使用和处分的权利，自主地进行生产经营活动，承担国家规定的责任，并能独立地在法院起诉和应诉。企业要实行经济责任制，改善经营管理，正确处理国家、企业和职工个人利益的关系。

3. 破产法。为了适应社会主义有计划的商品经济和经济体制改革的需要，促进全民所有制企业自主经营，加强经济责任制和民主管理，改善经营状况，提高经济效益，保护债权人和债务人的合法权益，

1986 年 12 月第六届全国人民代表大会常务委员会第十八次会议通过了《中华人民共和国企业破产法（试行）》（以下简称《企业破产法》），并由中华人民共和国主席令第 45 号公布，自全民所有制工业企业法实施满三个月之日起试行。《企业破产法》规定：本法适用于全民所有制企业。企业因经营管理不善造成严重亏损，不能清偿到期债务的，依照本法规定宣告破产。破产案件由债务人所在地人民法院管辖。人民法院应当自宣告企业破产之日起 15 日内成立清算组，接管破产企业。清算组提出破产财产分配方案，经债权人会议讨论通过，报请人民法院裁定后执行。破产财产优先拨付破产费用后，按照下列顺序清偿：（1）破产企业所欠职工工资和劳动保险费用；（2）破产企业所欠税款；（3）破产债权。破产财产不足清偿同一顺序的清偿要求的，按照比例分配。破产财产分配完毕，由清算组提请人民法院终结破产程序。破产程序终结后，由清算组向破产企业原登记机关办理注销登记。企业被宣告破产后，由政府监察部门和审计部门负责查明企业破产的责任。

4. 承包、租赁暂行条例。为了发展和完善全民所有制工业企业承包经营责任制，转变企业经营机制，增强企业活力，提高经济效益，国务院于 1988 年 2 月发布了《全民所有制工业企业承包经营责任制暂行条例》，规定：承包经营责任制，是在坚持企业的社会主义全民所有制的基础上，按照所有权与经营权分离的原则，以承包经营合同形式，确定国家与企业的责权利关系，使企业做到自主经营、自负盈亏的经营管理制度。实行承包经营责任制，按照"包死基数、确保上交、超收多留、欠收自补"的原则，确定国家与企业的分配关系。承包经营责任制的主要内容是：包上交国家利润，包完成技术改造任务，实行工资总额与经济效益挂钩。交通、建筑、农林、物资、商业、外贸行业的全民所有制企业实行承包经营责任制的，可参照本条例执行。

为完善租赁经营，1988 年 6 月国务院发布了《全民所有制小型工业企业租赁经营暂行条例》，规定：租赁经营是指在不改变企业的全民所有制性质的条件下，实行所有权与经营权的分离，国家授权单位为出租方，将企业有限期地交给承租方经营，承租方向出租方交付租金并依照合同规定对企业实行自主经营的方式。国家授权企业所在地方人民政府委托的部门为出租方，代表国家行使企业的出租权。承租方可以采取下列形式承租企业：（1）个人承租；（2）合伙承租；（3）全员承租；（4）企业承租。租赁期限每届为 3 至 5 年。承租方不得将企业转租。

5. 企业法。为保障全民所有制经济的巩固和发展，明确全民所有制工业企业的权利和义务，保障其合法权益，增强其活力，促进社会主义现代化建设，根据《中华人民共和国宪法》，1988 年 4 月第七届全国人民代表大会第一次会议通过了《中华人民共和国全民所有制工业企业法》，以中华人民共和国主席令第 3 号公布，于 1988 年 8 月 1 日起施行。该法规定：全民所有制工业企业是依法自主经营、自负盈亏、独立核算的社会主义商品生产和经营单位。企业的财产属于全民所有，国家依照所有权与经营权分离的原则授予企业经营管理。企业对国家授予其经营管理的财产享有占有、使用和依法处分的权利。企业依法取得法人资格，以国家授予其经营管理的财产承担民事责任。企业实行厂长（经理）负责制。厂长的产生，除国务院另有规定外，由政府主管部门根据企业的情况采取政府主管部门委任或招聘、企业职工代表大会选举两种方式。厂长是企业的法定代表人。本法的原则适用于全民所有制交通运输、邮电、地质勘探、建筑安装、商业、外贸、物资、农林、水利企业。

6. 转换经营机制条例。为了推动全民所有制工业企业进入市场，增强企业活力，提高企业经济效益，根据《中华人民共和国全民所有制工业企业法》，1992年7月，国务院发布了《全民所有制工业企业转换经营机制条例》，自发布之日起施行。企业转换经营机制的目标是：使企业适应市场的要求，成为依法自主经营、自负盈亏、自我发展、自我约束的商品生产和经营单位，成为独立享有民事权利和承担民事义务的企业法人。企业经营权是指企业对国家授予其经营管理的财产享有占有、使用和依法处分的权利，具体包括14个方面：（1）生产经营决策权；（2）产品、劳务定价权；（3）产品销售权；（4）物资采购权；（5）进出口权；（6）投资决策权；（7）留用资金分配权；（8）资产处置权；（9）联营、兼并权；（10）劳动用工权；（11）人事管理权；（12）工资、奖金分配权；（13）内部机构设置权；（14）拒绝摊派权。该条例明确规定，企业财产属于全民所有，即国家所有，国务院代表国家行使企业财产的所有权。本条例的原则适用于其他全民所有制企业。

7. "两则"。发展社会主义市场经济，迫切需要改革财务会计制度。1992年12月，经国务院批准，财政部以部长令的形式发布《企业财务通则》和《企业会计准则》（简称"两则"），于1993年7月1日起施行。由于在会计年度中期施行，带来了资料不可比和调账的问题，但也反映了为发展社会主义市场经济而只争朝夕的急迫心情。"两则"是我国财务会计改革史上的重大举措，是模式性转换。它与原来的财务会计制度相比，有以下突破：（1）对所有企业财务会计制度进行了统一规范；（2）实行资本保全原则，建立企业资本金制度，明确了产权关系；（3）改革固定资产折旧制度，促进企业技术进步；（4）改革成本计算的完全成本法，采用制造成本法；（5）允许企业计提坏账准备金等，体现国际通行的会计稳健原则；（6）采用国际通行的会计等式和报表体系，以"资产＝负债＋所有者权益"取代了传统的"资金来源＝资金占用"的会计等式，企业对外报告的财务会计报表改为资产负债表、损益表等，使财务会计信息成为国际通用商业语言。

8.公司法。为了适应建立现代企业制度的需要，规范公司的组织和行为，保护公司、股东和债权人的合法权益，维护社会秩序，促进社会主义市场经济的发展，根据宪法，1993 年 12 月第八届全国人民代表大会常务委员会第五次会议通过了《中华人民共和国公司法》（以下简称《公司法》），以中华人民共和国主席令第 16 号发布，于 1994 年 7 月 1 起施行。《公司法》所称公司是指依照本法在中国境内设立的有限责任公司和股份有限公司。公司股东作为出资者按投入公司的资本额享有所有者的资产收益、参与重大决策和选择管理者等权利。公司享有由股东投资形成的全部法人财产权，依法享有民事权利，承担民事责任。公司以其全部法人财产，依法自主经营，自负盈亏。公司实行权责分明、管理科学、激励和约束相结合的内部管理体制。设立公司必须依照本法制定公司章程。

从放权让利到转机建制，是国有企业改革的一次重大飞跃。以上一系列制度、法律法规，有力地促进了国有企业由政府的附庸逐步成为相对独立的经济实体，最后成为市场的主体。市场经济的一个主要特征是法制经济，《企业破产法》《企业法》《公司法》等重大法规，为国有企业建立现代企业制度提供了强有力的法律保障。

（四）实施国有企业改革攻坚战

1997 年 9 月党的十五大明确提出，要通过三年的努力，力争到 20 世纪末使大多数国有大中型骨干企业初步建立现代企业制度，使大多数国有大中型亏损企业摆脱困境，从而打响了国有企业改革攻坚战。

按照党的十五大精神，要坚持社会主义市场经济的改革方向，使改革在一些重大方面取得新的突破。要调整和完善所有制结构。公有制为主体、多种所有制经济共同发展，是我国社会主义初级阶段的一项基本经济制度。一切符合"三个有利于"的所有制形式都可以而且应该用来为社会主义服务。

要全面认识公有制经济的含义。公有制经济不仅包括国有经济和集体经济，还包括混合所有制经济中的国有成分和集体成分。公有制实现形式可以而且应当多样化。一切反映社会化生产规律的经营方式和组织形式都可以大胆利用。

要把国有企业改革同改组、改造、加强管理结合起来。实行鼓励兼并、规范破产、下岗分流、减员增效和再就业工程，形成企业优胜劣汰的竞争机制。要建立社会保障体系，完善失业保险和社会救济制度，提供最基本的社会保障。

1999 年 9 月，党的十五届四中全会通过的《中共中央关于国有企业改革和发展若干重大问题的决定》再次强调：国有企业是我国国民经济的支柱。国有企业改革是整个经济体制改革的中心环节。搞好国有企业的改革和发展，是实现国家长治久安和保持社会稳定的重要基础。从战略上调整国有经济布局，要同产业结构的优化升级和所有制结构的调整完善结合起来，坚持有进有退，有所为有所不为。

几年来，全省各级财政部门在省委、省政府的正确领导下，充分发挥财政职能作用，支持打好国有企业改革攻坚战，大力推进工业化进程，经济体制改革全面推进，社会主义市场经济体制初步建立；国有大中型企业建立现代企业制度的改革取得重大进展，企业扭亏增盈成效显著。全省国有及国有控股工业企业 1999 年整体扭亏为盈，2000 年实现净利润 14.47 亿元，基本实现了三年改革与脱困的阶段性目标。2001 年，国有及国有控股工业企业保持了持续、快速、健康发展的良好势头，实现净利润 28.59 亿元，实现了"十五"计划的良好开局。规模以上工业实现利润从 1997 年净亏损 1.22 亿元到 2002 年实现利润 70 亿元，其中国有控股工业企业实现利润从 1997 年净亏损 11.92 亿元到 2002 年实现利润 41.59 亿元，为全省经济增长、财政增收作出了重大贡献。

（五）深化国有资产管理体制改革

为了将国有资产管理从政府的社会管理职能和一般经济管理职能中分离出来，自 1988 年开始，从中央到地方逐级成立了国有资产管理专门机构，曾经形成了一个比较完整的国有资产管理体系。但由于改革不配套，国有资产管理机构与各有关方面的关系一直没有理顺，管理机制不健全，管理职能未落实，导致从 1998 年的国家机构改革到 2002 年的市县机构改革，国有资产管理机构被取消，有关职能并入财政部门。

党的十六大报告指出："国家要制定法律法规，建立中央政府和地方政府分别代表国家履行出资人职责，享有所有者权益，权利、义务和责任相统一，管资产和管人、管事相结合的国有资产管理体制。"2003 年 4 月，国务院批准了国务院国有资产监督管理委员会的主要职责、内设机构和人员编制。2003 年 5 月，国务院公布了《企业国有资产监督管理暂行条例》。

按照党的十六大精神，必须根据国家的统一安排部署，深化我省国有资产管理体制改革，建立管资产和管人、管事相结合的新体制。一是要成立统一的国有资产管理机构，对原来分散在各个部门的出资人职能进行整合和归并，实行统一管理，专门行使国有资产收益、资产处置、重大决策和选择经营者等权利，从而实现权利、义务和责任相统一。二是要充分发挥省和市州两个积极性，建立省和市州"两级政府、两级管理"的体制，对全省经济发展有重大影响、前后关联度高、属于支柱产业的重点国有企业，涉及全省的重大基础设施和重要自然资源以及国家规定的有关国有资产，由省级国有资产管理部门代表国家履行出资人职责。三是要继续探索有效的国有资产经营体制和方式，正确处理政府和国有资产管理机构的关系，明确界定国有资产管理机构、国有资产营运主体和企业之间的权利和责任，防止新的国有资产管理机构包揽一切，对企业生产经营活动进行不适当干预。严格执行国有资产管理法律法规，坚持政企分开，实现所有权和经营权分离，使企业自主经营、自负盈亏，实现国有资产保值增值。

（六）坚持国有企业改革的正确方向

党的十六大提出：根据解放和发展生产力的要求，坚持和完善公有制为主体、多种所有制经济共同发展的基本经济制度。第一，必须毫不动摇地巩固和发展公有制经济。第二，必须毫不动摇地鼓励、支持和引导非公有制经济的发展。第三，坚持公有制为主体，促进非公有制经济发展，统一于社会主义现代化建设的进程中，不能把二者对立起来。

国有企业改革是整个经济体制改革的中心环节。不坚决推进改革，国有企业就没有出路，整个经济体制改革就难以深入。党的十一届三中全会以来，国有企业改革不断推进，特别是近五年国有企业改革取得了突破性的进展。

深化国有企业改革，不可避免地要涉及国有经济布局的调整。坚持和完善以公有制为主体、多种所有制经济共同发展，是党和国家在改革实践中确立的社会主义初级阶段的基本经济制度。在调整所有制结构中，我们必须坚持基本经济制度，要按照党的十六大提出的两个"毫不动摇"，把巩固和发展公有制经济与鼓励、支持和引导非公有制经济发展，统一于社会主义现代化建设的进程中。

国有经济是公有制经济的重要组成部分，是国民经济的支柱，必须发展壮大国有经济。国有经济控制国民经济命脉，对于发挥社会主义制度的优越性，增强我国的经济实力、国防实力和民族凝聚力，具有关键性作用。

深化国有企业改革，是为了搞活国有企业，增强国有经济的控制力和竞争力，发挥国有经济的主导作用。那种所谓"国退民进"等提法，把发展公有制经济与非公有制经济对立起来，不符合两个"毫不动摇"的要求。这是重大的原则问题，不能动摇犹豫。

国有经济布局调整是一项重大而严肃的工作，涉及众多企业的命运和广大职工的切身利益，必须坚持有进有退、有所为有所不为的方针，积极稳妥，有序推进。一些国有企业由于种种原因需要从一般竞争性行业中退出，但并不等于所有国有企业不分大小强弱、资产优劣、经营好坏，都要从一般竞争性领域退出，而是要有进有退，集中力量，加强重点，因企制宜，根据企业的不同情况，实行优胜劣汰、有进有退的调整，做到进而有为、退而有序，抓大要强、放小要活。

继续深化国有企业改革，大力推进企业的体制、技术和管理创新，促进国有企业发展，是贯彻党的十六大精神的重要方面，是国民经济持续快速健康发展的重要保证。在全面建设小康社会的进程中，国有经济将继续迸发活力，作出新的更大的贡献。

二、国有企业改制的基本情况和主要政策

（一）国有企业改制的基本情况

1. 建立现代企业制度全面推进。国有企业建制试点从 1994 年开始，全国选择 100 户企业率先试点，我省第一批确定了 55 户企业进行试点，1998 年建制工作全面铺开。目前，全省 241 户中一以上的地方国有大中型骨干企业基本实行了公司制改制，其中 82% 的企业实现了产权多元化。通过建制取得了五个方面的成效：一是公司制框架基本建立；二是经营机制开始转变；三是增资减债取得进展；四是分离办社会职能开始起步；五是经济效益明显提高。

2. 推进联合兼并、资产重组，大公司、大集团战略成效显著。几

年来，通过联合兼并、资产重组，省本级已组建了 40 个大型企业集团，其中 25 家实行了授权经营。

3. 全面放开中小企业。我省对中二以下的企业实行了多种形式的放开搞活，主要形式有股份制、股份合作制、兼并联合、拍卖、租赁承包、依法破产等。目前，以产权制度改革为突破口、以调整两个关系（产权关系和劳动关系）为重点的中小企业改革在全省全面实行。县属企业已基本完成，常德、怀化等市属企业也基本完成，其他市州明年可基本完成。已有一半的中小企业退出国有行列。

4. 结构调整取得重大突破。主要表现在三个方面：一是加大了劣势企业依法破产退出市场的力度。从 1994 年实施关闭破产至今，全省累计有 944 户国有工业企业实施了关闭破产。二是实施债转股。2000 年以来，国家相继批准我省实施债转股企业 26 户，涉及转股金额 108 亿元，债转股企业平均资产负债率由 77% 下降到 57%，降低20 个百分点。三是淘汰"五小"企业。累计关闭"五小"企业 3800 户，压缩小煤矿生产能力 2000 万吨、小钢铁生产能力 140 万吨、小水泥生产能力 600 万吨，淘汰落后棉纺 29 万锭。

（二）国有企业改制的主要政策

1. 企业公司制改建有关国有资本管理与财务处理规定。为了适应建立现代企业制度的需要，促进国有经济结构调整，规范企业在公司制改建中有关国有资本管理与财务处理的行为，财政部于 2002 年7 月印发了《企业公司制改建有关国有资本管理与财务处理的暂行规定》。该文件所称公司制改建，仅指国有企业经批准改建为有限责任公司或股份有限公司。文件规定的主要内容有以下几点：

（1）资产清查。改建企业应当对各类资产进行全面清查登记，对各类资产以及债权债务进行全面核对查实，编制改建日的资产负债表及财产清册。在资产清查中，对拥有直接控制权的长期投资，应当延伸清查至被投资企业。资产清查的结果由国有资本持有单位委托中介机构进行审计。委托中介机构所发生的费用由改建企业支付。

（2）资产评估。企业实行公司制改建，国有资本持有单位应当按照有关规定委托具有相应资格的评估机构，对改建企业所涉及的全部资产，按照《国有资产评估管理办法》（1991 年 11 月 16 日国务院令第 91 号）、《国有资产评估管理若干问题的规定》（2001 年 12 月 31 日财政部令第 14 号）等有关规定进行评估。资产评估结果是国有资本持有单位出资折股的依据，自评估基准日起一年内有效。企业超过有效期未能注册登记，或者在有效期内被评估资产发生重大变化的应当重新进行评估。

（3）资产处置和股权设置。企业实行公司制改建，不得将国有资本低价折股或者低价转让给经营者及其他职工个人。企业实行公司制改建的股权设置方案，应当由国有资本持有单位制定；在存在两个或者两个以上国有资本持有单位的情况下，应当由具有控制权的国有资本持有单位会同其他的国有资本持有单位协商制定。经批准实行内部职工持股的企业，不得为个人认购股份垫付款项，也不得为个人贷款提供担保。

（4）土地处置。企业实行公司制改建，对占有的国有划拨土地应当进行评估并按照土地主管机关的规定履行相关手续后，区别以下情况处理：采取作价入股方式的，评估后将国有土地使用权作价投资，随同改建企业国有资本一并折股，增加公司制企业的国有股份；采取出让方式的，由公司制企业购买国有土地使用权，按照规定支付土地使用权出让金；采取租赁方式的，由公司制企业租赁使用，按照规定支付租金。

（5）债权债务处理。改建企业清理的各项债权债务，应当确定债权债务承继关系，并与债权人或者债务人订立债务保全协议。企业实行公司制改建时，经批准或者与债权人协商，可以实施债权转为股权。改建企业通过充分协商，债权人同意给予全部豁免或者部分豁免的债务，应当转作资本公积。改建企业账面原有的应付福利费、职工教育经费余额，仍作为流动负债处理，不得转为职工个人投资。因医疗费超支产生的职工福利费不足部分，可以依次以公益金、盈余公积金、资本公积金和资本金弥补。改建企业账面原有应付工资余额中欠发职工工资部分，在符合国家政策、职工自愿的条件下，依法扣除个人所得税后可转为个人投资。不属于欠发职工工资的应付工资余额，作为工资基金使用，不得转为个人投资。改建企业未退还的职工集资款、欠缴的社会保险费，应当以现有资产清偿。在符合国家政策、职工自愿的条件下，也可将未退还的职工集资款转作个人投资。

（6）国家财政性资金的处理。改建企业原由国家财政专项拨款、其他各类财政性资金投入以及实行先征后返给企业的税收等，按照规定形成资本公积的，应当计入国有资本。对其中尚未形成资本公积而在专项应付款账户单独反映的部分，继续作为负债管理，形成资本公积后作为国家投资单独反映，以后年度按规定程序转增国有股份。公司制企业享受国家财政扶持政策，收到财政拨给的资本性补助资金按照前款规定执行。

（7）职工经济补偿。在公司制改建过程中，企业依照国家有关规定支付解除劳动合同的职工的经济补偿金，以及为移交社会保障机构管理的职工一次性缴付的社会保险费，可以从改建企业净资产中扣除或者以改建企业剥离资产的出售收入优先支付。企业支付的经济补偿金，所在地县级以上人民政府有规定标准的，按照规定执行；没有规定标准的，按照原劳动部印发的《违反和解除劳动合同的经济补偿办法》（劳部发〔1994〕481号）规定执行（在本单位工作的时间每满一年，发给相当于一个月工资的经济补偿金）。

2.国有大中型企业主辅分离辅业改制分流安置富余人员实施办法。为推进国有及国有控股大中型企业主辅分离，辅业改制，分流安置富余人员，省经贸委、省财政厅等 9 部门于 2003 年 6 月印发了《湖南省国有大中型企业主辅分离辅业改制分流安置富余人员的实施办法》。主要内容有：

（1）优惠政策。经有关部门认定，税务机构审核，在 2005 年底前可享受三年内免征企业所得税的政策。

（2）资产处置。改制分流过程中涉及资产定价、损失核销、产权变更等有关国有资本管理与财务处理的事项，按照《企业公司制改建有关国有资本管理与财务处理的暂行规定》办理。

（3）债权债务关系。改制分流企业原为独立法人的，要继续承担和落实原有的债权债务关系；从原主体企业分立重组的改制分流企业，按商定的比例承担债务。

（4）劳动关系的处理。对进入改制分流企业的人员，原主体企业要依法与其解除劳动合同，并支付经济补偿金。省属企业经济补偿金的标准为：每工作 1 年付给 1 个月相当于本企业所在市在岗职工上年月平均工资的补偿费。

3.鼓励民营企业参与国有企业改革。根据省委、省政府《关于加快民营经济发展的决定》（湘发〔2003〕7 号），省财政厅、省国税局、省地税局印发了《关于加快民营经济发展的决定的实施意见》（湘财企〔2003〕17 号），规定民营企业兼并、收购国有和集体企业，原企业应享受的定期减免企业所得税优惠，未享受期满的，可继续享受至期满；收购、兼并后，其生产经营业务范围仍符合所得税优惠政策规定的，可承继其原企业所得税优惠待遇。

4.深化转制科研机构产权制度改革。2003 年 2 月，国务院办公厅转发了国务院体改办等 4 部门提出的《关于深化转制科研机构产权制度改革的若干意见》(国办发〔2003〕9 号),规定转制科研机构要根据自身特点,依法进行以公司制为主要形式的企业改制。

三、湖南工业基本情况及促进工业改革发展的政策措施

(一)湖南工业基本情况

1. 湖南工业有一定的发展。近 5 年来,我省经济有一定的发展,国内生产总值从 1997 年的 2918.83 亿元增加到 2002 年的 4340.94 亿元,跨过 4000 亿元台阶,年均增长 8.26%。全部工业增加值由 1997 年的 1019.67 亿元增加到 2002 年的 1440.8 亿元,年均增长 7.16%。规模以上工业实现利润从 1997 年净亏损 1.22 亿元到 2002 年实现利润 70 亿元,其中国有控股工业企业实现利润从 1997 年净亏损 11.92 亿元到 2002 年实现利润 41.59 亿元,为全省经济增长、财政增收作出了重大贡献。财政收入由 1997 年的 254.98 亿元增加到 2002 年的 413.9 亿元,年均增长 10.17%。

2. 产业结构有所变化。从 1999 年起,省本级每年安排 3 亿元高新技术产业发展引导资金,支持高科技产业发展和"标志性工程"建设,有效地推动了工业化进程,促进了经济结构调整。5 年来,第一产业比重下降 9.8 个百分点,第二产业比重上升 2.6 个百分点,第三产业比重上升 7.2 个百分点。2002 年,我省三次产业结构为 19.5∶40∶40.5,经济结构正在发生积极变化。

3. 企业关闭破产力度逐步加大。从 1994 年实施关闭破产至今,全省累计有 944 户国有工业企业实施了关闭破产,其中列入全国破产工作计划的有 125 户,涉及职工 33 万人,资产 120 亿元,依法消除债务 175 亿元,其中核呆 95 亿元。有 819 户企业实施了依法破产。

经全国企业兼并破产和职工再就业工作领导小组批准立项,在省委、省政府的高度重视和具体指导协调下,2001 年,中央下放的煤

炭企业有涟邵矿务局的斗笠山、朝阳、桥头河、芦茅江 4 个煤矿，资兴矿务局的杨梅山、宇字、唐洞 3 个煤矿实施破产，中央财政一次性补助 7 矿破产缺口资金 85840 万元，加上省财政从中央财政下划的 7 矿亏损补贴中一次性安排 3 年的补贴款 12762 万元用于职工安置，共补助资金 98602 万元。2000 年 10 月启动破产，2001 年 6 月破产终结。

2001 年 8 月起，株洲汽车制造厂实施关闭破产，中央财政一次性补助资金缺口 7456 万元，破产的组织实施由株洲市政府负责，补助资金全额划拨给株洲市。

2002 年，中央下放的有色金属企业有潘家冲铅锌矿、湘东钨矿、桃林铅锌矿、川口钨矿、香花岭锡矿、汝城钨矿、新晃中兴总公司 7 个矿山企业实施关闭破产，中央财政一次性补助 7 矿破产资金缺口 59034 万元，加上省财政从中央下划的 7 矿亏损补贴中一次性安排 3 年补贴款 13740 万元用于职工安置，共补助资金 72774 万元。

2003 年，中央下放的核工业 712 矿实施关闭破产，中央财政一次性补助 10273 万元，加上省财政从中央下划的亏损补贴中一次性安排 3 年补贴款 5178 万元用于职工安置，共补助资金 15451 万元。

省财政从 2001 年开始安排关闭破产补助资金。根据省经贸委、省财政厅、省劳动和社会保障厅于 2001 年 8 月 8 日与湘潭市政府签订的《关于湖南电线电缆集团公司分立重组破产和湘潭纺织印染厂破产后移交湘潭市管理问题的商谈纪要》，省财政安排 8860.42 万元资金，妥善解决了两厂的破产遗留问题；根据省经贸委、省财政厅、省劳动和社会保障厅于 2003 年 5 月 14 日与株洲市政府签订的《关于原株洲钢厂、原湘华机械厂、株洲苎麻纺织印染厂破产后移交株洲市管理问题的协议》，省财政安排 11500 万元用于解决 3 厂的破产遗留问题。

（二）存在的主要问题

1. 工业化水平不高。改革开放以来，当全国工业进入快速发展的时候，湖南工业没有跟上全国发展的步伐。与全国平均水平特别是发达地区相比，我省工业发展还有明显差距，主要是工业规模不大，实力不强，结构不优，后劲不足。1979—2000 年，湖南工业增加值年均增长 11.3%，比全国平均水平低 0.3 个百分点，比安徽、江西、河南分别低 2.9、2.9、1.7 个百分点，比广东、江苏分别低 6.0 和 2.7 个百分点。湖南工业增加值占全国的比重明显低于 GDP 和人口占全国的比重。1999 年湖南工业增加值占全国工业增加值的比重为 3.14%，而 GDP 和人口占全国的比重分别为 4.14% 和 5.19%。人口占全国比重与湖南相差不多的广东、江苏工业增加值占全国的比重分别高达 10.6% 和 9.69%。2001 年，我省工业增加值占全国的比重为 3.1%（呈下降趋势），而广东、山东、浙江、上海等省市工业增加值占全国的比重分别为 11.1%、10.4%、7.3% 和 5%。2001 年我省工业增加值占全省 GDP 的比重为 33%，而广东、山东、浙江、上海等省市工业增加值占 GDP 的比重分别为 44.5%、43.4%、46% 和 42.8%。

工业增长速度相对偏慢，工业化程度相对偏低，导致改革开放以来湖南经济总量在全国位次下降（由第 11 位降到第 12 位），人均 GDP 占全国人均 GDP 的比重下降（由 1979 年的 82.3% 下降到 1999 年的 78.1%）；导致湖南人均 GDP 水平由改革开放初比江西、安徽、河南高，转为比它们低，与浙江、江苏、广东等沿海省市的差距成倍扩大。

工业发展滞后，也直接影响了湖南的财政实力。近几年来，尽管湖南财政收入增长势头良好，但财政实力相对较弱，主要表现在两个方面：一是湖南财政收入占 GDP 的比重整体呈下降趋势，低于全国财政收入占 GDP 的比重；二是湖南财政收入增长速度自 1993 年达到顶峰后逐年递减，1995 年以来的增长速度低于全国水平，收入增长的难度越来越大。

2. 非公有制经济发展缓慢。2002 年，我省个体工商户为 85.8 万户，比广东少 89.5 万户，比江苏少 71.5 万户，比浙江少 67.1 万户。从私营企业个数看，2002 年江苏为 28.6 万户、浙江为 24.7 万户，而我省只有 3.8 万户。我省注册资本 1000 万元以上的私营企业为 531 户，亿元以上的私营企业为 3 户。而浙江注册资本在 1000 万元以上的私营企业达 3348 户，亿元以上的私营企业为 63 户。2002 年，我省私营企业总户数、注册资本在全国分别排第 19 位和第 17 位。

3. 企业社会负担重。由于地方财政困难，企业所办学校、医院等社会职能机构分离工作难以推动。据省经贸委统计，全省企业办学校 1200 多所，在校学生 45 万人，教职工 3.5 万人，企业每年负担的费用约 6 亿元。

4. 劣势企业关闭破产的任务重。省属企业需要破产的还有湘潭锰业集团有限公司、青山硫铁矿、漠滨金矿、隆回金矿、谭家山煤矿二井、煤炭坝跃进矿、辰溪煤矿、群力煤矿、新生煤矿、车江铜矿、铜山岭有色矿、桃江锰矿、湘东铁矿等 13 户企业和资源枯竭矿山，据省经贸委提供的资料和有关企业的破产预案，共需关闭破产补助资金 6.35 亿元，其中湘潭锰业集团有限公司需 1.59 亿元。

（三）促进企业改革发展的主要政策措施

1. 大力推进工业化进程。省第八次党代会提出"要以加快发展为主题，大力推进工业化进程，促进农业大省向经济强省的转变"。2001 年 12 月，省委、省政府下发了《关于大力推进工业化进程的决定》，明确提出：

（1）各级政府要安排企业破产资金，并纳入财政预算。今明两年要全面完成分离企业办社会职能的任务，按照分级负责的原则，统筹解决企业办社会职能移交问题。

（2）加大技术改造和技术开发资金的投入。"十五"期间技术改造投资年均递增20%，科研开发费用占GDP的比重达1%，科技三项费用占当年财政预算2%以上。

（3）各级财政要逐步增加财政贴息资金、技术改造资金和财政转移支付，支持工业结构调整，扶持重点产业和特色产品。各部门用于工业发展的资金、高新技术引导资金及其他增量资金要捆绑使用，集中支持工业"标志性工程"。

（4）精心筛选一批工业和高新技术产业项目，争取国家重点专项和技改贴息的支持。

（5）鼓励通过出售、拍卖、转让、兼并、减持国有股等多种方式盘活国有资产，搞好资本营运。企业改制和资本运作的国有资产收入（含土地）由财政单独列账，全部用于工业发展。

（6）按照"政府扶持资金、两级担保网络、市场机制运作、扶持成长性企业"的基本框架，在两年内建立省、市两级中小企业信用担保机构。

2.加快民营经济发展。2003年6月，省委、省政府下发了《关于加快民营经济发展的决定》，提出了以下财税措施：

（1）各市州、县市区都要积极组建政府出资引导或企业互助性会员制和自然人合股等多种形式的中小企业信用担保机构。省财政从2003年起连续5年每年安排2000万元，设立专门账户，建立中小企业信用担保风险补偿资金。

（2）从2003年起，省农业产业化龙头企业贴息资金、乡镇企业发展资金主要用于支持民营企业发展，逐年提高省工业技改资金、高新技术产业引导资金支持民营经济项目比重。

（3）对民营企业收购、兼并、参股或租赁国有、集体企业，享受国有和集体企业改革各项税收优惠政策。

3. 支持工业发展的具体政策措施。

（1）对卷烟企业继续实行"两税"增收返还的政策；对长沙、常德卷烟厂的技术改造项目，执行省重点工程的税费优惠政策；对长沙、常德卷烟厂兼并小厂，采取保地方财政既得利益的办法。

（2）省财政 2002—2005 年每年筹措 5000 万元资金，专项支持华菱集团的重点技术改造项目，促进华菱集团尽快进入全国 50 强。

（3）落实中央下放企业的财税优惠政策。对有色企业，从 2002 年起，缴纳的企业所得税，以 2001 年省财政实返的 3448 万元作为财政专项补助基数，基数内按实际缴纳的企业所得税补助，专项用于解决有色金属困难企业的问题。中央下放的煤炭企业以 122 万元企业所得税为基数作为补助。长丰集团继续享受免缴企业所得税的优惠政策。中央下划有色金属企业的 10500 万元亏损补贴资金、606 万元挖潜改造资金，煤炭企业的 19761 万元亏损补贴资金全部用于中央下放企业。

（4）省财政从 2003 年起连续 5 年每年安排 2000 万元，设立专门账户，建立中小企业信用担保风险补偿资金。在省经贸委管理的技改资金 10520 万元的基础上，省政府决定新增工业技改资金 4000 万元。

（5）预算安排科技三项费用 7875 万元，其中省科技厅 6952 万元。

企业重组清算 *

（2006 年 12 月）

一、企业通过改制、产权转让、合并、分立、托管等方式实施重组，对涉及资本权益的事项，应当由投资者或者授权机构进行可行性研究，履行内部财务决策程序，并组织开展以下工作：

（一）清查财产，核实债务，委托会计师事务所审计。

（二）制订职工安置方案，听取重组企业的职工、职工代表大会的意见或者提交职工代表大会审议。

（三）与债权人协商，制订债务处置或者承继方案。

（四）委托评估机构进行资产评估，并以评估价值作为净资产作价或者折股的参考依据。

（五）拟订股权设置方案和资本重组实施方案，经过审议后履行报批手续。

二、企业采取分立方式进行重组，应当明晰分立后的企业产权关系。

企业划分各项资产、债务以及经营业务，应当按照业务相关性或

---

* 本文为《企业财务通则》第七章，由作者编写。《企业财务通则》，中华人民共和国财政部令第 41 号，2006 年 12 月 4 日公布。

者资产相关性原则制订分割方案。对不能分割的整体资产，在评估机构评估价值的基础上，经分立各方协商，由拥有整体资产的一方给予他方适当经济补偿。

三、企业可以采取新设或者吸收方式进行合并重组。企业合并前的各项资产、债务以及经营业务，由合并后的企业承继，并应当明确合并后企业的产权关系以及各投资者的出资比例。

企业合并的资产税收处理应当符合国家有关税法的规定，合并后净资产超出注册资本的部分，作为资本公积；少于注册资本的部分，应当变更注册资本或者由投资者补足出资。

对资不抵债的企业以承担债务方式合并的，合并方应当制定企业重整措施，按照合并方案履行偿还债务责任，整合财务资源。

四、企业实行托管经营，应当由投资者决定，并签订托管协议，明确托管经营的资产负债状况、托管经营目标、托管资产处置权限以及收益分配办法等，并落实财务监管措施。

受托企业应当根据托管协议制订相关方案，重组托管企业的资产与债务。未经托管企业投资者同意，不得改组、改制托管企业，不得转让托管企业及转移托管资产、经营业务，不得以托管企业名义或者以托管资产对外担保。

五、企业进行重组时，对已占用的国有划拨土地应当按照有关规定进行评估，履行相关手续，并区别以下情况处理：

（一）继续采取划拨方式的，可以不纳入企业资产管理，但企业应当明确划拨土地使用权权益，并按规定用途使用，设立备查账簿登记。国家另有规定的除外。

（二）采取作价入股方式的，将应缴纳的土地出让金转作国家资本，形成的国有股权由企业重组前的国有资本持有单位或者主管财政机关确认的单位持有。

（三）采取出让方式的，由企业购买土地使用权，支付出让费用。

（四）采取租赁方式的，由企业租赁使用，租金水平参照银行同期贷款利率确定，并在租赁合同中约定。

企业进行重组时，对已占用的水域、探矿权、采矿权、特许经营权等国有资源，依法可以转让的，比照前款处理。

六、企业重组过程中，对拖欠职工的工资和医疗、伤残补助、抚恤费用以及欠缴的基本社会保险费、住房公积金，应当以企业现有资产优先清偿。

七、企业被责令关闭、依法破产、经营期限届满而终止经营的，或者经投资者决议解散的，应当按照法律、法规和企业章程的规定实施清算。清算财产变卖底价，参照资产评估结果确定。国家另有规定的，从其规定。

企业清算结束，应当编制清算报告，委托会计师事务所审计，报投资者或者人民法院确认后，向相关部门、债权人以及其他的利益相关人通告。其中，属于各级人民政府及其部门、机构出资的企业，其清算报告应当报送主管财政机关。

八、企业解除职工劳动关系，按照国家有关规定支付的经济补偿金或者安置费，除正常经营期间发生的列入当期费用以外，应当区别以下情况处理：

（一）企业重组中发生的，依次从未分配利润、盈余公积、资本公积、实收资本中支付。

（二）企业清算时发生的，以企业扣除清算费用后的清算财产优先清偿。

《企业财务通则 — 重组清算》解读 *

（2007 年 3 月）

一、企业重组概述

（一）企业重组的概念

广义的企业重组指的是投资者或投资者授权经营者以企业战略目标为导向，以长期资产和其他资源为对象，以控制权的转移为核心，进行资源的重新组合和优化配置行为。具体地说，它是通过企业改制、产权转让、合并、分立、托管、破产处置等方式进行的企业组织的再造，包括企业资产结构、债务结构和资本结构的调整优化。它是对企业原有的各类资源要素（包括企业本身），按照市场经济规律实施的重新组合。《企业财务通则》所称的企业重组，不包括因关闭、破产而进行的清算。

（二）企业重组的历史背景

企业重组，在西方已有一百多年的历史了。19 世纪末至今，共经历了 5 次大规模的企业重组浪潮。以美国为例，第一次发生在 19 世

---

* 《〈企业财务通则〉解读》第七章，财政部企业司编，中国财政经济出版社 2007 年版。

纪末到 20 世纪初，其特点是横向重组，对提高企业新产品开发能力、产品质量、技术水平和管理水平起了重要作用，构成美国工业的雏形。第二次主要发生在 20 世纪 20 年代，其特点是纵向重组，目的是垄断整个产业。第三次发生在 20 世纪 60 年代，其特点是跨行业重组，即混合重组，产生了许多大型和超大型的跨行业公司，促进了企业管理的发展与现代化的进程。第四次始于 20 世纪 70 年代中期并延续到整个 80 年代，其特点是敌意兼并，且目标公司的规模较大，使美国跨国公司规模日益加大，国际市场竞争力加强。进入 20 世纪 90 年代以来，爆发了第五次也是历史上最大的重组浪潮。其特点是强强联合增加，敌意兼并减少，重组交易额巨大，企业重组更注重战略性和长远利益。此次重组浪潮汹涌澎湃，蔚为壮观，企业并购的平均增长速度大大超过了全球国际直接投资的增长速度。跨国并购迅速成为国际投资的主要方式，在全球市场谋求生存和繁荣，已成为大公司进行跨国并购的首要战略动力，跨国并购特别是涉及大的跨国公司、巨额资金活动重大改组的并购，是经济全球化最明显的特点。2000 年，全球并购交易总额达到了创纪录的 3.4 万亿美元，大体占当年世界经济总量的 1/10 强。

我国的企业重组也经历了两次浪潮。第一次企业重组浪潮，首起案例发生于 1984 年 7 月，保定市纺织机械厂以承担被兼并方全部债权债务的形式，兼并了保定市针织器材厂。随后，企业重组现象在北京、南京、沈阳、无锡、成都、深圳等地陆续出现。据有关部门统计，在整个 80 年代，全国有 6966 家企业被兼并。第二次企业重组浪潮，始于 1992 年，当年仅北京就有 66 家企业被兼并。1993 年，全国有 2900 多家企业被兼并，全国建成 16 家产权交易中心。随着上市公司数量的增多，上市公司重组也逐渐形成热潮。自 1993 年宝安收购延中以来，沪、深两证券交易所上市公司已发生过资产重组上千次，重大股权转让几百次。近几年来，我国并购交易额每年以较高的速度增长，正在成为亚太地区并购交易快速增长的国家。通过兼并收购、重组上市、关闭破产等多种形式，我国经济布局和结构调整取得了积极进展，成效已经显现。涌现了一批具有较强竞争力的大公司、大集团，国有企业股份制改革加快，一批长期亏损、资不抵债的企业和资源枯竭矿山退出了市场，放开搞活了一大批国有中小企业，外资企业和民营企业参与国有企业改组，经济质量和效益不断提高。

（三）企业重组的现状和发展趋势

现阶段，企业重组体现出一些新的特点和发展趋势，重组的企业强强联手，跨国重组的案例越来越多，扩张和收缩并举、重组与日常经营并举、资本重组与组织重组并举。2000年1月，美国在线和时代华纳合并，交易总额高达1840亿美元，成为当时最大的一起并购案。2005年5月，联想以17.5亿美元完成对IBM全球PC业务的收购，成为全球第三大PC厂商。同时，企业重组的方式逐渐多样化，包括协议转让、拍卖、资产剥离与置换、分立、回购、吸收合并、破产重组、托管，等等。可以预见，企业重组的数量和金额会越来越大，方式会越来越多，范围会越来越广。

党的十六届五中全会提出，我国目前正处于改革的攻坚阶段，必须以更大决心加快推进改革，使关系经济社会发展全局的重大体制改革取得突破性进展，形成有利于转变经济增长方式、促进全面协调可持续发展的机制，完善落实科学发展观的体制保障。"十一五"期间，必须把经济结构调整和经济增长方式的转变，作为关系全局的重大任务，主要通过市场作用和必要的宏观引导，进一步打破行业、地区、所有制界限，推动企业改组改造，充分发挥现有企业作用，避免低水平重复生产和建设，发展规模经济，实现规模效益。在改革攻坚阶段，我国经济结构和布局的战略性调整将迈出新的步伐，企业重组的力度将进一步加大，将迎来新一轮企业重组浪潮。

（四）企业重组的作用与意义

1.企业重组是推进我国经济结构战略性调整的重要环节。在经济发展和结构调整中，最有活力的是企业，基础也在于企业，通过企业重组能优化所有制结构，创造出更高的生产效率。

2.企业重组是实现资源有效配置的重要方式。通过企业重组，盘活存量资产，促进生产要素和社会资源优化配置，打破行业壁垒，有利于根据市场要素的变化，及时调整产品结构和产业结构。

3.企业重组有利于建立现代企业制度。重组后的企业应当产权清晰、权责明确、政企分开、管理科学，有利于增强企业活力，提高资产质量、盈利能力和竞争力，为培育有国际竞争力的大公司和企业集团提供条件。

4.企业重组是应对市场竞争的有效方式。处于劣势的企业为了摆脱竞争劣势，以重组为手段摆脱困境。优势企业为了在竞争中处于更有利的地位，采取重组方式实现强强联合，抵御外来压力，增强企业实力。

5.企业重组可以加快技术改造和技术创新。企业重组可以利用高新技术和先进适用技术改造传统产业，可以使企业逐步逼近和掌握核心技术，为企业的持续发展提供源源不断的动力。

二、企业重组的类型及其重大财务事项

《企业财务通则》第五十三条规定：企业通过改制、产权转让、合并、分立、托管等方式实施重组，对涉及资本权益的事项，应当由投资者或者授权机构进行可行性研究，履行内部财务决策程序，并组织开展以下工作：

1.清查财产，核实债务，委托会计师事务所审计。

2.制订职工安置方案，听取重组企业的职工、职工代表大会的意见或者提交职工代表大会审议。

3.与债权人协商，制订债务处置或者承继方案。

4.委托评估机构进行资产评估，并以评估价值作为净资产作价或者折股的参考依据。

5.拟订股权设置方案和资本重组实施方案，经过审议后履行报批手续。

（一）企业重组的类型

1.改制。企业改制是改革企业体制的简称，是将企业从适应计划经济体制需要的传统企业制度，改建成为适应社会主义市场经济体制需要的现代企业制度。企业改制的核心是经营机制的转变和企业制度的创新，实质是调整生产关系以适应生产力发展的需要。

现代企业制度作为一种新的企业制度，能够最大限度地发展和解放生产力，其基本内容包括以下几个方面：

第一，产权清晰、权责明确的企业法人制度。实行现代企业制度，投资者所有权与法人财产权相分离。投资者所有权在一定条件下表现为投资者拥有股权，即以股东身份依法享有资产收益、选择管理者、参与重大决策以及转让股权等权力。法人财产权表现为企业依法享有法人财产占有权、使用权、收益和处分权，以独立的财产对自己的经营活动负责。实行现代企业制度的企业，应当拥有全部法人财产权，并以此享有民事权利，承担民事责任，依法自主经营、自负盈亏，对投资者承担资本保值增值的责任。

第二，政企分开的国有资产监管和营运体制。政企分开就是指政府的社会经济管理职能和国有资产所有者职能分开。企业中的国有资产坚持国家所有，由中央政府和地方政府分别代表国家履行出资人职责，享有所有者权益，权利、义务和责任相统一。企业与政府机构不再存在行政隶属关系，企业不再套用行政级别。

第三，形式多样的企业组织制度。现代企业组织制度的核心是企业财产组织形式。按照市场经济的要求，企业组织形式不是以所有制形式划分的，而是按照财产的组织形式和所承担的法律责任划分的。按财产组织形式划分，企业组织形式通常有独资企业、合伙企业和公司制企业。独资企业和合伙企业属自然人企业，投资者承担无限责任；公司制企业属法人企业，包括有限责任公司和股份有限公司，投资者以出资额为限承担有限责任。国有独资公司是有限责任公司的一种形式，不同于个人独资企业。公司制企业是现代企业组织制度的主要法律形式。

第四，科学的企业管理制度。这是现代企业制度的重要内容，包括企业内部组织领导体制、企业人力资源管理制度、企业内部收入分配制度、企业财务管理制度、企业会计制度、企业民主管理体制和发挥党组织的政治核心作用。

企业改制的形式，主要按照《公司法》改建为有限责任公司和股份有限公司。有限责任公司注册资本的最低限额为人民币3万元，由50个以下股东出资设立。设立股份有限公司应当有2人以上200人以下为发起人，其中须有半数以上的发起人在中国境内有住所。股份有限公司注册资本的最低限额为人民币500万元。

2. 产权转让。即两个以上产权主体就企业的全部或部分产权进行有偿转让的行为。企业产权转让从不同角度分析，有多种方式，如内部转让、对外转让；协议转让、竞价拍卖、招标转让；整体转让、分割转让；重组转让、先破后售。

3. 合并。包括吸收合并和新设合并两种形式。一个企业吸收其他企业后，被吸收的企业解散的，为吸收合并。两个以上企业合并设立一个新的企业，合并各方解散的，为新设合并。企业合并通常是通过兼并和收购（简称并购）来实现的。

兼并是指一家企业购买取得其他企业的产权，使其他企业丧失法人资格或改变法人实体，并取得这些企业决策控制权的经济行为。从这个意义上讲，兼并等同于吸收合并。

收购是指一家企业购买另一家企业的部分或全部资产、股权，以获得对该企业的控制权。收购的经济实质是取得控制权。收购的对象一般有股权和资产两种。股权收购是购买一家企业的股份，收购方将成为被收购方的股东，承担被收购企业的债权债务；而资产收购则仅仅是一般的买卖行为，收购方无须承担被收购方的债务。

4. 分立。即一个企业分成两个或者两个以上企业的经济行为，包括新设分立和派生分立两种方式。新设分立是企业将其全部财产分割后，新设两个或两个以上企业的行为。新设分立后，新企业存续，进行工商登记后取得法人资格；原企业则消亡，其法人资格被取消。派生分立是企业以其财产的一部分设立另一企业的行为。派生分立后，派生的新企业进行工商登记取得法人资格；原企业存续，但原企业有可能因派生出新企业而减少权益资本，当减少注册资本时，应当办理变更注册资本的手续。

5. 托管。即企业投资者（委托人）通过契约的形式，在一定条件和一定期限内，将企业法人财产的部分或全部委托给具有较强经营管理能力，并能够承担相应经营风险的法人（受托人）去有偿经营，以实现企业目标。

与其他企业重组方式相比，企业托管具有以下特点：一是不涉及产权变动，体现的是一种财产委托代理关系；二是体现的是一种以信用为基础的托管关系；三是通常具有过渡性。由于具备这些特点，企业托管往往具有自身优点和作用，主要体现在：第一，受托人不需要支付大量资金取得委托人的资产，可以靠自己拥有的经营管理能力去经营托管企业；第二，程序相对简单，对委托企业产权清晰程度的要求相对较低；第三，企业托管使受托人与委托人之间相互制约，形成外部约束力，避免了企业内部人控制现象；第四，企业托管是有期限的，而且可以根据形势变化终止托管协议，比其他企业重组方式有更大的调整余地，降低了委托人和受托人双方的风险。

（二）企业重组中的重大财务事项

1.清查财产，核实债务，委托会计师事务所进行财务审计。清查财产和核实债务，是企业重组最基本的工作内容。根据财政部印发的《企业公司制改建有关国有资本管理与财务处理的暂行规定》（财企〔2002〕313号），进行改制重组的国有企业，应当对各类资产进行全面清查登记，对各类资产以及债权债务进行全面核对查实，编制改建日的资产负债表及财产清册。在资产清查中，对拥有实际控制权的长期投资，应当延伸清查至被投资企业。资产清查的结果由重组企业的投资者（即国有资本持有单位）委托中介机构进行审计。委托中介机构所发生的费用由重组企业支付。

2.制订和审议职工安置方案。进行企业重组，无论是采取合并、分立，还是其他具体方式，都不可避免地涉及重组企业的职工安置问题。因此，在进行企业重组过程中，要求对重组企业制订职工安置方案。进行企业重组，首先要尽可能地接收原企业的职工，保证社会稳定和再就业。对接收的职工要重新分配工作，进行人员整合，提高企业的凝聚力和工作效率，使人力资本实现最佳组合。

在重组过程中，要依法规范劳动关系。对重组后在新企业就业，企业与之变更或重新签订劳动合同的人员，除非国家另有规定，比如国有大中型企业进行主辅分离辅业改制分流安置富余人员，企业无须支付经济补偿金。对裁减下来的富余人员，原主体企业要依法与其解除劳动合同，并支付经济补偿金。职工个人所得经济补偿金，可在自愿的基础上转为重组企业的等价股权或债权。重组企业要及时为职工接续养老、失业、医疗等各项社会保险关系。

根据国务院办公厅转发的《关于规范国有企业改制工作的意见》（国办发〔2003〕96号），国有企业改制方案和国有控股企业改制为非国有企业的方案，必须提交企业职工代表大会或职工大会审议，充分听取职工意见。其中，职工安置方案需经企业职工代表大会或职工大会审议通过后方可实施改制。

根据《企业国有产权转让管理暂行办法》（2003年国资委、财政部第3号令）的规定，企业国有产权转让方案中应当载明转让标的企业涉及的、经企业所在地劳动保障行政部门审核的职工安置方案；转让企业国有产权导致转让方不再拥有控股地位的，应当附送职工代表大会审议职工安置方案的决议。

3. 与债权人协商，制订债务处置或承继方案。进行企业重组，都面临债务处置的问题。重组企业应当与债权人充分协商，制订债务处置或承继方案，原则上要按照债务随业务、资产走的原则进行债务处置或承接。

根据《公司法》的规定，公司合并时，合并各方的债权债务，应当由合并后存续的公司或者新设的公司承继；公司分立前的债务由分立后的公司承担连带责任。但是，公司在分立前与债权人就债务清偿达成的书面协议另有约定的除外。

此外，对于国有企业的重组，根据《企业国有产权转让管理暂行办法》的规定，企业国有产权转让方案中应当载明转让标的企业涉及的债权债务（包括拖欠职工债务）的处理方案。财政部印发的《企业公司制改建有关国有资本管理与财务处理的暂行规定》还明确要求，改建企业清理核实的各项债权债务，应当按照以下要求确定债权债务承继关系，并与债务人或者债权人订立债务保全协议：一是企业实行整体改建，应当由公司制企业承继原企业的全部债权债务；二是企业实行分立式改建，应当由分立的各方承继原企业的相关债权债务；三是企业实行合并式改建，应当由合并后的企业承继合并前各方的全部债权债务。

对于重组企业账面原有的应付工资余额，根据财政部《关于〈企业公司制改建有关国有资本管理与财务处理的暂行规定〉有关问题的补充通知》（财企〔2005〕12号），属于应发未发职工的工资部分，应予清偿，在符合国家政策、职工自愿的条件下，依法扣除个人所得税后，可转为个人投资；属于实施"工效挂钩"等办法提取数大于实发数的工资基金结余部分，应当转增重组前的资本公积，不再作为负债管理，也不得转为个人投资。账面原有的应付福利费、职工教育经费余额，也一并转增重组前的资本公积；因医疗费超支产生的职工福利费不足部分，可以依次以盈余公积、资本公积和实收资本弥补。

4. 进行资产评估。企业重组时，应根据有关法律法规的规定，由投资者选择并委托有资格的资产评估机构进行资产评估。资产评估按照申请立项、资产清查、评定估算、验证确认等程序进行。企业以及其他利益相关者不得干预资产评估机构独立执行业务。

根据《企业国有产权转让管理暂行办法》的规定，在清产核资和审计的基础上，转让方应当委托具有相关资质的资产评估机构依照国家有关规定进行资产评估。评估报告经核准或者备案后，作为确定企业国有产权转让价格的参考依据。

根据财政部印发的《企业公司制改建有关国有资本管理与财务处理的暂行规定》，企业实行公司制改建，投资者应当按照国家有关规定委托具有相应资格的评估机构，对改建企业所涉及的全部资产，按照《国有资产评估管理办法》（1991年国务院令第91号）、《国有资产评估管理若干问题的规定》（2001年财政部令第14号）等有关规定进行评估。资产评估结果是国有资本持有单位出资折股的依据，自评估基准日起一年内有效。自评估基准日到公司制企业设立登记日的有效期内，原企业实现利润而增加的净资产，应当上缴国有资本持有单位，或经国有资本持有单位同意，作为公司制企业国家独享资本公积管理，留待以后年度扩股时转增国有股份；对原企业经营亏损而减少的净资产，由国有资本持有单位补足，或者由公司制企业用以后年度国有股份应分得的股利补足。企业超过有效期未能注册登记，或者在有效期内被评估资产价值发生重大变化的，应当重新进行评估。

5. 拟订股权设置方案和资本重组实施方案。股权设置是企业重组的重要环节。它是在产权界定的基础上，根据企业重组的要求，按照投资主体的所有制性质设置国家股、法人股、个人股和外资股。股权设置不仅影响企业的资本结构，而且决定企业未来的治理结构，其涉及的核心工作是原企业的净资产折股。

企业资本重组实施方案是企业重组的基本纲领。国有企业、集体企业、产权不清的企业重组时，重组实施方案要经过职工或者职工代表大会批准。在企业资本重组实施方案的基础上，企业要起草重组基本文件。企业重组基本文件包括重组实施方案、发起人协议、可行性研究报告、公司章程和重组申请等。

根据国务院办公厅转发的《关于规范国有企业改制工作的意见》，国有企业改制，包括转让国有控股、参股企业国有股权或者通过增资扩股来提高非国有股的比例等，必须制订改制方案。

按照财政部印发的《企业公司制改建有关国有资本管理与财务处理的暂行规定》，企业实行公司制改建的股权设置方案，应当由国有资本持有单位制定；在存在两个或者两个以上国有资本持有单位的情况下，应当由具有控制权的国有资本持有单位会同其他的国有资本持有单位协商制定。股权设置方案应当载明以下内容：（1）股本总数及其股权结构；（2）国有资本折股以及股份认购；（3）股份转让条件及其定价；（4）其他规定。

企业实行公司制改建，不得将国有资本低价折股或者低价转让给经营者及其他职工个人。企业实行整体改建的，改建企业的国有资本应当按照评估结果全部折算为国有股份，由原企业国有资本持有单位持有，并将改建企业全部资产转入公司制企业。企业实行合并式改建的，经过评估后的净资产折合的国有股份，合并前各方如果属于同一投资主体，应当由原共同的国有资本持有单位一并持有；如果分属不同投资主体，应当由合并前各方原国有资本持有单位分别持有。

三、分立重组的财务管理

《企业财务通则》第五十四条规定：企业采取分立方式进行重组，应当明晰分立后的企业产权关系。

企业划分各项资产、债务以及经营业务，应当按照业务相关性或者资产相关性原则制订分割方案。对不能分割的整体资产，在评估机构评估价值的基础上，经分立各方协商，由拥有整体资产的一方给予他方适当经济补偿。

（一）企业分立的原因

企业分立的原因多种多样，主要有以下几个方面：

1. 提高企业运营效率。企业并不一定越大越好，当企业的规模超过一定的限度，就容易滋生官僚主义，企业运转的灵活性就会受到影响。对过于庞大的企业予以适当的分立，可以使各分立出来的企业发挥"船小好调头"的优势，更好地适应市场，提高企业运营效率。

2. 企业扩张。分立也是企业扩张的一种重要手段。通常情况下，企业整体扩张进入其他经营地区或经营领域难度较大，将企业的一部分分立出去成立新的企业，可以为企业整体进入别的经营地区或经营领域建立"桥头堡"。

3.避免反垄断诉讼。为保护充分竞争,许多国家制定了反垄断法。当企业的规模达到一定程度,其销售额占同行业销售额的比重过大时,就有可能因涉嫌垄断而被起诉,因而被迫进行分立。

4.专业化分工的需要。

(二)明晰企业产权关系

现代企业制度的一个基本特征是产权关系明晰。重组企业的产权应当清晰,对于权属关系不明确或者存在产权纠纷的企业,重组前应当按照国家有关规定进行产权界定或者产权纠纷调处。对于出资证据齐全但尚未明确产权归属关系的,应当由原占有单位按照国家规定补办相应手续。

根据财政部印发的《企业公司制改建有关国有资本管理与财务处理的暂行规定》,企业实行分立式改建的,应当按照转入公司制企业的资产、负债经过评估后的净资产折合为国有股份,并可以由原企业国有资本持有单位持有,也可以由存续企业持有。

(三)办妥债务承继

企业分立前的债务是分立时需要慎重处理的问题,除非取得债权人的同意,否则在清偿债务之前,企业不得分立。新设分立的,被解散企业的债务要分割给各新设企业负担,由新设企业按原定偿债日期或者按其与债权人达成的债务协议还本付息;派生分立的,存续企业的债务可以由老企业独自承担,也可以从存续企业中分出一部分,由派生的新企业偿还。对于企业欠缴的职工社会保险费、税款和尚未归还的债务,根据人员、业务相关性原则,随同资产由分立后的各方承担。即:涉及职工的债务,职工到哪个企业,债务划到那个企业;涉及与业务相关的债务,业务划到哪个企业,与相关的资产一并划到那个企业,并且在分立协议中明确予以规定。无论采用哪一种分立方式,有关各方在签署分立协议时，都应在协议中载明债务分配情况，并通知债权人，与债权人订立债务保全协议。

根据《公司法》的规定：公司分立时，应当编制资产负债表及财产清单。公司应当自作出分立决议之日起 10 日内通知债权人，并于 30 日内在报纸上公告。公司分立前的债务由分立后的公司承担连带责任。但是，公司在分立前与债权人就债务清偿达成的书面协议另有约定的除外。

（四）分割资产和经营业务

企业分立重组，其资产和经营业务应当根据资产相关性和业务相关性的原则进行相应分割。采取新设方式分立的，被解散企业的资产要在新设企业之间进行分割，新设企业之间应签署协议，对资产分割情况做出明确规定。采取派生方式分立的，存续企业要将资产的一部分分割给派生的新企业，也应就资产分割情况签署协议。对不能分割的整体资产，比如专利技术、商标权、机器设备、车辆等，如果其价值分属于分立后的不同企业，需要在评估机构评估价值的基础上，经双方协商，由拥有整体资产的一方给予他方适当经济补偿。

存续企业和分立后的企业之间的业务往来，应当严格按照独立企业之间的业务活动和市场价格结算，不得相互转移收入。存续企业和分立后的企业应当实行人员分开，经营人员不得相互兼职、转嫁工资性费用。

四、合并重组的财务管理

《企业财务通则》第五十五条规定：企业可以采取新设或者吸收方式进行合并重组。企业合并前的各项资产、债务以及经营业务，由合并后的企业承继，并应当明确合并后企业的产权关系以及各投资者的出资比例。

企业合并的资产税收处理应当符合国家有关税法的规定，合并后净资产超出注册资本的部分，作为资本公积；少于注册资本的部分，应当变更注册资本或者由投资者补足出资。

对资不抵债的企业以承担债务方式合并的，合并方应当制定企业重整措施，按照合并方案履行偿还债务责任，整合财务资源。

（一）企业合并的动因

实施企业合并，所追求的目标是创造资本价值。就具体的企业合并行为来说，企业合并的动因主要有以下几个方面：

1. 获取战略机会。合并者的动机之一是获得未来的发展机会。企业决定在某一特定行业扩大经营时，往往采取兼并那个行业中现有企业的战略，而不是依靠自身内部发展。因为兼并一个企业，可以直接获得研发力量，可以获得时间优势，可以减少一个竞争者并直接获得其在行业中的位置。因此，企业合并有利于实现多元化经营，并开展跨国经营。

2. 产生协同效应或合力。企业合并重组的协同效应，表现在合并行为上可产生 1+1>2 的效果，获得规模效益。

3. 提高管理效率。企业合并后，被合并企业的管理制度将被改进和完善，甚至将管理者替换，并使管理者的自身利益与投资者利益更好地协调，从而提高企业管理效率。

（二）资产、债权与债务、经营业务的承继

合并后的企业获得合并前企业的全部资产和经营业务，承担全部债务与责任，同时应明确合并后企业的产权关系以及各投资者的出资比例。

根据《公司法》规定，公司合并，应当由合并各方签订合并协议，并编制资产负债表及财产清单。公司应当自作出合并决议之日起 10 日内通知债权人，并于 30 日内在报纸上公告。债权人自接到通知书

之日起 30 日内，未接到通知书的自公告之日起 45 日内，可以要求公司清偿债务或者提供相应的担保。公司合并时，合并各方的债权债务，应当由合并后存续的公司或者新设的公司承继。

对于国有企业，根据财政部印发的《企业公司制改建有关国有资本管理与财务处理问题的暂行规定》，企业实行合并式改建的，经过评估后的净资产折合的国有股份，合并前各方如果属于同一投资主体，应当由原共同的国有资本持有单位一并持有；如果分属不同投资主体，应当由合并前各方原国有资本持有单位分别持有。企业实行合并式改建，应当由合并后的企业承继合并前各方的全部债权债务，并与债务人或债权人订立债务保全协议。

（三）债务重组

对资不抵债的企业以承担债务方式合并的，实施合并方应当制定企业重整措施，按照合并方案履行偿还债务责任，整合财务资源。其中的重要事项，就是实施债务重组。

债务重组是指债权人按照与债务人达成的协议或法院裁决同意债务人修改债务条件的事项，以及企业的负债通过债权债务责任转移等方式，合理确定企业负债规模及结构的重组行为。其目的是通过合理调整企业的债务规模与结构，提高企业的财务杠杆效应，进而提高企业的经济效益，实现持续经营和资本增值目标。

债务重组大致可以分为两类：一类是非法律措施，包括债权转股权、债务展期、债务减免、债权人控制；另一类是正式财务重整，即破产企业债务重组。其中，债权人控制，指债权人认为企业陷入财务危机是由于经营管理不善，可以通过更换管理人员来解决，则债权人可以通过债权人委员会的形式来接管企业，更换管理人员，控制企业的经营管理。

对资不抵债的企业，如果企业和债权人不能达成和解，企业将可能根据《企业破产法》的规定实施重整或破产清算。作为第三方的合并方，以承担债务方式进行合并的，应当按照合并方案还本付息，并且通过注入资金、盘活资产、债务重组、调整业务、优化资源配置、改进经营管理等措施，使被合并的企业化解财务风险，实现持续经营。

企业实行债务重组，经与债权人协商同意，按照有关协议和章程将其债权转为股权的，企业相应增加实收资本或资本公积；债权人同意给予全部豁免或者部分豁免的债务，不属于企业正常经营所得，应当作为重组收入处理。

（四）办理变更登记

企业在完成合并后，应当使企业的净资产与注册资本相符。如果企业合并后净资产超出注册资本，超出部分作为企业的资本公积；如果净资产少于注册资本，应当变更注册资本或者由投资者补足。企业合并后，登记事项发生变更的，应当依法向企业登记机关办理变更登记，其中国有及国有控股企业应当按规定先行办理国有产权变更登记。

（五）企业合并中资产的税收处理

企业合并过程中，各项资产评估形成的增减值不论如何处理，合并后的企业在缴纳企业所得税时，各项资产不能以企业为实现合并而对有关资产进行评估的价值计价并计提折旧，而应按合并前资产的账面历史成本计价，并在剩余折旧期内按该资产的净值计提折旧。凡合并后的企业在会计核算中，按评估价调整了有关资产账面价值并据此计提折旧的，应在计算应纳税所得额时进行调整，多计部分不能在税前扣除。

五、托管经营财务处理

《企业财务通则》第五十六条规定：企业实行托管经营，应当由投资者决定，并签订托管协议，明确托管经营的资产负债状况、托管经营目标、托管资产处置权限以及收益分配办法等，并落实财务监督措施。

受托企业应当根据托管协议制订相关方案，重组托管企业的资产与债务。未经托管企业投资者同意，不得改组、改制托管企业，不得转让托管企业及转移托管资产、经营业务，不得以托管企业名义或者以托管资产对外担保。

（一）托管经营的一般程序

企业实行托管经营，应当由投资者作出决定，并按以下程序进行：

1. 确定托管标的，托管标的可以是整个企业，也可以是企业中的部分资产。

2. 对托管标的进行资产清查，通过资产评估确认托管资产的价值。

3. 选择受托企业，在充分协商基础上，签订托管经营合同，明确双方权利、义务和托管经营目标、经营策略、风险责任、利益分配、合同变更与终止等合同条款。

4. 履行资产的清点移交和经营管理权交割的法定手续。

5. 实施托管经营，执行托管协议，利润按合同规定的比例分配。

6. 合同期终止，在组织资产清查和审计的基础上，收回托管标的，或续签托管协议。

（二）托管协议的主要内容

在完全具备托管要素的条件下，托管双方必须签订书面协议或者以法律、法规规定的其他方式设立托管关系。

托管协议必须载明以下主要事项：

1. 托管当事人、受益人的名称。

2. 托管企业的资产、负债、经营业务状况，或者托管资产的种类和范围以及与托管资产相对应的负债状况。

3. 托管资产的处置权限。

4. 托管企业筹资权限及偿债责任。

5. 托管经营的目标，托管资产经营收益的分配办法。

（三）托管经营的财务监管

实行托管经营，托管企业的投资者作为委托方，应当制定并落实对受托企业的财务监管措施。要依据合同约定跟踪检查委托经营情况，考核委托经营目标的完成情况，对托管企业的改组、改制、产权转让、对外投资与担保、重要资产的处置等重大事项行使审批权，对托管企业进行必要的审计。

（四）受托企业的义务和责任

1. 搞好资产经营。受托企业应当制订相关方案，根据托管协议的约定，重组托管企业的资产与债务，盘活资产，降低债务风险和负担，加强企业管理，提高经济效益。要调整业务或者产品，积极开拓市场，扩大销售规模。要妥善安置职工，对整体托管经营的，被委托企业的职工原则上由受托企业组织安置；部分托管经营的，企业职工安置由委托方和受托方协商解决。

2. 保全企业资产。被托管企业实际上被受托企业占有和支配，应当由受托企业承担保管义务，保障被托管企业资产的安全，保障被托管企业的合法权益不受侵犯。

受托企业应当根据合同的约定和诚实信用的原则，对托管企业进行托管经营，不得实施有损于被托管企业的行为。未经托管企业投资者同意，受托方不得擅自改组、改制、转让托管企业，不得非法转移托管企业的资产、经营业务或者专有技术等知识产权，不得以托管企业名义或者以托管资产对外担保。受托企业未尽义务而给被托管企业财产造成损失的，受托企业当事人应当负赔偿责任。

3. 提供会计信息。受托企业应当按时向委托方提供被托管企业的资产负债表、利润表、现金流量表等报表。受托企业在托管经营中发生的各项收入、费用的会计核算，按照现行的会计制度执行。属于关联方交易的，应按照关联方交易披露会计信息。

六、企业重组中国有资源的财务处理

《企业财务通则》第五十七条规定：企业进行重组时，对已占用的国有划拨土地应当按照有关规定进行评估，履行相关手续，并区别以下情况处理：

1. 继续采取划拨方式的，可以不纳入企业资产管理，但企业应当明确划拨土地使用权权益，并按规定用途使用，设立备查账簿登记。国家另有规定的除外。

2. 采取作价入股方式的，将应缴纳的土地出让金转作国家资本，形成的国有股权由企业重组前的国有资本持有单位或者主管财政机关确认的单位持有。

3. 采取出让方式的，由企业购买土地使用权，支付出让费用。

4. 采取租赁方式的，由企业租赁使用，租金水平参照银行同期贷款利率确定，并在租赁合同中约定。

企业进行重组时，对已占用的水域、探矿权、采矿权、特许经营权等国有资源，依法可以转让的，比照前款处理。

（一）土地使用权管理的规定

根据《土地管理法》的规定，国家依法实行国有土地有偿使用制度。建设单位使用国有土地，应当以出让等有偿使用方式取得。以出让等有偿使用方式取得国有土地使用权的建设单位，按照国务院规定的标准和办法，缴纳土地使用权出让金等有偿使用费和其他费用后，方可使用土地。

在进一步贯彻落实《国有企业改革中划拨土地使用权管理暂行规定》（1998 年国家土地管理局令第 8 号）的基础上，国土资源部印发

了《关于加强土地资产管理 促进国有企业改革和发展的若干意见》(国土资发〔1999〕433 号)。根据这些规定，国有企业改革时，经土地行政主管部门批准，可以采用不同的土地资产处置方式和管理政策:

1. 在涉及国家安全的领域和对国家长期发展具有战略意义的高新技术开发领域，国有企业可继续以划拨方式使用土地。

2. 对于自然垄断的行业、提供重要公共产品和服务的行业，以及支柱产业和高新技术产业中的重要骨干企业，根据企业改革和发展的需要，主要采用授权经营和国家作价出资（入股）方式配置土地，国家以作价转为国家资本金或股本金的方式，向集团公司或企业注入土地资产。

3. 对于一般竞争性行业，应坚持以出让、租赁等方式配置土地。非国有资本购买、兼并、参股原国有企业时，可将企业原划拨土地评估作价后同其他国有资产一并转为国有股，逐步通过股权转让变现；也可分割出与企业净负债额相当的土地转为出让土地，参与企业整体拍卖和兼并，对剩余土地，购买方或兼并方有优先受让权和承租权。

4. 对承担国家计划内重点技术改造项目的国有企业，原划拨土地可继续以划拨方式使用，也可以作价出资（入股）方式向企业注入土地资产。

对其他采用成熟技术进行产品更新和技术改造的国有企业，可将原使用的划拨土地按出让方式处置，土地收益可暂留企业作为应付账款，全额用于技术改造，并参照技改贷款方式进行管理。

（二）关于企业重组中土地资产的处理

国家土地资产如何处置，是企业重组中的一个比较普遍的重大问题。根据国家有关法律法规和政策规定，结合企业重组的实际情况，在企业重组中，土地资产的处理主要有以下几种方式:

1. 划拨。国有企业重组过程中，经国家批准可在不超过 5 年的期限内继续保留划拨用地。采取划拨方式使用的土地，企业可以不纳入企业资产管理，但应当按规定用途使用，并设立备查账簿登记。对于根据财政部、原国家土地管理局、原国家国有资产管理局下发的《关于认真抓紧做好清产核资中土地清查估价工作的紧急通知》（财清〔1995〕14号），企业通过清产核资，按照土地估价确认价值的50%入账的，继续按照原有规定执行，不需账务调整。

2. 作价入股。在土地估价的基础上，经批准将国有土地使用权作价投资的，应缴纳的土地出让金应当与其他国有净资产一并折股，相应增加重组后企业的国有股份。这部分国有股份，应当由企业重组前的国有资本持有单位或者主管财政机关确认的单位持有。

3. 出让。在实际操作中，根据持有单位的不同，出让方式存在两种不同的形式。一是由重组前的原企业向国家缴纳土地出让金，取得一定年限的国有土地使用权，由该企业以土地使用权向重组后的新企业投资入股。二是由重组后的新企业直接向国家缴纳土地出让金，取得一定年限的土地使用权，土地使用权由使用的企业作为无形资产管理。

4. 租赁。国有企业重组为非国有企业，企业原划拨土地使用权除采取出让方式处置外，也可以采取租赁方式处置。租赁使用土地，由企业按照不低于银行同期贷款利率的水平支付租金，并在租赁合同中约定。

（三）其他国有资源的处理

根据《矿产资源法》《海域使用管理法》等法律法规的规定，国家实行探矿权、采矿权、海域等资源有偿取得制度。此外，还有一些特许经营权，如高速公路边上的广告经营权、药品经营权等特许经营权，也属于国有资源范畴，需实行有偿使用。对于这些可以依法转让的国有资源，企业进行重组时，比照土地使用权处置的方式进行处理。

七、企业重组中劳动债权的清偿

《企业财务通则》第五十八条规定：企业重组过程中，对拖欠职工的工资和医疗、伤残补助、抚恤费用以及欠缴的基本社会保险费、住房公积金，应当以企业现有资产优先清偿。

（一）劳动债权的构成及其成因

劳动债权是企业职工已经付出了劳动，依法应当取得而尚未给予的劳动报酬及其相关福利待遇，包括企业拖欠职工的工资、医疗和伤残补助、抚恤费用及欠缴的基本社会保险费、住房公积金等。

企业形成劳动债权的原因主要有：一是企业经营业务规模小，经济效益差，业务收入不足以补偿各项成本支出；二是企业发生严重的财务危机，现金周转困难，无力及时支付各种费用；三是经营者法制观念淡薄，不严格执行国家有关法律法规，损害职工权益。

（二）拖欠工资和医疗、伤残补助、抚恤费用以及欠缴基本社会保险费、住房公积金的清偿

拖欠职工工资，指企业应发而未发给提供正常劳动职工的工资。应发工资应当按照职工劳动合同约定或者企业内部工资分配制度规定的职工工资标准计算；企业因经济效益下降并经集体协商或职工代表大会讨论通过，相应降低了工资支付标准的，按照降低后的工资标准计算，但不得低于当地最低工资标准。劳动报酬是职工的基本权益，对提供了正常劳动的职工，企业没有按标准支付工资，即构成拖欠工资。一些处于停产半停产状态的困难企业，职工放假期间按规定享受的生活费补助，不属于工资范畴。对于实施"工效挂钩"等办法的企业，应付工资提取数大于应发数形成的工资基金结余部分，不属于拖欠工资。

拖欠职工的医疗补助，一般是指未参加基本医疗保险的企业，按

照内部劳保医疗办法计算应补助给职工或者应予报销而没有支付的医疗费用。

拖欠职工的伤残补助，一般是指未参加工伤保险的企业，按照《工伤保险条例》和《企业职工工伤保险试行办法》（劳部发〔1996〕266号）的规定，应当支付给因公致残职工的一次性伤残补助金和伤残津贴等费用。

拖欠职工的抚恤费用，指根据国家和地方政府的政策规定，应当支付给因公死亡职工抚恤对象的费用。

欠缴基本社会保险费，指企业未按照《劳动法》和《社会保险费征缴暂行条例》的规定为职工缴纳或者代为扣缴的基本医疗、基本养老、工伤、失业等社会保险费。

欠缴住房公积金，指企业未按照《住房公积金管理条例》的规定为职工缴纳或者代为扣缴的住房公积金。

以上拖欠、欠缴的项目属于企业现有负债，应当以现有资产优先清偿，以保障职工的合法权益。

至于企业依照国家有关规定，为移交社会保障机构管理的职工一次性缴付的社会保险费，则可从重组企业净资产中扣除或者以重组企业剥离资产的出售收入优先支付。企业一次性支付的社会保险费，按照省级人民政府规定的缴费比例执行。

八、企业清算

《企业财务通则》第五十九条规定：企业被责令关闭、依法破产、经营期限届满而终止经营的，或者经投资者决议解散的，应当按照法律、法规和企业章程的规定实施清算。清算财产变卖底价，参照资产评估结果确定。国家另有规定的，从其规定。

企业清算结束，应当编制清算报告，委托会计师事务所审计，报投资者或者人民法院确认后，向相关部门、债权人以及其他的利益相关人通告。其中，属于各级人民政府及其部门、机构出资的企业，其清算报告应当报送主管财政机关。

（一）企业清算及其原因

企业清算是指企业按照章程规定解散、破产或者因其他原因终止经营时，为结束债权债务和其他各种经济关系，保护债权人、投资者等利益相关者的合法权益，由专门的工作机构依法对企业财产进行清查、估价、变现，清理债权债务，分配剩余财产的行为。

在市场经济条件下，企业之间的激烈竞争导致优胜劣汰、适者生存，无数企业发展壮大，无数企业被淘汰，走向清算。清算的原因很多，概括起来主要有：

1. 企业解散。合资、合作、联营企业在经营期满后，不再继续经营而解散；合作企业的一方或多方违反合同、章程而提前终止合作关系解散。无论何种形式的解散，都需要进行清算。

2. 企业合并与兼并。因产业结构调整、产业布局变化而出现的兼并、合并等事项，均会造成两个或两个以上企业合并为一个企业，对被合并的企业应当在财务上进行清算，或者一个企业兼并其他企业，应当对被兼并的企业进行清算。

3. 企业破产。企业不能清偿到期债务，或者企业法人已解散但未清算或者未清算完毕，资产不足以清偿债务的，债权人或者依法负有清算责任的人向人民法院申请破产清算。因不能清偿到期债务，并且资产不足以清偿全部债务或者明显缺乏清偿能力的，企业也可以主动向人民法院申请破产清算。

4. 其他原因清算。企业因自然灾害、战争等不可抗力遭受损失，无法经营下去，应进行清算；企业因违法经营，造成环境污染或危害社会公众利益，被停业、撤销，应进行清算。

（二）企业清算的类型

1. 按原因的不同，企业清算分为解散清算和破产清算。解散清算按经营期限是否届满，分为按期自动解散和提前被迫解散。还可以按企业法人地位终止的程度，分为完全解散清算和非完全解散清算。破产清算按判断的不同标准，分为事实上的破产和法律上的破产。

2. 按意愿的不同，企业清算包括自愿清算和强制清算。自愿清算是企业或其投资者自愿终止企业而进行的清算。强制清算是由法院以法律裁决形式宣告企业终止或政府主管机关以行政决定形式，强制要求企业终止而进行的清算。

3. 按程序的不同，企业清算又可以分为普通清算和特别清算。普通清算是指企业自行确定的清算人按照法律规定的一般程序处理清算事务，法院和债权人不直接干预的清算。特别清算是指不能由企业自行组织，而由法院出面直接干预并进行监督的清算。

（三）企业清算的一般程序

企业清算是企业终止时的一项法律程序，一般按照以下步骤进行：

1. 确定清算人。企业终止时，应当按照有关法律和企业章程的规定确定清算人，由清算人依法管理企业的各项资产。

2. 发布清算公告。清算人应当在清算事项确定之日起 10 日内通知债权人，并依法在报纸等媒体上进行公告，要求债权人申报其债权。

3. 清理财产，编制资产负债表和财产清单。清算人对清算企业拥有的债权要组织收回，确实不能收回的坏账要予以核销。在清查过程中发现被不正当处理的财产，要依法收回。对不能直接以实物方式或者以权利方式偿付债权人或分配给投资者的财产，要组织变现。

4. 处理未了结业务。在清算前已经发生的业务，清算人认为继续执行不会给企业带来损失，且在清算期间能够完成的，可以继续执行。否则，清算人可以终止合同，并将对方列入企业的债权人范围。

5.清缴所欠税款。清算前所欠税款和清算所得应缴的所得税，清算人应当在支付清算费用，拖欠职工的工资、医疗和伤残补助、抚恤费用，欠缴的基本社会保险费和住房公积金，经济补偿金后的剩余财产中支付。

6.清偿债务。企业清算财产在支付清算费用，拖欠职工的工资、医疗和伤残补助、抚恤费用，欠缴的基本社会保险费、住房公积金，经济补偿金，所欠税款后，用于偿还其他债务。

7.分配剩余财产。企业清算终了，清算净收益归投资者所有，按照投资者出资比例或者合同、章程规定进行剩余财产的分配。如果是国有企业，子公司实施清算所得净收益，投资者按比例分享的份额扣除其对子公司投资的差额，作投资收益（损失）处理；对母公司实施的清算，所得净收益全部上缴主管财政机关。

8.清算终结。提出清算报告，造具清算的各种财务账册，办理注销登记，公告企业终止。

（四）依法破产清算

根据《企业破产法》的规定，企业法人不能清偿到期债务，并且资产不足以清偿全部债务或者明显缺乏清偿能力的，债务人可以申请破产清算；债务人不能清偿到期债务的，债权人可以申请破产清算；企业法人已解散但未清算或者未清算完毕，资产不足以清偿债务的，依法负有清算责任的人应当申请破产清算。

依法破产清算的程序大致可分为三个阶段：一是破产申请阶段；二是重整、和解阶段；三是破产清算阶段。现就破产清算阶段的主要操作程序概括如下：

1.指定管理人。对破产申请，人民法院裁定受理后，应当指定管理人。管理人可以由有关部门、机构的人员组成的清算组或者依法设立的律师事务所、会计师事务所、破产清算事务所等社会中介机构担任。根据债务人的实际情况，人民法院也可以在征询有关社会中介机构的意见后，指定该机构具备相关专业知识并取得执业资格的人员担任管理人。债权人会议认为管理人不能依法、公正执行职务或者有其他不能胜任职务情形的，可以申请人民法院予以更换。

2. 债权申报。债权人应当自人民法院发布受理破产申请公告之日起，最短不得少于 30 日，最长不得超过 3 个月，向管理人申报债权。未到期的债权，在破产申请受理时视为到期，附利息的债权自破产申请受理日起停止计息。附条件、附期限的债权和诉讼、仲裁未决的债权，债权人可以申报。

管理人收到债权申报材料后，应当登记造册，经审查后编制债权表。债务人所欠职工的工资和医疗、伤残补助、抚恤费用，所欠的应当划入职工个人账户的基本养老保险、基本医疗保险费用，以及法律法规规定应当支付给职工的补偿金，不必申报，由管理人调查后列出清单并予以公示。

3. 债权人会议。依法申报债权的债权人为债权人会议成员，有权参加债权人会议，享有表决权。债权人会议应当有债务人的职工和工会代表参加，对有关事项发表意见。第一次债权人会议由人民法院召集，自债权申报期限届满之日起 15 日内召开。债权人会议可以决定设立不超过 9 人的债权人委员会，其成员应当经人民法院书面决定认可。债权人委员会由债权人会议选任的债权人代表和一名债务人的职工代表或者工会代表组成。

债权人会议行使的职权包括：核查债权；申请人民法院更换管理人，审查管理人的费用和报酬；监督管理人；决定继续或者停止债务人的营业；通过债务人财产的管理方案；通过破产财产的变价方案；通过破产财产的分配方案等。

4. 破产宣告。债务人不能执行或者不执行重整计划或者和解协议的，人民法院经管理人或者和解债权人请求，应当裁定终止执行重整计划或和解协议，并宣告债务人破产，同时予以公告。

债务人被宣告破产后，债务人财产称为破产财产，包括破产申请受理时属于债务人的全部财产，以及破产申请受理后至破产程序终结前债务人取得的财产。在人民法院受理破产申请前 1 年内，涉及债务人财产的下列行为，管理人有权请求人民法院予以撤销：

（1）无偿转让财产的；

（2）以明显不合理的价格进行交易的；

（3）对没有财产担保的债务提供财产担保的；

（4）对未到期的债务提前清偿的；

（5）放弃债权的。

在人民法院受理破产申请后，债务人的出资人尚未完全履行出资义务的，管理人应当要求该出资人缴纳所认缴的出资，而不受出资期限的限制。债务人的董事、监事和高级管理人员利用职权从企业获取的非正常收入和侵占的企业财产，管理人应当追回。

5.破产财产的变价。管理人应当及时拟订破产财产变价方案，提交债权人会议讨论。按照债权人会议通过的或者人民法院裁定的破产财产变价方案，适时变价出售破产财产。除债权人会议另有决议的以外，变价出售破产财产应当通过拍卖进行。破产企业可以全部或者部分变价出售。企业变价出售时，可以将其中的无形资产和其他财产单独变价出售。按照国家规定不能拍卖或者限制转让的财产，应当按照国家规定的方式处理。破产财产的变卖底价，应当参照资产评估结果确定。

管理人实施下列行为，应当及时报告债权人委员会，未设立债权人委员会的，应当及时报告人民法院：

（1）涉及土地、房屋等不动产权益的转让；

（2）探矿权、采矿权、知识产权等财产权的转让；

（3）全部库存或者营业的转让；

（4）借款；

（5）设定财产担保；

（6）债权和有价证券的转让；

（7）履行债务人和对方当事人均未履行完毕的合同；

（8）放弃权利；

（9）担保物的取回；

（10）对债权人利益有重大影响的其他财产处分行为。

6.破产财产的分配。破产财产分配方案由管理人拟订，提交债权人会议讨论通过后，由管理人提请人民法院裁定认可。经人民法院裁定认可后，由管理人执行。

破产财产应当优先清偿破产费用和共益债务。破产费用包括破产案件的诉讼费用；管理、变价和分配债务人财产的费用；管理人执行职务的费用、报酬和聘用工作人员的费用。共益债务包括因管理人或者债务人请求对方当事人履行双方均未履行完毕的合同所产生的债务；债务人财产受无因管理所产生的债务；因债务人不当得利所产生的债务，为债务人继续营业而应支付的劳动报酬和社会保险费用以及由此产生的其他债务；管理人或者相关人员执行职务致人损害所产生的债务；债务人财产致人损害所产生的债务。

破产费用和共益费用由债务人财产随时清偿。债务人财产不足以清偿所有破产费用和共益费用的，先清偿破产费用。债务人财产不足以清偿所有破产费用或者共益费用的，按照比例清偿。债务人财产不足以清偿破产费用的，管理人应当提请人民法院终结破产程序，并予以公告。

破产财产在优先清偿破产费用和共益费用后，依照下列顺序清偿：

（1）破产企业所欠职工的工资和医疗、伤残补助、抚恤费用，所欠的应当划入职工个人账户的基本养老保险、基本医疗保险费用，以及法律法规规定应当支付给职工的补偿金；

（2）破产人欠缴的除前项规定以外的社会保险费用和破产人所欠税款；

（3）普通破产债权。

对破产人的特定财产享有担保权的权利人（即债权人），对该特定财产享有优先受偿的权利。其行使优先受偿权利未能完全受偿的，未受偿的债权或者放弃优先受偿权利的债权，作为普通债权。破产财产不足以清偿同一顺序的清偿要求的，按照比例分配。破产企业的董事、监事和高级管理人员的工资按照该企业职工的平均工资计算。

7.破产程序的终结。破产人无财产可供分配的，管理人应当请求人民法院裁定终结破产程序。管理人在最后分配完结后，应当及时向人民法院提交破产财产分配报告，并提请人民法院裁定终结破产程序。人民法院应当自收到管理人终结破产程序的请求之日起15日内作出是否终结破产程序的裁定。裁定终结的，应当予以公告。破产人的保证人和其他连带债务人，在破产程序终结后，对债权人依照破产清算程序未受清偿的债权，依法继续承担清偿责任。

8.办理注销登记。管理人应当自破产程序终结之日起10日内，持人民法院破产终结的裁定，向破产人原登记机关办理注销登记。除存在诉讼或者仲裁未决情况的外，管理人于办理注销登记完毕的次日终止执行职务。

（五）国有企业政策性破产清算

国家为了维护社会稳定，对国有企业实施关闭破产，作出了一些特别的政策规定。根据《企业破产法》第一百三十三条的规定，在2007年6月1日之前国家规定的范围和期限内的国有企业实施破产的特殊事宜，按照国务院有关规定办理。据此，对国务院确定的111个"优化资本结构"试点城市范围内的国有工业企业，以及中央下放地方管理的煤炭、有色金属和核工业矿山、军队保障性企业，暂时可以继续实施政策性关闭破产。根据《国务院关于在若干城市试行国有企业破产有关问题的通知》（国发〔1994〕59号）、《国务院关于在若干城市试行国有企业兼并破产和职工再就业有关问题的补充通知》（国发〔1997〕10号）和《中共中央办公厅 国务院办公厅关于进一步做好资源枯竭矿山关闭破产工作的通知》（中办发〔2000〕11号）等文件精神，其主要政策有以下几个方面的内容：

1. 破产企业土地使用权的处置。企业依法取得的土地使用权，应当以拍卖或者招标方式为主依法转让，转让所得首先用于破产企业职工安置；安置破产企业职工后有剩余的，剩余部分与其他破产财产统一列入破产财产分配方案。

2. 破产财产的处置。破产企业以土地使用权为抵押物的，其转让所得也首先用于安置职工，不足以支付的，不足部分从处置无抵押财产、抵押财产所得中依次支付。破产企业财产拍卖所得安置职工仍不足的，按照企业隶属关系，由同级人民政府负担。破产企业财产处置所得，在支付安置职工的费用后，其剩余部分按照《企业破产法》的规定，按比例清偿债务。

破产企业的职工住房、学校、托幼园（所）、医院等福利性设施，原则上不计入破产财产，由破产企业所在地的市或省市辖区、县的人民政府接收处理，其职工由接受单位安置。但是，没有必要续办并能整体出让的，可以计入破产财产。

3. 破产企业职工的安置。对破产企业职工，政府可以根据当地的实际情况，发放一次性安置费。破产企业职工的一次性安置费，原则上按照破产企业所在市的企业职工上年平均工资收入的3倍发放，具体发放标准由各有关市人民政府规定。根据原国家经贸委、财政部等八部门联合发布的《关于国有大中型企业主辅分离辅业改制分流安置富余人员的实施办法》（国经贸企改〔2002〕859号），政策性关闭破产企业中，符合国家产业政策、有一定获利能力，并用于抵偿职工安置费用部分的资产，可以通过改制方式组建新企业，并安置职工再就业。

（六）企业清算报告的管理

根据《公司法》的规定，公司清算结束后，清算组应当制作清算报告，报股东会、股东大会或者人民法院确认，并报送公司登记机关，申请注销公司登记，公告公司终止。《最高人民法院关于审理企业破产案件若干问题的规定》（法释〔2002〕23号）明确要求，破产程序终结后，破产企业的账册、文书等卷宗材料由清算组移交破产企业上级主管机关保存；无上级主管机关的，由破产企业的开办人或者股东保存。企业清算结束，应当编制清算报告，委托具有资格的会计师事务所审计后，将清算结果向全体投资者、债权人以及其他利益相关人通告。其中，属于各级人民政府及其部门、机构出资的企业，其清算报告应当报送主管财政机关。

九、解除职工劳动关系的财务处理

《企业财务通则》第六十条规定：企业解除职工劳动关系，按照国家有关规定支付的经济补偿金或者安置费，除正常经营期间发生的列入当期费用以外，应当区别以下情况处理：

1.企业重组中发生的，依次从未分配利润、盈余公积、资本公积、实收资本中支付。

2.企业清算时发生的，以企业扣除清算费用后的清算财产优先清偿。

（一）职工经济补偿金的支付标准

根据《劳动法》的规定，建立劳动关系应当订立劳动合同。企业由于不是职工原因而解除其劳动合同的，应当给予经济补偿。对经济补偿金的支付标准，应当按照《劳动部关于违反和解除劳动合同的经济补偿办法》（劳部发〔1994〕481号）执行。具体支付标准如下：

1. 经劳动合同当事人协商一致，由企业解除劳动合同的，或者职工不能胜任工作，经过培训或者调整工作岗位仍不能胜任工作，由企业解除劳动合同的，企业应根据职工在本单位工作年限，每满1年发给相当于1个月工资的经济补偿金，最多不超过12个月。

2. 劳动合同订立时所依据的客观情况发生重大变化，致使原劳动合同无法履行，经当事人协商不能就变更劳动合同达成协议，由企业解除劳动合同的，企业按劳动者在本单位工作的年限，每满1年发给相当于1个月工资的经济补偿金。

3. 劳动者患病或者非因工负伤，经劳动鉴定委员会确认不能从事原工作、也不能从事企业另行安排的工作而解除劳动合同的，企业按其在本单位工作的年限，每满1年发给相当于1个月工资的经济补偿金，同时还发给不低于6个月工资的医疗补助费。患重病和绝症的还应增加医疗补助费，患重病的增加部分不低于医疗补助费的50%，患绝症的增加部分不低于医疗补助费的100%。

4. 企业濒临破产进行法定整顿期间或者生产经营状况发生严重困难，必须裁减人员的，企业按被裁减人员在本企业工作的年限支付经济补偿金。在本企业工作的时间每满1年，发给相当于1个月工资的经济补偿金。

职工的经济补偿金，由企业一次性支付。企业与职工解除劳动合同后，未按规定给予职工经济补偿的，除全额发给经济补偿金外，还须按该经济补偿金数额的50%支付额外经济补偿金。工作时间不满1

年的按 1 年计算。经济补偿金的工资计算标准，是指企业正常生产情况下职工解除合同前 12 个月的月平均工资。解除劳动合同时，职工的月平均工资低于企业月平均工资的，按企业月平均工资的标准支付。目前，正在实施的国有大中型企业主辅分离辅业改制分流安置富余人员的政策，对于月平均工资高于企业月平均工资 3 倍或 3 倍以上的，根据国资委、财政部、劳动保障部和国家税务总局联合印发的《关于进一步明确国有大中型企业主辅分离辅业改制有关问题的通知》（国资分配〔2003〕21 号），可按不高于企业月平均工资 3 倍的标准计发。

（二）职工安置费的计算标准

根据国家目前有关政策，发放职工一次性安置费的对象只限于破产企业中实行劳动合同制以前参加工作的全民所有制职工。《国务院关于在若干城市试行国有企业破产有关问题的通知》（国发〔1994〕59 号）规定，对破产企业中自谋职业的职工，政府可以根据当地的实际情况，发放一次性安置费，不再保留国有企业职工身份。一次性安置费原则上按照破产企业所在市的企业职工上年平均工资收入的 3 倍发放，具体发放标准由各有关市人民政府规定。

《中共中央办公厅国务院办公厅关于进一步做好资源枯竭矿山关闭破产工作的通知》（中办发〔2000〕11 号）规定，对资源枯竭的煤炭、有色金属和核工业矿山实施关闭破产，实行劳动合同制以前参加工作的全民所有制职工，不符合执行提前退休政策的，可一次性发给相当于企业所在地上年平均工资 3 倍的安置费，不再享受失业保险，自谋职业。安置费每人平均不足 2 万元的，可按 2 万元计发标准安排。

（三）职工经济补偿金或安置费的财务处理

1. 属于正常经营期间发生的，作为人力资源管理费用，在企业当期费用中列支。

2.属于企业重组中发生的，依次从未分配利润、盈余公积、资本公积、实收资本中支付。对于国有企业，可将转让国有产权的价款优先用于支付解除职工劳动关系的经济补偿金，或在公司制改建时用国有净资产（包括应付工资余额中属于实行工效挂钩等分配办法提取数大于应发数形成的工资基金结余）支付。

3.属于清算时发生的，以企业扣除清算费用后的清算财产优先支付。

中小企业：破解融资"瓶颈"*

——关于常德、张家界两市的调研

（2009 年 9 月）

为了积极应对国际金融危机，切实缓解中小企业融资难的问题，今年以来，湖南省政府相继下发了《关于促进工业企业平稳较快发展的若干意见》和《关于进一步支持中小企业融资的意见》。相关职能部门积极筹措资金，多方努力支持缓解中小企业融资难题。这一系列文件出台以后，各项政策措施落实情况如何？中小企业融资难是否得到缓解？还存在哪些障碍因素？省财政厅调研组深入常德、张家界两市，专门就此展开了调研。

一、两市中小企业融资现状

1. 政府部门强力推动。去年下半年以来，各地为积极应对金融危机，保持工业经济的平稳增长，纷纷采取措施，缓解中小企业融资难题。政府部门强力推进，采取有效措施，加大服务力度，召开各种形式的政银企洽谈会，为银企合作牵线搭桥。

---

* 原载《新理财（湖南财政）》，2009 年第 1 期。

2. 各级银行有所行动。各银行业金融机构也主动与省政府相关政策对接,成立专门的中小企业贷款管理机构,根据现行市场需求推出多个金融产品,如建行推出的"速贷通""成长之路",农行推出的"简式循环贷款"等。

3. 贷款规模增长迅速。在这一系列政策措施的推动下,今年上半年,金融机构贷款增长相对较快。6月末,常德市金融机构新增贷款59.1亿元,比去年全年新增贷款还多13.6亿元,新增贷款中累计向工业企业发放贷款32亿元,新增工业企业贷款15亿元。6月末,张家界市金融机构贷款余额136.67亿元,比年初增加25.59亿元,增长23.04%,其中中小企业贷款2.4亿元。另据人民银行长沙中心支行提供的数据,到6月底,全省金融机构各项贷款余额8951.4亿元,增长37.1%,高于去年同期21.7个百分点。上半年新增贷款1835.3亿元,同比增加1226.6亿元,比去年全年新增还多550亿元;其中6月当月新增347亿元,同比增加227亿元。

4. 中小企业贷款增长幅度有限。虽然金融机构贷款增长速度较快,但新增贷款大部分投向了大项目,真正用于中小企业特别是县域小型企业的贷款并不多,与中小型企业发展的实际资金需求还有不小的距离,贷款需求满足率不高。据人民银行长沙中心支行调查,中小企业信贷满足率不到20%。这还是符合银行信贷条件的中小企业,如果考虑全部中小企业的话,满足率就更低。

5. 担保方式有所创新。在调查中发现,津市市探索成立的中小企业信用联盟颇有成效。从今年3月份开始,津市市将在该市注册登记并依法纳税,具有独立法人资格,信用好、效益佳、行业竞争强,可拉动产业链发展的中小企业,纳入融资信用联盟,以会员制形式构建融资信用共同体。企业以所需融资额度为标准,按照50∶1的比例缴存一定的信用保证金。同时,市财政每年预算安排1000万元,与企业缴存的信用保证金一起作为融资风险准备金，选择机制较为灵活的农村信用联社为合作机构，由市财政局对企业资产抵押不足部分进行担保，按 1：5 的比例放大贷款额度。如企业到期无力还款，则农村信用联社从融资风险准备金中扣回贷款本息。目前，企业信用联盟共融资到位 9200 万元。

二、14 亿元专项调度资金效果明显

1. 推动了担保业务的开展。2008 年 4 月，常德市由市财政注资组建了常德财鑫融资担保有限公司，主要为全市中小企业向金融机构贷款提供信用担保业务。今年 1 亿元专项调度资金到位后，该市立即注入财鑫担保，其注册资本达到 3.1 亿元，将 1 亿元按 3—5 倍的放大倍数担保贷款，计划安排 3.45 亿元。截至 7 月 10 日，常德市共有 113 户中小企业提出贷款担保申请，金额 3.4 亿元，银行共受理 89 户，总金额达 2.86 亿元，放贷到位 4900 万元。

2. 带动了担保机构的建立。张家界市由于此前没有成立担保公司，积极着手市级担保机构的筹建工作，1 亿元资金到位后，全部作为资本金注入新组建的担保公司，将于 8 月中旬挂牌并开展业务。

3. 促进了我省信用担保体系的构建。根据我们对其他市州专项调度资金使用情况的摸底调查，14 亿元资金中，9.23 亿元用于新组建市级担保公司，2 亿元用于支持县区担保体系建设，5000 万元向省级担保公司出资，8000 万元用于中小企业信托计划和融资滚动资金，1.47 亿元用于公益性基础设施建设。

三、存在的问题及原因分析

（一）存在的问题

在调查中发现，虽然从上到下，各级各部门都在积极作为，中小

企业融资难的局面有所缓解，但也还存在一些问题。

1. 银行推行的力度不大。虽然各银行在加大对中小企业的金融支持上作了一些努力，但实际效果并不理想。由银行操控的基本"游戏规则"并没有变化，不管有无担保公司担保的企业贷款，银行同样要进行贷前调查、分析，逐级上报，审批流程没有简化，申报环节依然烦琐，直接影响了放贷进度。以工商银行流动资金贷款审批为例，信用等级在 2A 以上的企业存量贷款由市级行审批，时间大约需要 2 天；贷款额度在 5000 万元以上以及新开户企业的贷款则全部需上报省分行审批，时间需一个多星期。而企业技改项目、固定资产投资贷款的审批时间则长达两个月。加上企业申报、银行立项调查，到最后放贷，往往需要花费几个月的时间，远远不能满足中小企业资金需求小、时间急、使用频繁的实际要求。常德市从今年 5 月中旬开始启动 1 亿元的担保贷款业务，银行受理 2.86 亿元，但是截至 7 月 10 日仅放贷4900 万元，只占受理金额的 17%。

2. 信用担保公司的能力有限。目前常德财鑫融资担保有限公司注册资本金达到 3.1 亿元，单笔融资担保能力达到 3100 万元，是全省市州实力最雄厚的担保公司。但面对庞大的融资需求，公司仍显得力不从心。相较而言，其他新组建的担保公司尚处于摸索运作阶段，其公司治理、市场开拓、风险控制，甚至人员素质等方面均要逊色，其业务开展能力也势必会大打折扣。

在市场经济尚不发达、信用制度尚不健全、银企关系尚不协调的情况下，由政府出资组建担保公司很有必要，但光靠政府有限的资金无法满足所有企业的信贷需求，也很难对银行形成一定规模的担保信用，尤其是经济不发达地区。而且，政府出资、政府经营的担保公司，由于其特殊使命，基本上是保本微利或不盈利，很容易走向只求安全不求发展的境地，其结果便是对企业失去推动力、对银行失去资信力，公司失去生命力。从短期来看，省财政对每个市州 1 亿元调度资金到期后将全部收回，在市州财政无力补充的情况下，担保公司便面临一个存续和发展的问题。因此，要使信用担保机构真正成为地方经济发展的重要抓手，如何创新体制机制、建设多元化的法人治理机构、选择与市场相适应的操作模式、建立健全全社会的信用体系，是摆在政府和担保机构面前共同的问题。

3. 政府引导的手段还有待完善。津市市成立中小企业信用联盟（以下简称"企业联盟"）的做法，一定程度上缓解了当地中小企业融资困难，在常德市率先破题，不失为一种有益的探索，但是企业联盟并没有明确的法律主体。目前，与津市市企业联盟合作的金融机构只有市农村信用联社，其他银行并未认可。在双方签订的合作协议上，由于企业联盟不是独立的法人主体，"甲方"也就变成了"津市市财政局"。如此操作，一是政府承担了相当大的风险和很高的贷后监督成本；二是其合规性和合法性值得商榷。随着进一步发展，企业联盟会有更多中小企业加入，这势必要求企业联盟以独立的、合法的形式来行使风险控制和监管职能。政府部门应该在有效运作的同时引导联盟企业互助、互督、互保，引导企业联盟向社会团体或协会组织过渡。

（二）产生问题的原因

第一，从银行方面来看：

1. 银行经营观念的更新滞后与管理体制过度集中造成内陆区域中小企业缺乏有效信贷支持的政策保障。银行过多追求信贷资金安全性和效益的最大化，使得信贷资金过度流向大城市、大项目。尽管从中央到地方都把大力扶持中小企业发展列入经济发展战略，出台了一系列文件，但由于商业银行内设机构及授权权限等信贷政策还没有发生改变，因而支持中小企业发展的各项扶持政策无法进一步落实。

2. 贷款风险问责和约束机制过于严格。目前，银行为了防范风险，提高贷款质量，普遍强化了信贷管理制度，建立了严格的风险约束机制，加重了对信贷人员的贷款风险责任约束。尤其是几家国有商业银行股改后，贷款不良率控制更严。信贷人员为了回避责任而采取保守的信贷策略，在不能很好区分贷款市场风险与道德风险的状况下，对中小企业特别是私营企业的贷款慎之又慎，甚至变为"惧贷"，形成了金融市场对中小企业的挤出效应。

第二，从企业方面来看：

1. 管理上信息不对称。中小企业管理一般相对薄弱，财务信息容易出现人为操作，信息失真严重，管理漏洞较大。银行无法掌握中小企业的真实财务状况，对中小企业的资金流量、资信状况、盈利水平及还款能力的评估严重失衡。

2. 中小企业规模较小，抗风险能力较弱。总体上看，目前中小企业仍然处于一个较低层次，相当一部分中小企业没有自己的拳头产品，依靠大企业来料加工维持经营，其生产经营存在较大的风险。有的中小企业在产品研发和市场开拓上投入不足，产品生产周期较短，市场竞争力不稳定。这类中小企业的贷款项目，自然不是银行优选的对象。

3. 部分中小企业信誉不高，信用观念淡漠。很多中小企业缺乏建设自身信用的意识，一些企业法人代表在信用卡使用、连锁担保等事项上疏于管理，造成不良记录，降低了企业的资信等级。还有个别企业恶意抽逃资金，拖欠账款，空壳经营，悬空银行债权，造成信贷资金流失，严重损害了中小企业的整体信用水平。

第三，从环境方面来看：

1. 社会信用环境有待优化。现阶段我国的社会诚信系统建立滞后，法制不够健全和完善，社会缺乏必要的信用意识，企业缺乏必要的信用管理措施，守信者未得到有效保护，失信者未得到有力制裁。骗贷、欺诈、赖账等失信行为大量存在，导致银企信用关系扭曲，破坏了金融生态环境。

2. 担保体系建设有待进一步完善。目前为中小企业融资搭建的担保平台尚待健全，担保公司的担保能力亟待提升，诚信建设需要时间，自身管理亟待改善，担保出现问题后银行债权的法律保障实现能力亟待加强，以至于担保机构没有起到应有的作用。

3. 与中小企业相匹配的中小金融机构有所欠缺。在我国目前的银行组织体系中，还缺乏专门为中小企业融资服务的政策性银行。虽然有遍及城乡的银行业金融机构如城市商业银行、股份制商业银行、农村信用社、城市信用社等，但由于它们几乎没有政府性存款，存款来源有限，贷款利率偏高，其政策灵活的比较优势在竞争中不明显，甚至被劣势所抵消，也就减弱了对中小企业的金融支持力度。

4. 中小企业融资渠道过于单一。虽然国家出台了一些政策，鼓励企业发行股票和企业债券，但中小企业融资依然过度依赖银行。中小企业创业板实际只能部分解决高风险、高回报的科技型中小企业的融资问题。要满足数量庞大、分布于各行各业、处在不同发展阶段的广大中小企业多元化的融资需求，必须细分金融市场，培育多层次的资本市场体系。

四、政策建议

（一）银行要改变和创新融资方式，加快业务机制的调整与转变，提高对中小企业金融业务风险的把握能力

一是要认真细分市场，根据中小企业金融需求特点，制定差别化的发展策略。银行的信贷服务要在强调程序的合规性及风险防范措施的同时，增强对客户服务的人性化和方便快捷意识。

二是要调整中小企业的风险评价模式与风险控制机制。与大企业不同，中小企业存活期相对较短，抗风险能力相对较弱，银行评价重点应不是整个客户，而是单笔业务的风险可控与收益的对称。国外有专门对困难企业进行融资支持的公司，在企业危机重重、正常融资渠道无法实现的情况下，敢于给企业融资，其经营思路就是评价企业单笔业务的风险，而不是整个企业，同时给予企业苛刻的条件，通过高收益弥补风险。

三是调整对中小企业信贷的经营模式和审批模式。中小企业信贷需求额度小、频率高，是一种零散性业务；另外，中小企业抗风险能力相对较弱，一次经营不慎就可能导致企业的失败，这就要求银行从单笔业务的细节，而不是企业的整体信用进行风险控制。银行可考虑实行专业化的中小企业信贷审批机制，通过长期实践和经验积累，培养一支专家型的中小企业信贷审批队伍，由群体决策制调整为个人负责制，提高贷款审批效率和风险识别能力。同时，适度下放审批权限。

四是将中小企业风险控制的重心向经营一线转移。中小企业信贷风险最重要的根源就是银行与企业信息不对称，所以银行必须将风险控制重点前移，增强经营一线的风险分析与控制能力。

（二）中小企业要加强自身改造，自创融资条件

一是中小企业要制定长期的融资规划。企业融资本来就是企业发展过程中的关键环节，企业要获得长远发展，必须有清晰的长期发展战略，把资本运营策略放到其长期发展战略层面考虑，从里到外营造一个银行资金愿意流入企业的经营格局。不少中小企业把融资当作一个短期行为来看待，在企业面临资金困难时才想到去融资。其实，资本的本性是逐利，不是救急，更不是慈善。企业要想融资自如，在正常经营时就应该考虑融资策略，和资金方建立广泛联系，必要时可聘请融资顾问，帮助企业考虑融资过程中遇到的各种问题和解决方式。

二是中小企业要与银行沟通，保持信息对称。要及时了解国家的金融政策、银行的信贷政策和信贷产品，创造信贷条件，同时让银行了解企业本身的信用状况、还贷能力以及经营管理水平，打破目前"企业贷款难、银行难贷款"的两难局面。

三是企业包装要适度。企业不要为了融资而极力粉饰财务报表甚至造假，导致银行获取的信息不真实而使银行信贷资产受损；也不要认为自己的企业经营效益好，容易取得融资，从而不愿意花时间及精力进行企业形象宣传。其实，银行看重的不仅是企业短期的盈利能力，更关注企业的远期发展前景及企业的潜在风险。

四是企业要加强规范化管理。近年来，很多企业虽然经历了改制，但大多流于形式，结果是产权不清，股权资本融资时经常出现内部人为纷争，而使外界股权资本或银行贷款无法引入或不敢进入。企业融资前，应该理清企业的各种产权关系，制定完整的规章制度、管理模式、近期及远期的发展规划，把企业的业务清晰地展示在投资者面前，让投资者放心。企业融资不仅是企业成长的过程，也是企业走向规范化的过程。企业在融资过程中，应不断加强企业的内部管理，完善公司治理结构，促进企业走向规范化、科学化，通过规范化的决策和管理来规避企业融资扩张过程中的经营风险，提升企业自我融资能力。

（三）政府要科学引导，培育中小企业融资的资本市场和社会环境

一是大力发展地方性中小金融机构，构建多层次的资本市场体系。津市市通过企业联盟向市农村信用联社融资 9200 万元的事例说明，地方性金融机构政策足、机制活，与中小企业合作的空间较大。因此，条件成熟的地方，政府应积极着手组建地方商业银行，培育和扶持已有的城市信用社、农村信用社、地方性风险投资公司的发展，加快推进小额贷款公司试点工作，尽快启动创业投资引导基金，多层次、全方位拓宽融资渠道。

二是大力发展互助性担保制度。津市市创建的企业联盟也启发我们，政府可以经过正确引导，通过发展企业间的互助性担保来弥补担保体系不健全的缺陷。互助性担保的优势来自民间担保的产权结构、社区性和互助、互督、互保机制。当面临风险时，政策性担保机构通常的做法是将风险转移给政府，而互助性担保机构承担的风险最终由会员分担，减轻了政府财政负担，提高了监督的有效性，而且因为担保审批人与担保申请人相互较为了解，也缓解了信息不对称问题。

三是抓紧完善中小企业信用担保体系建设。面对多数担保机构担保金不足、资信力弱、运作效率低的问题，政府要创新思路，采取有效措施，引导担保公司在将少量担保金用足用活的基础上，扩大社会投资、民间投资等比重，逐渐缩小政府出资份额。要逐步建立政府主导型担保与企业互助型担保、社会投资型商业担保相结合的模式，建立多形式组建、多渠道融资、多样化运作、多措施化险、多途径补偿的担保机制。政府可以采取择优扶持的政策激励措施，鼓励竞争，推动发展。担保机构间也可以进行区域性合作，以弱联强，开展跨级别、跨地域、跨行业的授信再担保、联信再担保业务，实现信息共享、信用共扶的目的。

国企改革四十年 *

（2018 年 6 月）

在中国经济体制四十年的改革中，国有企业作为主力军，较为成功地上演了一幕幕改革重头戏，接连不断地掀起了改革的浪潮，形成了一道亮丽的风景线。

一、中国经济市场化的进程

（一）1978 年 12 月党的十一届三中全会拉开了中国经济体制改革的序幕

全会公报指出：全党工作的着重点应该从 1979 年转移到社会主义现代化建设上来。实现四个现代化，要求大幅度地提高生产力，也就必然要求多方面地改变同生产力发展不适应的生产关系和上层建筑，改变一切不适应的管理方式、活动方式和思想方式，因而是一场广泛、深刻的革命。我国经济体制的一个严重缺点是权力过于集中，应该有领导地大胆下放，让地方和工农业企业在国家统一计划的指导下有更多的经营管理自主权；应该着手大力精简各级经济行政机构，

---

* 原载《新理财（湖南财政）》，2018 年第 3、4、5 期。

把它们的大部分职权转交给企业性的专业公司或联合公司；应该坚决实行按经济规律办事，重视价值规律的作用。

（二）1984 年 10 月党的十二届三中全会使计划经济向市场经济过渡，标志着中国经济市场化进程全面展开

全会一致通过了《中共中央关于经济体制改革的决定》。《决定》指出：城市企业是工业生产、建设和商品流通的主要的直接承担者，是社会生产力发展和经济技术进步的主导力量。具有中国特色的社会主义，首先应该是企业有充分活力的社会主义。增强企业活力，特别是增强全民所有制的大、中型企业的活力，是以城市为重点的整个经济体制改革的中心环节。

社会主义的计划体制，应该是统一性同灵活性相结合的体制。改革计划体制，首先要突破把计划经济同商品经济对立起来的传统观念，明确认识社会主义计划经济必须自觉依据和运用价值规律，是在公有制基础上的有计划的商品经济。

党的十三大进一步提出社会主义有计划商品经济的体制应该是计划与市场内在统一的体制。其基本观念是：第一，社会主义商品经济同资本主义商品经济的本质区别，在于所有制基础不同；第二，必须把计划工作建立在商品交换和价值规律的基础之上；第三，计划和市场的作用范围都是覆盖全社会的。新的运行机制，总体上来说是"国家调节市场，市场引导企业"的机制。

（三）1992 年 10 月党的十四大明确提出我国经济体制改革的目标是建立社会主义市场经济体制

1992 年 1 月 18 日至 2 月 21 日，邓小平视察南方发表重要谈话，进一步指出，决定各项改革措施取舍和检验其得失的根本标准，应该主要看是否有利于发展社会主义社会的生产力，是否有利于增强社会主义国家的综合国力，是否有利于提高人民的生活水平。计划经济不等于社会主义，资本主义也有计划；市场经济不等于资本主义，社会主义也有市场。计划和市场都是经济手段。计划多一点还是市场多一点，不是社会主义与资本主义的本质区别。这个精辟论断，从根本上解除了把计划经济和市场经济看作属于社会基本制度范畴的思想束缚，使我们在计划与市场关系问题上的认识有了新的重大突破。党的十四大明确提出，我国经济体制改革的目标是建立社会主义市场经济体制，以利于进一步解放和发展生产力。

1993 年 11 月党的十四届三中全会通过了《中共中央关于建立社会主义市场经济体制若干问题的决定》，把党的十四大确定的经济体制改革的目标和基本原则加以系统化、具体化。《决定》指出：社会主义市场经济体制是同社会主义基本制度结合在一起的。建立社会主义市场经济体制，就是要使市场在国家宏观调控下对资源配置起基础性作用。为实现这个目标，必须坚持以公有制为主体、多种经济成分共同发展的方针，进一步转换国有企业经营机制，建立适应市场经济要求，产权清晰、权责明确、政企分开、管理科学的现代企业制度；建立全国统一开放的市场体系，实现城乡市场紧密结合，国内市场与国际市场相互衔接，促进资源的优化配置；转换政府管理经济的职能，建立以间接手段为主的完善的宏观调控体系，保证国民经济的健康运行；建立以按劳分配为主体，效率优先、兼顾公平的收入分配制度，鼓励一部分地区一部分人先富起来，走共同富裕的道路；建立多层次的社会保障制度，为城乡居民提供同我国国情相适应的社会保障，促进经济发展和社会稳定。这些主要环节是相互联系和相互制约的有机整体，构成社会主义市场经济体制的基本框架。建立现代企业制度，是发展社会化大生产和市场经济的必然要求，是我国国有企业改革的方向。

二、理顺国家与企业的收入分配关系

党的十一届三中全会以来，随着整个经济体制改革的逐步展开和不断深入，以增强企业活力为主要目的，在理顺国家与企业收入分配关系方面进行了一系列改革，逐步打破了旧的经济管理体制下"统收统支"的分配格局，既增强了企业的活力，又加强了企业的责任，为企业成为自主经营、自负盈亏、自我改造和自我发展的经济实体创造了一定的条件，一定程度上促进了经济的发展和效益的提高。在国家与企业收入分配体制的改革中，国家频频推出政策措施，不断探索、不断实践、不断总结、不断深化，推动国企走向市场。

（一）企业基金和利润留成

1978 年 11 月，国务院批转财政部《关于国营企业试行企业基金的规定》，从 1978 年起，国营企业按照该规定提取和使用企业基金。根据规定，凡是全面完成国家下达的产量，品种，质量，原材料、燃料、动力消耗，劳动生产率，成本，利润（包括实现利润和上交利润），流动资金占用等八项年度计划指标以及供货合同的工业企业，可按职工全年工资总额的 5% 提取企业基金。没有全面完成计划指标，但完成产量、品种、质量、利润等四项指标和供货合同的工业企业，可按工资总额的 3% 提取企业基金；在完成产量、品种、质量、利润等四项指标和供货合同的前提下，其他指标每多完成一项，按工资总额增提 0.5% 的企业基金。没有完成产量、品种、质量、利润等四项指标和供货合同的，不能提取企业基金。经国家批准的政策性亏损企业，比照盈利企业提取企业基金。其他计划亏损企业全面完成各项计划指标的，可按工资总额的 3% 提取企业基金；没有全面完成计划指标的，应按上述规定相应地少提或不提企业基金。因经营管理不善，发生计划外亏损的企业，一律不能提取企业基金。企业基金主要用于举办职工集体福利设施，举办农副业，弥补职工福利基金的不足以及发给职工社会主义劳动竞赛奖金等项开支。

1979 年 7 月，国务院颁布《关于国营企业实行利润留成的规定》。1980 年 1 月，国务院批转国家经委、财政部修订的《国营工业企业利润留成试行办法》。1981 年 12 月，财政部、国家经委颁发《关于国营工交企业实行利润留成和盈亏包干办法的若干规定》。国家对企业和主管部门，根据不同情况，实行多种形式的利润留成和盈亏包干办法，即"基数利润留成加增长利润留成""全额利润留成""上交利润包干，超收分成或留用""亏损补贴包干，减亏分成或留用"和"超计划利润留成"。其主要留成比例是：有新产品试制任务的企业，一般可按利润总额的 1% 计算新产品试制费；从成本中提取的职工福利基金，按照工资总额的 11% 计算；从成本中开支的职工奖金，一般企业按标准工资总额的 10% 计算。企业提取的利润留成资金和包干、超收分成资金，要分别建立生产发展基金、职工福利基金和职工奖励基金。

（二）利改税

从 1979 年起，国家在对国营企业实行企业基金和利润留成办法的同时，在部分国营工交企业中进行了利改税试点工作。1983 年 4 月，国务院批转了财政部《关于国营企业利改税试行办法》，在全国实行第一步利改税。文件规定，从 1983 年 1 月 1 日起，凡有盈利的国营大中型企业（包括金融保险组织），均根据实现的利润，按 55% 的税率交纳所得税。企业交纳所得税后的利润，一部分上交国家，一部分按照国家核定的留利水平留给企业。上交国家的部分，可根据企业不同情况，分别采取递增包干、固定比例、交纳调节税、定额包干等上交办法。凡有盈利的国营小型企业，根据实现的利润，按 7%—55% 的八级超额累进税率交纳所得税。对税后利润较多的企业，国家可以收取一定的承包费，或者按固定数额上交一部分利润。营业性的宾馆、饭店、招待所和饮食服务公司，交纳 15% 的所得税。国营企业归还各种专项贷款时，经财政部门审查同意后，可用交纳所得税之前该贷款项目新增的利润归还。企业税后留用的利润，要建立新产品试制基金、生产发展基金、后备基金、职工福利基金和职工奖励基金，前三项基金的比例不得低于留利总额的 60%。

1984 年 9 月，国务院批转财政部《关于在国营企业推行利改税第二步改革的报告》和《国营企业第二步利改税试行办法》，从 1984 年 10 月 1 日起实行第二步利改税。主要内容是：（1）将工商税按照纳税对象，划分为产品税、增值税、盐税和营业税；将第一步利改税设置的所得税和调节税加以改进；增加资源税、城市维护建设税、房产税、土地使用税和车船使用税。（2）规定以核定的基期利润扣除按 55% 计算的所得税和 1983 年合理留利的部分，占基期利润的比例，为调节税税率。（3）国营小型盈利企业，营业性的宾馆、饭店、招待所和饮食服务企业，都按新的八级超额累进税率缴纳所得税。（4）企业从增长利润中留用的利润，一般应将 50% 用于发展生产，20% 用于职工集体福利，30% 用于职工奖励。

（三）承包上交

1988 年 4 月，财政部印发了《全民所有制工业企业推行承包经营责任制有关财务问题的规定》，要求全民所有制工业企业都推行承包经营责任制。盈利企业承包上交利润的范围是所得税、调节税、利润；实行所得税后承包的，是所得税后的调节税、利润。亏损企业承包的是国家拨补的亏损。

承包上交国家利润的主要形式有：（1）上交利润递增包干；（2）上交利润递增承包，超收分成；（3）上交利润基数包干，超收分成；（4）微利企业上交利润定额包干；（5）亏损企业定额补贴包干，或亏损补贴递减承包，减亏分成；（6）企业上交所得税后利润承包；（7）国家批准的其他形式。

核定承包基数的原则是：盈利企业一般不能低于承包前一年的实际应上交利润；亏损企业一般不能高于承包前一年的实际应补贴数。

企业实行承包后，执行中仍按税法规定，缴纳产品税、所得税、调节税和其他各项税收。盈利企业完成承包上交利润后的超目标利润，也应照章缴纳所得税、调节税。企业超过年度承包目标多得的部分，由财政部门采取收入退库的方式，返还给企业，作为企业留利处理。

（四）能交基金和国家预算调节基金

1982 年 12 月，中共中央、国务院发布《关于征集国家能源交通重点建设基金的通知》，国务院发布《国家能源交通重点建设基金征集办法》，规定：从 1983 年 1 月 1 日起，一切国营企业事业单位、机关团体、部队和地方政府的各项预算外资金，以及这些单位所管的城镇集体企业交纳所得税后的利润，按规定交纳 10% 的国家能源交通重点建设基金。从 1983 年 7 月 1 日起，征收比例由 10% 提高到 15%。

1989 年 2 月，国务院发布《国家预算调节基金征集办法》，规定从 1989 年 1 月 1 日起，所有国营企业事业单位、机关团体、部队和地方政府的各项预算外资金，所有集体企业、私营企业以及个体工商户缴纳所得税后的利润，按规定缴纳 10% 的国家预算调节基金。

（五）税利分流

自 1988 年起，重庆、厦门、益阳、牡丹江、南阳等城市进行了税利分流试点。1989 年 3 月，财政部、国家体改委印发了《关于国营企业实行税利分流的试点方案》，提出试点地区改变大中型企业按 55% 的比例税率和小型企业按八级超额累进税率交纳所得税的办法，所有盈利的国营企业，一律改按 35% 的税率交纳所得税。取消调节税税种，将原来应交的调节税额并入所得税后利润，并将原来含所得税在内的上交利润承包，改为所得税后上交利润承包。

1991 年 8 月，财政部、国家体改委又印发了《国营企业实行"税利分流、税后还贷、税后承包"的试点办法》，规定盈利企业一律按 33% 的比例税率向国家交纳所得税，所得税后利润应当上交国家的部分，实行承包等各种形式的分配办法。

（六）分税制下国有企业利润分配制度

1993 年 12 月，国务院发布《中华人民共和国企业所得税暂行条例》《关于实行分税制财政管理体制的决定》。根据建立现代企业制度的基本要求，结合税制改革和实施《企业财务通则》《企业会计准则》，合理调整和规范国家与企业的利润分配关系。从 1994 年 1 月 1 日起，国有企业统一按 33% 的税率交纳所得税，取消各种包税的做法。考虑到部分企业上交水平较低的现状，作为过渡办法，增设 27% 和 18% 两档照顾税率。企业固定资产贷款的利息列入成本，本金一律用企业留用资金归还。取消对国有企业征收的能源交通重点建设基金和预算调节基金。逐步建立国有资产投资收益按股分红、按资分利或税后利润上交的分配制度。2007 年 3 月，十届全国人大五次会议通过《中华人民共和国企业所得税法》，2017 年 2 月经十二届全国人大常务委员会修订，企业所得税的税率为 25%。

（七）国有资本经营预算

1993 年 11 月党的十四届三中全会通过的《中共中央关于建立社会主义市场经济体制若干问题的决定》明确指出："改进和规范复式预算制度。建立政府公共预算和国有资产经营预算，并可以根据需要建立社会保障预算和其他预算。"2003 年 10 月党的十六届三中全会通过的《中共中央关于完善社会主义市场经济体制若干问题的决定》提出"建立国有资本经营预算制度"。2007 年 10 月党的十七大进一步提出"加快建设国有资本经营预算制度"。2008 年 3 月，国务院发布了《关于试行国有资本经营预算的意见》（国发〔2007〕26 号），中央本级国有资本经营预算从 2008 年开始实施，2008 年收取实施范围内企业 2007 年实现的国有资本收益。2007 年进行国有资本经营预算试点，收取部分企业 2006 年实现的国有资本收益。

经国务院批准，财政部、国资委于 2007 年 12 月印发了《中央企业国有资本收益收取管理暂行办法》（财企〔2007〕309 号）。《办法》规定，试行范围包括国资委所监管企业和中国烟草总公司。国有资本收益是指国家以所有者身份依法取得的国有资本投资收益，具体包括应交利润，国有股股利、股息，国有产权转让收入，企业清算收入和其他国有资本收益。国有独资企业上交年度净利润的比例，区别不同行业，分以下三类执行：第一类为烟草、石油石化、电力、电信、煤炭等具有国家垄断经营或资源型特征的企业，执行 10%；第二类为有色、钢铁、运输、电子、外贸、施工等一般竞争性企业，执行 5%；第三类为军工企业、转制科研院所以及粮棉储备企业，暂缓 3 年上交或者免交。

2013 年 11 月党的十八届三中全会通过的《中共中央关于全面深化改革若干重大问题的决定》，要求完善国有资本经营预算制度，提高国有资本收益上交公共财政比例，2020 年提高到 30%，更多用于保障和改善民生。

至此，一方面，国家作为政权机关和社会管理者，为了实行其政治职能，以政权为依托，向企业这个创造社会物质财富的经济实体征取一般税收；另一方面，国家作为全民所有制企业的资产所有者，为了实现其经济职能，以所有权为依托，参与企业的税后利润分配，取得资产收益，从而理顺和规范了国家与企业的收入分配关系。

三、转换企业经营机制

为了正确处理国家与企业、职工三者的利益关系，明确企业的责、权、利，推进企业经营机制的转换，让企业逐步成为市场的主体，在规范国家与企业收入分配关系的同时，从试行经济责任制到建立现代企业制度，国家出台了一系列制度和法律法规。

（一）经济责任制

1981 年 4 月，国务院召开全国工业交通工作会议，明确提出建立和实行经济责任制。1981 年 10 月，国务院批转国家经委、国务院体制改革办公室《关于实行工业生产经济责任制若干问题的意见》。1981 年 11 月，国务院批转国家经委、国务院体制改革办公室、国家计委、财政部、劳动总局、人民银行、全国总工会制定的《关于实行工业生产经济责任制若干问题的暂行规定》。1982 年 11 月，国务院批转国家体改委、国家经委、财政部《关于当前完善工业经济责任制的几个问题》。这些文件指出：经济责任制是在国家计划指导下，以提高社会经济效益为目的，实现责、权、利紧密结合的生产经营管理制度。要求企业主管部门、企业、车间、班组和职工，都必须层层明确在经济上对国家应负的责任，建立健全企业的生产、技术、经营管理各项专责制和岗位责任制，为国家提供优质适销的产品和更多积累；要求正确处理国家、企业和职工个人三者利益，把企业、职工的经济责任、经济效果和经济利益联系起来，认真贯彻各尽所能、按劳分配的原则，多劳多得，有奖有罚，克服"吃大锅饭"和平均主义；要求进一步扩大企业经营管理自主权，使企业逐步成为相对独立的经济实体。

（二）国营工业企业暂行条例

为保障国营工业企业的合法权益和正常的生产经营活动，明确其应尽的责任，以加快工业的发展，国务院于 1983 年 4 月颁发了《国营工业企业暂行条例》，规定：企业实行党委领导下的厂长（经理）负责制和党委领导下的职工代表大会制。企业在生产经营活动中实行党委集体领导、职工民主管理、厂长行政指挥的根本原则。企业在生产行政上受直接隶属的主管单位领导。企业的生产经营活动，在国家计划指导下进行，同时发挥市场调节的辅助作用。企业是法人，厂长是法人代表。企业对国家规定由它经营管理的国家财产依法行使占有、使用和处分的权利，自主地进行生产经营活动，承担国家规定的责任，并能独立地在法院起诉和应诉。企业要实行经济责任制，改善经营管理，正确处理国家、企业和职工个人利益的关系。

（三）破产法

为了适应社会主义有计划的商品经济和经济体制改革的需要，促进全民所有制企业自主经营，加强经济责任制和民主管理，改善经营状况，提高经济效益，保护债权人和债务人的合法权益，1986 年 12 月第六届全国人民代表大会常务委员会第十八次会议通过了《中华人民共和国企业破产法（试行）》，并由中华人民共和国主席令第 45 号公布，自全民所有制工业企业法实施满三个月之日起试行。该法规定：本法适用于全民所有制企业。企业因经营管理不善造成严重亏损，不能清偿到期债务的，依照本法规定宣告破产。破产案件由债务人所在地人民法院管辖。人民法院应当自宣告企业破产之日起十五日内成立清算组，接管破产企业。清算组提出破产财产分配方案，经债权人会议讨论通过，报请人民法院裁定后执行。破产财产优先拨付破产费用后，按照下列顺序清偿：（1）破产企业所欠职工工资和劳动保险费用；（2）破产企业所欠税款；（3）破产债权。破产财产不足清偿同一顺序的清偿要求的，按照比例分配。破产财产分配完毕，由清算组提请人民法院终结破产程序。破产程序终结后，由清算组向破产企业原登记机关办理注销登记。企业被宣告破产后，由政府监察部门和审计部门负责查明企业破产的责任。

（四）承包、租赁暂行条例

为了发展和完善全民所有制工业企业承包经营责任制，转变企业经营机制，增强企业活力，提高经济效益，国务院于 1988 年 2 月发布了《全民所有制工业企业承包经营责任制暂行条例》，规定：承包经营责任制，是在坚持企业的社会主义全民所有制的基础上，按照所有权与经营权分离的原则，以承包经营合同形式，确定国家与企业的责权利关系，使企业做到自主经营、自负盈亏的经营管理制度。实行承包经营责任制，按照"包死基数、确保上交、超收多留、欠收自补"的原则，确定国家与企业的分配关系。承包经营责任制的主要内容是：包上交国家利润，包完成技术改造任务，实行工资总额与经济效益挂钩。交通、建筑、农林、物资、商业、外贸行业的全民所有制企业实行承包经营责任制的，可参照本条例执行。

为完善租赁经营，1988 年 6 月国务院第 2 号令发布了《全民所有制小型工业企业租赁经营暂行条例》，规定：租赁经营是指在不改变企业的全民所有制性质的条件下，实行所有权与经营权的分离，国家授权单位为出租方将企业有限期地交给承租方经营，承租方向出租方交付租金并依照合同规定对企业实行自主经营的方式。国家授权企业所在地方人民政府委托的部门为出租方，代表国家行使企业的出租权。承租方可以采取下列形式承租企业：（1）个人承租；（2）合伙承租；（3）全员承租；（4）企业承租。租赁期限每届为 3 至 5 年。承租方不得将企业转租。

（五）企业法

为保障全民所有制经济的巩固和发展，明确全民所有制工业企业的权利和义务，保障其合法权益，增强其活力，促进社会主义现代化建设，根据《中华人民共和国宪法》，1988 年 4 月第七届全国人民代表大会第一次会议通过了《中华人民共和国全民所有制工业企业法》，以中华人民共和国主席令第 3 号公布，于 1988 年 8 月 1 日起施行。《企业法》规定：全民所有制工业企业是依法自主经营、自负盈亏、独立核算的社会主义商品生产和经营单位。企业的财产属于全民所有，国家依照所有权与经营权分离的原则授予企业经营管理。企业对国家授予其经营管理的财产享有占有、使用和依法处分的权利。企业依法取得法人资格，以国家授予其经营管理的财产承担民事责任。企业实行厂长（经理）负责制。厂长的产生，除国务院另有规定外，由政府主管部门根据企业的情况采取政府主管部门委任或招聘、企业职工代表大会选举两种方式。厂长是企业的法定代表人。本法的原则适用于全民所有制交通运输、邮电、地质勘探、建筑安装、商业、外贸、物资、农林、水利企业。

（六）转换经营机制条例

为了推动全民所有制工业企业进入市场，增强企业活力，提高企业经济效益，根据《中华人民共和国全民所有制工业企业法》，1992 年 7 月，国务院第 103 号令发布了《全民所有制工业企业转换经营机制条例》，自发布之日起施行。企业转换经营机制的目标是：使企业适应市场的要求，成为依法自主经营、自负盈亏、自我发展、自我约束的商品生产和经营单位，成为独立享有民事权利和承担民事义务的企业法人。企业经营权是指企业对国家授予其经营管理的财产享有占有、使用和依法处分的权利，具体包括 14 个方面：（1）生产经营决策权；（2）产品、劳务定价权；（3）产品销售权；（4）物资采购权；（5）进出口权；（6）投资决策权；（7）留用资金分配权；（8）资产处置权；（9）联营、兼并权；（10）劳动用工权；（11）人事管理权；（12）工资、奖金分配权；（13）内部机构设置权；（14）拒绝摊派权。《条例》明确，企业财产属于全民所有，即国家所有，国务院代表国家行使企业财产的所有权。本条例的原则适用于其他全民所有制企业。

（七）"两则"

发展社会主义市场经济，迫切需要改革财务会计制度。1992 年，经国务院批准，财政部以部长令的形式发布了《企业财务通则》和《企业会计准则》（简称"两则"），于 1993 年 7 月 1 日起施行。"两则"在会计年度中期施行，带来了资料不可比和调账的问题，但也反映了为发展社会主义市场经济而只争朝夕的急迫心情。"两则"是我国财务会计改革史上的重大举措，是模式性转换。与原来的财务会计制度相比，有以下突破：（1）对所有企业财务会计制度进行了统一规范；（2）实行资本保全原则，建立企业资本金制度，明确了产权关系；（3）改革固定资产折旧制度，促进企业技术进步；（4）改革成本计算的完全成本法，采用制造成本法；（5）允许企业计提坏账准备金等，体现国际通行的会计稳健原则；（6）采用国际通行的会计等式和报表体系，以"资产＝负债＋所有者权益"取代了传统的"资金来源＝资金占用"的会计等式，企业对外报告的财务会计报表改为资产负债表、损益表等，使财务会计信息成为国际通用商业语言。

（八）公司法

为了适应建立现代企业制度的需要，规范公司的组织和行为，保护公司、股东和债权人的合法权益，维护社会秩序，促进社会主义市场经济的发展，根据宪法，1993 年 12 月第八届全国人民代表大会常务委员会第五次会议通过了《中华人民共和国公司法》，以中华人民共和国主席令第 16 号公布，于 1994 年 7 月 1 起施行。《公司法》所称公司是指依照本法在中国境内设立的有限责任公司和股份有限公司。公司股东作为出资者按投入公司的资本额享有所有者的资产收益、参与重大决策和选择管理者等权利。公司享有由股东投资形

成的全部法人财产权，依法享有民事权利，承担民事责任。公司以
其全部法人财产，依法自主经营，自负盈亏。公司实行权责分明、
管理科学、激励和约束相结合的内部管理体制。设立公司必须依照
本法制定公司章程。

从放权让利到转机建制，是国有企业改革的一次重大飞跃。以上
一系列制度和法律法规，有力地促进了国有企业由政府的附庸逐步成
为相对独立的经济实体，最后成为市场的主体。市场经济的一个主要
特征是法制经济，《企业破产法》《企业法》《公司法》等重大法律，
为国有企业建立现代企业制度提供了强有力的法律保障。

四、实施国有企业改革攻坚战

1997 年 9 月党的十五大明确提出：深化国有企业改革，是全党
重要而艰巨的任务。要坚定信心，勇于探索，大胆实践，力争到 20
世纪末大多数国有大中型骨干企业初步建立现代企业制度，经营状况
明显改善，开创国有企业改革和发展新局面，从而打响了国有企业改
革攻坚战。

按照党的十五大精神，要坚持社会主义市场经济的改革方向，使
改革在一些重大方面取得新的突破。要调整和完善所有制结构。公有
制为主体、多种所有制经济共同发展，是我国社会主义初级阶段的一
项基本经济制度。一切符合"三个有利于"的所有制形式都可以而且
应该用来为社会主义服务。

要全面认识公有制经济的含义。公有制经济不仅包括国有经济和
集体经济，还包括混合所有制经济中的国有成分和集体成分。公有制
实现形式可以而且应当多样化。一切反映社会化生产规律的经营方式
和组织形式都可以大胆利用。

把国有企业改革同改组、改造、加强管理结合起来。要着眼于搞

好整个国有经济，抓好大的，放活小的，对国有企业实行战略性改组。实行鼓励兼并、规范破产、下岗分流、减员增效和再就业工程，形成企业优胜劣汰的竞争机制。要建立社会保障体系，完善失业保险和社会救济制度，提供最基本的社会保障。

（一）推进破产

国家为了推进结构调整，深化企业改革，维护社会稳定，对国有企业实施关闭破产，作出了一些特别的政策规定。根据《国务院关于在若干城市试行国有企业破产有关问题的通知》（国发〔1994〕59 号）、《国务院关于在若干城市试行国有企业兼并破产和职工再就业有关问题的补充通知》（国发〔1997〕10 号）和《中共中央办公厅、国务院办公厅关于进一步做好资源枯竭矿山关闭破产工作的通知》（中办发〔2000〕11 号）等文件精神，对国务院确定的 111 个"优化资本结构"试点城市范围内的国有工业企业，以及中央下放地方管理的煤炭、有色金属和核工业矿山、军队保障性企业实施关闭破产，主要有以下几个方面的规定：

1. 破产企业土地使用权的处置。企业依法取得的土地使用权，应当以拍卖或者招标方式为主依法转让，转让所得首先用于破产企业职工安置；安置破产企业职工后有剩余的，剩余部分与其他破产财产统一列入破产财产分配方案。

2. 破产财产的处置。破产企业以土地使用权为抵押物的，其转让所得也首先用于安置职工，不足以支付的，不足部分从处置无抵押财产、抵押财产所得中依次支付。破产企业财产拍卖所得安置职工仍不足的，按照企业隶属关系，由同级人民政府负担。破产企业财产处置所得，在支付安置职工的费用后，其剩余部分按照《企业破产法》的规定，按比例清偿债务。

破产企业的职工住房、学校、托幼园（所）、医院等福利性设施，原则上不计入破产财产，由破产企业所在地的市或者市辖区、县的人民政府接收处理，其职工由接受单位安置。但是，没有必要续办并能整体出让的，可以计入破产财产。

3. 破产企业职工的安置。对破产企业职工，政府可以根据当地的实际情况，发放一次性安置费。其中实行劳动合同制以前参加工作的全民所有制职工，一次性安置费按照破产企业所在地上年平均工资的3倍发放；对实行劳动合同制以后参加工作的合同制职工，按每满一年工龄发一个月本人工资的标准，发给经济补偿金。

（二）规范改制

企业改制是改革企业体制的简称。从总体上说，企业改制就是将企业从适应计划经济体制需要的企业制度，改建成为适应社会主义市场经济体制需要的企业制度。企业改制的核心是经营机制的转变和企业制度的创新，实质是调整生产关系以适应生产力发展的需要，将传统企业制度改建为现代企业制度。

现代企业制度作为一种新的企业制度，是最大限度地发展和解放生产力的企业制度，其基本内容包括以下几个方面：第一，产权清晰、权责明确的企业法人制度。第二，政企分开的国有资产监管和营运体制。第三，形式多样的企业组织制度。第四，科学的企业管理制度。

2002年7月，财政部印发了《企业公司制改建有关国有资本管理与财务处理的暂行规定》（财企〔2002〕313号）。2003年11月，国务院办公厅转发了《关于规范国有企业改制工作的意见》（国办发〔2003〕96号），对国有企业改制作了以下主要规定：

1. 严格批准制度。国有企业改制涉及财政、劳动保障等事项的，需预先报经同级人民政府有关部门审核；国有资产监督管理机构所出资企业改制为国有股不控股或不参股的企业（简称非国有企业），改制方案需报同级人民政府批准。

2.依法操作。依法依规进行清产核资、财务审计、资产评估和产权交易，依法保护债权人利益。

3.维护职工合法权益。国有企业改制方案和国有控股企业改制为非国有企业的方案，必须提交企业职工代表大会或职工大会审议，充分听取职工意见。其中，职工安置方案需经企业职工代表大会或职工大会审议通过后方可实施改制。

（三）主辅分离

为了推进国有及国有控股大中型企业主辅分离，辅业改制，分流安置富余人员，2002年11月，国家经济贸易委员会、财政部、劳动和社会保障部、国土资源部、中国人民银行、国家税务总局、国家工商行政管理总局、中华全国总工会印发了《关于国有大中型企业主辅分离辅业改制分流安置富余人员的实施办法》（国经贸企改〔2002〕859号），鼓励有条件的国有大中型企业在进行结构调整、重组改制和主辅分离中，利用非主业资产、闲置资产和关闭破产企业的有效资产（简称"三类资产"），改制创办面向市场、独立核算、自负盈亏的法人经济实体，多渠道分流安置企业富余人员和关闭破产企业职工，减轻社会就业压力。实行主辅分离、辅业改制，应成为今后国有企业分流富余人员的重要形式。

（四）分离办社会职能

国有企业办社会职能是计划经济时期的遗留问题。多年来，随着经济体制改革的逐步深入，各级政府部门积极探索分离企业办社会职能，取得了一些成效。2004年3月，国务院办公厅印发《关于中央企业分离办社会职能试点工作有关问题的通知》（国办发〔2004〕22号），决定选择中国石油天然气集团公司、中国石油化工集团公司、东风汽车公司3户中央企业，进行分离企业办社会职能的试点。2005年1月，国务院办公厅下发了《关于第二批中央企业分离办社会职能工作有关问题的通知》（国办发〔2005〕4号）。从2005年1月1日起，中国核工业集团公司等74家中央企业所属的全日制普通中小学和公安、检察、法院等职能单位，一次性全部分离并按属地原则移交所在地（市）或县级人民政府管理。移交社会职能所需经费补助，由中央财政按核定基数全额划转地方财政。

2016年6月，国务院办公厅转发国务院国资委、财政部《关于国有企业职工家属区"三供一业"分离移交工作的指导意见》（国办发〔2016〕45号），从2016年开始，在全国全面推进国有企业（含中央企业和地方国有企业）职工家属区"三供一业"分离移交工作，2018年年底前基本完成。2019年起国有企业不再以任何方式为职工家属区"三供一业"承担相关费用。分离移交"三供一业"的费用包括相关设施维修维护费用，基建和改造工程项目的可研费用、设计费用、旧设备设施拆除费用、施工费用、监理费等。中央企业的分离移交费用由中央财政（国有资本经营预算）补助50%，中央企业集团公司及移交企业的主管企业承担比例不低于30%，其余部分由移交企业自行承担。原政策性破产中央企业的分离移交费用由中央财政（国有资本经营预算）全额承担。地方国有企业分离移交费用由地方人民政府明确解决办法。其中1998年1月1日以后中央下放地方的煤炭、有色金属、军工等企业（含政策性破产企业）分离移交费用由中央财政给予适当补助。

（五）健全国有资产管理体制

2002年11月党的十六大提出坚持和完善基本经济制度，深化国有资产管理体制改革。在坚持国家所有的前提下，充分发挥中央和地方两个积极性。国家要制定法律法规，建立中央政府和地方政府分别代表国家履行出资人职责，享有所有者权益，权利、义务和责任相统一，管资产和管人、管事相结合的国有资产管理体制。中央政府和省、市

（地）两级地方政府设立国有资产管理机构。2003 年 5 月，国务院公布
《企业国有资产监督管理暂行条例》（国务院令第 378 号），为建立适应
社会主义市场经济需要的国有资产监督管理体制提供了制度保障。

2007 年 10 月党的十七大提出，深化国有企业公司制股份制改革，
健全现代企业制度，优化国有经济布局和结构，增强国有经济活力、
控制力、影响力。深化垄断行业改革，引入竞争机制，加强政府监管
和社会监督。加快建设国有资本经营预算制度。完善各类国有资产管
理体制和制度。

2012 年 11 月党的十八大进一步提出推行公有制多种实现形式，
深化国有企业改革，完善各类国有资产管理体制，推动国有资本更多
投向关系国家安全和国民经济命脉的重要行业和关键领域，不断增强
国有经济活力、控制力、影响力。

（六）修订和完善促进企业改革和发展的一系列法律法规

2005 年 10 月，第十届全国人民代表大会常务委员会第十八次
会议修订《中华人民共和国公司法》，自 2006 年 1 月 1 日起施行。
2006 年 8 月，第十届全国人民代表大会常务委员会第二十三次会议
通过了《中华人民共和国企业破产法》，自 2007 年 6 月 1 日起施行，
《中华人民共和国企业破产法（试行）》同时废止。2006 年 2 月 15 日，
财政部发布了 39 项企业会计准则，自 2007 年 1 月 1 日起在上市公
司施行。2006 年 12 月，财政部公布新《企业财务通则》（财政部令
第 41 号），从 2007 年 1 月 1 日起施行。2007 年 3 月，第十届全国
人民代表大会第五次会议通过了《中华人民共和国企业所得税法》，
自 2008 年 1 月 1 日起施行，1991 年 4 月第七届全国人民代表大会
第四次会议通过的《中华人民共和国外商投资企业和外国企业所得
税法》和 1993 年 12 月国务院发布的《中华人民共和国企业所得税
暂行条例》同时废止。

五、全面深化国有企业改革

2013 年 11 月党的十八届三中全会通过的《中共中央关于全面深化改革若干重大问题的决定》提出，全面深化改革，必须立足于我国长期处于社会主义初级阶段这个最大实际。经济体制改革是全面深化改革的重点，核心问题是处理好政府和市场的关系，使市场在资源配置中起决定性作用和更好发挥政府作用。市场决定资源配置是市场经济的一般规律，健全社会主义市场经济体制必须遵循这条规律，着力解决市场体系不完善、政府干预过多和监管不到位问题。

公有制为主体、多种所有制经济共同发展的基本经济制度，是中国特色社会主义制度的重要支柱，也是社会主义市场经济体制的根基。必须毫不动摇巩固和发展公有制经济，坚持公有制主体地位，发挥国有经济主导作用，不断增强国有经济活力、控制力、影响力。

2015 年 8 月，中共中央、国务院印发《关于深化国有企业改革的指导意见》（中发〔2015〕22 号），要求认真贯彻落实党中央、国务院战略决策，按照"四个全面"战略布局的要求，以经济建设为中心，坚持问题导向，继续推进国有企业改革，切实破除体制机制障碍，坚定不移做强做优做大国有企业。2015 年 10 月，国务院印发《关于改革和完善国有资产管理体制的若干意见》（国发〔2015〕63 号），就改革和完善国有资产管理体制提出具体意见。

（一）分类推进国有企业改革

将国有企业分为商业类和公益类。商业类国有企业按照市场化要求实行商业化运作，实现优胜劣汰、有序进退。公益类国有企业以保障民生、服务社会、提供公共产品和服务为主要目标，引入市场机制，提高公共服务效率和能力。国有资本加大对公益性企业的投入，在提供公共服务方面作出更大贡献。国有资本继续控股经营的自然垄断行业，实行以政企分开、政资分开、特许经营、政府监管为主要内容的改革，根据不同行业特点实行网运分开、放开竞争性业务，推进公共资源配置市场化，进一步破除各种形式的行政垄断。

（二）完善现代企业制度

推进公司制股份制改革，加大集团层面公司制改革力度，积极引入各类投资者实现股权多元化。健全公司法人治理结构，重点是推进董事会建设，规范董事长、总经理行权行为，充分发挥董事会的决策作用、监事会的监督作用、经理层的经营管理作用、党组织的政治核心作用，切实解决一些企业董事会形同虚设、"一把手"说了算的问题，实现规范的公司治理。建立职业经理人制度，更好发挥企业家作用。深化企业内部管理人员能上能下、员工能进能出、收入能增能减的制度改革。建立长效激励约束机制，强化国有企业经营投资责任追究。探索推进国有企业财务预算等重大信息公开。国有企业要合理增加市场化选聘比例，合理确定并严格规范国有企业管理人员薪酬水平、职务待遇、职务消费、业务消费。

（三）完善国有资产管理体制

以管资本为主加强国有资产监管，科学界定国有资产出资人监管边界，实现以管企业为主向以管资本为主转变。改革国有资本授权经营体制，组建若干国有资本运营公司，支持有条件的国有企业改组为国有资本投资公司。优化国有资本布局结构，国有资本投资运营要服务于国家战略目标，更多投向关系国家安全、国民经济命脉的重要行业和关键领域，重点提供公共服务、发展重要前瞻性战略性产业、保护生态环境、支持科技进步、保障国家安全。

（四）发展混合所有制经济

国有资本、集体资本、非公有资本等交叉持股、相互融合的混合所有制经济，是基本经济制度的重要实现形式，有利于国有资本放大功能、保值增值、提高竞争力，有利于各种所有制资本取长补短、相互促进、共同发展。推进国有企业混合所有制改革，鼓励国有资本以多种方式入股非国有企业，允许更多国有经济和其他所有制经济发展成为混合所有制经济。引入非国有资本参股国有企业改革，国有资本投资项目允许非国有资本参股。探索实行混合所有制企业员工持股。

（五）加强和改进党对国有企业的领导

充分发挥国有企业党组织政治核心作用。坚持和完善"双向进入、交叉任职"的领导体制，董事长、总经理原则上分设，党组织书记、董事长一般由一人担任。党组织书记要切实履行党建工作第一责任人职责，党组织班子其他成员要切实履行"一岗双责"，结合业务分工抓好党建工作。进一步加强国有企业领导班子建设和人才队伍建设，坚决防止和整治选人用人中的不正之风。加强对国有企业领导人员尤其是主要领导人员的日常监督管理和综合考核评价，切实解决企业领导人员能上不能下的问题。加强企业家队伍建设，大力实施人才强企战略，加快建立健全国有企业集聚人才的体制机制。

四十年改革，艰辛漫长；四十年改革，成就辉煌。通过四十年的改革，国有企业逐步走向市场，总体上已经同市场经济相融合，运行质量和效益明显提升。国有经济布局和战略性调整基本完成，国有资本不断增值，国有经济逐步发展壮大，实力不断增强，适应社会主义市场经济需要的国有资产监督管理体制基本建立。特别是实施国有企业改革攻坚战，一大批困难企业通过关闭破产退出市场，有效解决了拖欠职工工资等职工群众最关心、最直接、最现实的利益问题，妥善安置了职工，维护了社会稳定，促进了社会和谐。同时，一批企业通过改制重组、主辅分离、分离办社会职能，甩掉了历史包袱，突出了主业，重新焕发生机，逐步成为新的经济增长点和财源建设的亮点。

党的十八大以来，国有企业改革全面深化。党的十九大进一步强调，要完善各类国有资产管理体制，改革国有资本授权经营体制，加快国有经济布局优化、结构调整、战略性重组，促进国有资产保值增值，推动国有资本做强做优做大，有效防止国有资产流失；深化国有企业改革，发展混合所有制经济，培育具有全球竞争力的世界一流企业。

展望未来，在习近平新时代中国特色社会主义思想指导下，随着国有企业改革的不断深化，国有企业作为中国特色社会主义的重要物质基础和政治基础，在推动经济社会发展、保障和改善民生、保护生态环境等方面，将更好地发挥应有的重要作用，在实现"两个一百年"奋斗目标、实现中华民族伟大复兴中国梦的新征程上创造无愧于新时代的新业绩！

卷 三

绩效管理

关于预算管理改革三个文件的说明*

（2000 年 6 月）

　　为适应社会主义市场经济发展的需要，认真贯彻落实《中华人民共和国预算法》，根据全国预算编制改革座谈会议精神，借鉴河北省的改革经验，结合我省实际，我们起草了《中共湖南省委、湖南省人民政府关于改革预算管理推进依法理财的意见》《湖南省省级预算管理改革实施方案》《湖南省省级财政支出预算执行管理暂行办法》等三个预算管理改革文件。三个文件进行了多次修改，特别是对第一个文件，预算编制改革工作小组的同志进行了七次集体讨论。5月下旬，将三个文件发给省财政厅各处室征求了意见。现就三个文件的指导思想和主要内容作以下说明：

一、三个文件的指导思想

　　预算管理改革是为了建立与社会主义市场经济体制相适应的财政管理运行机制，实现"三个规范"（规范政府、财政和部门行为），推进依法理财。在指导思想上，着重强调了以下几个方面：

---

* 本文为省财政厅向省委、省政府呈报预算管理改革三个文件执笔的《说明》草拟稿，2000 年 6 月。

1.改革预算编制形式，推行部门预算。预算编制以部门预算作为基本组织形式，改变财政资金按性质归口管理的做法，财政将各类不同性质的财政性资金统一编制到使用这些资金的部门。部门预算从基层单位编起，部门负责审核、汇总、分析基层会计单位的收支预算建议计划，编制部门收支预算建议计划并报同级财政。财政将部门预算审核汇总，报经政府讨论通过后，提交人代会审议批准，根据人代会批准的政府预算及时批复本级各部门预算。各部门依据财政批复的本部门预算，及时批复所属单位预算。

2.改革预算编制内容，完善综合财政管理。部门预算是一个综合预算，既包括行政单位预算，又包括其下属的事业单位预算；既包括一般预算收支计划，又包括政府基金预算收支计划；既包括正常经费预算，又包括专项支出预算；既包括财政预算内拨款收支计划，又包括财政预算外核拨资金收支计划和部门其他收支计划。部门预算的编制以综合财政预算为基础，统筹考虑部门和单位的各项资金，财政预算内拨款、财政专户核拨资金和其他收入统一作为部门预算收入；财政核定的部门支出需求，先由财政专户核拨资金和单位其他收入安排，不足部分再考虑财政预算内拨款。

3.改进预算编制方法，实行零基预算。预算的确定，要充分考虑财力情况和当年收支增减因素，做到积极稳妥，收支平衡。预算的编制实行零基预算，各类支出取消基数加增长的编制方法，按照预算年度所有因素和事项的轻重缓急重新测算每一科目和款项的支出需求。对个人工资性支出，按照标准逐人核定；对公用经费，按部门分类分档按定额和项目编制预算；对基本建设、企业挖潜改造、科技三项费用、支援农村生产支出等建设性专款和教育、科学、卫生、文体广播及其他部门的事业性专项支出，要进行项目论证，测定支出概算，结合省委、省政府确定的经济和社会发展计划，进行分类排队，制定滚动项目发展计划，年度预算要编制到具体项目。

4.完善预算编制程序，实行标准周期预算。实行预算周期管理是建立预算管理新机制的重要方面。一个预算管理的周期由预算编制、预算执行和财政决算三个阶段构成，起始于上年3月，终止于次年6月，共28个月。上年3月至12月为预算编制阶段，当年1月至12月为预算执行阶段，次年1月至6月为财政决算阶段。

5.规范预算执行，强化预算约束。预算经人代会批准后，必须严格执行，非经法定程序不得随意变更或调整。年度预算执行中，除特殊事项需动用政府预备费外，各部门不得出台新的减收增支政策，需要安排的一般性支出，只能在编制下年度预算时统筹考虑。

二、三个文件的主要内容

1.《中共湖南省委、湖南省人民政府关于改革预算管理推进依法理财的意见》是预算管理改革的纲领性文件，原则性提出了改革的指导思想、内容和配套措施，就预算管理改革的有关内容对各部门、各级财政乃至各级党委、政府提出了明确要求。

2.《湖南省省级预算管理改革实施方案》是对《中共湖南省委、湖南省人民政府关于改革预算管理推进依法理财的意见》的细化。《方案》阐述了预算管理改革的具体指导思想和目标模式，明确了人大、政府、各部门及财政内部有关机构的职责，规定了预算管理的运作程序和具体步骤。

3.《湖南省省级财政支出预算执行管理暂行办法》是对《方案》中预算周期第二阶段预算执行的具体规定，是一个操作性文件。具体规定了财政部门、部门预算单位、财政内部各机构在预算执行中的职责，对预算批复的具体时间、预算拨款、未安排项目预算的执行、预算调整和预算执行监督等预算执行工作提出了具体要求。

　　由于《湖南省省级预算管理改革实施方案》是对《中共湖南省委、湖南省人民政府关于改革预算管理推进依法理财的意见》的贯彻落实，内容涉及的范围包括人大、政府及各部门，建议由省政府办公厅发文。《湖南省省级财政支出预算执行管理暂行办法》是根据《湖南省省级预算管理改革实施方案》中有关要求就预算执行作了具体规定，主要是明确财政部门的内部职责和办事程序，建议由省财政厅发文。

预算绩效管理基本研究 *

（2012 年 10 月）

一、预算绩效管理的国际背景

（一）西方国家的绩效预算

绩效管理起初是企业管理的一种方法，其目的是通过绩效考核提高企业的经济效益，并且，绩效考核一般用于计提企业的工资总额、企业负责人的薪酬管理和员工岗位工资。绩效管理理念由企业引入政府管理领域，最早在 1949 年由美国政府提出，真正开始运用是在 20 世纪 70—80 年代。

早在 1949 年，美国胡佛委员会针对联邦预算的浪费和低效，提出了绩效预算改革的设想。1950 年，美国政府曾经试编了联邦绩效预算。1952 年，改名为"项目预算"。

后来，美国政府进行了项目预算的各种试验。罗伯特·麦克纳马拉应肯尼迪总统之邀，从福特公司总裁出任国防部部长之后，将发端于企业的"计划项目预算"引入政府。1961 年，美国国防部为了获

---

* 原载《新理财（湖南财政）》，2012 年第 5 期。

得稳定的预算，创立了以项目管理为核心的公共支出管理模式，也就是"计划项目预算"，并在 1965 年推广到联邦政府所有机构。1971 年尼克松政府废除"计划项目预算"后，于 1973 年颁布实行以目标管理为特点的《联邦政府生产率测定方案》。1977 年，卡特政府实行以专项预算为基础的零基预算。零基预算是对基数预算的理性反思，但这项改革来去匆匆，随着倡导者卡特离开白宫，也悄然淡出。到了 1981 年，里根政府取消零基预算，恢复了 60 年代的"计划项目预算"。

20 世纪 90 年代以来，结合政府改革，美国的预算改革重点又转回到绩效预算上。克林顿任总统期间，1993 年，美国国会通过《政府绩效与结果法案》，将对绩效管理的要求以法律的形式确定下来，这是世界各国政府绩效预算改革浪潮中具有里程碑意义的代表性法案。同年，美国政府成立了国家绩效评价委员会。

英国政府是最早成功实施绩效评价的国家。1979 年，撒切尔夫人执政期间，下决心进行以绩效为中心的政府改革，任命雷纳勋爵为顾问，开展了著名的"雷纳评审"。通过绩效评估，发现政府管理中长期存在而又被熟视无睹的问题，从而引起了政府管理上的"流程再造"。1984、1985 年，澳大利亚、新西兰政府先后引进绩效评价制度，两国将绩效评价广泛应用于各级政府机构，促进了政府改革。后来，澳大利亚、加拿大、英国和新西兰四国一直走在公共预算改革的前沿。一些发展中国家虽然缺乏实施绩效预算的制度前提，但也尝试实施绩效预算，如巴西、印度、马来西亚等。到目前为止，世界上共有 50 多个国家和地区进行了不同形式的绩效预算改革，其中经济合作与发展组织国家进展最快。

在美国，预算管理局要求各部门在提交预算时，同时提交部门整体使命、愿景、目的、目标和绩效指标。使命是一个部门或单位的职责描述。部门或单位创造什么价值，是其存在的根本理由。愿景是最高层面的绩效追求。目的是部门或单位努力的大方向。目标是为了实现长期目的而在短期内预计达到的产出和效果。绩效指标是用来衡量部门或单位是否实现目标、达到目的的量化指标，是最低层面的绩效效果。部门要根据使命，提出愿景、目的、目标和绩效指标。在西方发达国家，绩效预算是一个有机的管理过程，这个过程包括四个阶段：第一，利用预算绩效信息设定绩效目标；第二，根据设定的目标，进行财政资源配置，按优先顺序安排支出；第三，帮助管理者维持或调整既定目标计划；第四，报告资金使用结果与目标的符合程度。

（二）绩效预算的历史背景

西方发达国家为什么要进行绩效预算呢？当时的背景是，随着全球化、信息化进程的不断加快，国际竞争日益加剧，各国政府和财政面临许多亟待解决的新问题。为摆脱财政困境，提高政府工作效率，增强政府在民众中的公信度，西方发达国家纷纷开展了"新公共管理"运动，或者称为"重塑政府"运动，掀起新一轮政府改革的浪潮，实施绩效预算。

1.绩效预算是政府改革的内在要求。绩效预算是在"政府再造"中产生的一个概念，与社会发展由工业时代进入后工业时代、政府行政由管理型向服务型模式转变的背景有关。学术界将西方发达国家的政府改革概括为"三个再造、一项制度"，即政府职能再造、管理流程再造、财政再造和建立公共支出绩效评价制度。

政府职能再造，指通过"委托代理"的管理模式重新界定政府职能，缩小政府直接管理范围。具体内容又可以概括为"三个凡是"：凡是能用市场方式解决的就不再由政府直接管理，采取政府采购、政府招标等方式解决；凡是非营利组织能做的，就通过"花钱购买服务"委托它们去做；凡是社区和基层政府能做的，就采用上级政府出钱或分担方式，委托社区和基层政府实施。

管理流程再造，指推行信息化、扁平化、流程化、环节化管理。

财政再造，指按照财政效率原则，将"养人财政"改造成基于"对有效公共服务拨款"的绩效财政。

"一项制度"指建立公共支出绩效评价制度，使之成为政府公共管理的基本环节。绩效评价制度是传统管理所没有的，因此，在西方发达国家，也称之为"绩效革命"。

2. 绩效预算是"新公共管理"（公共管理科学化）的重要内容。公共管理来源于行政管理。而行政管理，是100多年前由美国第28任总统伍德罗·威尔逊提出的。威尔逊于1887年发表了行政学的开山之作《行政学研究》一文，提出行政学研究的目标在于了解政府能够适当地或成功地进行什么工作，政府怎样才能以尽可能高的效率及在费用或能源方面以尽可能少的成本完成这些适当的工作。认为只要实现了政治与行政分离就能实现公共管理科学化，推崇政治与行政二分法。

然而，在实践中，即使如威尔逊所说，将行政管理置于政治之外，公共管理科学化也是很困难的。因为政府理财有某些天然弱点。无论是公共理财，还是私人理财，无非是四种方式：用自己的钱为自己办事，用自己的钱为别人办事，用别人的钱为自己办事，用别人的钱为别人办事。通常情况下，用自己的钱为自己办事，效率最高；用别人的钱为别人办事，效率最低。财政效率是衡量公共管理科学化的主要标志，但由于政府是"用纳税人的钱，为纳税人办事"，与企业理财和私人理财相比，财政效率恰恰是最低的。

但经过长期探索，人们发现"信息公开＋绩效管理"，可能是公共管理科学化的有效路径。理由有两点：一是绩效管理将财政资金与有效公共服务联系起来，解决了测量财政效率的方法难题；二是绩效管理确立了结果导向管理，动摇了过程管理的传统模式。西方发达国家的实践证明，实行绩效预算，不仅有利于节约支出、防止腐败，更有利于促进公共管理科学化。绩效预算是实现公共管理科学化的重要路径。

二、推进预算绩效管理的重要意义

近些年来，中央高度重视预算绩效管理工作，要求通过提高财政资金使用绩效来促进政府效能建设。党的十六届三中全会提出"建立预算绩效评价体系"，党的十七届二中、五中全会分别提出"推行政府绩效管理和行政问责制度""完善政府绩效评估制度"。十一届全国人大五次会议要求进一步加强预算绩效管理，健全支出绩效考评机制，提高资金使用效益。2011 年 6 月，经政府绩效管理工作部际联席会议研究决定并报国务院同意，财政部的预算绩效管理被纳入政府绩效管理试点范围。

（一）推进预算绩效管理是贯彻落实科学发展观的必然要求

科学发展观是我国经济社会发展的重要指导方针，是发展中国特色社会主义必须坚持和贯彻的重大战略思想。科学发展观的核心是以人为本，强调提高发展的质量和效益，强调全体人民共享发展成果。公共财政取之于民、用之于民，"花好纳税人的钱，办好纳税人的事"，在落实科学发展观中具有重要地位和作用。贯彻落实科学发展观，要求各级各部门始终把实现好、维护好、发展好最广大人民的根本利益作为工作的出发点和落脚点，在推进财政管理改革中更加突出绩效，在财政管理各环节中树立绩效意识、体现绩效要求。通过加强预算绩效管理，科学合理地配置公共资源，把有限的财政资金分配好、使用好、管理好，有利于更好地促进经济平稳较快发展和发展方式加快转变，有利于更好地保障和改善民生，做到发展为了人民、发展成果由人民共享，事关稳增长、促和谐的经济社会发展大局。

（二）推进预算绩效管理是提高政府行政效能的重要措施

进一步转变政府职能，全面履行好经济调节、市场监管、公共服务、社会管理等政府职能，要求大力提高行政效能，增强政府执行力和公信力。财政预算体现国家的经济社会发展政策，反映政府活动的范围和方向。加强预算绩效管理，围绕政府职能实现程度开展绩效评价，推进预算绩效信息公开，有利于为政府履行职能提供更加坚实的物质基础和体制保障，有利于增强各级政府部门尽职履责意识，有利于提升公共产品和服务的效率和质量，促进政府决策和各项工作任务的落实，进一步维护和提升政府形象。

（三）推进预算绩效管理是新形势下深化财政改革的迫切需要

加强预算绩效管理，既是一项需要坚持不懈、不断推进的长期任务，更是当前财政发展改革的紧迫要求。

1. 它是财政收支规模不断扩大的要求。在经济平稳较快发展的基础上，财政收支规模和财政实力日益壮大，需要不断加强预算绩效管理，提高财政资金使用效益。

2. 它是财政分配领域和服务对象发生变化的要求。近年来，财政服务的对象和层级明显增加，由过去主要面向部门和企业，扩展到面向全社会、面向千家万户，由主要涉及经济领域扩展到经济社会生活各个领域。社会各界不仅关注财政收入的规模，也更加关注财政资金的使用，迫切需要通过加强预算绩效管理，提供更多更好的公共产品和服务。

3. 它是预算信息公开的必然要求。财政预算公开是政府信息公开的重要内容和公共财政的本质要求，社会有期待，国务院也有明确部署。随着预算信息公开步伐的加快和社会公众知情权、参与权、监督权意识的增强，公开的内容和范围将不断扩大和细化。预算绩效管理与预算信息公开互为条件，相辅相成，预算信息公开要求加强预算绩效管理，预算绩效管理也有助于推动预算信息公开不断深化。通过推进预算绩效管理，不仅要让人民知道政府花了多少钱、办了多少事，还要让人民知道政府花钱的效益；不仅要让人民知道花钱的效益，还要让人民满意政府花钱的效果。只有这样，才能真正实现绩效理念，达到推进预算绩效管理和预算信息公开的目的。

4.它是营造推进财政发展改革有利外部环境的要求。加强预算绩效管理，不断提高财政资金使用的有效性，不仅有利于更好地回应社会关切，树立政府部门良好的社会形象，也有利于更好地凝聚社会共识、形成工作合力，营造全社会共同支持财政发展改革的良好氛围。

三、预算绩效管理的基本要求

预算绩效管理是一个由绩效目标管理、绩效运行跟踪监控管理、绩效评价实施管理、绩效评价结果反馈和应用管理共同组成的综合系统。推进预算绩效管理，要将绩效理念融入预算管理的全过程，使之与预算编制、预算执行、预算监督一起成为预算管理的有机组成部分，逐步建立"预算编制有目标、预算执行有监控、预算完成有评价、评价结果有应用"的预算绩效管理机制。

（一）加强绩效目标管理

预算绩效目标是预算绩效管理的基础，是预算编制的重要内容，是整个预算绩效管理的前提。

1.绩效目标设定。各预算部门在编制下一年度预算时，要根据政府预算编制的总体要求和财政部门的具体部署、国民经济和社会发展规划、部门职能及事业发展规划，科学合理地测算资金需求，编制预算绩效目标，向同级财政部门报送绩效目标。政府性基金预算和国有资本经营预算也要结合自身特点，明确绩效目标，加强编制管理。

2.绩效目标审核。财政部门要依据国家相关政策、财政支出方向和重点、部门职能及事业发展规划等，对部门报送的绩效目标进行审核，其审核的内容主要包括绩效目标与部门职能的相关性、绩效目标实现措施的可行性、绩效指标设计的科学性、资金需求量的合理性以及绩效目标申报的格式等。对于绩效目标不符合申报要求的，财政部门要求报送部门进行调整、修改，审核合格后方可进入下一步预算编审流程。

3.绩效目标批复。财政预算经同级人民代表大会审查批准后，财政部门应在部门预算批复中同时批复绩效目标。

（二）开展绩效运行跟踪监控管理

预算绩效运行跟踪监控管理是预算绩效管理的关键。各级财政部门和预算部门要建立绩效运行跟踪监控机制，定期对部门的绩效目标运行情况进行跟踪管理和监督检查，促进绩效目标的顺利实现。跟踪监控中发现绩效运行目标与预期绩效目标发生偏离时，要及时采取措施予以纠正，情况严重的应暂缓或停止项目的执行。

（三）实施绩效评价

预算支出绩效评价是预算绩效管理的核心。预算执行结束后，要及时对预算资金的产出和结果进行绩效评价，重点评价产出和结果的经济性、效率性和效益性。

财政资金具体使用单位要对财政资金使用情况进行自我评价，向预算部门提交预算绩效报告；要将实际取得的绩效与绩效目标进行对比，如未实现绩效目标，须说明理由。预算部门要组织本部门及所属单位开展绩效自评，对下属单位支出进行评价或再评价；要认真研究分析评价结果所反映的问题，努力查找资金使用和管理中的薄弱环节，制定改进和提高的工作措施，向同级财政部门提交绩效评价报告。

财政部门要对预算部门的绩效评价工作进行指导、监督和检查，对其报送的绩效评价报告进行审核，提出进一步改进预算管理、提高预算支出绩效的意见和建议，必要时对预算部门绩效自评实施再评价。要加强重点绩效评价，选取各级党委、政府高度重视，社会公众普遍关注，社会影响深远的重大民生支出项目进行重点评价，尤其要将上级对下级转移支付项目纳入重点评价范围。要积极开展县级财政支出管理绩效综合评价和部门整体支出管理绩效综合评价，逐步推进企业使用财政性资金绩效评价。

（四）强化绩效评价结果应用

绩效评价结果应用是预算绩效管理的根本，是预算绩效管理的出发点和落脚点。

1. 要建立健全预算支出绩效评价结果反馈整改机制。财政部门和预算部门要将绩效评价结果及时反馈给预算执行单位，预算执行单位要根据绩效评价结果进一步完善管理制度，改进管理措施，提高管理水平，规范支出行为，降低支出成本，增强责任意识。

2. 要建立健全绩效评价结果与预算安排有机结合机制。财政部门要将绩效评价结果作为安排以后年度预算的重要依据，优先考虑和重点支持绩效评价结果好的部门项目，减少绩效评价结果差的部门项目资金安排，取消无绩效或低绩效项目，优化资源配置。

3. 要建立健全绩效报告机制。预算部门要定期向同级财政部门、下级财政部门要定期向上级财政部门提交预算绩效报告，说明预算绩效管理工作情况、财政支出绩效情况、存在的问题、纠正措施和下一步工作重点。各级财政部门每年要向同级政府提交预算绩效报告，报告本级部门和下级政府预算绩效管理综合情况、重点项目绩效完成情况，为政府决策提供参考。

4. 要建立健全绩效评价结果公开机制。按照政府信息公开的有关规定，逐步推进绩效信息公开，将预算绩效报告和绩效评价结果，尤其是社会关注度高、影响力大的民生项目和重点项目支出绩效情况，依法向社会公开，接受社会监督。

5.要建立健全绩效问责机制。各级政府要将预算绩效管理纳入政府绩效评估范围，作为实施行政问责的重要依据，充分体现财政资金使用主体责任，形成"谁干事谁花钱，谁花钱谁担责"的权责机制。

西方国家绩效预算暨中国预算绩效管理 *

（2013 年 9 月）

一、绩效预算的理论基础

中国预算绩效管理是对西方国家绩效预算的借鉴和运用。西方国家的绩效预算，强调责任和效率，关注产出和成果，是多种现代科学理论在公共财政管理上的具体运用。这些理论主要包括公共管理理论、新公共管理理论、委托—代理理论、公共产品理论四个方面。

（一）公共管理理论

绩效预算属于公共管理的范畴。1887 年，伍德罗·威尔逊发表了公共行政学的开山之作《行政学研究》一文，主张建立一门独立的行政管理学科。威尔逊因此被誉为行政管理学的奠基人。威尔逊提出，行政学研究的目标在于了解政府能够适当地或成功地进行什么工作，政府怎样才能以尽可能高的效率及在费用或能源方面以尽可能少的成本完成这些适当的工作。主张政治与行政分离，认为只要实现了政治与行政分离就能提高行政效率。20 世纪初，在美国逐步形成公共行

---

* 原载《理财》，2013 年第 3 期。

政学，到六七十年代，发展为公共管理学。

（二）新公共管理理论

新公共管理理论是 20 世纪 80 年代以来兴盛于英、美等西方国家的一种新的公共行政理论，也是近年来西方规模空前的行政改革的主体指导思想之一。它以现代经济学为自己的理论基础，主张广泛采用私营部门成功的管理方法和竞争机制，如绩效管理、目标管理、组织发展、人力资源开发等来改造政府和其他公共组织，重视公共服务的产出，尝试建立一种高效率、低成本、应变能力强、责任机制更健全的"新公共管理"模式，由此掀起了一场声势浩大的政府行政改革浪潮。这场改革被看作是一场"重塑政府""再造公共部门"的"新公共管理"运动。

（三）委托—代理理论

20 世纪 30 年代，美国经济学家伯利和米恩斯发现企业所有者兼任经营者的做法存在极大弊端，提出委托—代理理论，倡导"两权分离"——所有权和经营权分离。1973 年，罗斯将委托—代理的概念和理论从企业扩展到各种组织和事项。

根据这一理论，一方面，政府是公众的受托人，是经营者。在市场经济条件下，政府承担着为公众提供公共产品和服务的职能，这些公共产品和服务是私人部门无法或不能有效通过市场配置而提供的，政府实际上是国家或社会的代理机构，承担着受托责任。另一方面，政府的支出是公众的预付款。政府提供这些公共产品和服务并不是利用自己的资金，而是公民的缴税或缴费，公共产品和服务的成本是由需求方即公民预先支付的。因此，政府作为受托人，其社会活动应该受到公众的监督，提供的公共产品和服务应当符合社会公众的需求。

相对于企业两权分离而言，公共委托代理关系是多层委托代理，公众将公共事务委托给政府，政府又是一个庞大的组织体系，政府系统有各级政府、各个预算部门，由此形成多层级、多类型的委托代理关系，从而产生以下问题：委托代理链越长，初始委托人的行为能力就越弱，中间委托代理者就更加容易产生"寻租""设租"等"败德"行为；忽视公共产品产出的质和量，片面追求扩大预算；管理机构与财政部门之间存在信息不对称，导致官僚机构拥有绝对支配权的垄断权力，使得大多数情况下追求预算最大化的目的都能达到，从而带来资源浪费和效率低下。针对以上问题，经典的委托—代理理论提出了信息透明、激励相容、绩效评价等解决方案。

（四）公共产品理论

美国经济学家萨缪尔森 1954 年发表《公共支出的纯粹理论》，认为纯粹的公共产品或劳务，是指每个人消费这种产品或劳务不会导致别人对该产品或劳务的消费减少。公共产品或劳务具有三个特征：效用的不可分割性、消费的非竞争性、受益的非排他性。

公共产品理论认为，税收是公民为了获得政府提供的公共产品而支付的价格，其本质是公众为了获得公共产品而支付的一种交换税，纳税人是为自己而纳税。因此，税收具有公共产品价格的性质，纳税人缴纳税金给政府，是为了"购买"自己所需要的公共产品，税收价格代表和体现了纳税人作为购买者的根本权益。作为公共产品提供方的政府，对税收如何安排使用，应当提供什么样的公共服务，包括支出的总规模、类别和项目、数额，以及由此而产生的公共产品的数额、内容、质量等，其决定权属于作为价格支付者的纳税人。"税收价格"的支付者拥有"消费者主权"。

根据公共产品理论，政府及其财政活动如同个人产品的购买和消费一样，必须体现和确保"消费者"个人效用最大化的根本要求，从而实现对政府提供公共产品成本的约束和管理。

二、西方国家的绩效预算

绩效管理起初是企业管理的一种方法，其目的是通过绩效目标管理提高企业的经济效益。并且，绩效考核一般用于计提企业的工资总额、企业负责人的薪酬管理和员工岗位工资。绩效管理理念由企业引入政府管理领域，最早在 1949 年由美国政府提出，真正开始运用是在 20 世纪 70—80 年代。

（一）美国的绩效预算

1949 年，美国总统杜鲁门组建的以胡佛为主席的临时性顾问组织胡佛委员会，针对联邦预算的浪费和低效，提出了绩效预算改革的设想。1950 年，美国政府曾经试编了联邦绩效预算。1952 年，改名为"项目预算"。

1961 年，美国国防部部长罗伯特·麦克纳马拉将发端于企业的计划项目预算引入政府，在国防部创立了以项目管理为核心的公共支出管理模式，并在 1965 年推广到联邦政府所有机构。后来，美国政府进行了项目预算的各种试验。

20 世纪 90 年代以来，结合政府改革，美国的预算改革重点又转回到绩效预算上。1993 年，联邦议会通过《政府绩效与结果法案》，将对绩效管理的要求以法律的形式确定下来，这是世界各国政府绩效预算改革浪潮中具有里程碑意义的代表性法案。2010 年 12 月，美国国会通过《政府绩效与结果法案》修正案。

在美国，预算管理局要求各部门在提交预算时，同时提交部门整体使命、愿景、目的、目标和绩效指标。使命是一个部门或单位的职责描述。部门或单位创造什么价值，是其存在的根本理由。愿景是最高层面的绩效追求。目的是部门或单位努力的大方向。目标是为了实现长期目的而在短期内预计达到的产出和效果。绩效指标是用来衡量部门或单位是否实现目标、达到目的的量化指标，是最低层面的绩效效果。部门要根据使命，提出愿景、目的、目标和绩效指标。

（二）英国的绩效评价

英国政府是最早成功实施绩效评价的国家。1979 年，撒切尔夫人刚一上台执政，就任命雷纳勋爵为效率顾问，并在内阁办公厅设立了一个"效率工作组"，负责行政改革的调研和推行工作，对中央政府各部门的运作情况进行全面的调查研究、审视和评价活动，拟定提高部门组织经济和行政效率水平的具体方案措施，开展了著名的"雷纳评审"。通过绩效评估，发现政府管理中长期存在而又被熟视无睹的问题，从而引起政府管理上的"流程再造"。

（三）意大利的绩效预算管理

在意大利，实行了按照绩效目标编制预算，以绩效评价考核目标成效、以评价报告反馈政府工作成效的绩效预算管理模式。其中的绩效评价以各部委自评为主，各部委都设有独立评估办公室，负责本部门财政支出的绩效评价工作。评价指标的选择主要由各部委自定。

1984、1985 年，澳大利亚、新西兰政府先后引进绩效评价制度，两国将绩效评价广泛应用于各级政府机构，促进了政府改革。后来，澳大利亚、加拿大、英国和新西兰四国一直走在公共预算改革的前沿。一些发展中国家虽然缺乏实施绩效预算的制度前提，但也尝试实施绩效预算，如巴西、印度、马来西亚等。到目前为止，世界上共有 50 多个国家和地区进行了不同形式的绩效预算改革，其中经济合作与发展组织国家进展最快。

在西方发达国家，绩效预算是一个有机的管理过程，这个过程包括四个阶段：第一，利用预算绩效信息设定绩效目标；第二，根据设定的目标，进行财政资源配置，按优先顺序安排支出；第三，帮助管理者维持或调整既定目标计划；第四，报告资金使用结果与目标的符合程度。

一个好的政府，一个受人们信任的政府，应当是"有限政府"和"有效政府"。所谓"有限政府"，要有所为有所不为；所谓"有效政府"，应当在纳税人的监督之下，低成本、高效率地为公众提供优质服务。西方国家实行绩效预算的共同目的，就是摆脱财政困境，提高政府工作效率，增强政府在民众中的公信度。

三、中国的预算绩效管理

党中央、国务院高度重视预算绩效管理工作。党的十六届三中全会提出"建立预算绩效评价体系"，十七届二中全会提出"推进政府绩效管理和行政问责制度"，十七届五中全会提出"完善政府绩效评估制度，提高政府公信力"，十八大提出"创新行政管理方式，提高政府公信力和执行力，推进政府绩效管理"。

预算绩效管理是政府绩效管理的重要组成部分，是一种以支出结果为导向的预算管理模式，是一个由绩效目标管理、绩效运行跟踪监控管理、绩效评价实施管理、绩效评价结果反馈和应用管理共同组成的综合系统。推进预算绩效管理，要将绩效理念融入预算管理全过程，使之与预算编制、预算执行、预算监督一起成为预算管理的有机组成部分，逐步建立"预算编制有目标、预算执行有监控、预算完成有评价、评价结果有反馈、反馈结果有应用"的预算绩效管理机制。

（一）绩效目标管理

绩效目标是预算绩效管理的基础。预算绩效管理必须以目标为导向，因为没有目标就无法评价，也无法实施有效的监控。所有财政性资金都应该实行预算绩效目标管理。要通过绩效目标管理，促进绩效管理与预算编制深度结合。

绩效目标管理包括绩效目标申报、审核、批复三个环节。

第一个环节是绩效目标申报。按照"用钱先问效"的绩效理念和预算绩效管理的制度规定，各部门在编制年度预算时，必须同时或提前申报绩效目标。

第二个环节是绩效目标审核。财政部门要依据国家和本级政府的相关政策、财政支出方向和重点、部门职能及事业发展规划等，对预算单位提出的绩效目标进行审核。绩效目标不符合要求的，财政部门应要求报送单位调整、修改；审核合格的，才能进入下一步预算编审流程。

第三个环节是绩效目标批复。财政预算经同级人民代表大会审查批准后，财政部门应在批复单位预算的同时批复绩效目标。

（二）绩效运行跟踪监控

预算绩效运行跟踪监控是预算绩效管理的重要环节。财政部门和预算单位要建立绩效运行跟踪监控机制，促进绩效目标的顺利实现。跟踪监控中发现绩效运行目标与预期绩效目标发生偏离时，要及时采取措施予以纠正。

（三）绩效评价

预算支出绩效评价是预算绩效管理的核心。预算执行结束后，要及时对预算资金的产出和结果进行绩效评价，重点评价产出和结果的经济性、效率性和效益性。

实施绩效评价要编制绩效评价方案，拟订评价计划，选择评价工具，确定评价方法，设计评价指标。财政资金具体使用单位要对财政资金使用情况进行自我评价，向预算部门提交预算绩效报告。预算部门要组织本部门及所属单位开展绩效自评，对下属单位支出进行评价或再评价，向同级财政部门提交绩效评价报告。财政部门要对预算部门的绩效评价工作进行指导、监督和检查，对其报送的绩效评价报告进行审核，必要时对预算部门绩效自评实施再评价。要加强重点绩效评价，选择各级党委政府高度重视、社会公众普遍关注、社会影响深远的重大民生项目进行重点评价，尤其要将上级对下级转移支付项目纳入重点评价范围。要积极开展县级财政支出管理绩效综合评价和部门整体支出绩效评价，逐步推进企业使用财政性资金绩效评价。

（四）绩效评价结果应用

绩效评价结果应用是整个预算绩效管理的落脚点和出发点，也是预算绩效管理的根本。

强化绩效评价结果应用，要推进以下五个方面的工作：一要建立健全预算支出绩效评价结果反馈整改机制。财政部门和预算部门要将绩效评价结果及时反馈给预算执行单位，预算执行单位要认真研究绩效评价结果所反映的问题，进一步完善管理制度，改进管理措施，提高管理水平，规范支出行为，降低支出成本。二要建立健全绩效评价结果与预算安排有机结合机制。财政部门要将绩效评价结果作为安排以后年度预算的重要依据，优先考虑和重点支持绩效评价结果好的部门项目，减少绩效评价结果差的部门项目资金安排，取消无绩效或低绩效项目，优化资源配置。三要建立健全绩效报告机制。预算部门要定期向同级财政部门、下级财政部门要定期向上级财政部门提交预算绩效报告，说明预算绩效管理工作情况、财政支出绩效情况、存在的问题、纠正措施和下一步工作重点；各级财政部门每年要向同级政府报告本级部门和下级政府预算绩效管理综合情况、重点项目绩效完成情况，为政府决策提供参考。四要建立健全绩效评价结果公开机制。按照政府信息公开的有关规定，逐步推进绩效信息公开，将预算绩效报告和绩效评价结果，尤其是社会关注度高、影响力大的民生项目和重点项目支出绩效情况，依法向社会公开，接受社会监督。五要建立健全绩效问责机制。各级政府要将预算绩效管理作为实施行政问责的重要依据，充分体现财政资金使用主体责任，形成"谁干事谁花钱，谁花钱谁担责"的权责机制。

推进预算绩效管理　需中央和地方共同发力 *

（2013 年 12 月）

推进预算绩效管理，是创新行政管理方式的一个重要内容，甚至是政治体制改革的一个重要方面。我国现阶段法律制度尚不健全，有些部门权力意识强而责任意识弱，预算的民主化程度和公开透明度不高，预算管理还比较粗放。由于受以上客观因素的制约，在地方推进预算绩效管理的难度是非常大的。进一步推进预算绩效管理，需要充分发挥中央和地方两个方面的积极作用。

就地方来说，要积极主动，攻坚克难。目前，预算绩效管理还处于从试点到逐步推进阶段，理想目标与现实情况之间还存在较大的差距。全国各地的情况不一，不可能整齐划一。因此，各地应当因地制宜，将推进的力度与各方面可以接受的程度结合起来，创造性地开展预算绩效管理工作。

以湖南省为例，省本级工作重点有以下几个方面：一是推进绩效目标管理。将省直一级预算部门的所有专项资金纳入预算绩效目标管理范围，绩效目标纳入预算编制信息系统，与预算编制同时申报、同

---

* 原载《中国财经报》，2013 年 12 月 21 日。

时审核、同时批复。二是探索绩效运行跟踪监控管理。建立财政专项资金跟踪监控机制，对重点项目进行跟踪监控，及时发现偏差。通过绩效运行跟踪监控，为绩效评价提供依据，也为政府绩效评估中的预算绩效考核打下基础。三是绩效评价扩面提质。扩大绩效评价范围，原则上将省直部门1000万元以上的专项资金纳入绩效评价范围，没有1000万元以上专项资金的部门，开展部门整体支出绩效评价；提升重点绩效评价质量，发挥绩效评价的影响力。四是强化绩效评价结果应用。部门绩效自评报告经审核后，将审核意见反馈至预算部门，督促预算部门进行整改，在部门门户网站公开绩效评价报告。重点绩效评价报告向省政府报告，为政府决策提供参考。重点绩效评价和部门自评结果作为下年度部门预算和项目安排的重要依据，优先考虑和重点支持绩效评价结果好的部门项目，减少绩效评价结果差的部门项目资金安排，取消无绩效或低绩效项目，优化资源配置。五是推进预算绩效管理与政府绩效评估的有机结合。将所有省直部门全部预算支出的绩效管理纳入政府绩效评估范围。六是加强中介机构和专家队伍建设。进一步完善中介机构库，通过招标扩大可受托开展绩效评价的中介机构范围，采取激励和约束相结合的有效措施提升中介机构的执业水平，培育一批骨干力量，充分发挥社会专家的作用。七是进一步加强制度建设。研究制定《预算绩效管理工作规程（试行）》《预算绩效目标管理办法》《县级财政管理绩效综合评价方案（试行）》，统一规范全省的预算绩效管理工作，开展县级财政管理绩效综合评价，对绩效好的县市区，安排预算资金给予激励性财力补助。八是全面开展预算绩效管理工作考核。对市县财政部门和省直部门全面开展预算绩效管理工作考核，以考核促进预算绩效管理工作的推进。

就中央来说，要积极引导，大力支持。为此，提几点建议：

一是提高预算绩效管理制度层次。提请国务院出台推进预算绩效管理的指导意见，实现预算绩效管理与政府绩效评估的有机结合。二是完善预算编制制度，统一绩效目标管理。财政部提出统一要求，在预算编制中将绩效目标作为一个必要因素，纳入预算编制信息系统。同时，将预算部门开展预算绩效管理工作所需要的经费，作为一个支出项目在预算编制中予以统一明确。三是完善绩效评价指标。组织制定专项资金绩效评价个性指标体系。四是加强信息系统建设。统一开发预算绩效管理信息系统，在全国统一使用。五是安排专项经费。在对地方预算绩效管理工作进行考核的基础上，安排一定的专项经费支持地方开展对中央转移支付资金的绩效评价和预算绩效管理工作。

预算绩效管理：结果导向　透明预算
动态调整　提高绩效 *

（2014 年 2 月）

一、预算绩效管理的背景和意义

早在 2003 年 10 月，党的十六届三中全会明确提出要"建立预算绩效评价体系"；2012 年 11 月党的十八大要求"创新行政管理方式，提高政府公信力和执行力，推进政府绩效管理"。党的十八届三中全会提出：必须"透明预算、提高效率，建立现代财政制度"。特别是《党政机关厉行节约反对浪费条例》强调"加强厉行节约绩效考评""建立健全预算绩效管理体系"，第一次以党内法规形式对预算绩效管理提出了制度要求。

预算绩效管理越来越重要，主要原因有两个：

第一，预算绩效管理是信息公开的需要。绩效管理和信息公开是一对"孪生兄弟"，预算绩效管理是透明预算的必然要求。通过推进预算绩效管理，不仅要让人民知道政府花了多少钱，办了多少事，还

---

* 原载《新理财（湖南财政）》，2014 年第 1 期。

要让人民知道政府花钱的效益；不仅要让人民知道花钱的效益，还要让人民满意政府花钱的效果。只有这样，才能真正达到信息公开、透明预算的目的。

中央要求，要深化细化预算决算和"三公"经费公开。公开的形式要通俗，要让老百姓看得懂，这样才能有效地监督政府。预算决算公开的两个重要方面，一是预算绩效目标公开，让纳税人清楚财政资金将具体用到哪里去、该不该用；二是绩效评价结果公开，让纳税人清楚财政资金到底用到哪里去了、用得好不好。

第二，预算绩效管理与厉行节约相吻合。预算绩效管理强调"花钱更少、办事更多、效果更好"的理念，与中央提倡的厉行勤俭节约、反对铺张浪费的有关精神，以及社会公众的期盼不谋而合。因此，《党政机关厉行节约反对浪费条例》明确要求"加强厉行节约绩效考评""建立健全预算绩效管理体系"。

因此，财政部提出，加强预算绩效管理，既是一项需要坚持不懈、不断推进的长期任务，更是当前财政发展改革的紧迫要求。

为了大力推进预算绩效管理工作，2011 年 4 月，第一次全国预算绩效管理工作会议在广东召开。2011 年 7 月，财政部印发《关于推进预算绩效管理的指导意见》。2012 年 7 月，财政部召开以预算绩效管理为主题的全国财政厅（局）长座谈会。2013 年 7 月，楼继伟部长在全国财政厅（局）长座谈会上提出："加快建立全过程预算绩效管理机制，逐步做到每项预算支出有目标、有验收、有考核、有反馈，切实提高财政资金使用效益。"2013 年 12 月，在全国财政工作会议上，楼继伟部长再次要求："着力推进重点领域、重点项目特别是专项资金和项目的绩效管理，将绩效目标管理和评价试点范围扩大到各层级预算单位，建立完善约谈和问责制度。"特别强调对"一些重大改革、重要政策和重大项目，要研究政策目标、运行机制、评价办法"。

省委、省政府高度重视预算绩效管理工作。2012 年 9 月，省长在全省预算绩效管理工作电视电话会议上明确要求：在前几年预算绩效管理试点工作的基础上，建立全过程的预算绩效管理机制，落实"三个全部"，即预算绩效管理覆盖全部财政性资金，预算绩效管理贯穿预算编制、执行、监督全部过程，预算绩效管理在省、市、县各级政府全部实施。到"十二五"末，建立较为完善的预算绩效管理运行机制。2014 年 2 月，湖南省第十二届人民代表大会第三次会议上的《政府工作报告》提出："加强对政府性资金使用绩效评估，并及时进行动态调整。"

二、预算绩效管理的内涵

预算绩效管理的本质仍是预算管理，是针对传统预算管理存在的"重分配、轻管理，重支出、轻绩效"问题，利用绩效管理理念、绩效管理方法，对现有预算管理模式的改革和完善，丰富充实了预算管理的内涵，赋予了预算管理新的含义，是一种更高水平、更高层次的预算管理。

预算绩效管理的主线是结果导向，预算的编制、执行、监督，都要以年初确定的绩效目标为依据，始终围绕绩效目标实现（即预期结果）这一主线开展工作。

预算绩效管理的核心是强化支出责任，"用钱要问效，无效要问责"。

预算绩效管理的特征是全过程，绩效管理贯穿于预算编制、预算执行、预算监督之中，实现全方位全覆盖。

预算绩效管理的表现形式是四个环节紧密相连，即绩效目标管理、绩效运行跟踪监控、绩效评价、评价结果应用的有机统一，一环扣一环，形成封闭运行的预算管理链。

预算绩效管理的目的是改进预算管理、控制节约成本、优化资源配置，为社会提供更多更好的公共产品和服务，提高预算资金的使用效益。

预算绩效管理的定位是政府绩效管理的重要组成部分，是为政府绩效管理服务的，属于政府绩效管理的范畴，甚至可以称作政府绩效管理的核心，在政府绩效管理的整体框架下展开。各级政府履职是否到位、重大工作是否落实，都会反映在财政支出绩效中，应当通过财政支出绩效评价，客观评判政府资金投入和行政行为的实际效果。

三、预算绩效管理的主要内容

2011 年 7 月，财政部出台《关于推进预算绩效管理的指导意见》，明确预算绩效管理是一个由绩效目标管理、绩效运行跟踪监控管理、绩效评价实施管理、绩效评价结果反馈和应用管理四个部分共同组成的综合系统。推进预算绩效管理，要将绩效理念融入预算管理全过程，使之与预算编制、预算执行、预算监督一起成为预算管理的有机组成部分，逐步建立"预算编制有目标、预算执行有监控、预算完成有评价、评价结果有反馈、反馈结果有应用"的预算绩效管理机制。

预算绩效管理的主要内容包括以下四个方面：

1. 注重绩效目标管理。绩效目标是预算绩效管理的基础，是整个预算绩效管理的前提。提出绩效目标，清楚资金的基本用途，是部门和单位申请财政预算的起码要求，也是编制预算的基本要求。预算绩效管理必须以目标为导向，没有目标就无法评价，也无法实施有效的监控。纳入预算管理的资金，都应该实行预算绩效目标管理。

2. 抓好绩效运行跟踪监控。预算绩效运行跟踪监控管理是预算绩效管理的关键。财政部门和预算单位要建立绩效运行跟踪监控机制，促进绩效目标的顺利实现。跟踪监控中发现绩效运行目标与预期绩效目标发生偏离时，要及时采取措施予以纠正。

3.突出预算支出绩效评价。预算支出绩效评价是预算绩效管理的核心。花了纳税人的钱，对纳税人有个基本的交代，是部门和单位应当履行的基本义务。原则上，所有财政性资金在预算执行结束后，都要对产出和结果进行绩效评价。绩效评价按照"谁管钱，谁评价；谁用钱，谁接受评价"的原则进行。

4.强化评价结果应用。预算绩效评价结果应用是整个预算绩效管理的落脚点和出发点，也是预算绩效管理的根本。如果绩效评价结果不运用，或者运用不好，就失去了预算绩效管理的意义。

强化绩效评价结果应用，要着力推进五个方面的工作：一要建立健全预算支出绩效评价结果反馈整改机制；二要建立健全绩效评价结果与预算安排有机结合机制；三要建立健全绩效报告机制；四要建立健全绩效评价结果公开机制；五要建立健全绩效问责机制。

法国绩效预算改革及启示 *

（2015 年 4 月）

近年来，因为受金融危机的影响，绩效预算在世界普遍流行，各国政府都希望通过绩效预算来减少赤字，提高财政资金使用效率。世界各国的绩效预算改革，各有自己的制度、机构，并没有统一的标准，且比较成功的国家也每年都在修改、调整。比如美国政府对《政府绩效与结果法案》进行了修订，奥巴马的改革还没有完成。荷兰近几年都有新的改革，而波兰是学荷兰的。法国作为西方发达国家，其绩效预算改革颇具特色，在整个国家政治经济生活中扮演重要角色，发挥着十分重要的作用。当然，由于政治体制和国情不同，许多做法我们不能照搬照抄，但财政管理和预算改革的理念、严格的预算管理措施，对推进我国财政管理特别是预算绩效管理改革具有很好的借鉴意义。

一、哥白尼式革命——法国绩效预算改革

2001 年以前，法国政府预算执行的是 1959 年颁布的《财政法》。

---

* 原载《新理财（湖南财政）》，2015 年第 2 期。

经过 50 多年,国家 94% 的预算已经固化为基数,即每年提交议会的国家预算 94% 是上年的延续,议会基本上是一次投票通过,仅对 6% 的支出预算进行审查辩论。其结果是资金被肢解固化到各个部门,预算透明度和资金使用绩效较低。2001 年,由法国议会倡议,依据西方其他国家的改革经验,一致通过了新《财政法组织法》(LOLF),确定了以绩效为导向的绩效预算改革,2006 年 1 月 1 日正式实施。这项改革被誉为"哥白尼式革命"(指彻底的变革。因为以往欧洲占绝对统治地位的"地心说"认为地球是宇宙的中心,太阳等天体围绕地球运转。但哥白尼提出了"日心说",彻底颠覆了传统的"地心说"思想,其变革意义非凡,影响巨大),由原来的财政管理围着资金转,转变为财政管理围着效益转。

(一)建立"绩效指引"的新公共预算体系

绩效预算改革之前,预算资金是按部门分配的,每个部门有一本预算(即部门预算)。这种预算模式面临的问题是,法国政府经常更迭,使政府机构和内阁部长也经常变更,资金分配也随之变动,而机构的变动又造成部门职能的调整,往往出现部门职能交叉、职责不清等。2006 年,LOLF 法正式实施,引入绩效预算机制,确立了国家预算新结构。新的预算结构把预算分为"任务—计划—行动"三个层级,预算资金不再按部门分配,而是按任务分配,将公共政策具体化。

"任务"是国家预算体系的第一级,反映国家财政的主要公共政策。每年共有 50 项任务,财政要对 50 项任务的资金配置、绩效目标作出详细的说明,议会需要对这 50 项任务进行逐项辩论审议。议会只对任务层面进行投票表决,议会通过后,政府不得再变更。

"计划"代表着公共政策的实施框架,每一项计划都对应上一层级的任务,并详细规定其预算执行目标结果及用来评价的各类绩效指标,每一个计划的绩效评价指标数量保持在 5 个左右,不能经常变化。

计划决策人在保证实现绩效目标的前提下，在资金分配上具有一定的灵活性，可以根据既定目标来更有效地确定公共支出分配结构及引导公共管理。

"行动"是计划的具体体现，是法国国家预算资金的支出终点。

（二）建立全面完整的绩效预算编制协调机制

法国的预算编制工作在每年的前 9 个月进行，进入 10 月份，预算草案正式提交议会辩论。LOLF 法实施后，法国的绩效预算编制程序是在反复协调、反馈沟通中完成的，包括政府与各部门、财政部之间的协调，议会与各部门、财政部之间的协调，财政部与各部门之间的协调等。预算编制有明确的时间表和严格的程序。具体程序是：

每年 3 月，总理府向政府成员发出一封框架信函，明确下一年度国家预算编制的大方向和分配给各部门的财政资源。

3—4 月，各部部长与财政部进行沟通，就预算、公共政策绩效目标和指标的确认以及支出预算需求等问题进行讨论。

5 月，财政部发出财政支出的"封顶信"，对每一项任务的最高预算额度和岗位人数作出规定。议会于这一环节开始介入，就有关事项进行审议。同时，财政部在此期间还向议会提交上一年度决算法案和年度绩效报告。

6 月，财政部向议会呈递绩效目标和绩效指标参考清单。

7—9 月，各部门编制年度预算和年度绩效目标，年度绩效目标包括社会和经济效率、提供公共服务质量、管理效率等三个方面。此外，绩效目标还详细说明未来几年每个项目的所有既定行动和相关成本，对每个目标的执行情况明确评估指标。

10 月的第一个星期二（这个时间已写入宪法，避免因政府更迭而变化），向议会提交财政预算草案和年度绩效目标。

12 月，议会审议通过财政预算草案。

全面完整的协调机制的建立，能够让各方面的责任主体都参与到预算编制的过程中，使得年度绩效预算的编制更切合公共政策决策者和实施者的需求。

（三）全过程绩效监控、绩效评估和绩效问责

1. 以"事中监控"为基础，将绩效监控融入日常工作中。LOLF法实施后，法国形成了以议会、财政部、审计法院等共同构成的分工明确、协调互补的绩效监控体系。

一是议会对政府预决算的监督。政府预决算的审查与监督是各级议会的一项重要工作。法国议会把审议、批准和监督财政预决算当作监督政府和行政权力绩效的重要手段。议会对预算与决算案以及绩效目标与绩效评价结果的审查是非常严格的，对政府的每一项财政政策及其绩效都要进行激烈的辩论，提出质疑，要求财政部门作出解释。

二是财政部门对绩效运行的监督。法国财政部内设经济和财政总稽查局、财政总监察局两个部门，对法国各地方以及中央各部门实施监督。经济和财政总稽查局属于内部监督机构，负责管理派驻各地方和各部门的公共财政稽查员。公共财政稽查员原则上担任各预算部门（单位）的总会计师，负责对各地方各部门支出的合法合规性以及绩效的实现情况进行内部日常监督。财政总监察局则属于外部监督机构，通过定期或不定期对重要事项和重大财政支出进行监督的方式，开展事后监督检查。根据 LOLF 法的规定，在日常监督中，各部门的财政资金管理实行决策人与支付人严格分离的原则。为了对部门负责人的责任和行动实施有效监控，财政部向各部门委派预算监督员兼会计，任期一般为 5 年。预算监督员兼会计被誉为"不可腐败的人"，有很强的荣誉感，人员编制在财政部，以付款人和出纳身份执行部门负责人的决策，负责资金处理和账目管理，审查最初的预算计划，检查部级人员编制，跟踪预算执行，检查支出的真实性和控制预算风险，同时还要对支出进行事后监控，评估支出的程序，提高公共支出链的安全性和可靠性。

三是审计法院的监督。审计法院是独立的司法机构，对财政资金进行抽查。其监督和评估的主要内容是：公共资金是否按规定使用，成果与投入是否成比例，成果与既定目标是否相符。审计法院的所有审计报告和文件都在网上公布。如决策人和公共部门管理人员有违规或管理失误，审计法院有权追究其责任，法官可以对当事人进行处罚。

2.绩效评估和绩效问责。新公共预算体系确立了绩效评估和问责机制。财政部内设评估统计局,各级财政都有负责绩效评估的专门机构。编制年度预算时，预算部门决策人向议会提出绩效承诺，即年度绩效目标；预算执行后，预算部门决策人要向议会汇报评估后的年度绩效报告，绩效评估未达到目标的要说明原因。如果议会不接受部门的解释，就要追究部门的绩效责任，包括政治责任、司法责任以及管理责任，并实施惩处，下年度的预算要调减，部门高管的绩效工资将受到影响。

在法国的政府机构，每个公职人员都在监督之下。法国政府对公职人员的评估比较严格，认为对公职人员的评估实质上是对公共政策本身的评估，通过对公职人员的评估来关注公共服务的成本。评估的内容不仅包括公职人员的工作行为，如准时上下班，还包括工作成绩。评估程序包括个人谈话、填写卷宗两个环节。评估指标具有以下特征：预期性——每个人每年都有与部门整体目标相吻合的工作目标和要求；数量性——完成的工作必须可计量，如缩短了某项公共服务的时间，原计划需两个月，实际只用了一个半月；现实性——评估内容是被评估人职责范围之内的，评估人和被评估人双方都能接受。

实施绩效预算改革，满足了三个方面的期待：对议会来说，因为国家预算的透明度增加，更容易读懂，使投票更为实际；对政府来说，因为预算目标更加明确，执政更易行；对公民来说，了解到税收去向，可以核实税收的有效性。

二、师夷长技——借鉴法国经验，推进我国预算绩效管理

（一）加强预算绩效管理改革的顶层设计

法国的绩效预算改革是从修改基本预算法律开始的，并将此作为实现国家治理现代化的核心。LOLF 法的实施，以法律的形式奠定绩效预算改革的基础，整个改革精华都浓缩在 LOLF 法之中。我国从 2003 年就开始研究探索预算绩效管理，至今已有十多年的实践，新修订的《预算法》也对预算绩效管理作出了相应的规定，但从总体上看，还缺乏统一规范系统的制度设计，绩效管理也只是作为财政管理的一个辅助手段，绩效的理念尚未真正落实到财政管理工作机制中。建议以贯彻实施新《预算法》为契机，在总结我国预算绩效管理工作实践、借鉴国外先进经验的基础上，加强对预算绩效管理改革的顶层设计，制定《预算绩效管理条例》，创新财政管理机制，把预算绩效管理作为充分发挥财政在国家治理中的重要作用的核心，作为破解当前财政困难的有效途径摆上重要日程，真正将绩效管理的理念、管理的要求落实到各项财政管理制度中，贯穿到财政管理工作流程中，固化到财政信息化系统中。

（二）改革项目支出预算管理模式，建立绩效导向的项目预算体系

在我国现行项目支出预算管理模式下，项目支出预算编制不细、不准、不实的问题比较突出，而且部门项目数量多，无法实施统一规范的项目预算绩效管理。按照 LOLF 法的要求，法国财政预算以项目为基础，把项目支出预算划分为"任务—计划—行动"三个层级，议会和财政管理的重点放在"任务—计划"两个层面上，打破部门界限，按"任务"配置财政资金，分级设置统一的绩效目标和评价指标，这一做法值得我们借鉴。建议以绩效为导向，改革现行的部门预算管理模式，

在全面梳理政府职能和部门职责的基础上，整合财政专项资金，建立"任务—计划—项目"三个层级的政府项目支出预算结构，设置三个层级稳定的绩效目标和评价指标体系，提升预算管理层级，财政审核的重点由具体项目转向审核绩效目标与政府施政目标的一致性、可行性，项目安排与"任务—计划"的匹配性、关联性等。从而保证财政预算与政府施政目标的一致，保证政府各项决策部署的落实，也使财政管理从具体繁琐的项目审核中解脱出来，更加致力于财政政策的绩效管理。

（三）建立有效的绩效监控机制

法国对绩效运行情况的监控，不仅有 LOLF 法和议会通过的年度预算法案提出明确规定，财政部向各部门委派预算监督员兼会计，各部门都设有绩效评估机构，而且通过设置经济和财政总稽查局、财政总监察局、审计法院等部门，多方面将绩效运行情况的监控贯穿于财政管理的全过程。近些年，为建立有效的预算绩效管理，我国也一直在探索建立事前审核、事中监控和事后评价相结合的全过程预算绩效管理机制，但总体上还没有形成一个有序、有力和科学的绩效监控机制，也没有一套操作性强的法律制度体系和办法。建议借鉴法国的先进经验和做法：一是各部门建立健全绩效管理机构，建立和强化各部门的自我监控，在赋予部门一定资金分配权的前提下，增强部门加强预算、执行绩效监控的自觉性。二是完善财政监控机制，根据资金使用的不同阶段采取不同的绩效监控方式，建立绩效运行监控分析报告制度，采取有效的措施，防止绩效运行偏离目标，确保绩效目标按照要求得到执行。三是探索发挥人大、纪委、审计的监督职责，将绩效监控纳入相关部门的日常监督工作中。四是探索向部门委派总会计师和会计人员的制度，并定期交流。

（四）建立预算绩效与预算编制、预算执行相结合制度

为切实将预算绩效与预算编制、预算执行真正结合，提高财政资

金的使用效益，法国政府采取了多种措施。一是强化绩效协调程序，将绩效理念融入预算编制各个环节。二是实行全过程绩效监控，将绩效监控工作与财政管理工作深度融合，贯穿财政资金运行全过程。三是将绩效评价结果作为下一年度预算编制的重要依据，法国议会在对下一年度财政预算草案进行辩论的同时审议上一年度财政决算报告和绩效情况，并据此表决下一年度预算法案。建议借鉴法国经验，结合贯彻实施新《预算法》，研究建立绩效导向的预算编制和执行机制。一是建立预算绩效评价结果与预算编制挂钩机制，实行预算绩效报告制度。每年度终了，预算部门应开展绩效自评，并向财政部门提交绩效评价报告；财政部门应向同级政府和人大报告上年度财政绩效运行情况，并将此作为安排和审议下年度预算的依据。二是建立预算绩效监控与预算执行挂钩机制。对于调整预算的项目，及时调整绩效目标；对于绩效运行未达到相关既定目标的项目，暂停财政资金的拨付，待整改完毕后再予以拨付；对于绩效运行严重偏离目标或未按目标执行的项目，将收回财政资金，重新安排预算。

（五）加强信息化建设

法国政府非常注重现代信息技术在财政管理中的运用，通过建立新的政府财政管理信息系统，提供一个完整的预算管理和会计信息系统，应用于全部预算单位，实现国家财政管理信息共享和操作的可追查。在我国，财政管理的信息化水平总体上还比较低，已有的系统各自独立，成为信息孤岛。建议加强"金财工程"统一规划和系统推进，统筹中央和地方、部门和单位，在"金财工程"框架下，建立标准化和通用的数据库，对技术平台建设统一规划，科学整合，分步实施，将政府预算管理、绩效管理、国库管理、政府采购、资产管理、投资评审、财政监督以及会计信息系统等逐步整合起来，切实发挥财政管理信息化的重要作用。

加强彩票监督管理　服务公益事业发展 *

（2019 年 2 月）

　　促进社会公益事业发展是彩票发行销售的根本宗旨，如何确保彩票市场健康运行、社会公益事业蓬勃发展，监督管理至关重要。湖南省坚持"安全运行、规范管理、聚焦公益、服务民生"的原则，重点加强彩票市场和销售活动监管、彩票机构财务收支监督、彩票公益金分配使用监管，助力全省彩票市场平稳有序运行、彩票资金使用提质增效、社会公益事业快速发展。

一、稳字当头，彩票市场持续健康发展

　　以彰显公益为理念，推动彩票销售稳步提升。主管部门和彩票销售机构统一思想认识，彰显国家彩票的公益理念，遵循彩票市场规律，不盲目追求销量，切实履行彩票销售社会责任。彩票市场健康运行促进销量稳步提升，2015—2017 年，全省彩票累计销售 434.6 亿元，年均增长 20.19 %，2017 年总销量列全国第 7 位。

　　以经费管理为重点，促进彩票机构规范运行。湖南实行福利彩票

---

* 原载《中国财政》，2019 年第 3 期。

分级管理、体育彩票省级统管模式。根据两个机构的不同特点，制定了差异化的业务费管理政策；科学合理保障彩票机构业务经费预算，强化绩效管理；按照政府性基金预算管理要求，规范彩票机构业务费收支；采取完善省与市县彩票业务费分成比例、加大对基层的倾斜支持力度、提高市县机构业务经费和网点代销费比例等措施，充分调动基层积极性；规范省级彩票机构工作人员绩效工资，体现单位性质和经费来源，科学核定工资水平。通过以上措施，开前门堵后门，既调动了各方积极性和主动性，又有效规范了经费管理。

以查处非法彩票为关键，确保彩票市场安全有序。省内相关部门按照职责分工，协调配合，加强彩票销售政策宣传，明确法律红线，强化社会责任意识。做好日常排查，发现非法彩票销售问题及时处理。依法查处擅自利用互联网销售彩票的行为，会同省公安等部门对群众反映强烈的校园非法彩票进行查处，净化了校园环境；会同通信管理等部门查处违法违规网络售彩，敲响警钟，形成震慑效应，有力维护了彩票市场秩序，促进了市场持续健康发展。

二、效益优先，彩票公益金管理日益规范

夯实基础，资金管理制度逐步完善。一方面完善资金管理制度。近年来，按照深化预算管理制度改革有关要求，结合彩票公益金管理需要，湖南修订完善了《湖南省省级福彩公益金支持福利事业专项资金管理办法》《湖南省省级体彩公益金支持体育事业专项资金管理办法》《湖南省省级财政专项彩票公益金管理办法》。完善后的管理办法对中央和省级彩票公益金实现了全覆盖，进一步细化了补助范围，厘清了支出边界，规范了资金分配使用。另一方面健全绩效管理制度。为提高省级彩票公益金的使用效益，根据全面实施预算绩效管理的要求，湖南结合省情实际制定了绩效管理办法，对彩票公益金绩效管理

职责分工、绩效目标管理、绩效监控管理、绩效评价、评价结果运用等进行了明确。

理顺机制，资金分配使用更加规范。一是明确资金统筹机制。省财政在省级民政、体育部门统筹彩票公益金之外，设立省级财政专项彩票公益金，分别按照省留成福彩公益金、体彩公益金10%的比例提取。省财政安排使用专项彩票公益金，遵循示范引领、建设重点社会公益项目，先行先试、支持重点改革任务，拾遗补缺、弥补福彩体彩资金投入短板等原则，打破部门彩票"桎梏"。二是健全分配决策机制。省财政厅和省级主管部门建立联合会商机制，年初按照事业发展规划制定省级彩票公益金总体安排方案并报分管省领导审定。公益金分配重点向下倾斜，除需由省级直接实施的重点项目外，原则上采用因素法分配。按照财政事权与支出责任改革要求，将资金分配权和项目决定权下放到市县，发挥市县贴近基层、信息对称优势，激励市县主动作为。省级重在整章建制、绩效评价和监督管理。省、市、县建立省级彩票公益金支持项目的项目库，并配套完善项目入库评审机制和项目滚动管理机制，对没有进入省级项目库的项目原则上不予安排资金。三是完善资金投入机制。为防止彩票公益金项目多头重复安排资金，要求部门年初制定彩票公益金预算时，统筹使用各类资金。在确定项目上，明确突出重点，集中有限财力，解决一些突出的民生问题，防止资金"漫灌"和"碎片化"。

三、重点保障，服务改善民生卓有成效

2015—2018 年，湖南累计投入中央和省级彩票公益金 76 亿元，向省内重大民生项目、社会公益事业薄弱领域、边远贫困地区倾斜，解决民生实事、助力脱贫攻坚。

支持贫困县公益事业发展。投入中央专项彩票公益金 3.2 亿元，

重点支持省内 41 个深度贫困县和计划脱贫摘帽贫困县为老年人、残疾人等困难群体服务的社会福利和社会救助事业，农民体育健身工程，全民健身路径工程等，为决战全省脱贫攻坚、决胜全面小康发挥了积极作用。

支持贫困脑瘫儿童康复治疗。近年来累计投入省级财政专项彩票公益金 1 亿元，实施 0—6 岁贫困脑瘫儿童抢救性康复项目。通过彩票公益金投入一部分、医保报销一部分、残疾人福利基金募集一部分，以政府购买抢救性康复服务形式，帮助万名贫困脑瘫儿童进行了康复治疗。

支持贫困"两癌"妇女医疗救助。2016—2018 年，每年安排省级财政专项彩票公益金 1200 万元，支持贫困"两癌"妇女医疗救助，帮助省内 3000 多名贫困患病妇女解决医疗救治问题，有效降低了因病致贫和因病返贫的发生率。

支持政府购买服务改革。2015—2018 年，投入省级财政专项彩票公益金 1.6 亿元，支持省市县三级社会组织孵化基地建设和运行，重点发挥孵化基地对社会组织培育扶持、提升能力、整合资源、引导规范的四大功能，积极培育市场主体。

支持农村贫困人口慈善医疗救助。2018 年投入省级彩票公益金 1800 万元，促进农村贫困人口医疗救助和慈善医疗救助的衔接，支持全省农村建档立卡贫困人口慈善医疗救助。

四、强化监管，资金使用绩效显著增强

落实绩效管理。花钱必问效，无效必问责。按照"谁分配、谁管理，谁使用、谁负责"的原则，强化各级各部门支出责任意识和效率意识。按照彩票公益金绩效管理制度要求，落实绩效目标管理、绩效运行监控、绩效评价、绩效评价结果应用，确保资金使用提质增效。将绩效

评价结果作为调整支出结构、完善政策措施和科学安排预算的重要依据，落实绩效考核问责机制。

开展绩效评价。在年度绩效自评的基础上，省财政厅聘请第三方中介机构，开展重点绩效评价。对2013—2016年度彩票公益金支持贫困脑瘫儿童救助项目实施了专项绩效评价。2018年又对"十三五"中央专项彩票公益金支持地方社会公益事业发展2017年度资金使用情况实施了专项评价。同时根据绩效评价结果查摆问题，改进资金使用管理，进一步强化了部门单位绩效管理理念。

坚持公开公示。为提高彩票公信力，确保中央和省级彩票公益金使用规范、阳光运行，湖南通过互联网、微信公众号等媒介每年定期对彩票公益金筹集、分配使用情况全公开，并对公益金支持重点项目进行专题公告，主动提高透明度，自觉接受公众监督。

加强监督指导。每年省财政厅联合省级主管部门，对省级彩票公益金支持的重点项目开展专项督查，规范资金拨付使用，助推项目实施，确保政策落地。同时，近年来省财政厅多次举办市县财政综合工作培训班，进行彩票资金管理专题培训，进一步提升了基层财政干部的业务水平和纪律意识。

卷 四

思想建设

发扬五四精神　做大有作为的好青年 *

（1999 年 5 月）

　　80 年前，由青年学生发起的五四运动，具有划时代的历史意义，开创了中国新民主主义革命的伟大历程。五四运动所提倡的民主与科学精神，激励了无数先进分子，彻底反对帝国主义和封建主义。而今，我们正处于建设中国特色社会主义新时期，肩负振兴中华，建设繁荣、富强的社会主义现代化强国的历史重任，发扬五四精神，具有重大的现实意义和深远的历史意义。结合我们的实际，谈几点体会。

一、要有理想

　　五四青年，是具有崇高理想的青年；五四时代的伟人和名人，是有抱负的一代人。革命导师李大钊"铁肩担道义，妙手著文章"；毛泽东"自信人生二百年，会当水击三千里"；就连胡适也要"苦口道天下，妙笔著文章"。人无远虑，必有近忧。人总是有思想的，若无崇高理想，必有低级趣味。

---

* 在省财政厅纪念五四运动八十周年座谈会上的发言，1999 年 5 月 4 日。

二、要入党

一些大道理不讲，现实点看，加入中国共产党，一可以更好地接受组织的培养，了解党的政策，提高自己的政策水平和工作能力；二可以更好地接受组织和同志的批评教育，及时发现和改正错误。这两个方面，就能使自己提高得更快，从而为当代事业作出的贡献更大。

三、要老老实实做人，踏踏实实做事

我们机关青年，都是"三门"人才，有冲天之志，也会点"之乎者也"，但缺少实际经验和实践能力。在机关，虽然存在"一杯开水一支烟，一张报纸看半天，打打官腔调口味"的现象，但真正要把一个岗位的工作做好，要全面熟悉和掌握本单位的业务，是相当不容易的。因此，我们只有老老实实地学，踏踏实实地做。年纪大的同志，最担心年轻人的、也是最看不惯年轻人的事情是，大事做不了，小事不想做。有这么一句话："干什么，学什么；干一行，爱一行。"我还赞赏这么一句话："打铁还靠自身硬，多年媳妇熬成婆。"一般认为，"婆"是指职务或地位。这是一种通俗的认识。我一直把"婆"看作知识、才干和贡献。一个人要想成熟，要得到成功，必须要有付出，要经过相当时间的磨炼，成功来之不易。

四、"不发宝、不当宝"

在我们的周围，偶尔也有犯错误的同志。年轻人最犯不起错误，所谓一失足而成千古恨；年轻人也最容易犯错误，因为我们还相对单纯，缺少经验。我们的组织和领导非常关心年轻人，经常给我们敲敲警钟。但内因起决定性作用，关键在于我们自己。要做到少犯错误或不犯错误，办法很多。当前的"三讲"教育就是非常重要的措施。

而在平常，要保证自己"不发宝、不当宝"。所谓"不发宝"，就是不要心存侥幸，放松自己，主动犯戒；所谓"不当宝"，就是不要麻痹大意，被人家"戴笼子"。我们所看到的犯错误的同志，大多既发宝，又当宝。

五、要清白、慎重、勤快

老老实实做人、踏踏实实做事，"不发宝、不当宝"，可以概括为六个字：清白、慎重、勤快。古人云："为官者，当清、当慎、当勤。修此三者，何患不治乎？"我们作为在省级机关工作的国家公务员，人民和政府多多少少赋予了一定的职权。在基层同志的眼中，长短是根棍，大小是个头，反正都是"领导"，我们的所作所为，都是代表政府。身在公门好修行，要讲究为官之道。

我们非常幸运，处在一个相对和平的跨世纪的年代，处在一个大有作为的年代，相信我们都会有所作为。还是用伟大领袖毛主席的话来共勉："自信人生二百年，会当水击三千里。"

学习"三个代表"的体会 *

（2000 年 7 月）

在厅机关隆重纪念伟大的中国共产党成立 79 周年之际，我被荣幸地评为中国共产党优秀党员。但是，和党的要求相比，与同志们相比，我在许多方面做得还很不够。在此，我对党组织和同志们给予我的崇高荣誉表示衷心感谢！

现在，我荣幸地代表这次被评为优秀共产党员的同志，汇报学习江泽民同志提出的"三个代表"重要思想的体会。

四个多月前，江泽民同志提出的"三个代表"重要论述，是对党的性质、宗旨和历史任务的新概括，是对马克思主义建党学说的新发展，是对各级党组织和广大党员提出的新要求。"三个代表"重要思想是我们党的立党之本、执政之基、力量之源。我们每个党员，在任何时候，都在经受"三个代表"的检验。作为一名普通党员干部，当组织安排新的工作岗位的时候，当领导布置新的工作任务的时候，当人民群众的生命和财产受到威胁的时候，如果我们能自觉地发挥党员的先锋模范作用，干一行、爱一行、专一行，在自己的岗位上创造新

---

* 在省财政厅七一表彰大会上的发言，2000 年 7 月 3 日。

的业绩，如果我们能认真学习先进文化，用先进文化来指导自己的行动，如果我们能毫不犹豫，为抢救人民群众的生命和财产挺身而出，我们就坚持和体现了"三个代表"。反之，就背离了"三个代表"。

我们党的一切奋斗，归根到底都是为了解放和发展生产力，党的一切方针政策都要最终促进生产力的不断发展。财政，既是国家职能的重要组成部分，又是实现国家职能的重要工具，关系到治国安邦、富国强民，关系到经济、政治、社会的可持续发展和全面进步。作为党员干部，坚持"三个代表"，使自己在世界大转折中走在时代的前列，就必须认真做好各项工作，全面贯彻落实党的路线、方针、政策；就必须切实转变工作作风，改进工作方法，提高工作效率；就必须进行体制创新，为逐步建立适应社会主义市场经济要求的财政管理体制献计献策、尽职尽责。

先进文化是人类文明进步的结晶，又是推动人类前进的精神动力和智力支持。古人云："学则智，不学则愚；学则治，不学则乱。"只有虚心学习，才能具有聪明智慧；只有虚心学习，才能掌握过硬本领。作为党员干部，坚持"三个代表"，使自己在中国大发展中走在领导中华民族伟大复兴事业的前列，就必须以马克思主义为指导，传承和弘扬中华优秀传统文化，吸收和借鉴全人类的文明成果；就必须牢固树立建设有中国特色社会主义的共同理想，牢固树立正确的世界观、人生观、价值观；就必须努力学习政治理论和科学文化知识，特别是学习经济管理知识，不断提高文化素质，改进知识结构，增强工作能力。

解放和发展生产力，是为了促进国家经济实力的不断增强和人民生活水平的不断提高，从而更好地代表人民的根本利益。作为党员干部，坚持"三个代表"，使自己经得起任何风险的考验，就必须积极投身改革，规范财政管理，坚持依法理财，使财政工作更加符合科学规律，更加符合客观实际，更加符合最广大人民的根本利益；就必须有"换位"的思想，经常自觉地设身处地地为基层着想，为群众着想，深入基层，深入群众，扎扎实实地研究新情况，解决新问题，总结新经验；就必须强化廉政建设，加强制度约束，严格要求自己，做到廉洁自律，勤政为民。

各位同志，人类就要跨入 21 世纪，让我们牢记共产党人的神圣使命，坚持"三个代表"的要求，在厅党组的领导下，认真学习，努力工作，为建立稳固平衡强大的湖南财政、发展湖南经济和各项事业，作出新的更大的贡献！

生命的石像 *

（2004 年 5 月）

　　在厅机关隆重纪念五四运动八十五周年之际，我向各位青年朋友表示节日的祝贺。

　　看到你们，尤其是刚从学校毕业的年轻人，我不由得想起了自己的过去。我们曾经唱着"再过二十年，我们再相会"度过了大学生活，而今大学毕业将近 20 年，真是光阴似箭，弹指一挥间。

　　作为年轻人，尽管所处时代不同，但在刚进社会时，都有一种茫茫然的感觉。在工作与生活上，都希望得到一些有益的指导和帮助。共青团作为青年运动的核心组织，对青年的进步大有帮助，青年在共青团这个大家庭里也大有作为。

　　青春似火，岁月流金，五四精神走过了 85 年。我们是 21 世纪的主人，肩负着全面建设小康社会的光荣任务和实现中华民族伟大复兴的崇高使命。生逢其时，是我们的机遇。高举爱国主义旗帜，弘扬民主、科学精神，我们既要朝气蓬勃，又要谦虚谨慎，更要脚踏实地，以自己的实际行动，在本职岗位上创造一流的工作业绩。为此，我认为政

* 在省财政厅纪念五四运动八十五周年座谈会上的发言，2004 年 5 月 18 日。

府机关的青年应当掌握五门功夫，坚持两条原则。

机关干部的五门功夫是听、读、记、写、说。

听，是一门最基本的功夫。年轻人，说的机会不多，在许多场合，如开会、研究讨论问题，主要是人家说，自己听。处处留心皆学问，要当先生，先做学生。特别是和老同志在一起，要尊重他们，不管老同志的学历如何、能力如何，他们丰富的经历中就有许多值得学习的经验。孔子说："三人行，必有我师焉。择其善者而从之，其不善者而改之。"海纳百川，有容乃大，我们要靠听来了解情况、吸纳知识。另一方面，你们一到单位，领导和同志尽管不完全认识你们，但已经在议论你们、了解你们。可能在议论：那个小伙子怎么样？人家可能会说，这个小伙子还不错，那个小伙子还听话。因此，听话，或者说会听话，也是对年轻人最基本的要求。

读，是获得知识的一个重要方式。在政府机关工作，有许多东西需要读，如领导的报告、法律法规、财务制度，还有一些政治理论和文化知识。党的十六大提出要形成全民学习、终身学习的学习型社会。读书是学习的主要方法。年轻人要利用30或35岁前精力充沛、记忆力强的优势，多读一些书，多学习一些知识。

记，既是一种方法，也是一门学问。在工作和学习之中，记录之功，必不可少。记录好比下雨时雨珠落玉盘，否则，就会一滴一滴又一滴，落在土中都不见了。从参加工作开始，就有必要准备几个笔记本，分别对政治学习、文化知识学习、日常工作、政策法规、统计数据等进行分门别类地记录，以后查阅起来就非常方便。

写，是一件经常要做的事情。我们经常要起草文件、写分析、写报告。此外，还应当结合自己的工作进行一些理论研究，写一些文章。我们这代人，刚参加工作时，每年要在刊物上发表两三篇文章。现在，一些部门刊物取消了，发表文章没有以前那么容易。但是，还是有必要经常练练笔，写一些东西。其实，写作的意义并不在于写出了什么，而在于写作的过程中，在于写作过程中的思考。

说，也是一门学问。有句话说得好："被路上的石头绊倒，情有可原；被自己的舌头绊倒，太不值得。"说的意义在于沟通思想，交流意见，宣传自己的见解，指导他人的行动，同时推介自我。年轻人要想让他人尽快地、更多地了解自己，最有效的办法就是利用可能的机会在大庭广众之下演说。

听、读、记、写、说是相互影响的，把听到的、读到的东西记下来，通过归纳思考，就能写，写好了，就会说。如果不会说，就先写好，或背下来，或流利地读出来，就会说了；如果不会写，就多听、多读、多思考，几经反复，仔细推敲，就会写了。

关于这几门基本功，一些伟人、名人曾经有过他们的见解。伟大的思想家培根说："读书使人充实，讨论使人机智，作文使人准确。"五四运动时期，李大钊先生就以"铁肩担道义，妙手著文章"作为自己的座右铭。

一个人要有所作为，光有才能还不行，还要有好的品德。年轻人要以德立足，以才进取。因此，老老实实做人，踏踏实实做事，应当成为我们长期坚持的两条原则。

坚持老老实实做人，踏踏实实做事，要从年轻的时候开始严格要求自己。在待人接物方面，要时刻做到清白、慎重、勤快。对待工作，要有一种高度认真负责的态度。《读者》2004 年第 4 期卷首语《生命的石像》中有这么几句话："测验人的品质有一个标准，就是他工作时所具的精神。""一个人假使不能在工作上尽心竭力去努力，那他决不能很好地造就自己。""你的工作，就是你的生命的石像。它是美是丑，可爱可憎，全操在你自己的手里。担任每一个职务，……每句谈话，每个理想，每种动作，都仿佛是凿子的一击，可以美化你的石像，也可以损毁你的石像。不论做任何事，必须竭尽全力。这种精神的有无，可以决定一个人日后事业上的成功或失败。"

在廉政建设方面，也要注意在年轻的时候就自我严格要求，养成良好的习惯和品性。不让干部在廉政问题上栽跟头，就是对干部最大的关心和爱护。不在廉政问题上犯错误，不因廉政问题而失去自由，就是人生最大的幸福。

做人做事，都是在一定的位置上完成的。因此，一参加工作，我们就要正确地看待自己的位置。其实，位置总是相对的。如果你向前看，就会觉得自己在后面；如果你向后看，就会觉得自己在前面。因此，我们无论处在什么样的位置上，都要有一颗平常心。20年前，我在西北上学时，听到这么几句顺口溜，一直记在心里："别人骑马我骑驴，往后看，还有拉车汉，比上不足，比下有余。"不要把自己看作一粒珍珠，总是想到有被别人埋没的危险；更不要太把自己当作一回事，而要把所做的每一件事情当作一回事。因此，不管我们处在什么位置上，都应当发挥自己的作用。

自我塑造，过程很疼，但最终能收获一个更好的自己。有时候你觉得特别难，也许是因为会有更大的收获。

读万卷书，有用的可能只有几篇；行万里路，关键的时候可能只有几步。当你们迈步走向社会的时候，我将自己人到中年的一点点思考献给你们，希望能对你们有所启迪和帮助。

青年，意味着年轻、健康、美丽、快乐。随着岁月的流逝，不管你们再过20年，像今天的我，或者再过30年、40年……祝愿大家都拥有20多岁的健康和心情。

伟大领袖毛主席在年轻的时候有句豪言壮语："自信人生二百年，会当水击三千里。"我衷心祝愿大家能造就自我、成就事业、大有作为。

保持共产党员先进性　努力创造一流的工作业绩 *

（2005 年 2 月）

　　由国库支付局、国库处、教科文处、企业处组成的第三组全体党员同志认为，几天的集中学习，意义重大，收获颇多，理论素养进一步提高，理想信念进一步坚定，宗旨意识进一步增强。受第三组全体党员同志的推选，由我向大家汇报学习心得体会。我发言的主题是：保持共产党员先进性，在财政改革发展中努力创造一流的工作业绩。

　　开展保持共产党员先进性教育活动，要达到的一个重要目标是促进各项工作。新时期保持共产党员先进性，就要兢兢业业地创造一流的工作业绩。在财政改革发展中，创造一流的工作业绩，必须始终做到"四个坚持"。

一、坚持理想信念，保持创造一流工作业绩的精神动力

　　毛主席教导我们："人是要有一点精神的。"邓小平同志曾经说过：

---

*在省财政厅保持共产党员先进性教育活动第一批集中学习大会上的心得体会交流发言，2005年 2 月 21 日。

"我们的人民，尤其是我们的青年，要有理想。"

崇高的理想信念，始终是共产党人保持先进性的精神动力。共产主义理想和社会主义信念，是马克思主义的科学的理想信念，是中国共产党人的精神支柱，是任何时候都不能动摇的。中国特色社会主义，符合中国国情，符合全国各族人民的共同利益，是中国发展、走向富强的正确道路。共产党员有了这样的理想信念，就有了先进性意识，就有了立身之本和精神动力，就能自觉为党和人民的事业而奋斗。

理想信念是一个认识问题，更是一个实践问题。没有远大理想，不是合格的共产党员；离开现实工作而空谈远大理想，也不是合格的共产党员。保持共产党员先进性，就要自觉学习和实践邓小平理论和"三个代表"重要思想，既坚定共产主义理想和中国特色社会主义信念，又立足岗位，无私奉献，充分发挥先锋模范作用，扎扎实实地做好当前的每一项工作，为财政事业作贡献，为财政机关添光彩，为党争光，为党旗增辉。

二、坚持根本宗旨，牢记创造一流工作业绩的根本目的

毛主席教导我们："共产党人的一切言论行动，必须以合乎最广大人民群众的最大利益，为最广大人民群众所拥护为最高标准。"只有一心为公，立党才能立得牢；只有一心为民，执政才能执得好。共产党员在任何时候都必须牢记党的宗旨，切实做到权为民所用、情为民所系、利为民所谋。如果忘记宗旨，脱离群众，必然被人民所唾弃。

全心全意为人民服务是我们党的根本宗旨。能不能坚持全心全意为人民服务，是衡量一名党员是否合格的根本标志。共产党员心里要始终装着群众。党员干部无论职务高低、权力大小，都要当好人民的公仆，切实把立党为公、执政为民的要求，具体、深入地落实到各项工作中。

在财政工作中，坚持根本宗旨，特别要树立和实践正确的权力观，坚持理财为公、理财为民。我们手中的权力，是人民赋予的，只能用来为人民谋利益，绝不能用来为自己谋私利。职务是为人民服务的岗位，权力是为人民服务的工具，要始终为人民掌好权、执好政，真正做到权为民所用、财为民所理，当好为社会服务、为群众服务的"勤务员"。

坚持根本宗旨，要牢固树立群众观点，倾听群众呼声，反映群众意愿，集中群众智慧，真实地贯彻执行党的群众路线。要牢记"群众利益无小事"，为群众诚心诚意办实事，尽心竭力解难事，坚持不懈做好事。我们在制定财政政策、安排财政资金的时候，要特别关注基层情况，关爱弱势群体，关心困难群众，通过我们的工作，让他们切实感受到党和政府的体贴和温暖。

坚持根本宗旨，必须牢记"两个务必"。要保持谦虚谨慎、艰苦奋斗的光荣传统，坚持高尚的精神追求，培养高尚的道德情操，养成良好的生活作风，做到自重、自省、自警、自励，自觉抵制拜金主义、享乐主义、极端个人主义的侵蚀，永远保持共产党人的政治本色。

三、坚持勤奋学习，掌握创造一流工作业绩的过硬本领

勤奋学习，是共产党员增强党性、提高本领、做好工作的前提。我们正处在知识创新的时代、终身学习的时代，要有学习的紧迫感，抓紧学习、刻苦学习、善于学习。

伟大的共产主义战士雷锋同志说："干革命不学习毛主席著作不行。"共产党员加强学习，首先要加强理论学习。要自觉学习马列主义、毛泽东思想、邓小平理论和"三个代表"重要思想。特别是要深刻理解和掌握"三个代表"重要思想，并自觉付诸实践，努力成为"三个代表"重要思想的坚定实践者。通过学习，不断提高科学认识和

分析形势的能力，提高理论与实际相结合的能力，提高改造主观世界的能力。

同时，我们还要广泛学习法律、科学、文化、社会、历史等方面的知识，学习现代化建设所需要的一切知识，用人类创造的优秀文明成果充实自己、提高自己。

共产党员必须有过硬的本领，努力成为本职岗位上的行家里手。作为一名财政干部，对财政知识、财政政策、财政业务的学习尤为重要。这些年，随着经济体制改革的不断深化，财政政策和财政业务在不断变化、更新，需要我们通过刻苦学习，深刻领悟、准确把握、严格执行。

在学习的时候，我们不仅要学习身边的东西，还要放开眼界，向市县学习，向外省市学习，向国外学习，研究和借鉴一切科学的新经验和新成果，指导和改进我们的工作。

四、坚持努力工作，兢兢业业地创造一流的工作业绩

学习的目的全在于应用。邓小平同志特别强调："世界上的事情都是干出来的，不干，半点马克思主义都没有。"党和人民的事业是由无数具体工作推动的。共产党员保持先进性，必须体现到在改革发展稳定的各项工作中发挥先锋模范作用上。作为一名党员，要自觉地把自己的人生理想和奋斗目标与党和人民的事业紧密联系起来，把自己融入党和人民的事业中，爱岗敬业，干一行、爱一行、钻一行、精一行，努力创造无愧于时代、无愧于历史、无愧于人民的一流工作业绩。

创造一流的工作业绩，要坚持和落实科学发展观和正确政绩观，按照客观规律来谋划发展，一切从实际出发，立足当前，着眼长远，积极进取，量力而行。要求真务实，埋头苦干，扎实工作，从现实入手，从点滴做起，通过自己的勤奋工作，促进经济发展和社会进步，促进

安定团结和社会和谐，使人民群众得到更多更好的实际利益。

　　创造一流的工作业绩，既要求真务实，又要创造性地开展工作，不断解放思想、实事求是、与时俱进。党的十六届三中全会提出，要推进财政管理体制改革，完善财税体制，健全公共财政体制；要继续改善宏观调控，完善财政政策的有效实施方式，财政政策要在促进经济增长、优化结构和调节收入方面发挥重要功能。我们要把中央、省委省政府的精神和要求与本职工作紧密结合起来，围绕财政中心工作和领导所关心思考的一些重大问题，经常深入基层、深入群众、深入实际，开展调查研究，研究新情况，探索新方法，解决新问题。要勇于面对困难、克服阻力、化解矛盾、取得实效，不断开创财政工作新局面。

　　保持共产党员先进性，实践"三个代表"重要思想，需要我们志存高远，脚踏实地，从自己做起，从现在做起。让我们在厅党组的正确领导下，勤奋学习，努力工作，以自己的实际行动，在平凡的工作岗位上创造不平凡的工作业绩，不断为财政事业作出新的更大的贡献。

关于演讲 *

（2010 年 4 月）

演讲，是对演讲者的仪表、才华、思想和人格魅力的集中展示。如果大家都做好充分准备，非常认真地进行演讲，应当是一道赏心悦目、动人心弦的亮丽的风景线。

古人云：学问之道，进则知几济世，兼善天下；退则养身修己，独善其身。又云：学则智，不学则愚；学则治，不学则乱。由此可见，坚持学习，加强学习，非常重要。

2009 年初，我在北京出差，早餐时，与几位朋友探讨为人处世和养生之道。一位长者说："病是吃出来的，健康是走出来的，烦恼是想出来的，祸是说出来的。"病从口入，祸从口出。可见，说话是何等重要。

俗话说：长短是根棍，大小是个头。各位作为县市财政局局长，在县市是有头有脸有地位的人物，在很多场面，需要你们去作指示、作报告，去演讲。因此，在局长培训班上安排演讲这堂课，很有意义。

---

* 在全省市县财政局局长培训班演讲比赛上的点评，2010 年 4 月 14 日。

一整天的时间，字字句句，听了大家的演讲，深受启发，很受教育。各位局长不管演讲方面的基本功如何，都能认真对待，尽心尽力，在这方面，我应该给每位局长打满分。特别是局长们讲的事件真实，感情真挚。更有甚者，语句优美，运用了成语、排比；有的在结尾时有号召和鼓动的语句，感召力强。在着装方面，也有几位局长着了正装，非常严肃认真。这一切的一切，深深令我感动。但是，如同点评老师客观、公正、准确的点评，我们的演讲还有一些不足。有的局长对稿件不熟，有的讲地方官话，吐词不清。更普遍的是缺少肢体语言，缺乏真情实感，把演讲当成日常工作汇报，甚至有小学生背课文、读课文的感觉。

演讲，作为一门艺术，说来复杂，其实也简单。我认为，演讲，就是在大庭广众之下带着感情大声说话。而要把话讲好，前提是要善于想、写、讲。

第一是想。演讲的内容，必须是自身感受深刻的事件，然后进行深刻、反复的思考。人无完人，而一切产生不足的根源，在于行动的时候不能思考，不能正确严谨地思考。因此，思考是演讲的前提和基础。没有思考，就没有演讲。

第二是写。把事件的经过和对事件的思考写出来，反复修改，不断提炼，巧妙地运用成语、排比句，更要有一些激动人心、鼓舞士气、启迪智慧、感悟人生的语言。

第三是讲。把写好的材料，认真地、带有感情地、熟练地读出来，当你读得滚瓜烂熟，能声情并茂地脱口而出，就是很好的演讲了。

各位局长，衷心希望你们能以这次演讲为新的起点，在未来的工作中，多想、多写、多讲，熟练运用演讲技巧，去展示你们的才华、鼓舞你们的队伍、成就你们的事业。谢谢大家！

凝心聚力抓党建　锐意进取勇担当 *

（2018 年 4 月）

近年来，在湖南省财政厅党组的正确领导下，综合处服务大局，主动作为，在深化改革、简政放权、服务民生、促进和谐等方面发挥了积极作用，锤炼出了一支忠诚廉洁、团结有为、担当奉献的干部队伍，较好地完成了各项改革发展任务。2017 年，综合处被评为全厅"先进集体"，党支部被评为全厅"先进基层党组织"，实现了业务工作和支部建设工作"双丰收"。全处同志坚持以习近平新时代中国特色社会主义思想和党的十九大精神为指导，坚持理论联系实际，把集中教育和日常学习有机结合起来，支部党建工作取得了一定成效，具体做法如下：

一、加强支部文化建设

紧扣时代，找准着力点，支部党员干部认真学习党的十九大精神，深刻领会习近平新时代中国特色社会主义思想的历史地位和丰富内涵。支委委员带头学习习近平总书记系列重要讲话和主旨演讲，特别

---

* 原载《新理财（湖南财政）》，2018 年第 2 期。

注重学习习近平用典，提升素养。在支部文化建设中弘扬"忠诚、廉洁、担当、奉献"精神，注重"四个加强"：加强资金管理，坚持"四性"（制度的规范性、分配的合理性、拨付的及时性、使用的有效性）；加强队伍建设，坚持"三清"（场所清洁、为人清廉、办事清晰）；加强目标意识，坚持"两为"（为全省经济社会发展服务、为财政综合工作服务）；加强结果导向，坚持"一理念"（坚持绩效理念，强化预算支出的责任和效率，提高财政资金的使用效益）。

二、加强党员思想教育

坚持并创新"三会一课"，实施"周学、月谈、季讲"。全处持之以恒地坚持每周一的例会制度，开展政治学习和业务知识学习，及时传达厅党组中心组学习、厅务会议等重要会议精神，学习有关重要文件；总结上阶段工作情况，分析存在的问题；研究近期工作任务。坚持每季一次的处务会议制度，部署安排季度重点工作，将责任落实到每位经办同志和处领导身上。

学习借鉴"湖南财政讲坛"的成功经验，不定期开设"财综讲坛"，交流学习体会，加强学习积累，提升学习效果。作为财综讲坛的第一讲，一级战斗英雄、全国劳模汪小平以"活着就是幸福"为主题，从参加1979年对越自卫反击战的亲身经历出发，与支部全体同志分享坚定信念、有勇有谋、恪守规矩、知足常乐的人生感悟，使大家深受教益。

支部先后就"青年干部如何成长""做政治上的明白人""工作中的公与私""当老实人、办老实事"等主题进行讨论，勉励和提醒全处同志加强修养，见贤思齐，警钟长鸣；提醒各位青年干部讲纪律、重品行、明职责，培育"自尊自信、理性平和、积极向上"的良好心态。同时，将"两学一做"与"学党纪 明责任 讲廉洁"学教活动、廉政教育等活动紧密结合起来，确保学习教育的针对性和实效性。支部全体党员赴文家市、胡耀邦故居、耿飚故居开展主题党日活动，通过参观珍贵的文物，学习丰富详实的文献资料，深切缅怀一代伟人勤政为民的崇高风范，进一步凝聚了全体党员坚持学习、深入思考、立足本职工作、走好新一代长征路的使命感和责任感，"补钙""壮骨""铸魂"效果显现。

三、加强工作制度建设

支部注重把学习教育和财税体制改革各项工作有机衔接，以党建促业务，全面深化拓展"两学一做"学习教育活动。按照《中国共产党章程》和《中国共产党党和国家机关基层组织工作条例》的规定，以及中共湖南省直属机关工作委员会《关于全面开展省直机关基层党支部标准化建设的指导意见（试行）》，认真落实全面从严治党和依法治党要求，积极推进支部建设科学化、规范化和制度化，把服务中心、建设队伍贯穿始终。针对财政综合工作"新、难、杂、急、重"的特点，建立健全制度体系，带好全省财政综合队伍，依靠制度规范保障各项工作的有序高效运转，并且不断规范完善制度，"微建设"较有成效。

一是完善资金管理办法。印发了《湖南省省级财政专项彩票公益金管理办法》《湖南省省级体彩公益金支持体育事业专项资金管理办法》《湖南省省级福彩公益金支持福利事业专项资金管理办法》《湖南省水库移民资金管理办法》《湖南省城镇保障性安居工程专项资金管理办法》等规范性文件，进一步加强资金管理的制度保障。

二是制定绩效管理办法。研究制定了《湖南省省级福利彩票公益金绩效管理办法》《湖南省省级体育彩票公益金绩效管理办法》《湖南省省级财政专项彩票公益金绩效管理办法》《湖南省水库移民资金绩效管理办法》《湖南省城镇保障性安居工程财政资金绩效评价实施细则》《湖南省政府购买服务管理实施办法（暂行）》，确保资金分配科学合理、使用安全高效，以绩效管理理念贯穿资金管理全过程。

三是强化工作指导。编印了《湖南省财政综合工作制度汇编》，内容涵盖非税收入管理、机关事业单位收入分配改革、民生资金管理、政府购买服务改革等财政综合工作的重要文件制度，印送市县财政部门和相关省直单位。建立全省财政综合系统"湘财综合"微信群，反映、研究、解决工作问题，加强经验交流，强化工作指导，提高工作效率。

四、加强党风廉政建设

支部全体党员干部自觉遵守党的纪律和廉洁从政规定，加强廉政建设，落实主体责任。由支部书记负总责，结合处内各组的职责分工，将任务分解到各组及分管负责人，坚持"一岗双责"。支部开展了对《中国共产党问责条例》《中国共产党纪律处分条例》《中国共产党廉洁自律准则》《中国共产党党内监督条例》《关于新形势下党内政治生活的若干准则》的学习，使党员干部进一步提高了思想认识，充分认识到"四风"问题的顽固性反复性、作风建设的复杂性长期性，牢固树立"四个意识"，以永远在路上的韧劲锲而不舍抓好作风建设。支委委员定期与党员干部开展廉政谈话，促使党员加强学习，严格要求自己，立足本职，勤奋工作，坚守廉洁，警钟长鸣。支部定期开展批评与自我批评，加强管理，防控风险，廉洁自律，持之以恒抓好作风建设。

潮平两岸阔，风正一帆悬；不驰于空想，不骛于虚声。综合处全体党员干部将以更加务实的态度，做踏实的功夫，认真学习贯彻党的十九大精神和习近平新时代中国特色社会主义思想，并将其落实到财政综合各项工作之中，发挥先锋模范作用，锐意改革，砥砺前行，做到忠诚履职、干净担当，为加速推进富饶美丽幸福新湖南建设而努力奋斗。

追寻初心　砥砺前行 *
——省直机关示范党支部书记赴延安梁家河学习之体会感悟

（2018 年 9 月）

　　岁月如歌，青春无悔。习近平总书记青年时期扎根黄土高坡，七年时间与人民群众同甘共苦、情同手足，树立了矢志不渝的崇高理想、远大追求和爱国为民的家国情怀。在梁家河的七年心智历练，成为他一生宝贵的财富，成为新时代中国特色社会主义思想的逻辑起点和实践来源。

　　来到梁家河，收获真的多。通过学习，我更加深刻地体会到习近平总书记坚毅刚强、顽强拼搏、艰苦奋斗、勇于担当的品格风范，先贤关于"天将降大任于是人"的经典论述在总书记身上得到了完美印证。

　　我更加深刻地体会到实事求是、实干兴邦的重要意义。习近平总书记在梁家河做的每一件事情，都与民生相关，惠民便民，每件事都是他身体力行、苦干实干做出来的。这就是总书记说的"人民对美好

---

* 原载《机关党建》，2018 年第 9 期。

生活的向往，就是我们的奋斗目标"的精髓所在。

我更加深刻地体会到"学习改变命运""实践出真知"的道理。习近平总书记在梁家河这么艰苦的环境中，从来没有放弃读书和思考，用墨水瓶做煤油灯，勤学善思，是我们学习的典范。

习近平总书记说，七年知青岁月的劳动和学习，使他经历了脱胎换骨的感觉，获得了升华和净化，成为自己一生宝贵的财富。正因为这一段较长时间的心智历练，总书记更加了解中国的老百姓，更加体恤老百姓生活的艰辛和不易，他的人生更接地气、家国情怀更加真实、目标方向更加坚定。总书记的为民情怀、求实作风、非凡气魄，都可以从他的七年知青岁月中找到答案，都可以从梁家河那些泛黄的照片中找到注解。

滚滚延河水，巍巍宝塔山。每次来到延安，总是激情澎湃。对老一辈无产阶级革命家的感恩之情油然而生，对勤劳勇敢的老区人民的感恩之情油然而生。在延安，毛主席和老一辈无产阶级革命家运筹帷幄，作出了一系列重大决策，在世界上最小的指挥所里，指挥了世界上最大的人民解放战争，为缔造新中国奠定了坚实基础。在这里，中国共产党孕育了光照千秋的延安精神，这就是坚定正确的政治方向，解放思想、实事求是的思想路线，全心全意为人民服务的根本宗旨，自力更生、艰苦奋斗的创业精神。延安精神永放光芒。

追寻初心，砥砺前行。学习的目的全在于实际运用。党支部是党的基层组织，是服务群众的战斗堡垒。支部虽小，作用很大。作为省直机关示范党支部书记，我将更好地发挥表率作用，更进一步增强做好支部工作的政治自觉和责任担当，不忘初心、牢记使命，增强"四个意识"、坚定"四个自信"、做到"两个维护"。一是进一步加强学习。学习是人生进步的阶梯，好学才能上进。为了把财政综合工作搞好，党支部开设了"财综讲坛"，坚持"周学、月谈、季讲"，每周一下午坚持开展政治学习和业务知识学习。二是进一步开展好主题党日活动。积极创新，围绕支部联基层、革命传统教育等主题，把主题党日活动开展得更加生动活泼。三是进一步做好为民服务工作。财政工作点多面广，服务民生，是党和政府为民服务的重要窗口。财政干部既要仰望星空，又要脚踏实地，不忘昨天、展望明天，更要着眼今天。弘扬艰苦奋斗和勇于担当的精神，做好本职岗位上的每一项工作，干在实处，取得实效。

"微创新"提升支部工作实效 *

（2018 年 11 月）

一、基本情况

省财政厅综合处党支部现有 10 位正式党员，设有 4 个支委。主要负责全省非税收入政策管理、政府购买服务改革、机关事业单位收入分配制度改革、城镇保障性安居工程专项资金管理、移民资金及彩票资金管理、中长期规划编制和财政经济形势预测分析等工作，业务具有"新、难、杂、急、重"的特点。2017 年，党支部被评为全厅"先进基层党组织"，综合处被评为全厅"先进集体"，实现了支部建设工作和业务工作"双丰收"。

二、基础工作

党支部以落实"三会一课"组织生活制度为基础，以"五化"建设为标准，以微信平台和处室"财综讲坛"为载体，从落实细节入手，全面加强支部标准化建设。特别是大力践行党员"五有"理念：要求

---

* 原载《机关党建》，2018 年第 11 期。

党员有感情，亲民、爱民、敬民；有激情，与时俱进、冷静思考、不懈追求；有水平，博学多才、凝练厚重、深谋远虑；有成果，突出重点、突破难点、打造亮点；有规矩，确保财政资金和干部政治生命两个安全。2017 年以来，支部召开组织生活会 3 次，上党课 5 次，组织主题党日活动 18 次，开展谈心谈话 40 人次。

三、经验做法

一是党员教育形式"微创新"。支部定期组织全处党员学习党章党规，学习习近平新时代中国特色社会主义思想和党的十九大精神，贯彻落实省委、省政府决策部署，传达厅党组中心组学习内容。学习情况实行痕迹化管理，对学习资料及时进行收集、整理和归档，并按照学懂、弄通、做实要求，将理论学习和工作实际紧密结合，在提高党性修养、强化党性意识的同时，努力构建学习、宣传、运用"三位一体"交流体系。

支部在运用好党员微信工作群、关注"红星云"等一批重要微信公众号的同时，创新开设"财综讲坛"，按照"精选、实用、乐学"的原则，每季度举办一次讲座，采取"定人、定期、定内容"方式，根据支委委员的经历和特长确定讲授内容，或邀请专业人士授课，内容涵盖党风党纪、理想信念、执政方略、经济理论、管理艺术、身心修养等多方面。支部书记先后就"做政治上的明白人""工作中的公与私""为人清廉、遵规守矩""青年干部如何成长""当老实人、办老实事"等主题讲微党课，结合自身工作实际，从坚定理想信念、坚持公平公正、坚守廉政纪律等方面谈认识、谈体会，勉励和提醒全处同志讲纪律、重品行、明职责，培养"自尊自信、理性平和、积极向上"的良好心态。参加过 1979 年对越自卫反击战的"全国战斗英雄""全国劳模""全国新长征突击手"汪小平以"活着就是幸福"为主题，从历经血与火考验的亲身经历出发，与每位党员分享坚定信念、有勇有谋、恪守规矩、知足常乐的人生感悟，使党员进一步坚定理想信念、遵守纪律规矩、乐于担当奉献。优秀驻村干部、全省"最美扶贫人物"曹云辉介绍在洞口县罗溪乡宝瑶村抓党建、促脱贫的成功经验和做法，通过实干精神激发群众脱贫奔小康的内生动力，使宝瑶村在短短两年内从一个落后的省级贫困村蜕变为"中国美丽休闲乡村""全省最美少数民族特色村寨""湖南省脱贫攻坚示范村"。全处党员深受启发，充分认识到基层党建是脱贫工作的关键，必须着力提升基层党组织的引领发展能力。"财综讲坛"丰富的内容，还使支部党员加深了对中国优秀传统文化的了解，提升了精神境界，拓展了思想广度，增强了"四个自信"。

二是组织生活方式"微创新"。近年来，支部先后组织党员赴浏阳文家市、胡耀邦故居、耿飚故居、中共金家堤支部（中共湖南农村第一个支部）陈列馆等地开展主题党日活动，重温入党誓词。通过参观珍贵的文物，学习丰富详实的文献资料，支部党员深刻缅怀老一辈无产阶级革命家勤政为民的崇高风范，聚焦对党忠诚、敢于担当，进一步凝聚了坚持学习、立足本职、走好新一代长征路的使命感和责任感，"补钙""壮骨""铸魂"效果显现。支部认真开展"机关支部联基层"活动，将支部组织生活搬到新化县油溪乡的田间地头，深入移民帮扶工作最前沿，点对点地宣传党的政策，面对面地交流库区移民村建设和产业发展情况，亲基层、联实际，接地气、贴民生，谋思路、提对策，收到了良好效果。

三是服务中心工作"微创新"。鉴于财政综合工作业务涉及面广、政策性强，支部着力构建以党建为引领、融合各项中心工作的新机制。建立了全省财政综合系统"湘财综合"微信群，鼓励市县反映思想动态和具体问题，省厅及时强化指导，释疑解惑，带动基层同志共学共分享，受到了市县普遍欢迎，全系统交流效果不断加强。以机关事业单位收入分配制度改革为例，这既是广大干部普遍关心的问题，又是社会热议的焦点。为稳步推进机关事业单位津贴补贴改革，支部扎实开展调研，精准测算基础数据，结合市县实情反复协调沟通，在政策允许范围内最大限度地保障了全省 240 多万机关事业单位人员的切身利益，津贴补贴改革得到了省委、省政府领导的高度肯定。按照党的十九大关于防范化解重大风险的要求，为加强地方债务管理，支部高度重视市县政府利用政府购买服务名义违规融资问题，提前谋划，预判形势，在中央出台整改意见前及时发文纠偏，全面规范政府购买服务，指导市县开展违规融资问题排查整改，争取了工作主动权，贯彻落实了中央的部署，推进了风险防控工作科学化、精细化。通过加强思想教育和业务指导，增强了党员干部信心，鼓舞了党员干部立足岗位创先争优的士气，打造了一支忠诚廉洁、团结有为、担当奉献的干部队伍，提高了应对复杂局面、适应新形势、完成新任务的能力。

忠诚担当抓党建　务实创新谋发展 *

（2020 年 7 月）

　　2018 年 6 月，省直机关工委评定省财政厅综合处党支部为省直机关党支部标准化建设"示范党支部"。两年来，在省直机关工委的指导和省财政厅党组的领导下，综合处党支部坚持以习近平新时代中国特色社会主义思想为指导，深入开展"不忘初心、牢记使命"主题教育活动，凝心聚力抓好示范党支部建设，创新推进党建与财政业务深度融合，较好地完成了各项改革发展任务，同时也锤炼出一支忠诚廉洁、团结有为、担当奉献的干部队伍。2018、2019 年，党支部均被评为全厅"先进基层党组织"，综合处被评为全厅"先进集体"，多项工作得到财政部的通报表扬，实现了支部建设工作和业务工作"双丰收"。2019 年 6 月，支部被评为"省直机关先进基层党组织"。

一、抓好"三项建设"，提升支部战斗力

　　一是突出抓好思想政治建设。支部强化理论武装，集中组织学习了《习近平谈治国理政》《习近平关于"不忘初心、牢记使命"重要

---

* 原载《机关党建》，2020 年第 7 期。

论述选编》《习近平新时代中国特色社会主义思想学习纲要》等，跟进学习习近平总书记系列重要讲话精神，推动习近平新时代中国特色社会主义思想入脑入心。用好"学习强国"等平台，让党员在学习中受教育，在教育中强思想。支部书记以"青春颂""不忘初心使命，严格自我要求""熟读原著、悟透原理、坚定信念"等为主题在支部上党课，并在全省财政综合工作培训班上讲授"人生的意义与价值"微党课，阐述新时代如何提高党性修养，坚定理想信念，勇于担当作为。全国一级战斗英雄汪小平从参加1979年对越自卫反击战的亲身经历出发，分享坚定信念、有勇有谋、恪守规矩、知足常乐的人生感悟。老党员李志刚在退休前以"踏踏实实做好每件事，平平安安过好每一天"为主题，回顾求学工作经历，感恩党的培养，勉励年轻干部勤奋务实干好工作。支部为党员购买了《〈共产党宣言〉解读》《论共产党员的修养》《梁家河》《习近平的七年知青岁月》等书籍，由青年干部轮流组织读书分享会，引领支部党员坚定跟党走，为实现中华民族伟大复兴中国梦而努力奋斗。

二是突出抓好党风廉政建设。坚决落实全面从严治党各项要求，把严的标准和实的措施贯穿党建工作全过程、财政工作各方面。认真学习《中国共产党廉洁自律准则》《关于新形势下党内政治生活的若干准则》《中国共产党纪律处分条例》等党规党纪，始终绷紧党风廉政这根弦。坚持支部书记季度廉政谈话制度，以"机关公职人员要学会拒绝""持之以恒抓廉政""生命的石像""打铁还要自身硬""一尘不染，晶莹剔透"等为主题开展廉政谈话，告诫提醒全体党员时刻守住做人处事交友的底线。集中学习《湖南省财政系统违纪违法典型案例警示录》，以案释纪、以案说法，进一步强化警钟长鸣、遵规守纪的意识。

三是突出抓好处室文化建设。大力倡导"四性""三清""两为""一理念"的处室文化，以文化力量引领财政综合工作，实现新发展。"四性"即在日常工作中坚持管理制度的规范性、资金分配的合理性、资金拨付的及时性、资金使用的有效性；"三清"即在为人处世中坚持场所清洁、为人清廉、办事清晰；"两为"即坚持为全省经济社会发展服务、为财政综合工作服务；"一理念"即坚持绩效理念。推进处室工作秩序井然，环境整洁清爽。

二、开展"三项活动"，提升支部凝聚力

一是常态化开展主题党日活动。两年来，支部先后赴雷锋纪念馆、湖南党史陈列馆、杨开慧纪念馆、陈树湘烈士生平事迹陈列室、邓力群故居、"半条被子的温暖"专题陈列馆、贺龙纪念馆、花垣县十八洞村等地开展丰富多彩的主题党日活动。通过重温入党誓词、重访先辈故居、瞻仰烈士陵园等方式，深入开展革命传统教育，学习精准扶贫经验，进一步增强不忘初心、立足本职、走好新时代长征路的使命感和责任感。

二是制度化开展"周学月谈季讲"活动。把政治理论学习、廉政教育谈心、业务工作交流作为"周学月谈季讲"的规定内容，推动"不忘初心、牢记使命"主题教育与示范党支部创建有机结合。坚持周一例会制度和季度支部党员大会制度，深入开展政治理论学习，部署安排支部党建及财政业务工作。严格落实"三会一课"制度，认真开好支部组织生活会，用好批评与自我批评的有力武器，查摆问题，不断改进。

三是规范化开展"传帮带"与"联基层"活动。坚持以老带新，帮助年轻党员干部加速成长、尽早成才。支部书记撰写并发表了《追寻初心　砥砺前行——省直机关示范党支部书记赴延安梁家河学习之体会感悟》《凝心聚力抓党建　锐意进取勇担当》《国企改革四十年》

等文章，引导带动青年干部多思考、多动笔。支部其他同志在《中国财政》《新理财（湖南财政）》等刊物上发表了《加强彩票监督管理服务公益事业发展》《此时、此地、此身》《创建示范支部　发挥引领作用》等文章。及时帮助解决党员干部工作上面临的困惑和生活中遇到的困难，让他们时时感受到组织的温暖。深入开展"机关支部联基层"活动，把支部组织生活搬到田间地头，深入移民帮扶工作前沿，点对点宣传党的惠农惠企政策，面对面听取基层干部群众的呼声，既转变了作风，又改进了工作。

三、做好"三项工作"，提升支部执行力

一是做好财政经济形势分析及调查研究工作。加强财政经济形势分析，建立省直部门会商、市州研究交流、厅内处室协同"三套工作机制"，为领导决策提供参考依据，工作成效显著，得到财政部通报表扬。深入开展重大财经调研，金融业高质量发展调研报告得到省领导的肯定批示，建立健全符合国际惯例的财政补贴体系专题调研获得财政部表扬，并作为首位发言单位在全国财政补贴摸底调查培训班上作经验交流。

二是做好重点改革推进工作。深化政府购买服务改革，促进政府职能加快转变。近年来，我省两次在全国政府购买服务改革培训班上作典型经验交流，望城区、洪江市成为财政部政府购买服务改革工作联系点。推动城乡建设用地增减挂钩指标跨省交流，助力脱贫攻坚，2019年获财政部下达的跨省域调剂资金24亿元。完善政府统一经营管理方式下河道砂石资源有偿使用收入征管政策，确保砂石资源有偿使用收入应收尽收。完善收入分配制度，推动出台提高基层干部待遇、明确新冠肺炎疫情防控人员待遇、提高女职工卫生费标准等一系列政策。

　　三是做好财政民生保障工作。统筹用好专项彩票公益金，重点向重大民生实事项目、社会公益事业薄弱领域、边远贫困地区倾斜，支持贫困脑瘫儿童康复治疗、贫困"两癌"妇女救助等公益事业发展。打击违规互联网彩票，确保彩票市场运行安全有序。2019 年 3 月《中国财政》刊发了我省加强彩票监督管理的经验。完善住房保障政策，我省连续两年被评为全国棚户区改造成效明显省份，得到国务院的表扬奖励。2019 年争取城镇老旧小区改造中央补助资金 31.46 亿元，资金量排全国第 2 位。助力长沙市成为 2019 年中央财政支持住房租赁市场发展 16 个试点城市之一，示范期三年将获中央补助资金 24 亿元。

　　道虽远，必行而至；事虽难，必为而成。综合处党支部将继续发扬奋发有为、求真务实的作风，常态化、长期性坚持"不忘初心、牢记使命"主题教育，进一步巩固示范党支部建设成果，把习近平新时代中国特色社会主义思想落实到财政综合各项工作之中，为加速推进富饶美丽幸福新湖南建设而不懈奋斗。

做事不辞牛负重　感情一堆烈火燃 *

——纪念建党先驱何叔衡烈士

（2021 年 6 月）

建党先驱何叔衡烈士的光辉事迹和不朽精神，令人产生无限敬仰。

何叔衡，无产阶级革命家、中国共产党创始人之一，1876 年 5 月 27 日诞生于湖南宁乡一个农民家庭。他 7 岁开始放牛、割草、砍柴，却总吃不饱肚子，于是感慨："吃饭要是像牛吃草一样放肆吃饱就好了。"父亲告诉他："长大了像牛一样做事，一定会吃饱的。"从此，"像牛一样做事"便扎根于何叔衡的心中，成为他后来为革命工作甚至献身的信条。

何叔衡 12 岁开始读书，勤奋好学。1902 年，26 岁的何叔衡考中秀才，县衙送来请他去管理钱粮的任职书。他深感"世局之汹汹，人情之愦愦"而拒绝到任，宁愿回到乡间种地、教书，被乡亲们称为"反封建的穷秀才"。

1909 年，何叔衡受聘到云山高等小学堂教书。辛亥革命爆发后，他接受资产阶级民主革命思想，率先剪去辫子，又动员周围的男人剪

---

* 原载《新理财（湖南财政）》，2021 年第 3 期。

辫、女人放脚。暑假时，何叔衡回到家中，看到守旧妇人仍不肯解开裹脚布，便说："看来只动笔动嘴不行，还要动手动刀。"他操起菜刀，将家中的裹脚布和尖脚鞋全部搜出，当众砍烂。他鼓励女子上学，建议学校招收女生，倡导男女平等接受教育。他还介绍谢觉哉等进步人士到校任教。这使得云山学校成为五四运动前后宁乡新文化运动的中心、革命的摇篮。

1913 年，37 岁的何叔衡来到长沙，考入湖南省立第四师范学校（翌年并入第一师范）。入学时年龄偏大，何叔衡给出的解释是："深居穷乡僻壤，风气不开，外事不知，耽误了青春。旧学根底浅，新学才启蒙，急盼求新学，想为国为民出力。"在一师求学期间，何叔衡结识了毛泽东，两人虽然相差 17 岁，但很快成为挚友。有人这样形容他们两人的友谊："毛润之所谋，何胡子所趋；何胡子所断，毛润之所赞。"1918 年 4 月，何叔衡与毛泽东等发起成立新民学会。

1920 年，与毛泽东等发起组织俄罗斯研究会，并共同筹建长沙的共产党早期组织。

1921 年，何叔衡与毛泽东代表湖南早期中共组织，参加了 7 月在上海召开的中国共产党第一次全国代表大会，成为最年长的一大代表、党的创始人之一。同年 10 月，与毛泽东共同创建中共湖南省支部，毛泽东任支部书记，何叔衡任支部组织委员。此后，他们又共同创办了湖南自修大学、湘江学校，为革命培养大量人才。何叔衡一直是毛泽东革命事业最重要的助手之一，毛泽东曾高度评价"叔翁办事，可当大局"。

1927 年马日事变后第二天，在宁乡乡下指导工农运动的何叔衡赶到长沙寻找党组织，旋即辗转上海从事地下工作。1928 年 6 月（52 岁），赴苏联出席中共六大，9 月进入莫斯科中山大学，与徐特立、吴玉章、董必武、林伯渠等编在特别班学习。此时他年过五十，仍学通了俄语，以此研修革命理论。徐特立曾说，在莫斯科，他们几个年老同志，政治上是跟叔衡同志走的。

1931 年 11 月（55 岁），何叔衡奉命进入中央苏区，当选为中华苏维埃共和国中央执行委员会委员，任临时中央政府工农检察人民委员、内务人民委员部代部长、临时最高法庭主席等职。他坚持真理，公正严明，秉公执法，勤政爱民，坚决惩治贪污腐败，日夜操劳，没有任何怨言，被誉为"反腐先锋、苏区包公、红色管家"。毛泽东评价说："何胡子是苏维埃的一头牛。"

1934 年 10 月（58 岁），中央红军长征，何叔衡奉命留在中央革命根据地坚持游击战争，经历严峻的生死考验。

1935 年 2 月 24 日，何叔衡从江西转移至福建长汀途中被国民党军包围。为了不拖累其他同志，性情刚毅的何叔衡纵身跳下悬崖，用生命践行了自己"为苏维埃流尽最后一滴血"的铮铮誓言，时年59 岁。

2009 年 9 月 10 日，何叔衡被评为 100 位为新中国成立作出突出贡献的英雄模范人物之一。

从农家子弟到清末秀才，又到资产阶级民主革命者，再到共产主义先驱，何叔衡每十年一个台阶，一生探索不断、奋斗不止。他有一颗不老心，乐与先进青年为伍，勇立时代潮头。因此，人们称赞他老当益壮，是老年人的模范、中年人的模范，同时也是青年人的模范。

何叔衡的一生充满着传奇的故事和取之不竭的正能量。无论是在长沙为革命奔波，还是在中央苏区工作，何叔衡都为革命事业殚精竭虑，勤勤恳恳，表现出一位无产阶级革命家的高尚品格、卓越情怀和献身精神。"做事不辞牛负重，感情一堆烈火燃""铁骨铮铮壮烈死，高风亮节万年青"，这两句诗是何叔衡的知己、诗人萧三对何叔衡的称誉，也是何叔衡光辉一生的真实写照。

　　纪念何叔衡烈士，我们要学习他的崇高品德和奉献精神，为人正直、敢为人先，勤奋好学、追求进步，认真负责、担当作为，服从组织、任劳任怨。

　　建党先驱何叔衡烈士的光辉事迹和不朽精神，将永远激励我们不忘初心、牢记使命，奋勇前行。

财政事业感怀

（2023 年 2 月）

余二十而志于财政事业，1985 年春参加研究生考试，选择攻读财政部财政科学研究所财政专业。岁月不居，时节如流；三十八年过去，弹指一挥间。我原以为几十年的工作时间会非常漫长，其实，岁月如同掌中沙，就这样不知不觉过去了。

1986 年暑假回湖南调研，跟随瞿宝元厅长到大庸参加中南五省预算片会，与湖南财政结缘。1987 年 7 月毕业后被分派到湖南省财政厅，8 月到株洲市财政局锻炼，1988 年 7 月回省财政厅工交处工作。当时，我在厅里工作的第一本笔记本的扉页上写道："成功固然值得颂赞，但是它让人感动最深的，并不因为目标的取得，而在于专心一致地去达到，或者还达不到这一目标时的那种崇高的努力。"专心一致做好每一件事，是我的人生信条。坚守初心，踔厉奋发，笃行不怠，像风走了万里，不问归期。近二十年来，我多次毅然放弃了晋升到外单位工作的机会。

三十多年来，我从未停止对人生意义与价值的思考，一直坚定地认为人生的意义与价值就在于"被需要"。1986 年 9 月，我在一次体检的超声心动图报告单背面写道："只要人类仍然需要我，就请你永不停息地跳动。"

> 不患无位患无为，方兴未艾是事业。
>
> 曾经沧海难为水，除却巫山不是云。
>
> 江山代有才人出，各领风骚三五年。
>
> 致广大而尽精微，极高明而道中庸。

我也曾有鸿鹄之志，到最后也只是在全省财政总决算报告上留下一个印章。但承蒙组织的厚爱与关照，也曾荣获几十个奖项，特别是荣获改革十年全省财政理论研究成果一等奖、全国"佳作奖"，省财政厅首届"十优青年"，第三届"湖南省优秀青年卫士"，第七届"湖南省人民满意的公务员"。

参与了国企改革攻坚战，开创了绩效管理新局面，创建了省直机关示范党支部，谱写了财政综合工作和国库管理新篇章。

我在平凡的岗位上，也干出了一点不平凡的事业。既没有碌碌无为，也没有虚度年华。支部共建时，发挥党建引领作用，用两年时间将宜章县栗源镇老王冲村由一个贫困落后的空心村，变成一个文明美丽的新乡村。当年栽下的小树，见证了历史的变化。在无政策、无资金、无经验的情况下，积极探索，推动财政部出台政策、安排专项，使全国最大的尾矿库岳阳临湘桃林铅锌矿渔潭尾矿库得到有效治理。巍然屹立的"感恩碑"，是对工作成果的真实写照。

在国库处的一年多时间里，与全处同志共同努力，主要做了四件有点意义的事情：

一是调整社保资金分差法的定存方法；

二是调整库款调度中保工资的库款调度时点；

三是通过和审计厅反复沟通，推动完善经济责任审计报告体例，明确区分省财政厅与省直部门、市县财政的责任；

四是通过开展全面深入的交心谈心，合理设置岗位，实现全员岗位交流或职责调整，办公室东西两头对调，实行了原国库处与支付中心的有机融合，达到了机构调整的目的。

回望三十多年的职业生涯，深感很有意义，也很不容易。非常感谢各位领导对我的关心，非常感谢各位同事对我的支持。

回顾三十多年的历程，通过读书和实践，我对人生有一些粗浅的感悟，归纳为：

一人，二简、两不，三清、三谦、三当，四德，五心、五家，八气。

一人：做一个有理想、有作为、幸福快乐的人。

二简：做人简单，做事简化。平淡做事，平静生活。

两不：不唯上不唯书只唯实；交换、比较、反复。

三清：场所清洁，整齐干净；做事清晰，有条不紊；为人清廉，遵规守矩。

三谦：谦虚、谦和、谦让。

三当：司马昭言，为官者，当清、当慎、当勤，修此三者，何患不治乎？开封府内照壁大书"清慎勤"，一生参悟此三字足矣。

四德：四个"等不得"，百善孝为先，孝敬父母等不得；千好万好不如子女好，教育子女等不得；做得舍得，人生的快乐在于劳动和奉献，快乐工作等不得；身体是本钱，坚持锻炼每一天，锻炼身体等不得。

五心：善良、宽容、乐观、淡泊、感恩的心。

一个人最大的美德，不是有多漂亮，也不是有多能干，而是善良。人生最大的修养是宽容，严于律己，宽以待人；不管别人对你好与不好，都能谅解包容。人生最大的富有是感恩，贫穷的人总想从别人那里获得，富有的人则心存感恩，时时想要帮助别人，回馈社会。一个人能够感恩、知足、惜福，就是人生富有者了。

五家：进则儒，退则道，隐则佛。待人守儒家之忠诚，治事持法家之严明,事业用兵家之权变,健身法道家之自然,养心信释家之超脱。

八气:树大气,去小气;树骨气,去脾气;树朝气,去暮气;树正气,去邪气。

人生最大的错误是邪见。一个人如果只是在行为上犯了错误,还可以改正;如果思想上有误解、认识上有偏差,且不但不知道自明自正,还自以为是,执迷不悟,就很可怕了,后果就料想不到了。

我们这一代人,是读毛主席的书长大的。毛主席最经典的文献是"老三篇":《为人民服务》《愚公移山》《纪念白求恩》。

毛主席教导我们说:

"因为我们是为人民服务的,所以,我们如果有缺点,就不怕别人批评指出。不管是什么人,谁向我们指出都行。只要你说得对,我们就改正。你说的办法对人民有好处,我们就照你的办。……我们都是来自五湖四海,为了一个共同的革命目标,走到一起来了。……我们的同志在困难的时候,要看到成绩,要看到光明,要提高我们的勇气。……我们的干部要关心每一个战士,一切革命队伍的人都要互相关心,互相爱护,互相帮助。"①

"我们开了一个很好的大会。……开了一个胜利的大会,一个团结的大会。……许多同志作了自我批评,从团结的目标出发,经过自我批评,达到了团结。这次大会是团结的模范,是自我批评的模范,又是党内民主的模范。大会闭幕以后,很多同志将要回到自己的工作岗位上去,将要分赴各个战场。同志们到各地去,要宣传大会的路线,并经过全党同志向人民作广泛的解释。我们宣传大会的路线,就是要使全党和全国人民建立起一个信心,即革命一定要胜利。首先要使先锋队觉悟,下定决心,不怕牺牲,排除万难,去争取胜利。但这还不够,

---

① 毛泽东:《为人民服务》,1944 年 9 月 8 日。

还必须使全国广大人民群众觉悟，甘心情愿和我们一起奋斗，去争取胜利。……现在也有两座压在中国人民头上的大山，一座叫做帝国主义，一座叫作封建主义。中国共产党早就下了决心，要挖掉这两座山。我们一定要坚持下去，一定要不断地工作，我们也会感动上帝的。这个上帝不是别人，就是全中国的人民大众。全国人民大众一齐起来和我们一道挖这两座山，有什么挖不平呢？"①

"白求恩同志毫不利己专门利人的精神，表现在他对工作的极端的负责任，对同志对人民的极端的热忱。每个共产党员都要学习他。……从这点出发，就可以变为大有利于人民的人。一个人能力有大小，但只要有这点精神，就是一个高尚的人，一个纯粹的人，一个有道德的人，一个脱离了低级趣味的人，一个有益于人民的人。"②

这是我的理想，我的追求。组织上安排我来国库处工作的有效时间只有一年半载，这是一场百米冲刺。一年多来，由于自己精力能力有限，特别是临近终点的时候"发动机"出了故障，需要大修，因此有许多事情没有做到位，对同志们的关心也不够，甚至自己设置的一些工作目标也没有完全实现，创新的工作机制没有很好坚持下来。这些不足和遗憾，也请大家多多谅解。

我今后的理想是，继续坚持学习，更加重视健康。争取不给组织添麻烦，少给社会添负担。

感谢大家对我的支持与关爱。

祝福同志们事业蒸蒸日上，生活幸福美好！

---

① 毛泽东：《愚公移山》，1945 年 6 月 11 日。

② 毛泽东：《纪念白求恩》，1939 年 12 月 21 日。

附 录

恬愉自在

武陵源记 *

（1986 年 7 月）

　　芙蓉国里，物华天宝，尤以武陵为奇。丙寅夏，余偕同窗吴、沈二君，列席中南五省预算片会。暇余，游园中之猛洞河、张家界，览天下美景，心旷神怡，兴之所至，奋笔疾书，特作小记。

　　永顺县，有猛洞河。河中流水碧绿，两岸石壁瑰怪，异常壮观。数百岁之名木，立于峭壁之上，其生命力之顽强，非凡人所能比。林中猿猴成群，攀登于绝壁之上，摇荡于树枝之尖，似与游者同乐。小龙洞内，金碧辉煌，龙女鱼郎，脉脉含情；雪山长城，金砌玉雕；天上银河，扑朔迷离；乳石成画，胜人工之所造。泛舟阴河，宛若游于世外。每逢河谷曲回，山重水复，使游者生无路之疑；至河床宽广，又有游于高峡平湖之感。王村古镇，始于秦汉。五代世乱，彭马争雄。溪州铜柱，土汉安宁。泛舟于此，不在三峡，却非三峡所能及。

　　大庸县，有张家界。游者过三门崖，拾级而上，见罗汉迎宾，情真意切。蛛盗天书，其为可咒；仙女被罚，游人惋惜。定山神针，稳住乾坤。同一岩石，北似金龟，南像金蟾，一欲远遁于大海，一欲峭立于荷蓬，只因留恋人间美景，迟迟未动，乃至一事无成。天狗腾空，欲吞明月；南天一柱，仙女彬彬。吊脚高楼，不建于溪流之边，却立于高巅之上。妙龄少女，送郎远征；朝思暮想，石壁望穿；千里相会，启齿无言；夫妻恩爱，偕老人间。鸳鸯之水，可比甘露。秦桧跪墓，任游人评说。过半空之天桥，上悬崖之鹰嘴，俯瞰山谷，脚颤目眩。若非有志者，安能至哉！

逢风云突变，雨逗游人，茫茫云海，升于足下。揽胜之余，心防不测，恐好斗之行者，挥金棒与游人相争；惧白骨之妖妇，伸恶爪而掳余。

秦之始皇，挥动金鞭，驱石填海，龙女戏而换以假鞭。始皇怒，掷鞭于此，遂成耸立之金鞭崖。崖下有金鞭溪，流水潺潺，鱼游浅底，清晰可见。溪边龙虾之花，欲游绿水；蜻蜓之花，欲翔蓝天。壁立两旁，百态千奇，似母猴背子，似梦笔生花。宝莲之灯，光芒四射；啸天之犬，望而却步；劈山救母，游人感叹。绿树成荫，世间树木，十之八九，此地可见。抬头仰望，蓝天一线。人在溪边走，如在画中游。

武陵之大，非拙笔所能记；吾之所至，仅园中之十一。欲穷其尽，却因脚怠而未成。盼方长之来日，能遂吾愿。

嗟乎！叹自然之神功，非人智所及；数人间之仙境，当数武陵；喜茅塞之顿开，方知武陵山水赛桂林！

时八六年七月十七日，于湘西吉首。

浅谈探春、宝钗的改革思想 *

（1988 年 4 月）

　　《红楼梦》第五十五、五十六回写道，刚过完年，荣国府的当家人物王熙凤由于"小月"，不能理事，王夫人便将府中的一些日常事务交给李纨协理。考虑到李纨是个尚德不尚才的人，怕她管得不严，因而"命探春合同李纨裁处"。后来，王夫人又担心园中人多，管理不周，便特意请了宝钗来，托她各处多加照应。

　　探春理事不久便发现，偌大个大观园，所有珍贵的花草果木每年不但赚不了钱，反而还要花钱请许多花儿匠、山子匠、打扫人等来管理，并且还不尽如人意。因此，她便提出了"兴利除宿弊"的改革设想。

一、遵循"使之以权、动之以利"的总原则，调动家人们管理园林的积极性

　　探春设想在大观园里的老妈妈（即女佣人）中挑选几个本分老诚而且又懂园艺的，派她们收拾料理园中花草果木，不要她们交租纳税，只要求她们一年自愿奉献些什么，从而达到以下四个目的：第一，园

---

* 原载《财政》，1988 年第 4 期。

子有专定之人修理，从而保障花木一年好似一年；第二，避免任意作践花草；第三，使老妈妈们可以借此得些额外收入，不枉日夜在园中辛苦；第四，可以节省过去请花儿匠、山子匠、打扫人等的工费。这样一来，既有固定人员在园中专司其职，又准许她们拿收成去卖钱，做到责、权、利相结合，从而能把老妈妈们的积极性充分调动起来。正如李纨所夸赞的："使之以权，动之以利，再无不尽职的了。"

二、在用人上挑选既本分又有经验的，起用德才兼备之人

当园中的老妈妈们听说探春要将大观园分片承包时，她们无不愿意，这个要求包一片竹子，那个要求包一片稻田。探春向宝钗征求意见，宝钗笑答道："幸于始者怠于终，缮其辞者嗜其利。"意思是说，开头因侥幸获利而兴头很高的人，最终会懈怠的；嘴上说得好听的人，特别爱占便宜。于是，探春点了老祝妈管理所有的竹林，因为她人本分，且老头子和儿子都是管打扫竹林子的；叫本是种庄稼的老田妈培植稻香村一带的菜蔬稻稗……

三、在分配上减少中间环节，实行自收自支制，使实惠真正落在承包人手里

开始，探春向众人宣布在分配上采取"年终算账"的办法。后来考虑到年终算账归钱时自然归到账房，从而"仍是上头又添一层管主"，在管家们手心里遭到克扣，"又剥一层皮"，因此改为到王熙凤那里算账。最后，接受宝钗的建议，干脆取消算账，实行自收自支制，即承包差事的人，同时要相应地负责某一方面的支出，如笤帚、撮簸、掸子等。这样，一年下来，能使账房节省用来购置笤帚、撮簸等用品的四百两银子。"虽然还有敷余的"，但她们既辛苦了一年，也要叫老妈妈们剩些，"贴补贴补自家"。

四、进行适当的再分配，以全大体，不失公平

大观园中，因为人多事少，还有许多老妈妈没机会揽下一份事，但她们"日夜也是在园中照看当差之人，关门闭户、起早睡晚……一应粗糙活计，都是他们的差使"。一年在园里辛苦到头，这园内既然有收入，按理也该分一些给她们。否则，"不分与他们些，他们虽不敢明怨，心里却都不服"。因此，宝钗建议，叫那些揽了事的妈妈们"拿出若干贯钱来，大家凑齐，单散与园中这些妈妈们"。这样，不但能避免她们消极破坏，"只用假公济私的多摘你们几个果子，多掐几枝花儿"，而且还能激发她们爱护花草的积极性，"你们有照顾不到的，他们就替你照顾了"。

通过以上改革，家人们便尽心尽职地照看花园，并保证"从此姑娘奶奶们只管放心"。

虽然探春、宝钗对大观园的改革最终还是完成了，但其中也冒了不少风险。书中写道，因为荣国府里平常都是王熙凤当家做主，改革便意味着对王熙凤管家多年留下来的宿弊进行整顿。因此，探春为避免人家对她产生专挑王熙凤毛病的嫌疑，避免与王熙凤产生矛盾，在一系列改革设想实施之前，还得委托平儿去"回你奶奶一声"。而宝钗作为王夫人的亲戚，一向拿定了"不干己事不张口，一问摇头三不知"的主意，在她姨娘王夫人亲口嘱托三五回之后，才勉强答应帮助李纨、探春理事，但还是时常担心会因为去小就大，使得众人嫌她，自讨没趣。这些也应该引起人们深思。

少林少林，我的武侠梦 *

（2022 年 1 月）

《少林寺》刚上映的时候，我在兰州大学读大一。学校对面的兰州柴油机厂有一个电影院，我们是在那里观看这部影片的。当年《少林寺》风靡全国，大家都要在售票口扎堆抢票。哲学系一位同年级的湖南老乡，在购票时被小偷盯上，口袋里的饭菜票被摸走，小半个月的生活费全靠东借西凑。

《少林寺》上映之后，主题曲"少林少林，有多少英雄豪杰都来把你敬仰；少林少林，有多少神奇故事到处把你传扬""日出嵩山坳，晨钟惊飞鸟，林间小溪水潺潺，坡上青青草"在整个校园缭绕，脍炙人口，让人记忆犹新。

一部《少林寺》，掀起了全民习武热；一部《少林寺》，激发了我的武侠梦。此后多年，我在新华书店、书摊上一见到武术、健身气功书籍和杂志就买。保留至今的有《形意拳术》（李天骥等，人民体育出版社 1981 年版）、《大雁气功》（杨梅君，湖北科学技术出版社 1985 年版）、《先天一元气功》（陈炎烽等，广东科技出版社 1989 年版）、

---

*原载《武术世界》，2022 年第 1 期。

《练软硬功夫入门秘诀》（王敬等，学苑出版社1990年版）。于是，谱不离口，拳不离手，坚持照图比画，潜心练习。特别是1985年到北京读研究生后，有更多机会感受当时的气功热，向李世奎老师学习了李少波先生的真气运行法。

近年来，由于工作的原因，与全民健身工作有些联系，从而有缘结识省内的知名武术家，向黄彩霞老师学习了太空拳，向汪国义老师学习了九节鞭等。当年的武侠梦，正逐步成为现实。

30多年坚持练习健身气功和一些基本武术套路，对我的身体很有帮助。2021年，我被评为第七届湖南省"人民满意的公务员"。在拍摄宣传视频时，伙伴们看到我当年青涩的照片，称赞道："奉献求索半生，归来仍是少年。"

在电影《少林寺》上映四十周年之际，心有所慨，是以记之。

龟息功 *
—— 强身健体、提高血氧饱和度的有效方法

（2023 年 3 月）

　　龟息功是道家修炼内功的一种功法，以模仿龟的呼吸方法来修炼内气，以达到强身健体、延年益寿之目的。龟者寿也，因为龟行动徐缓、呼吸匀长、纳气久闭，所以长寿。

　　龟息功是一种俯卧伸展吐纳运动。当代医学证明，采用俯卧位通气，用于急性呼吸窘迫综合征，提高血氧饱和度，效果明显。练习龟息功，可以有效提高心肺功能，让身体充满活力。

　　著名武术家、中国武术八段汪国义先生传承的龟息功，包括龟息静功和龟息动功两个部分，对于强身健体、防病治病，功效显著。

一、静功

　　双膝向左右张开着地。左右手掌掌心朝下着地，手掌重叠，男左女右，男性左手掌在上（女性右手掌在上），右手掌在下（女性左

---

* 根据汪国义老师口述整理，原载《武术世界》，2023 年第 1 期。

手掌在下）。右手掌中指抵住左手掌的劳宫穴。脊柱拉开，下颚压在左手中指与食指（或无名指）上。进行深呼吸，可以采用自然呼吸或腹式呼吸，呼吸深细匀长。每次练习3—5分钟。然后将下颚离开手指，双手缓缓撑起，头向上抬，调整呼吸3—5次。身体还原，收功。

二、动功

双膝向左右张开着地。双手着地向前，左右撑开，与地面夹角约15度。身体尽力后缩。然后吸气，身体尽量贴地缓慢前伸，双脚上翘；双手撑直，头部往上顶；呼气。头部向左转，眼睛向左上方瞧，同时吸气；头部还原，同时呼气。头部再向右转，眼睛向右上方瞧，同时吸气；头部还原，同时呼气。双脚落地，身体尽量贴地后缩收回。每次练习5—10次。

当身体收回后，头往上抬，引领颈部、脊柱向上挺直，盘腿而坐。两手拇指和食指相合，自然放在双膝上，然后吸气；以腰为轴，低头扭颈从左向前再向右转半圈，同时呼气；继续从右向后再向左转半圈，同时吸气。头从身体左侧还原，引领颈部、脊柱向上挺直，然后吸气；以腰为轴，低头扭颈从右向前再向左转半圈，同时呼气；继续从左向后再向右转半圈，同时吸气；头从身体右侧还原，引领颈部、脊柱向上挺直。每次练习3—5次。收功。

练习龟息功静功，采用俯卧姿势，能改善呼吸，提高血氧饱和度，趴着就好。练习龟息功动功，通过身体前伸后缩，左右转动，可以拔骨抻筋，强壮筋骨，缓解颈椎腰椎等不适。盘腿而坐，转动天柱，可以起到固本培元的作用。

三、注意事项

练习龟息功之前，要做热身运动，比如甩手、抬脚、扭腰、踢腿等。在练习龟息功动功时，体力不够者，身体前伸后缩时，可以不贴地、不抬脚。收功之后，要走动 3—5 分钟。

六十感言

（2023 年腊月）

我从 1981 年上大学，从乡村走出来到现在，已经 40 多年了。一晃眼，自己就进六十了。

当年考大学，一心只想跳农门，吃上国家粮，有工资拿。不图大富大贵，不图升官发财，只要有饭吃、有衣穿、有钱用就可以了。

几十年来，虽然官不大，但还是有一定的社会地位和尊严。虽然也曾四处奔波，加班加点，劳神费力，但总的还不算太辛苦，工作相对轻松。仕途走得比较稳，工作没有后患，没有犯过错误，也没有太多遗憾。事业稍有成就，人生还是有那么一点意义和价值。

虽然钱不多，但基本够用，经济上没有压力。

虽然身体不算太好，有时还这病那病，但基本上还是调理好了。

回想几十年的学习、工作、生活，有几点体会：

首先是严格遵循父亲对我的教导，也是我们家的家规祖训，主要有八个方面：

1. 要读书。世上最有用的东西是知识，最有意义的事情是读书。书读进了肚子里，自己不会掉，谁也拿不走。

2. 要发拗。自强不息，奋发图强。

3.要和气。和气生财，财不露白。

4.要机灵。出门看天色，进门看脸色。

5.要讲礼貌，广交朋友。喊人不蚀本，只要舌子打个滚；空手进门，狗都不闻。坐轿子的是朋友，穿草鞋的也是朋友。

几十年来，见了单位的门卫、保洁员，我都打招呼。有一天在电梯里，有位保洁员很认真地对我说："领导你人太好了！"我觉得很诧异，睁大眼睛望着她。她接着说："您非常善良！"听了这句话，我感动不已。

6.要公平正义。不欺小，不欺老；做事讲原则，做人讲感情。

7.不骄傲不贪婪。不持独见，不吃独食。有事情要多商量，不固执己见；有美食要和大家分享。

8.要有良好习惯。不买码，不吸毒，远离赌博和毒品。

我自己的体会有四个方面：自爱、自立、自信、自由自在。

1.把身体养好，要自爱。健康是人生的唯一财富，其他都是生活资料，是身外之物。有了健康，不一定拥有一切；但没有健康，就没有一切。要有健康的身体，关键是要有健康的生活习惯。要按照自然规律作息，一日三餐营养均衡；早上不做剧烈运动，中午最好午睡半个小时，晚上不熬夜，半夜三更，特别是在喝多酒之后，不洗澡；不吃槟榔，少抽烟，适当喝酒。健康是自己的事，谁都帮不了的。

2.把工作做好，要自立。工作是我们的立身之本、衣食之源。尽管付出和回报不一定成正比，但天上没有掉下来的馅饼，做得做得，只有付出才能得到。不管干什么职业，在什么岗位，都要认真负责，尽力而为，真正做到干一行爱一行、学一行干好一行，牢牢端稳自己的饭碗。三十而立，是指在三十岁左右有一份相对满意比较稳定的工作。而要有一份满意稳定的工作，必须先读书。读书不苦，不读书的人生才苦。如果在三十岁左右没有满意稳定的工作，三十岁以后也基本不可能找得到了。除非继续读书，读硕士、博士。只有知识才能改变命运。

3. 把心态调好，要自信。当今社会，良好的心态尤其重要。要想身体好、生活好，必须心态好。要心平气和，不要经常生气，特别是不要生闷气，拿别人的错误来惩罚自己。不要羡慕别人，也不要嫉妒别人，更不要仇恨别人。不要和人家比较，也不要过多地在意别人的看法。把一切都看淡一点，时间能改变一切，什么事情都是过眼烟云，都会烟消云散。要遵纪守法，遵规守矩，养成良好的品德、健全的人格。要有包容心，心中充满善意，脸上带着微笑。要知足，知足才能常乐。要学会放下，放心放心，放下才会心平气和，才会心安理得。人生的道路有高有低，人生的脚步有深有浅，人生的味道有咸有淡。没有不老的人生，只有不老的心态。

4. 把日子过好，要自由自在。身体健康，工作稳定，乐观自信，日子就可以自由自在，就很幸福快乐了。

我们这个大家庭，家风家教好。每一位成员，人品好、习惯好，诚实守信，勤奋好学，工作努力。今后要进一步发扬光大，代代相传。

春节快到了，祝福大家平安健康，学习进步，事业有成，家庭幸福，春节快乐，龙年吉祥！

　　　　癸卯腊月二十七于长沙市天心区劳动西路　湘野桃源